重庆文物考古研究系列

渝东盐史文集

刘卫国　著

重庆市文化遗产研究院
重 庆 市 盐 业 协 会　编
云 阳 盐 化 有 限 公 司

科 学 出 版 社
北　京

内 容 简 介

本书以盐业生产为中心，通过对盐泉利用方式和盐井形态、盐灶形式演变的研究，揭示了渝东盐业生产起源和发展的过程，梳理了渝东盐业生产形态和生产技术演进的脉络；同时对与盐业相关的盐业政策、交通路线、军事斗争、民风民俗、历史人物等问题进行了探讨。

本书可供考古学、历史学、经济史及其他相关学科的研究者，以及盐业生产和管理部门的相关人员阅读参考。

图书在版编目（CIP）数据

渝东盐史文集 / 刘卫国著；重庆市文化遗产研究院，重庆市盐业协会，云阳盐化有限公司编. —北京：科学出版社，2019.6

（重庆文物考古研究系列）

ISBN 978-7-03-061753-8

Ⅰ. ①渝…　Ⅱ. ①刘…②重…③重…④云…　Ⅲ. ①盐业史–重庆市–文集　Ⅳ. ①F426.82-53

中国版本图书馆CIP数据核字（2019）第124497号

责任编辑：王光明　王　钰 / 责任校对：邹慧卿

责任印制：肖　兴 / 封面设计：陈　敬

科 学 出 版 社 出版

北京东黄城根北街16号

邮政编码：100717

http://www.sciencep.com

艺堂印刷（天津）有限公司　印刷

科学出版社发行　各地新华书店经销

*

2019年6月第　一　版　开本：787×1092　1/16

2019年6月第一次印刷　印张：18 1/4　插页：4

字数：432 000

定价：198.00元

“重庆文物考古研究系列”编委会

考察现实是认识历史的钥匙

——《渝东盐史文集》序

李根蟠[①]

摆在我们面前的这部盐业史论文集，并非出于专业历史学家之手。作者是盐业战线的实际工作者，主要是退休后才涉足盐史，积十余年而成是书。这在当代中国史学上也算是一件稀罕事了。

他，就是被盐史界亲切地称为“老盐巴”的刘卫国同志。

2003年春，一个偶然的机会，我为《盐业史研究·巴渝盐业专辑》写了一篇《绪论》。专辑的作者大都是专业的考古学者或盐史学者，唯刘卫国（他在专辑中有两篇文章）的身份比较特殊，算是“票友”吧。这时我们虽未谋面，但神交已久。这年的秋天，刘卫国同志寄来了他的几篇盐史论文，这些文章有材料、有观点、有视野，尤其是处处流露着他对盐史的热情和执着，令人感佩。我当时在“中国经济史论坛”上安排了他的一个专辑。在这以后，刘卫国同志继续在盐史领域笔耕不辍。最近他告诉我，准备出文集了，要我写几句话为序。刘卫国同志十多年的研究成果能结集出版，可喜可贺，他的嘱托我不能推托。不过，我不是做盐业史的，有关专业内容的评价应该由读者和盐史工作者来做，我在这里只能谈谈浏览文集以后所引发的一些感想。

这部文集包括论文19篇，文集以研究渝东地区盐业史为己任。作者以盐业生产为中心，通过对盐泉利用方式和盐井形态、盐灶形式的演变，揭示了渝东盐业生产起源和发展的过程，梳理了渝东盐业生产形态和生产技术演进的脉络。他的研究又拓展到社会、经济、政治、文化等诸多领域，如食盐运销和相关的交通路线、人口迁移、族群之间的争夺和融合、盐业与战争、盐业与政治，以及相关的民风民俗等。文集中还有对历史文物的诠释、对传世文献的解读，以及对特异地理景观的推介等。在这些论述中，自然

---

① 李根蟠，北京师范大学历史学院教授，中国社会科学院经济研究所研究员，博士生导师，中国农业历史学会副理事长。

因素也和人为因素、社会因素一样受到关注，地理环境在盐业的起源与发展、在盐业生产形态演进中的重大作用得到比较透彻的说明。研究的时限以古代为主，往上追溯到盐业的起源，往下延伸到近现代。文集中还有研讨当前盐业生产、盐业市场和盐业政策的文章，如对私盐泛滥和盐价双轨制问题的述评，反映了作者殷切的现实关怀。由此可见，作者不是孤立地研究盐史，他的视野相当宽阔。虽然每篇文章都是研究个别的具体问题，但综合起来，展现在读者面前的是以渝东盐业史为中心，经济与社会、政治、文化，人与自然，历史与现实纵横交错的立体场景。

刘卫国同志关注和参与渝东盐业史研究是有缘由的。按照历史文献记载，四川井盐生产是由战国晚期秦国李冰开创的，盐井的最初出现则锁定在成都平原，巴渝地区的盐业史长期无人问津。他很早就感到这种论断与实际情况不符，感到历史记载存在着严重的断层。弥补这些断层，复原渝东盐业历史的真相，一直是他的心愿。他一面呼吁专家学者重视渝东盐业史研究，另一方面自己动手写文章“抛砖引玉”，而退休以后使他有了更多写文章的时间。这时适逢巴国史研究在深入进行，而三峡库区抢救性发掘出土了大量盐史文物，刷新了人们的认识，前人错误的说法得以纠正，井盐史研究拓展到巴渝地区，拓展到战国以前至远古。这是盐业史研究的一个重要突破，《盐业史研究·巴渝盐业专辑》的出版就是这一突破的重要标志。现在，渝东盐业史的研究已经蔚然成风，成果累累。而作者长期的呼吁和研究，对渝东盐史的研究做出了特殊的贡献。

刘卫国同志没有跨进过大学历史系的门槛，没有接受过系统的史学教育，然而他却写出了地道的盐史论著，有些文章专业的史学工作者也未必写得出来。为什么他能做到这一点？我想，主要有两方面的原因：一是作者对他所从事的盐业工作的挚爱。他有一颗强烈的事业心，是一个名副其实的对盐有着深厚感情的“老盐巴”。年逾花甲，退休了，吃穿不愁，一般人的选择是颐养天年，他却把精力投到这种别人看来是枯燥无味的工作中。“文章不为稻粱谋”，他的动力正是来自这份感情，这种事业心。二是作者知识面较宽，有相当深的文史功底，有利于他的研究，但比起一般史学工作者来说，他真正的优势却在于拥有丰富的实际经验，对现实的盐业生产和盐业管理的洞悉和熟稔。这种经验和知识来源于长期盐业工作的实践。作者在盐业战线渡过了几十个春秋，从做拽水工开始，到1978年部队转业后长期从事盐业管理工作，使他有机会跑遍渝东的山山水水，了解到更多的情况。刘卫国同志的盐史研究，很大程度上得益于他丰富的实际经验和知识。

何以现实的经验和知识能够成为研究历史的优势？这就涉及应该如何认识历史和研究历史的问题。“历史”有二义：一是指过去的事，二是指人们对过去的事的记述或认识。这并非同一事物的两种属性，而是既相互联系又相互区别的两种事物。前者是不依赖于人的意志而客观存在的“本来的历史”，后者是对客观存在的“本来的历史”的主观记述或认知，也就是所谓“史学”。两者既不容混淆，也不能割裂。这好像是老生常谈的问题，实际上是取得对“历史”科学认识的第一步。

历史和现实的关系，也是不能混淆和割裂的。世界上万事万物都是不断过往又不断继发的过程。过往的成为历史，继发的更新现实。两者的界线是清楚的。但现实在每一瞬间都过往为历史，历史则在每一瞬间继发为现实。从万事万物发展过程的延续性看，一切皆史。正是在这个意义上，马克思、恩格斯著的《德意志意识形态》中提到：“我们仅仅知道一门唯一的科学，即历史科学。”甲骨文史字作“”，《说文解字》：“史，记事者也。”记事为史，属于历史的第二义。所记对象的“事”发生的当时是现实，被记录下来已成过往，属于历史的第一义。但“事”不是一次完成的，而是后浪推前浪的滚滚长河。甲骨文中“史”与“事”同为一字，这本身就蕴含着历史和现实不可分割的哲理。历史和现实相续相涵。现实之源，现实中许多事物的萌芽状态、初始状态包含在历史中。历史或以残片、变体或延展的形式包含在现实中，有形可辨，或积淀为现实前进的基石，或形成传统融入社会的俗规制度和人们的思想行动中，如气脉之行，无形可辨。总之，历史似乎已经逝去，实际上它还在现实中“活”着。这样，我们就既可以通过历史认识现实，也可以通过现实认识历史。

如何通过现实认识历史，下面从两个角度予以考察和说明。

其一：现世中的“活”史迹是研究历史的特殊“史料”。

历史是既往的过程，它不能重演，后来的研究者不可能亲历其境，进行实际过程的调查，只能通过某种“中介”进行研究。这种中介首先是历史文献和历史文物。作为研究历史史料的历史文献和历史文物，各有其特点和优点，亦各有其不足。我国有门类众多、卷帙浩繁的历史典籍，其中虽有后来人对前代事的追记，大部分则是当时人对当时事的记载。无论过去或现在，历史文献都是研究历史的重要依据。但历史文献也有其不足。例如，漫长的远古时代就没有留存下可以利用的文字记载。有了文字记载以后，历史上的事件和过程，包括某些重大的事件和过程，缺载、误载和失载（失传）的情况是大量存在的。传世文献的内容，即使是当时人记当时事，也不等同于“本来的历史”，而只是“本来的历史”的摹本和影像，属于第二义的历史。由于记录者立场、经历、学养、嗜好、记忆等的差异，其反映客观历史的广度、深度和真实程度是各不相同的，有的甚至背离了历史的真实。因此，对于历史文献，不应盲目信从，而应该抱着对科学存疑的态度，予以分析鉴别。几千年前孟子就说过：“尽信书不如无书。”清代郑板桥也说：“书到疑处方成悟。”古人研习历史，讲究辨伪和考证。主要方法是用同一作者或不同作者的不同篇章进行比对。这种方法是有效的，但光在文献圈子里打转，有其局限性。历史文物用于历史研究，古代学人偶或为之，形成风气则是近代考古学在中国兴起而伴随大量历史文物陆续出土之后。历史文物具有历史文献所没有的实在、直观、形象的优点，或补文献之缺失，或辨文献之真误。王国维在实践基础上提出了“二重证据法”，以“地下之新材料”和“纸上之材料”相印证，传统史学由此开了新生面。但历史文物也有其局限性。古物的出土带有偶然性，历史上重要的遗物能够被发掘出来的永远只有一小部分。也就是说，历史文物总是“残缺不全”的。再者，考古文物的自然形态是一堆散在的不会说话的物，它不会自行讲述人类施加于它的活动，不会讲述它与其他的人与物的关系及其发展演变。

人们用历史文献和历史文物相互结合、相互参证的办法来弥补它们各自的不足，除此之外，还常常用得着另一种特殊的“史料”作为参证。这就是以残片、变体或延展的形式存在于现实生活中的历史遗迹，这些遗迹有的表现为实物形态，有的表现为习俗、技艺、谣谚、信仰等，其特点是生动具体而又确实可靠。如果说历史文献和历史文物是以固态的形式存在的话，现实生活中的历史遗迹则以活态的形式存在。由于它是活生生的过程，故具有考古材料和文献材料所难以比拟的优越性，可以弥补固化的历史文献和历史文物的不足。地区和民族发展的不平衡，使这些遗迹呈现出多姿多彩的面貌，某些后进的地区和民族保留的习俗，不啻是先进地区和民族某些历史场景生动的再现，它可以增进人们对历史的感性认识，帮助人们解开历史文献和历史文物中难解的“谜”。如果把历史文献和历史文物称之为“文证”和“物证”，那么，现实生活中的史迹就可以称为“活证”。不过现实和历史毕竟是有区别的，现实生活中这些活的史迹一般不作为直接的史料使用，而用作直接史料的参证。这是一种特殊的史料，是认识历史的特殊中介。这样说丝毫没有降低它在认识历史和复原历史中不可替代的作用。

其二：考察现实为认识历史提供了“钥匙”。

“钥匙”的提法出自马克思，他在《政治经济学批判》导言中说：资产阶级社会是历史上最发达的和最复杂的生产组织。因此，那些表现它的各种关系的范畴以及对于它的结构的理解，同时也能使我们透视一切已经覆灭的社会形式的结构和生产关系。资产阶级社会借这些社会形式的残片和因素建立起来，其中一部分是还未克服的遗物，继续在这里存留着，一部分原来只是征兆的东西，发展到具有充分意义。人体解剖对于猴体解剖是一把钥匙。低等动物身上表露的高等动物的征兆，反而只有在高等动物本身已被认识之后才能理解。因此，资产阶级经济为古代经济等提供了钥匙。

马克思以“资产阶级社会”为例，说明考察现实对认识历史的作用。他指出，资产阶级社会包含着前资本主义社会的残片和因素，一类是过去遗留而未及克服的东西；另一类是过去只是胚芽或征兆而现在获得充分发展的东西。上文说过，这些残片和因素作为研究历史的特殊史料和特殊中介，可以弥补历史文献和历史文物的不足。但考察现实对认识历史的作用远不止此，马克思明确指出，对资本主义社会结构和社会关系的考察，可以由此“透视一切已经覆灭的社会形式的结构和生产关系”。马克思本人正是这样做的。例如，他研究资产阶级社会，揭示了资本主义剥削的本质是攫取剩余价值，以此反观以前的资本主义社会，发现古代奴隶制和封建农奴制作为剥削制度本质上也是对生产者剩余劳动的无偿占有，只是占有的方式各不相同。在资本主义制度下，剩余劳动表现为利润；在封建制度下，剩余劳动表现为地租；在奴隶制下，必要劳动和剩余劳动在形式上无法区分，都表现为为主人的无偿劳动。这样的研究已经超越了考证和复原历史具体事物的层次，是对历史形态整体的把握和本质的揭示。马克思把他的观点凝练成一个生动的比喻："人体解剖对于猴体解剖是一把钥匙。"这就是说，考察处于较高发展阶段的社会是认识处于较低发展阶段社会的关键，马克思把它的作用比作开启历史认识之门的"钥匙"，非同一般。可见虽然这里具体谈的是考察资产阶级社会对研究古代社会的意义，但他所阐发的原理对历史研究具有普遍意义。

在历史研究中利用仍然"活"在"现世"的前代遗物，通过考察现实来认识历史，这是马克思主义史学独具特色的理论方法，为史学研究指出了重要途径并开拓了广阔的前景。毛泽东同志提倡研究历史的"古今中外法"，包含了古今相续相含、互证互补的原则，与马克思的"钥匙"说一致。中国共产党人和马克思主义史学家对中国战国秦汉以后社会封建性质的认识，经历了一个从现实到历史的逆向考察的过程。20世纪末，农史界有的学者提出作为研究历史途径和方法的"考现学"。这些都是马克思关于考察现实是认识历史的"钥匙"理论的应用和实践。我在《关于马克思主义史学研究方法与路径的思考》（载《史学史研究》2011年第3期）一文中曾有所论述。

对历史的认识，往往是后来人比当时人更清楚、更深刻。重要原因之一，就是事物处于萌芽和初始状态时，不容易被当时的人们所理解，当它们发展到成熟和发达状态时，其性质、特点才能被人们真正认识，这时再反观它们的萌芽和初始状态，就容易理解了。同时，既往的历史虽然已经定格，但它所蕴含的丰富内容及其所产生的影响，往往要经过一个很长的时期才能逐步地显露出来。后来人研究前代的历史，困难是不能亲历其境以及资料残缺不全。但也有有利条件：现实生活中存在许多活的历史遗迹可供利用；社会结构、社会形态发展到更为成熟的阶段，有利于"透视"它的萌芽状态和初始状态；而历史事物的内涵、本质和影响也会随着时间的推移暴露得更为充分。这些条件是当时的人不能具备的。所以后来的学者理应有新的发现、新的收获，取得比前人更好的成绩。要做到这一点，关键之一是真正弄清现实与历史的关系，站在现实的制高点上考察和审视历史。

刘卫国同志的盐史研究，是从现实出发，以现实的经验和知识为基础的。任何研究（包括现实研究和历史研究）都是提出问题、分析问题和解决问题的过程。在这一过程中，刘卫国同志始终立足于现实来认识历史，没有盲从历史文献的有关记载，而是以现实情况检验其可靠性和可信度，四川井盐业始于秦末李冰在成都平原开掘盐井的成说之背离实际，渝东盐业历史长期被遗忘之不合情理，使他产生疑问，形成“心结”。这就是提出问题的过程，也是他的渝东盐业史全部研究的起点。实践是检验真理的标准，看来不但适用于对现实问题的认识，也适用于对历史问题的认识。刘卫国同志丰富的实际经验和知识，不但使他能够敏锐地发现以往盐史研究中存在的问题，而且使他能够另辟蹊径地分析和解决这些问题。以自然盐泉如何向人工盐井演进问题为例，在渝东各地的文史资料中找不到任何有关的记载，在这种情况下，他转而对渝东地区400余口古盐井进行长期的观察，把千姿百态、形状各异的盐井区分为原始井、雏形井、过渡井、人工井四种基本类型，而这也构成了依次演进的系列。原始井、雏形井、过渡井本质上是盐泉，只有最后一类才是真正意义上的人工井。他指出，盐井各种类型的形成，与当地特定地理环境有关，而推动其演变的动力却是洪水。这样，他在缺乏可用的文献资料的情况下，为对现实存在的盐井进行类型分析，成功地揭示了渝东地区自然盐泉向人工盐井演进的规律。这在盐史研究中无疑是一种创新。类似的例子在文集中还有不少。

刘卫国同志的这部文集，可以说是“考现”以识古的又一成功的案例，他的实践从一个侧面表明，通过考察现实来认识历史，确实是治史的一把金钥匙。

2015年6月于京南枫叶居

壮心不已述鹾海　桑榆未晚霞满天

——《渝东盐史文集》序

程龙刚[1]

盐乃圣洁而非凡的晶体，被誉为“百味之祖”“食肴之将”“国之大宝”“国之重利”。盐业在中国是一个举足轻重的经济行业。它既供应广大人民日常生活不可或缺的必需品，又为历代封建王朝提供巨额丰厚的财税。正如民国时期盐务专家曾仰丰所言：“盐为人人日用所必需，一举箸间，实为财政命脉所系，国家存亡所关。”[2]中国食盐的生产和运销历史悠久，源远流长，在历代政治、经济、文化、社会诸方面都占有重要的地位，产生了深远的影响，留下了广泛的投影，形成了丰厚的积淀。自周秦以来，有关盐的文献史料可谓汗牛充栋、车载斗量，“上自史传，下迄志书，旁及计臣奏章，私家著述，无不推阐尽致，一若惟盐为足供研究之问题也者”。发掘和整理有关盐的丰富遗产，并予以科学的总结，是社会科学研究的一项重要任务。

盐业史研究自1909年田斌在《国粹学报》发表《说盐》以来，从无到有、从弱到强，逐渐向前发展。20世纪三四十年代是盐业史研究的成长时期，这期间以《中国盐政史》（曾仰丰著）、《中国盐政纪要》（林振翰著）、《四川盐政史》（吴炜著）等为代表的一大批卓有成效的研究成果不断涌现。20世纪70年代末以来，是盐业史研究的繁荣时期，在党和国家的高度重视和亲切关怀下，盐业史研究逐渐成为社会科学研究的热点之一，著述颇丰。1997年由人民出版社出版的郭正忠等先生主编的《中国盐业史》就是其中的代表作之一。正如著名经济史学家李根蟠先生在《二十世纪的中国古代经济史研究》一文中所说：“盐业史成绩尤著，其巨大发展肇始于（20世纪）70年代中后期四川井盐业生产技术史研究的突破和批判封建主义过程中榷盐制度的研究，同时亦与四川

---

① 程龙刚，自贡市盐业历史博物馆副馆长。

② 曾仰丰：《中国盐政史》，北京：商务印书馆，1937年。

自贡井盐历史档案的开发利用分不开。”以四川盐业史为代表的中国井盐史研究取得了尤为显著的成绩，硕果累累，如《中国井盐科技史》（林元雄、宋良曦等著）、《川盐史论》（宋良曦、钟长永著）、《中国古代井盐工具研究》（刘德林、周志征著）、《遍地盐井的都市：抗战时期一座城市的诞生》（孙建三、黄健等撰述）等。

然而，我们很遗憾地发现，大多数的专家学者都着重对文献资料的爬梳，认为中国井盐生产的历史始于战国末期李冰开凿广都盐井。显然，盐井成为“飞来”之物，给人们以横空出世之感，中国井盐生产的源起被淹没。人们认识客观事物，必然经历由低级到高级，由简单到复杂的过程。地下矿产资源的开发利用也必然遵循由浅入深、由表及里、循序渐进的规律。由此可见，人类最早发现并加以利用的井矿盐资源，无疑是出露于地表的井矿盐露头——自然盐泉，盐井的开凿正是这种开发和利用的必然结果。“实际上，在井盐生产出现以前，先民早已开发利用便利的自然盐泉。这是中国盐业历史的一个至关重要的问题。但是，在许多研究中国盐业史的专家们看来，这样提出问题，也许有违中国盐业史的‘常识’。然而，从早期盐业开发与人类活动的关系角度提出泉盐生产起源问题，恰恰有助于我们重新认识那些‘常识’。”[①]

渝东地区具有自然盐泉从多处流出地面的独特地理环境。从文献资料记载来看，散布于渝东地区的巫溪县宝源山、彭水县郁山镇、奉节县白盐碛、云阳县云安镇、开县温汤井、万州长滩井、忠县㽏井和涂井等，自古以来皆有自然盐泉涌出。这些自然盐泉，或从山麓流出，或从溪河旁地面渗出，具有天然性和浅层性的地质特点，较易被先民发现并予以利用，为渝东地区的盐业生产提供了得天独厚的物质基础，渝东地区自然也就成为最早开发利用井矿盐资源的发祥地之一。因此，在有信史记载的井盐史之前，还有一段被历史尘封而鲜为人知的自然盐泉的开发利用史。一部先秦时期渝东地区自然盐泉的开发利用史既是一部渝东地区先民的生产生活史，也是一部井盐生产的幼年史。我可以毫不夸张地说，研究这段历史不仅可以回答远自200万年前的“巫山猿人”，生活在距今14万年前的“奉节兴隆人”，生活在距今五六千年前的“巫山大溪人”，以至春秋战国末期以前的先民们，是如何自觉或不自觉地在自然界生态平衡规律的支配下，在优胜劣汰的生存竞争中获取食盐的，而且对研究文献资料阙如的井盐生产有益，又有助于研究渝东地区的民族史。

2000年4月，一位长期工作在盐业战线对盐有着特殊情结的“老盐巴”——刘卫国先生，不辞辛苦，长途跋涉，从重庆万州带着与考古实践经验极为丰富的曾先龙先生联袂撰写的论文《渝东地区古盐业发展史初探：从忠县㽏井沟发现原始制盐工具说起》专

---

① 程龙刚：《三峡地区泉盐生产起源蠡测》，《重庆三峡学院学报》2004年第2期。

程来到我工作的《盐业史研究》编辑部投稿，并与我就渝东盐业史和中国井盐生产的起源等问题进行了深入探讨和交流。说实在的，作为从事盐业史研究和编辑工作的专业人员，我被刘卫国先生对渝东地区盐业史老骥伏枥的热情和执着所深深打动。同时，根据刘卫国先生提供的渝东地区盐业考古最新信息，我敏锐地意识到开垦渝东地区上古盐业史和中国井盐生产起源这块处女地的时机日趋成熟，遂决定在今后的工作中加大对渝东盐业史研究和弘扬的力度。《渝东地区古盐业发展史初探：从忠县㽏井沟发现原始制盐工具说起》在《盐业史研究》2000年第3期上刊发后，在盐业史和考古学界产生了广泛而深远的影响。《盐业史研究》顾问、国际盐史委员会（CIHS）委员（学术顾问）、中国社会科学研究院历史研究所研究员郭正忠先生在给曾先龙先生的信中赞誉道："阁下与刘卫国先生合作的论文，写得很好！值得推荐给更多的人看。"随后，刘卫国先生的大作《试论渝东古盐泉向人工井的演进》在《盐业史研究》2002年第1期上发表。2002年5月，为了进一步认识和研究渝东盐业史，抢在三峡库区175米蓄水之前，由刘卫国先生牵线搭桥并兼任向导和讲解，在重庆市盐务管理局肖楠先生及重庆市盐业总公司万州公司毕人忠先生、陆荣华先生等的热心帮助和倾力安排下，我和《盐业史研究》编辑部的林建宇先生、周聪女士赴渝东地区古盐业遗址进行实地考察。在为期半个多月的时间里，我们跟随刘卫国先生，跋山涉水，行程数千公里，走遍了渝东地区的山山水水、沟沟壑壑。考察的沿途，粗犷而精美的各型制盐陶器，数量众多、形状不一的古盐井，保存完整、独具特色的古盐场，以及在悬崖峭壁上的输卤古栈道遗迹都令我惊叹不已，渝东先民在盐业生产上的伟大创造和聪明才智也令我深深折服。同年12月，我执笔撰写的《渝东地区古盐业遗址考察报告》刊载于《盐业史研究》2002年第4期。然而，与我感受和触摸到的源远流长、灿烂辉煌的渝东盐业史形成强烈反差的是，渝东盐业史研究特别是文献资料缺乏的先秦时期的渝东盐业史研究成果极其匮乏。我不禁为渝东盐业史"养在深闺少人识"而深感遗憾。带着从事盐业史研究和编辑工作的使命感和责任感，为了挖掘和弘扬渝东悠久的盐业历史，在考察过程中，我和参与此次考察的李水城、孙华、孙智彬、任桂园和陈伯桢等专家学者达成共识——编辑出版一期以全面、系统反映渝东盐业考古进展和研究为主的《盐业史研究·巴渝盐业专辑》。2003年3月，《盐业史研究·巴渝盐业专辑》正式出版发行。这是《盐业史研究》创刊以来第一次出版发行专辑。四川是中国井盐的发祥地。四川盐业史特别是川西、川南、川北盐业史，以其丰富的内涵和独具的特色吸引了众多专家学者，涌现出了一大批优秀的研究成果。

然而，同样作为中国井盐发祥地的四川盆地东部（即今重庆市），在以前较长的一段时间里却没有引起专家学者的足够重视，科研成果极为缺乏。乃至提及中国井盐的成就与辉煌时，人们只知川西、川南、川北，而不知川东。《盐业史研究·巴渝盐业专辑》刊载的17篇文章第一次聚焦渝东地区，采用考古资料与文献资料、社会科学与自然科学、考古与“考现”相结合，全面、系统地展示了渝东地区源远流长、光辉灿烂的盐业历史。它的出版发行，不仅会进一步推动渝东盐业史研究，而且填补了中国井盐史研究的空白。《盐业史研究·巴渝盐业专辑》的顺利面世，刘卫国先生功不可没。他为《盐业史研究·巴渝盐业专辑》的稿件和经费奔走呼吁、建言献策，并在此专辑上发表了两篇质量较高的论文——《从忠县涂井溪的古盐泉看人工井的早期演进》和《宁河古栈道遗址新探》。

从这以后，刘卫国先生像上满了发条的钟表，在渝东盐业史研究领域忘我探索，潜心钻研，深耕细作，佳作迭出，《奉节鱼复浦上的八阵图与盐灶》（《盐业史研究》2004年第1期）、《渝东古盐业探源》（《盐业史研究》2004年第3期）、《渝东古盐灶向现代真空制盐技术的演进》（《盐业史研究》2006年第3期）、《渝东古盐泉奇景探秘》（《盐业史研究》2008年第1期）、《渝东盐业与古代战争》（《盐业史研究》2014年第4期）等一批研究成果陆续在《盐业史研究》上刊载，还有几篇论文分别在《盐文化论丛》和《四川理工学院学报》上发表，成为渝东盐业史研究较为有影响力的开拓者之一。我很荣幸，我是刘卫国先生研究成果的第一位读者！每当他撰写完成一篇大作时，刘卫国先生都将其传给我，嘱托我“把关”。然后，我以打电话或发邮件的形式向刘卫国先生“交卷”——交流“读后感”。在这个过程，我受益匪浅，向刘卫国先生学到了诸多做学问的实用方法和创新精神，同时被他的研究所深深吸引，亦撰写了几篇有关渝东盐业史方面的拙稿，算是向刘卫国先生讨教的“心得体会”吧。

2015年7月，我接到了刘卫国先生打来的电话，他在电话的那头满怀兴奋地告诉我他即将出版论文集——《渝东盐史文集》，我在电话的这头也是万分激动。紧接着，刘卫国先生把他发表在《盐业史研究》和其他刊物的19篇研究成果和2篇附录传给了我，嘱托我写序。我悉心地拜阅完刘卫国先生传来的书稿后，掩卷“有味”，再次被深深地触动，感佩之情由然而生，其原因主要有二：第一，壮心不已述鹾海，砥砺奋进谱华章。他涉足盐业史研究已届退休年龄，本应回家含饴弄孙、颐养天年，却“自找苦吃”“无病自炙”。15年前，与盐打了一辈子交道的刘卫国先生从重庆市万州区盐务管理局副局长的岗位上退下来，但是仅念过小学加一年军校的他却放不下与盐的不解之缘，毅然决然地走上了挖掘和弘扬渝东盐业历史文化的新岗位。于是，刘卫国先生凭借着常人难以想象的顽强毅力和辛勤付出，一头钻进“故纸堆”阅读大量文献资料，同时走遍渝东地区所有与盐业有关的遗址和现场，加之数十年从事盐业工作的经验和感悟，独辟蹊径，不落窠臼，撰写和发表了数量可观、质量上乘的学术论文。这令许多专门从事史学工作的青年学者都难以企及，啧啧称赞。第二，系统全面惠学林，桑榆未晚霞满天。刘卫国先生这部力作《渝东盐史文集》内容丰富，系统全面，不但以盐业生产为中心，而且旁及盐业运销、缉私和税收；不仅论述了盐业经济，还涉及与盐业有关的政治、文化和社会。因此，《渝东盐史文集》全方位地展示了渝东盐业丰富的文化底蕴和厚重的历史积淀，是研究渝东盐业史乃至中国井盐史不可多得的读物。

谨此为序。

2015年12月于西秦会馆

前　言

盐在人类生命中扮演着重要的角色，是一个人的终生伴侣，无时无刻不在参与我们生命的运转。在人类早期的狩猎—采集阶段，人们尚可从动物的血肉中获取盐分，但进入到农业社会以后，由于谷物类食品成为人类主食，这就需要在食品中添加额外的盐，盐业也就成为一项极为重要的手工业，在历史发展的长河中，盐业逐渐对古代政治、经济、文化、社会产生了广泛联系和重要影响。

长江上游地区是中国文明的发源地之一，世界最大的水利枢纽工程三峡电站的建设过程中，中国的文物保护机构也同时开展了世界规模最大的考古发掘——三峡考古，发现了数量众多的遗址和遗物，向人们展现了长江上游三峡地区波澜壮阔的历史画卷。这一区域的文明发展进程中，盐业资源的开发与利用占据着非常重要的地位，并且与四川盆地的文明演进过程密不可分，对于深入探讨巴蜀文明起源和发展、早期国家的形成模式、三峡地区城镇化的发展、跨区域文化交流与互动等重大问题具有十分重要的价值。盐业考古是近年来新兴的考古分支，它是指从考古学角度研究古代食盐的生产、流通和消费及其对人类社会发展的重要作用。渝东三峡地区是中国盐业考古的兴起之地，先后发掘了重庆忠县中坝遗址、云安盐场遗址等重要的盐业遗址，其中尤以中坝遗址的发现最为引人瞩目，在中外考古学家的共同努力下，将中国早期陶器制盐的技术细节揭露出来，也将中国人工制盐的历史上推到新石器时代晚期。

中国晚期盐业考古研究中，虽然文献记载丰富，但相关工作开展不多，是中国盐业考古研究中有待加强的部分。重庆是长江上游地区古代盐业生产的重要地区，不仅保留有早期盐业遗址，而且晚期盐业遗存也十分丰富。近年来，重庆市文化遗产研究院加强了晚期盐业遗址的调查和发掘工作，以渝东南地区的彭水县郁山镇为重点突破，开展了一系列考古工作，先后发掘了中井坝盐业遗址、郁山盐厂遗址，发现了中国目前保存最好的明清至近现代的制盐作坊遗址，该遗址是中国晚期井盐生产的典型代表，为研究重庆地区晚期盐业考古、盐业史研究提供了重要契机。为此重庆市文化遗产研究院开展了深入、持续地盐业考古研究，并将盐业考古拓展为院内重要科研领域。

刘卫国先生是一位资深的盐业工作者，曾先后担任云阳盐厂厂长、万州盐务管理局副局长等职务，在长达二十余年的盐业系统的耕耘中，积累了丰富的盐业生产和管理经验，为渝东盐业的发展做出了卓越的贡献。不仅如此，由于对盐业、盐文化充满着深厚情感，他退休之后，怀着极大的热情和毅力投身到渝东盐业史研究的领域中，取得了非常丰硕的学术成果，成为一名学术界高度认可的盐业史专家。先生往往从生产者和管理者的角度出发，以丰富的实践经验，通过开展实地调查，敏锐地抓住盐业遗存的具体特点，结合相关的历史文献开展论述，从而深刻地理解了渝东盐业的发展和演变的历程。而这种研究方法是以往单纯依靠文献梳理来治盐业史的学者所不具备的特点，考古学特别强调通过对遗迹和遗物的深入剖析，来还原当时的生产生活的面貌，在这一点上他的研究思路其实与考古学不谋而合，具体到盐业考古上来看，盐业遗址中会出现大量盐业生产过程所遗留的各种现象，这就需要有相当的盐业生产的专业知识和经验，才能够辨析产生这种现象的原因，并将这些片断串联到一起，复原当时制盐的工艺流程，这恰恰也是考古工作者所不具备的知识体系。

为了加强盐业考古的研究力量，弥补科研人员知识储备的不足，2015年3月，重庆市文化遗产研究院特聘请刘卫国先生为盐业史客座研究员，双方共同开展渝东地区盐业史、盐业考古的研究工作，同时对渝东地区盐业史志开展抢救性整理。经过数年的辛勤劳动，重庆市文化遗产研究院盐业考古的研究方法和水平不仅得到了明显提高，而且研究成果层出不穷，在盐业考古领域产生了重要影响。而这本论文集就是刘卫国先生近年来学术成果的集中体现，全书共收录论文19篇，从研究区域上看涵盖渝东重要的盐产地，包括云阳、万州、奉节、巫溪、彭水等地，从研究内容上看包含盐业科学技术史、盐业史、盐文化、盐业管理等内容，全书以盐业生产为主线，通过对盐井、盐灶等生产设施的系统梳理，结合历史文献和考古材料，构建起渝东地区先秦至近现代盐业生产技术的演变脉络，同时对盐业所涉及的民俗文化、交通路线、军事斗争等方面进行阐释，全方位、多角度考察了渝东地区的盐业发展史，对于研究渝东地区古代政治、经济、文化等具有十分重要的参考价值。

在本论文集的编撰过程中，重庆市文化遗产研究院承担了本书编辑、整理以及线图描绘等工作，并且积极联系出版社洽谈出版事宜，为本书的出版做了大量的前期工作。重庆市文化遗产研究院联合重庆市盐业协会、云阳盐化有限公司共同出资出版这本论文集，本书的出版必定会对中国井盐科学技术史的研究产生重要的推动作用以及对现代盐业生产和管理部门产生重要的启示作用。

编　者

2018年3月

目　　录

渝东地区古盐业发展史初探

——从忠县㽏井沟发现原始制盐工具说起[①]

摘要：近年来，忠县㽏井沟遗址群出土了大量新石器时期的尖、平底杯和花边陶釜。这些遗物堆积之厚、数量之大，实属罕见，令人惊叹。此物何用？笔者对这些遗物、现场和周围的地理环境进行了长期的考证和对《山海经》中有关叙述、盐鱼关系、忠县历史沿革和已有盐史研究成果等史料进行综合研究后提出，这些陶罐是原始浓卤、煮盐工具。为了进行更深入的研究，笔者又以探讨的方式提出了几个问题，以抛砖引玉，希望有更多的专家学者来关注这一课题。

关键词：渝东地区　古盐业　初探　原始制盐

自1992年第七届全国人民代表大会第五次会议通过兴建三峡水利工程的决议后，渝东地区的文物抢救性发掘工作按计划全面展开，专家学者们围绕各种学术课题，进行深入研究。随着时间的推移，渝东地区远古历史的面纱逐渐被揭开。人们所关注的，如氏族部落的分布和各自的文化特征、生活器物群的组合、生产工具的制作和使用、政治经济的变化发展、生态环境的变化规律、长江的洪水变化周期等，已较为清楚地展现在人们面前。忠县㽏井沟遗址群出土的大量陶器残片（完整陶器亦不少），从数量及制作工艺上看，绝不是生活用品，定是与某种生产活动有关的生产工具。本文拟从古盐业生产的角度，探讨渝东地区古盐业的发展概况。

在人类文明的演进中，食盐有着特殊的功绩。当人类进入猿人阶段时，能够主动地摄取食盐，食盐进入人体后，其中金属钠离子以其带电关系，造成细胞内外的不等压，细胞内压力偏低，压力高的营养物质通过细胞壁进入细胞内。同样，因其带的电荷多，而有凝聚作用或胶结作用，使进入细胞内的营养物质不再游离出去，逐渐被细胞吸收。营养的积累，促进脑细胞的生成和发育，使人类不断聪明起来，促进了劳动生产技能的

---

① 本文作者为刘卫国、曾先龙。曾先龙（生于1949年），男，重庆市化龙桥人，曾任重庆市忠县文物管理所所长。

提高，从而大大缩短了从猿到人的进化速度①。正因为盐是人类生活的必需品，而盐矿资源并不是随处皆有，在技术十分落后的古代，食盐对普通百姓来说，可谓珍品，在出土的西周青铜“免盘”上都刻有铭文：“锡免卤百樽。”“免”，贵族人名；“樽”，可释为“壶”；赏给贵族“免”的自然盐（或卤）才有“百樽”。可见国家对盐的严格控制。盐业与国家经济、政治、军事，乃至社会、文化的发展都有密切的关系。中国在大唐鼎盛时期，有所谓“天下之赋，盐利居半”。国家对食盐实行专卖，始于战国时代，并沿袭至今。

原始人类的文化核心地点，应该具备几个重要条件：一是丰富的食物资源，可耕地，可狩猎，可捕鱼；二是较好的气候；三是食盐资源；四是饮用水；五是石器及陶器材料易得。最早被人类发现的地面盐泉区，也就是人类文化发源最早的地区。据《华阳国志》载：“临江县有盐官，在监、涂二溪，一郡所仰，其豪门亦家有盐井”；“朐忍县，有灵寿木，盐井，灵龟”；“汉发县，有盐井”。《大明一统志·大宁志》载：“宝源山在县北三十里，旧名宝山，气象盘蔚，大宁诸山，独此雄峻，上有牡丹、芍药、兰蕙，半山有穴，出泉如瀑，即咸泉也。”《华阳国志》对渝东地区产盐的记叙，第一个是临江县（今忠县），用了二十三个字，很详细，并强调“一郡所仰”。所谓一郡，指的是西至江州（今重庆），东至临江（今忠县）的巴郡。第二个是朐忍县（今云阳），用了十一个字。涪陵的汉发县也只用了六个字，极为简略，可见当时临江县的产盐业已具有相当规模，以至于“一郡所仰”，是为该郡经济中心。

一、古老盐泉发现地

忠县的监、涂二溪，指的是㽏井河和涂井河。㽏井河发源于今梁平县老龙洞，曲折南流，经二百里至三角滩与黄金滩合流，又十五里达㽏井，由㽏井河口流入长江。关于㽏井的“㽏”字，汉许慎的《说文解字》未收此字，《辞海》《辞源》中亦未见有此条目，只《新华字典》中收入此字，条目只解释为“忠县㽏井沟”，并未解释“㽏”字之意。据当地乡土文人解释：此字为二水合一，其味甘美。“㽏”字以前的写法是两点水，即㽏（上冾下甘），上部表示二水合一，二水合一是指两种水合在一起，即卤水和清水，下部表示味道甘美。这里“甘”意作美，不作甜，河水里有盐味，味道鲜美。忠县秦汉置临江，王莽改监江，临、监、盐古音通假，㽏井河在古时水中有盐味，喝起来味道鲜美，看来当地人对此字的解释是有道理的。涂井河发源于今梁平县的蟠龙洞，南流一百三十五里达涂井，又十五里入长江。县志载：“临江县有盐官，在㽏、涂二溪，

① 管维良：《巫山盐泉与巴族兴衰》，《巴渝文化》（第四辑），重庆：重庆出版社，1999年。

一郡所仰，其豪门亦家有盐井。”自秦灭巴蜀置临江县后，王莽复古改名监江。东汉后复置临江。至唐贞观八年（626年），因巴蔓子、严颜“忠义之故”，改临江为忠州，历代为州、郡、府治地。从取名临江、监江的古县名看，定与卤盐产业的发达有必然的联系。至清雍正将忠州升为直隶州时，㽏、涂二溪还有盐井35眼，道光年间仍有34眼，同治亦如此，民间有“打开万家井，饿死云阳人”的传说。民国八年（1919年），㽏、涂二盐场被查封，县知事江宗海以“忠县有数千年的制盐历史，数万人赖以求生”为由，据理力争，后批准复产。

汉许慎的《说文解字》解释说：“盐、卤也。天生曰卤，人生曰盐。从卤监声。”按许慎的说法，自然形成的称卤，只有经过人力加工而成的才称之为“盐”。看来，在同一产盐区，从自然形成的“卤”到人力加工的“盐”之间，还应该存在着一个发展过程，渝东地区从人类发现和利用自然盐泉到人力加工生成的盐，经过了约两千年的漫长历程，从《山海经》中叙说的巫山宝源山盐泉到《华阳国志》叙说的临江县有盐井，在时间上跨越了夏、商、周三代。如果说《山海经》的记叙带有浓厚的神话传说，而《华阳国志》则是一部可信度极高的志书。渝东地区各产盐县的方志记载：巫溪大宁盐厂始于公元前316年，云阳盐厂始于公元前206年，忠县㽏、涂二场始于公元前204年，这些记录都是凿井取卤加工制盐的历史，是否表明在此之前的人类就没有利用泉卤生产盐呢？答案应该是否定的。“天生”的卤，发现和利用在先，夏、商及其以前，自然盐泉已经被发现和利用。商人以“西”与“卤”同字，说明曾定居于黄河上游的商人，利用的主要是河东一带盐池中的自然盐。商、周之际，以夙沙氏为代表的滨海部落，煮海为盐，才开了人工制盐的先例。渝东地区与中原几乎同时，人类首先发现了巫山宝源山盐泉，㽏井沟盐泉，还有鄂西长阳盐水以及彭水的伏牛山等盐泉，这些盐泉的最早利用，创造出这一地区灿烂的古代文化。通过近几年渝东地区的考古发现，尤其是对㽏井沟遗址群的大规模发掘，该遗址群极深的地层堆积和奇特的埋藏景观，让人们感到不可理解，大量的尖底陶杯和花边陶釜，往往占同一遗址或同一地层陶器数的90%。这些遗址中，这样多器类单调的陶片堆积是如何形成的？是什么时代的东西？它的用途是什么？是不是与当地盛产卤盐有必然的关系？

㽏井沟遗址群，主要由㽏井河与长江交汇处左岸的瓦渣地遗址、哨棚嘴遗址、崖脚遗址、罗家桥遗址和距江河交汇处4千米的中坝遗址组成。根据北京大学和四川省文物考古研究所近三年来对该遗址的大规模发掘和研究，基本搞清了该遗址群的文化内涵，建立了可信的时代序列。它们的共同特点是地层堆积深厚，出土器物数量惊人，其中又以中坝遗址、瓦渣地遗址、哨棚嘴遗址最为突出。中坝遗址的地理环境较为特殊，㽏井河在它的上游，百米处河道变窄，数百米高的羊子崖和凤凰崖峙立左右，形成只有50米宽的深谷，且落差大，山洪暴发时，涛声如雷，出深谷后，河道变宽，水流平缓，乘小舟一个小时能到河口。在远古时代，水土流失没这么厉害，山上山下被森林覆盖，河水清澈，渔产丰富，形成了林中有兽、水中有鱼良好的生存环境，最难得的是这里有盐泉从山下涌出。从地质结构上看，羊子崖和凤凰崖位于万县盐体构造的西南端，在方斗山背斜与万县向斜中间的大池干次级背斜上。岩盐层位上升很高，加之峡谷陡峭，岩盐被雨水溶解后，从岩隙中涌出。可以断定，远古时这里盐泉涌出的数量比现在多，随着时间的推移，涌出的盐泉数量才逐渐变少，我们来看一看古人类在这里留下了些什么？

二、盐泉的最初利用

1998年上半年，四川省文物考古研究所在中坝Ⅱ区发现了“三叠层”，建立了从哨棚嘴—老官庙—三星堆的文化年代序列。

哨棚嘴类型，是北京大学考古系1997年对㽏井河口右岸的哨棚嘴新石器时代遗址大规模发掘后提出的，孙华先生将之分为六期。为本文需要，重点介绍哨棚嘴第一期。陶器器类主要有侈口深腹盆、平卷沿深腹盆、深腹小平底缸，纹饰多为稀疏的绳纹和绳纹组成的菱格纹，其中以夹砂深腹小平底缸出土数量多，且最具特色。

老关庙下层文化是1995年吉林大学和四川省文物考古研究所对奉节县老关庙遗址第三次发掘后提出的。该遗存器类单一，最具特色的陶器是夹砂敞口斜直腹尖底缸，在口沿内外贴泥片按压成很厚的波浪形花边，胎较薄。

三星堆文化遗存器类丰富，但出土最多的是夹细砂的耸肩小平底罐，肩部略饰绳纹，薄胎。

上述三种陶器（图一）在忠县中坝、哨棚嘴遗址大量存在，并且有明确的地层叠压关系，应该都属于㽏井沟文化类型，是地地道道的带有浓厚地方特色的土著文化。

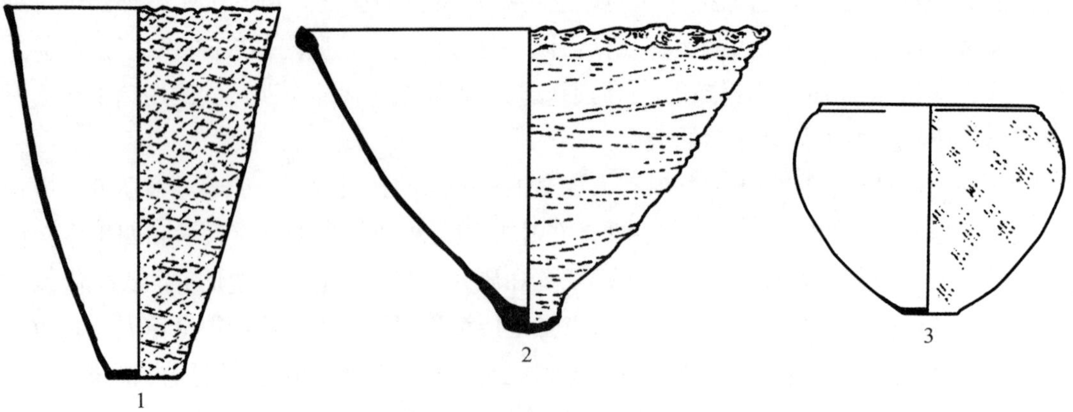

图一

1. 小平底缸　2. 尖底缸　3. 小平底罐

这三种不同时期的典型陶器，埋藏在盐泉自动涌出的适合人类生存的地方，必然与人类使用自然盐泉有关。这些陶器出土量大，有的灰坑一次就出土几千片，而且品种单一，体量也大，哨棚嘴的深腹小平底缸高68厘米，口径40厘米，底径10～15厘米，斜直腹尖底缸也同样如此。这种陶器绝不是生活用品，而是一种生产工具（或称为储藏器）[①]。古人将这种陶器放在沙地上，或半掩埋在土中，装满盐卤水，便于食用，捕鱼丰收后吃不完的鲜鱼，放在盐卤缸中保存。在阳光充足且炎热的夏季，将装满盐卤水的缸置于室外，使卤水不断蒸发浓度增高，在生活实践中，古人偶然发现盐卤水在强烈的阳光下盐卤水蒸发完后，会产生结晶盐。这偶然发现具有划时代的意义。于是利用夏季的高温浓缩卤水的工艺迅速发展，增加了陶器的生产，繁荣了地方经济。

三、最初的人工煮盐

人工煮盐，则是商末周初的事。在耸肩小平底罐的堆积层上面，叠压着以羊角状尖底陶杯为主的堆积层，再上面便是数量惊人的以花边陶釜为代表的堆积层，在大量的花边陶釜堆积层中，尖底陶杯亦与之共存。这两种器物一直沿用到秦汉时期，在广泛使用铁器后消失。从尖底陶杯和花边陶釜的埋藏情况来看，这两种陶器的堆积彼此都非常集中，往往一层堆积是尖底陶杯，另一层堆积就是花边陶釜（图二）。这些堆积有的地方薄，有的地方厚，有的火候不匀，产生个体器物一边硬，一边酥，上部硬，下部酥，堆积中往往夹有不少木炭渣，这样一层一层的堆积有的厚2～3米。在铁锅未广泛使用之前，人们用这种制作简单的尖底陶杯和花边陶釜，成排地插在地上或相互依靠地放在地上，装满盐卤水，其上铺架柴薪，使之煮成结晶盐。烧成的结晶盐，只是底部的一小块，为了便于取出结晶盐，而将制盐工具制成尖底杯和圜底。在烧煮过程中，尖底杯和圜底釜会损坏一些，损坏的器物和木炭渣经过平整，继续进行下一次烧煮过程。这样无数次烧煮制盐，留下了十分惊人的实物遗存。中坝遗址的文化堆积超过10米深，瓦渣地遗址的文化堆积也超过6米。㽏井沟的先民，依靠丰富的盐泉资源，从开始对自然盐泉的利用、储藏、浓缩直到用火煮盐，走完了人类依靠环境从生存、发展、繁荣的历史过程。

① 孙华、曾先龙：《尖底陶杯与花边陶釜》，《巴渝文化》（第四辑），重庆：重庆出版社，1999年。

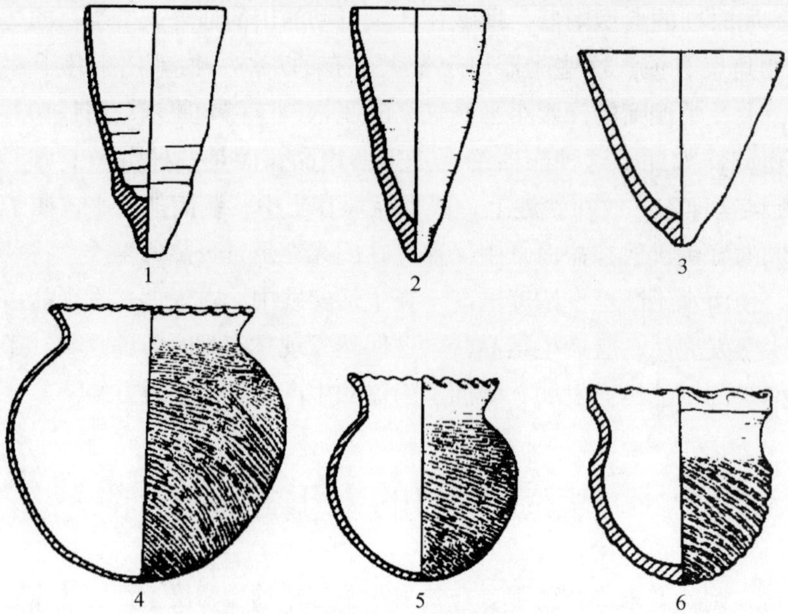

图二　尖底陶杯和花边陶釜

1～3. 尖底陶杯　4～6. 花边陶釜

四、盐和鱼的关系

渝东地区是中国井矿盐的重要产地，有着丰富的盐卤资源。《华阳国志·巴志》记巴地物产有：“桑蚕麻苎，鱼盐铜铁。”《汉书·地理志》记朐忍县（今重庆市云阳县）“有橘官、盐官”。《晋书·地道记》记北井县（今巫山县大昌镇南）的巫溪水（今大宁河）说：“水南有盐井，井在县北，故县名北井。建平一郡所资也。”《新唐书·食货志》载当时的夔门奉节县、云安县、大昌县、万州南浦县、忠州临江县都设有盐官。这些制盐业的出现与当地有丰富的盐卤资源是分不开的，但作为一种产业的出现，除了资源的原因外，也还有其他方面的动力驱使，这种动力应当就是渝东地区的古代盐业。

在中国古代，鱼、盐从来就有着密切的关系。古人常将鱼、盐相提并论，《太平御览》卷八六五《世本》称：“宿沙氏作煮盐。”下注曰：“宋志曰：宿沙卫、齐灵公臣。齐滨海，故卫为渔盐之利。”齐国靠海，以鱼盐富国强兵，称霸中原。在渝东地区，在与巴人有关的廪君传说中，也是与鱼、盐紧密相关的。《后汉书·南蛮西南夷列传》说：“巴郡南郡蛮，本有五姓：巴氏、樊氏、瞫氏、相氏、郑氏，皆出于武落钟离山，其山有赤、黑二穴，巴氏之子生于赤穴，四姓之子皆生黑穴，未有君长，俱事鬼神。乃共掷剑于石穴，约能中的奉以为君，巴氏子务相乃独中之，众皆叹。又令各乘土船，约能浮者当以为君，余姓皆沉，唯务相独浮，因共立之，是为廪君。乃乘土船从夷水下至盐阳，盐水有神女谓廪君曰，此地广大，鱼盐所出，愿留共居。廪君不许。盐神暮则来取宿，旦即化为虫与诸虫群飞，掩蔽日光，天地晦冥。积十余日，廪君思其便，因射杀之，天乃开明，廪君于是君乎夷城，四姓皆臣之。”从这个传说中可以看出，以廪君为祖先的这个古族早期于清江流域（古夷水）与当地盐神争夺盐水，而获得鱼盐之利。

在渝东长江干流，尤其是在一些水流平缓开阔的“沱”和一些支流汇入长江的河口，是鱼类汇集的地方，是从事渔猎的理想场所。在适合大量捕捞的季节里，人们可以在短期内捕获比淡季多得多的鱼。这些鱼不可能在几天内吃光，这就需要妥善储存。鱼是很容易腐烂的食物，渝东地区气温又很高，古代人们保存鱼最简便的方法，就是把它们用盐腌制起来，晒成鱼干。腌制鱼需要大量的盐，制盐需要采卤煮盐，煮盐需要制盐工具。因此，专为制盐业服务的制陶业相应产生。利用自然盐泉→制陶→捕鱼→制盐→制陶，形成一条多种产业相互联系的环节。

五、巴盐和巴楚关系

巴盐，这里指渝东地区巴国属地盐商品的统称，指巴国或巴人所产之盐。东周时期，巴国除拥有巫山盐泉外，沿长江流域由东向西还拥有鱼复江岸碛坝盐泉、朐忍云安卤泉、开县温汤井盐泉、万县长滩盐泉、忠县㽏井溪盐泉和涂井溪盐泉，直到彭水的郁山盐泉和长宁淯井盐泉。如此众多的盐泉遍布渝东各地，说明这一带的盐业生产已形成相当规模，使巴国逐渐强大起来，经济实力已远达南安（乐山）、郪国（中江）、苴国（广元），与秦蜀接壤，至于忠县㽏井沟生产的盐，在商代以前是否称为巴盐，现无从知晓。而张勋燎先生从民族学及语言学的角度分析研究，认为巴就是鱼。在商代以前生活在㽏井沟的部族人是否是巴人？是姬姓巴还是廪君巴？值得商榷，似是鱼国氏族的可能性较大，也可能就是㽏井沟本地的土著人。西周以后，尤其春秋战国时期，忠县臣属于巴国，这可以从出土的大量以巴人圜底釜为代表的生活器具以及颇具特色的巴人兵器中得到证明。

渝东地区盐泉的开发利用逐渐使巴国强大起来，但同时也招来邻近楚秦两国的垂慕，成为两国觊觎与争夺的目标。春秋初世，巴强于楚，楚向食巴盐，仰给于巴。其后，巴楚世婚。战国时，巴已北徙其国邑，疏于备楚，楚乘隙而侵夺其盐泉，先得清江及伏牛山盐泉。之后，巴国势力日下。相反，楚国拥有这两地盐泉后，承巴旧时商销之域，发展商业，侵夺南夷诸部落，扩张领土，国势强盛。秦灭巴蜀时，楚亦进兵夺巴国临江（忠县）以东诸泉，巴御秦，不能自顾江州（重庆）以东，故楚取之甚易，秦得巴而失盐泉，民难安抚，故复倾陇、蜀、巴之众，大举浮江攻楚，然楚尚强，能守枳县（涪陵）以东，其后秦数次攻楚，尽取鄢、郢、夷陵，以断楚与巫盐之路，楚国兵散，败走于陈，故苏代曰："楚得枳而亡。"意思是说楚国占领了渝东地区民众赖以生存的盐泉，秦国必倾其所有反夺之，招致兵败国亡。此后，双方动用几十万兵力，经过几十年的争夺，才最终为秦所得①，足见盐泉对各国的重要和各国对盐泉的重视。然而，楚秦为争夺这里的盐泉而发动大规模战争的历史事件，除史学家外，却少有人知，这段鲜为人知的史实，在忠县㽏井沟口崖脚遗址发掘的最新成果中亦得到了证实。该处存有大量有楚文化因素的墓葬，通过这三年的考古发掘，已揭露出近100处楚墓，随葬品虽不多，但特色明显，与楚侵夺巴临江以东，以及巴蔓子刎首留城的战役时间吻合，证明这里确实被楚国占领过，由此可知，峡江地区的盐业史远不止传统说法中的两千多年。

六、几点探讨

渝东地区的盐业生产到底始于何时，至今还是个谜。远古时期没有文字记载，能够看到的最早古籍也只有《山海经》中关于巫咸国和巫载国神话般的描述，解读像是猜谜，其他文字记载都是后期的事情。忠县㽏井沟遗址的发掘，算是填补了这段空白的历史。但要真正弄清这段漫长历史，还需要更多的资料。不过有几个问题却很值得探讨。

第一，渝东地区具有盐泉从多处流出地面的独特地理环境。中华人民共和国成立后，经过几十年的地质勘查，已经探明，这里的岩盐资源赋存于三叠系中部的嘉陵江组和巴东组，地面出露层位除城口、巫溪外，沿江展布大部是侏罗系，长江两岸的较高山脉，如铁峰山背斜、祁跃山背斜、方斗山背斜等出露层位是三叠系。使三叠系中部的含盐层上升到大山的上部或腰部，雨水从地表渗透到地下，顺裂隙进入盐层，溶蚀盐体后，又顺底部裂隙流出，与地下水混合后，流出山下地面，形成盐泉，且分布于各地。这种独特的环境，使得这里的先民们能够及早发现和利用盐泉资源，成为我国井矿盐的发源地。

第二，从现存的实物资料和发掘的实物资料看，渝东地区有原始盐泉、原始人工井、原始煮盐工具。说明这个地区盐资源的开发利用是从最原始的时候开始起步，经历了各个历史阶段，一步一步走进现代制盐业的，它既不是偶然发生的，也不是中途挤进的，而是从自然状态开始，然后按照制盐的自身发展规律，循序渐进，逐步发展，进步到今天的状态，中间没有捷径，一直走完了井矿盐从原始到现代的全部过程，其起源之早，历史之悠久便可想而知。

第三，从中国早期的历史变迁过程看，到秦灭巴蜀统一中国，建立秦王朝时，巴人已从涉足渝东盐业开始，经历了由盐兴邦、立国、强盛，到衰弱、灭亡的过程，这是一个相当长的历史过程。这个过程也是渝东地区早期盐业发展史中的一个阶段。这个过

① 任乃强：《说盐》，《盐业史研究》1988年第1期。

程，刚好走完井矿盐史上利用自然盐泉生产的第一个历史时期。然而，如将巴人从涉足该地盐业到灭亡的全过程，拿到该地盐业史的全过程中来比较，巴人的兴亡史还不能涵盖该地井矿盐第一个历史时期的全部。本文前面所引“盐水有神女谓廪君曰，此地广大，鱼盐所出，愿留共居，廪君不许”一句中，“神女”可能是母系时期的女首领；“此地广大，鱼盐所出”，说明在巴人涉足渝东地区盐业以前，这里的土著居民早就以鱼盐为生了。所以制盐业的起始时间，远比巴人涉足该地盐业的时间要早，巴人的兴亡史只能算这个地区盐业发展史中，第一个历史时期的后半载。可见，认为这里只有两千多年盐业史的传统说法，与历史真实的差距太大太大。

第四，从渝东地区人工井的位置看，井位均在河流附近的洪水线以上。其卤水特点，除巫溪田坝盐厂是中华人民共和国成立后利用机械打出的寒武系深部黑卤外，其余均属石膏型地表卤，含化学元素较少，浓度低，只有3～4波美度。且受季节影响，雨季浓度下降，旱季浓度升高，久旱浓度更高。这说明卤源的源头较短，离地表较浅，系地面雨水渗入盐层，又从低处裂隙流出来的盐泉。渝东各厂的盐业生产，也该是从利用盐泉开始的，并非挖出盐井后才开始产盐。只是因为盐泉在洪水线以下，受雨季洪水涨落的影响，生产不稳定、不持续。要稳定和持续，就必须在洪水线以上截断卤源，截断卤源的办法就是挖井，挖井必须要具备三个条件：一是要弄清卤水在地下的走向；二要有相应的技术手段；三是铁器工具得到普遍运用。没有这三个条件，挖井就是幻想。到了秦汉之际，这三个条件已完全具备。汉初，各地挖井的愿望相继实现。这可能就是各厂把汉初记为各自起始年代的原因。实际上，这时井矿盐的历史已从漫长的第一个历史时期（自然盐泉）跃进到了第二个历史时期（大口浅井），是第二个历史时期的开始。忠县的盐业在其县志上记载始于公元前204年，而㽏井沟遗址处，煮盐工具的年代远在新石器时期的事实，就证明了这个问题。如果使用盐井生产的地方都始于挖井，而使用盐泉生产的地方又不挖井，那么，从盐泉向盐井的进步就没有必然联系了，前者成了无本之木，后者也就失去了前进的动力。

第五，对㽏井沟出土陶罐的形状和大小进行观察和分析，可以推知盐巴和巴盐两个词的由来。盐巴一词系川渝地区的方言。出土陶罐为圆底状，可容卤水1～1.5升，卤水浓度在3～4波美度，成盐后重约50克。如果边煮边加卤，可增至100克或更多。当初因生产工艺落后，卤水没有净化，煮成的盐呈块状，一块重50～100克的圆形盐块恰似一张饼，方言称饼为巴，自然称其为盐巴。而巴盐则泛指巴国和巴人煮制之盐。随着制盐技术的不断进步，后期能够生产出像雪花一样的散盐，称散花盐，简称花盐。云阳盐在历史上就曾被称为碧水花盐，又因其盐的晶体中间厚、边缘薄，而被称为伞子盐或伞花盐，其块状盐仍称巴盐。从此，巴盐的内涵就由原来的人地概念转化为品名概念了。这也折射出了盐业在渝东地区的渊远与流长。

七、结　语

渝东地区的先民们，在四千多年前由对自然盐的需求，发展到逐鱼盐而居，从开始对自然盐泉的利用，到人力加工制成咸盐，到大规模生产加工贩运，再到国家设盐官对食盐进行专卖。这一切，均在忠县㽏井沟遗址群的考古发掘材料中得到了证明。翻开川渝地区的早期盐业史，现有文史资料显示为：川盐始于公元前250年，李冰父子在广都开凿了第一口盐井，从此揭开四川井盐生产的序幕。随后，四川各地开始凿井煮盐，生产井盐。到汉代，随着社会经济的迅速发展，盐井开凿区域逐渐扩大，在广都县、临江、朐忍等17个县都先后开凿了盐井，发展盐业生产。这里且不研究地域的先后和扩展的趋向如何，就历史而言，它只是有文字记载和人工挖井以后的事情。渝东地区各县地方志记载的始于公元前316～前204年，同样只是有文字记录和人工挖井以后的事。而没有文字记录和人工挖井前的盐业史，则时间更漫长，这段历史却被人们遗忘，成为历史断层。通过对忠县㽏井沟出土器物的年代检测和堆积层位的分析研究表明，忠县盐业生产经历了各个不同的发展时期，大致可分为三个大的发展阶段：公元前3500～前1300年，人工储卤到太阳浓卤；公元前1300～前204年，人工用火煮盐；公元前204年以后，凿井用铁锅熬盐。

从忠县㽏井沟遗址群大规模的考古发掘成果中，我们看到了在四千多年前，渝东地区一支勤劳的先民，生活在㽏井沟富有盐泉的地方，用自己勤劳的双手创造出了富有特色的地方土著文化。忠县的㽏井沟在新石器时代中晚期，已经是一个聚落中心或者部族中心。之后，它的文化因素向四周扩散，到战国时期已经是很有名气的地区了。楚侵夺巴，也是贪忠县等地区的鱼盐之利，秦灭巴蜀后，这里一直是郡、州、府治地。所以，这一切都充分展示了㽏井沟的古族人因盐而生、因盐而兴、因盐而长盛不衰的历史画卷。

原载于《盐业史研究》2000年第3期

试论渝东古盐泉向人工井的演进

摘要： 井矿盐始于自然盐泉，由自然盐泉发展到人工浅井，再由人工浅井发展到人工深井，最后发展到现代机井，这已是公认的不争事实。然而，自然盐泉是如何演变、进化到人工井的，却不为人知。笔者通过对渝东地区400余口古盐井的长期观察、研究后发现400余口千姿百态、形状各异的盐井，基本形态却只有原始井、雏形井、过渡井、人工井四种。其井基本形态的形成，均由当地特定地理环境所致，而推动其演变、进化的动力却是洪水。

关键词： 渝东　古盐泉　洪水　人工井　演进

一、引　　言

井矿盐始于自然盐泉，由自然盐泉发展到人工浅井，再由人工浅井发展到人工深井，最后发展到现代机井，这已是公认的不争事实。然而，查遍渝东各地文史记载，却看不到自然盐泉与人工井之间有任何关系，更谈不上它们之间有什么必然联系了。从记载看，凡用自然盐泉产盐的地方都不需挖井，记载上从不讲挖井之事，因为卤水是从盐泉里自己流出来的，其成本最低，确实没有必要去投入人力、物力来挖井。而用人工井产盐的地方，都认为它们的历史是从挖井之时开始的，与盐泉没有关系。这样，前者与人工井无关，而后者又与盐泉无缘，史料将两者彻底分割开来。例如，巫溪盐厂，一直使用白鹿泉的卤水产盐，据《巫溪县志》载："盐泉出自县北宁厂宝源山麓，古称大宁盐井或白鹿盐泉。"又据《四川盐业志编写大纲》载："大宁自流卤水，发现于周慎靓王五年，即公元前316年。"《四川盐政史又载》："大宁盐井始于汉，卤脉自宝源山麓，地属袁氏。相传猎者见白鹿往来山间，逐之入洞，不见踪迹，饮泉而咸，取以制盐，故名白鹿泉。"此泉一直使用至今，无盐井生产史，与人工井无关。我们再来看一看用人工井产盐的地方又是怎样记载其历史的呢？云阳盐厂是用最完全、最彻底的人工井产盐，据《云阳县志》载，汉高祖元年（公元前206年），汉王刘邦由将军樊哙陪同，从东乡（今宣汉县）入朐忍境募兵招贤。传说樊哙在今云安射猎，见一白兔，跟踪发现卤水，汉王即令当地隐士扶嘉掘井煮盐。扶嘉使民在渗出地表的自然盐泉周围以土石围筑井口，向下挖掘，直至卤水涌出，建成云安第一口盐井即白兔井（今大井）。嘉又对其卤脉进行初步探测，并嘱其女："三牛对马岭，不出贵人出盐井。"女依其嘱，掘井至九口（上温井、下温井、东井、南井、西井、北井、石渠井、浣纱井、土窝井）。依此记载，云阳盐厂一开始就由人工掘井，掘出盐井后才开始起步制盐，无盐泉生产史，与盐泉无缘。其他地方亦如此，与云阳相似，如《忠县志》载："旧有盐井溪，相传东汉关西夫子杨公伯起，见白兔饮泉，因而掘井，俗称㽁、涂两井。"开县温汤井位于温泉镇，当地民间传说"古时一猎者见白羊在河岸边舔食盐泉，尝而味咸，遂刨沙为坑，取其盐卤"。从以上记载的传说中，不难看出这样两个问题：其一，自然盐泉到人工井本是两个不可逾越的发展阶段，但史料记载却看不到两者的有机联系和发展过程，反映不出历史的全貌，即有泉者，不向井发展；有井者则起步于井。从而历史被割断，出现一个很大的历史断层，没有文字以前的历史被遗忘。其二，各地传说十分雷同，几乎是千篇一律，初听某一地传说，似觉可信，但将各地传说汇集到一起时，便发觉全是一个样，难免有牵强附会之嫌，其可信度就要大打折扣了。渝东各地除传说雷同外，还有一些雷同的说法，也很有趣，如渝东生产规模最大的盐场在云阳，因此，各地都喜欢把自己与云阳联系在一起，且都说云阳的盐卤资源发自于本地，于是万县出现了"打开八角井，饿死云阳人"的说法；忠县也有"打开万家井，饿死云阳人"的说法；开县更有"打开温汤井，饿死云阳人"以及"打开花盐井，饿死云阳人"的说法。意思是说，云阳盐场的卤水是从我这里流过去的，只要我这里把盐井打开，取卤制盐，云阳的卤水资源就被截断，没有卤源，云阳人就得饿死。事实上各地该打开的盐井都打开了，云阳人不但没饿死，反而越活越健壮，卤水资源不但没枯竭，生产规模却越来越大，因为各地卤水虽来自同一个含盐层位，但并不在同一地质构造之内。云阳和忠县虽同在一个地质构造，但却分别位居构造的两端，相距100余千米，并有几个次级构造相分割。况且渝东卤水浓度很低，属地表卤，卤水源头很短，又被众多河流切断、露头，远距离之间不可能直接连通，更不可能都流向云阳。因此，打开某某井，饿死某地人之说，实无根据。但就这样一句毫无根据的话，竟然也流传得如此雷同，由此，传说的可信度之低，便可见一斑。

笔者为搞清渝东古盐泉到底是如何向人工井演变、进化的，以揭开蒙在历史上的这层神秘面纱，而到处搜集有关史料，但所有史料都不谈及此事，没办法，只好借助天文学上通过观察群星来揭开星球演变过程的方法。历时数月，对全区各地的古盐井进行了全面考证。经过综合分析、全面研究，终于发现了这里从古盐泉发展到人工井的一些内在动力和客观规律。

据不完全统计，渝东各盐场共有不同类型、不同口径、不同深度、不同大小和不同形状的古盐井400余口。其中云阳县195口、忠县96口、开县20口、奉节县5口、彭水县13口、万县明时有井72口（现能叫出井名的有16口，另有井址7处）、巫溪1口、城口16口。通过对这400余口盐井的综合考证，发现其有同有异，有同即卤水性质相同，有异则指井况各异。经仔细研究后得知，卤水性质相同是由这里的地质构造和地貌特征所致，而井况各异则与当地的具体环境有关，尤其与洪水的影响程度有关。不同程度的洪水影响、决定着各地盐井不同的进化程度和盐井的不同形态。因此，研究这些盐井的具体差异和形成这些差异的具体原因，就找到解开这一难题的金钥匙。

二、地质与地貌

先从卤水的性质相同说起，性质相同是因盐井位置都临近河畔，其卤水浓度都很接近，所含化学成分亦相同。可以说，渝东所有盐井，全部临近长江各支流的河畔，如云阳县云安诸井位于汤溪河畔，云阳县龙角、外郎及万县长滩诸井位于磨刀溪畔，忠县诸井位于涂井溪、㽏井溪、盐井沟、龙池沟、小井溪、臭水溪畔，开县诸井位于清江即东河畔，彭水县的郁山诸井位于郁江支流中井河畔和后灶河畔，巫溪县的白鹿泉即龙井位于后溪河畔，城口县的斑鸠井位于后河畔，只有奉节县的白盐碛位于长江边的碛石滩上。总之，没有一个不在河水的旁边，认识这一点，对于分析渝东盐泉的成因有着十分重要的意义。这些井分布在渝东的十多个县内，区域广大，散布面宽，但卤水浓度却很接近，都只有2～5波美度，且都随季节的变化而呈周期性波动，即雨季浓度下降，旱季浓度升高。卤水中的化学成分，除氯化钠以外，主要杂质为钙，其次是镁和钾，其他元素极微，说明卤水的性质相同，进而说明卤水的成因亦相同。卤水化学成分的具体含量请参看云阳、巫溪卤水化学成分表（表一）。

表一　云阳、巫溪卤水化学成分表

项目 井名	波美度/°Bé	温度/°C	pH	氯/克/升	钠/克/升	钙/克/升	镁/克/升	钾/克/升	硫酸根/克/升	锂/克/升	溴/克/升	碘/克/升	总硼酸/克/升	固体物/克/升
云阳浣泉井	3.8	26	6.9	21.33	13.73	1.33	0.29	0.23	4.45	0.0034	0.028	0.0016	0.056	42.25
云阳云二井	4.6	26	6.95	26.32	21.32	1.45	0.3	0.27	4.73	0.0037	0.029	0.0018	0.075	50.86
巫溪龙泉井	4.1	26	7.33	27.31	17.56	0.67	0.11	0.12	1.87	0.002	0.020	微	微	47.11

表中数据来自四川省盐务管理局1973～1974年对全省卤水普查时的分析报告，表中虽只列出两地的三口井，但却代表了全区卤水的基本情况。云阳、巫溪两地相距一百

多千米，地貌特征差异很大，但卤水浓度都很淡，化学成分也基本相同，这是因为两地地貌特征虽有差异，但含盐层位和卤水的成因都相同：卤水来自雨水对岩盐层的溶蚀，因岩层浅，卤源流程短，属淋滤型表层卤，故卤水浓度低，化学成分简单。雨季渗入淡水多，卤水浓度降低，旱季淡水渗入量少，卤水浓度升高。两地情况相同，这不难理解。

要回答十几个县的广大区域为什么也如此相近，就得从渝东地区的盐体构造和特殊的地貌特征说起。渝东最大的盐体构造是万县盐体，该盐体属海相泻湖蒸发沉积矿床，遍布于整个万县复向斜之中，大致呈西南—东北向，沿长江两岸展布，西南端起于忠县永丰场附近，东北端至云阳城西，长约100千米，宽约37千米，面积约3700平方千米。岩盐赋存于三叠系中部的嘉陵江组和巴东组，共六个含盐层位，最大矿层厚度达127.58米，矿物成分简单，主要成分为石盐，共生矿主要有硬石膏，次为少量白云石、菱镁矿、天青石及泥质物等，与各井的卤水成分相吻合，属海相硬石膏-盐岩矿床。其他几个地质构造与万县构造既平行、又相似，如邻近北面，横跨云阳、开县等地的渠马构造和邻近南面的赶场构造，就与万县构造相平行。更为奇巧的是渝东地区的地貌特征与地质构造的巧妙结合，说它巧妙，主要体现在两个方面：一是地质构造的走向与长江在渝东段的流向相一致。重庆至巫山，长江基本上是由西南流向东北，而忠县至云阳的万县构造正好处于该江段的中央部位，万县构造的向斜轴线正好与长江流向一致，而长江两岸的高山山脉如北岸之铁峰山，南岸之方斗山、七跃山正好与万县构造的背斜轴线相一致，其他构造又与此相平行，十分巧合。二是地质出露层位与地貌特征的巧合，渝东除盆周山区，即大巴山脉（城口、巫溪境内），地势高，地质、地形复杂，出露地层老而外，其余广大地区的地表层位是侏罗系和三叠系，即构造的背斜轴线所对应的较高山脉如铁峰山、方斗山、七跃山的出露层位是三叠系，地势较低的其他地区的出露层位是侏罗系，这样一来，就把三叠系中部的含盐层上升到山上，雨水浸入盐层，溶蚀岩盐后又从山下的河流附近流出，途中又与地表淡水混合，形成浓度较低的盐泉，且遍布全区各地，成为我国独有的特殊地理景象。彭水郁山盐泉、城口明通盐泉虽来自寒武系和奥陶系，与万县构造有很大差异，但出露层位与地貌特征的巧合上，却与万县是一样的。这些巧合为这里的先民能够最早发现和利用盐泉资源提供了必要的客观条件，也是这里成为我国井矿盐发源地的必备条件。

三、环境与盐井

再说井况各异。从表象上看，渝东盐井可谓千姿百态，形状各异，差异极大。正是对这些差异进行的综合比较与分析研究，才有如下两个发现。

第一个发现是对全区盐井进行归类排列后发现，不论盐井的形状如何，也不论形状的差异有多大，但其基本形态只有四种。按其难易程度和发展顺序可分为：第一种是自然盐泉即原始井；第二种是具有萌芽状态的小围子井，即雏形井；第三种是在盐泉四周用泥石砌筑成的烟囱井，即过渡井；第四种是由人工向地下挖掘出来的盐井，即人工井。原始井、雏形井、过渡井、人工井，可具体界定为：盐泉在洪水线以上，于露头处挖坑集卤，筑围防泄卤者，为自然盐泉，即原始井；盐泉在洪水线以下，于露头处挖坑集卤，筑围隔淡水，呈亦泉亦井者，为过渡井；盐泉在洪水线浅部，且洪水涨幅很小，在露头处只需简单挖坑筑围，形似自然盐泉，但有隔淡水功能者，为雏形井；盐泉在洪水线深部乃至河床以下，井口在洪水线以上，从地面向下挖至盐泉露头者，为人工井。

第二个发现是找到了促进自然盐泉向人工井演变的动力。在研究中发现，各地盐井不同状态的形成，似乎是被当地的某种力量所支配。为找出这种支配力量，不得不对各地的具体环境进行具体研究，以找出当地环境与当地盐井形态之间的内在联系。研究结果表明，确实有一种力量在支配当地盐井形态的形成和发展，这个力量就是洪水。因为洪水的影响程度在各地是不一样的，洪水影响的程度决定着盐井向前发展、进化的深度，两者成正比，即洪水影响越大，盐井的进化也越大，反之则越小，无影响则不进化。概括地讲，盐泉在洪水位以上，不受洪水影响者，仍保留其盐泉的自然状态；盐泉在洪水位以下而接近洪水位，且洪水影响很小者，呈雏形井状态；盐泉在洪水位以下，枯水位以上，且洪水涨幅不大者，呈过渡井状态；盐泉在枯水位乃至河床以下，且洪水涨幅较大，危害严重者，呈人工井状态。

这就是盐泉向盐井进化的基本规律，即洪水影响制盐生产是促进盐泉转化的动因，而盐井的出现则是先民们长期与洪水抗争，排除洪水干扰的必然产物。用辩证的观点看问题，任何事物都具有两重性，渝东盐井也一样，既有多样性的一面，又有统一性的一面。多样性是遵循“那里有危害，那里就有抗争；危害越大，抗争越强”。这是统一法则的具体体现和必然产物，符合事物发展的普遍规律，但普遍之中必有特殊，奉节县的白盐碛就具有其特殊性。白盐碛位于长江岸边的碛石滩上，冬季露出水面，夏季淹没于滔滔长江之中，在当时的历史条件下，人力和技术都无法阻挡或隔开长江洪流，即使是现在，技术问题虽不在话下，但经济上的投入大、产出小，也是极不合算的。所以，这里只能被动地维持季节性的生产，一旦受到市场的冲击，便自生自灭，在洪水面前，显得有些无可奈何。这是渝东古盐井中唯一的特殊情况，虽然没有代表性，但却从另一个侧面证实了洪水影响对渝东盐业的生存与发展造成的巨大威胁。对于这种威胁要么战胜它，要么屈服它，当人们战胜了它，就开创出一个崭新的生产局面，并将历史推向一个新的时期。下面将从几个地区的不同地理环境对形成四种井的关系分别进行论述。

四、原始井的地理环境

在众多盐井中保留其盐泉状态的，只有巫溪县的宁厂和彭水县的郁山两处。其中，郁山盐厂长期使用的有鸡鸣井、老郁井、黄泥泉井。巫溪盐厂的白鹿泉，因人们用石料雕成龙头，安放在盐泉的出口，卤水从龙嘴流出，故又称龙井。龙井位于巫溪县城北15千米的宁厂镇，这里开发很早，黄帝时期，这里称巫咸国，在《山海经》中已有记载，至今已有五千多年的历史，从巫咸国的国名上就能感受到盐的滋味，说明这里已经有了盐的生产。至虞、夏之际，这里已是载民之国，即巫载国。其时，这里的盐业生产已具相当规模。因盐的外销，将此耕地极少的山区变成了百谷所聚的地方，成为“不绩不经服也，不稼不穑食也”“爰有歌舞之鸟，鸾鸟自歌，凤鸟自舞。爰有百兽，相群爰处”的极乐世界。历史上，这里最高盐产量达到10 798吨，产品除满足当地及邻近地区食用外，还销往湖北的秭归、兴山、巴东、长阳、竹山、竹溪，以及陕西的镇平、平利、安康、白河、岚皋、紫阳、旬阳等地，其卤水全部产自白鹿泉这一口井。白鹿泉位于宝源山麓，后溪河的左岸（北岸），宝源山即《山海经》中所称之登葆山。早先，卤水从半山腰流出，顺着山势，弯弯曲曲，奔泻而下，犹如长蛇出洞，悬空飞舞，故《山海经》中有“手持玄蛇”的描述，后因地震，盐泉改道从现在的位置流出。后溪河又名茶登河，是长江北岸支流大宁河的一条小支流，发源于巫溪县境内文峰镇正溪村挖断垭东侧，自西向东流至正溪东南部南转，经建楼乡两江沱，纳香盘溪水，转东流入宁厂镇，至溪口汇于大宁河，全长58.2千米，主河道长42.25千米，流域面积只有499.8平方千米，年平均流量才14立方米/秒，故洪水涨幅不大，一般只有3米左右。而白鹿泉的井口却高出河面7米，正常年景的洪水淹不到盐泉，对盐泉的连续生产没有任何影响。众所周知，自流卤水的成本是最低的，汲取也最容易，卤水能够自己流出，就没有必要去挖人工井了。当然，随着技术的进步，后期在集卤、分卤、输卤上有很多进步，不断得到改进和完善，但其基本形态仍然是自然盐泉，保留了原始盐泉的基本特征，所以称它为原始井。这种原始井，能够历数千年而延续至今，主要原因就是它不受洪水的干扰，没有洪水的影响。

五、雏形井的地理环境

雏形井可以在忠县境内找到。忠县对卤水资源的开发也很早，文字记载忠县盐业始于汉，但据最近在㽏井溪中坝遗址考古发掘的成果证实，早在公元前3500～前1300年，这里的先民就在利用卤水晒制成盐，公元前1300～前204年进入到用火煮盐的时代了。忠县的盐井位置大多临近长江，靠近黄金水道，地势也较巫溪开阔，从地理环境和考古发现两个方面看，忠县盐业的起步时间和古时的繁荣程度都不会亚于巫咸国和巫载国。另外，若将《山海经》中有关巫咸国和巫载国的文史资料与忠县考古实物资料综合起来进行研究，再与传统史料相对照，便可发现渝东盐史有两三千年的断层。本文就是想为找回这个断层，而做一点力所能及的探索，特再次呼吁有关专家学者们都来关注这件事情。

忠县境内的盐井据民间传说有96口，其中㽏井72口、涂井17口、小井片5口、苦井1口、吊钟坝1口。现有据可查的41口分布在㽏井溪、涂井溪、小井溪、臭水溪、盐井沟、龙池沟、盐井坝等溪沟河畔，格局较分散，井的状况呈多样性，但大多数井都集中在㽏、涂二溪，占到盐井数的85%。从地势看，北有精华山、南有方斗山，两大山脉把忠县与邻县隔开，河流除长江贯通全境外，无跨区域干流，多发源于忠县境内或忠县境外的边界附近，且河流分散，每条河的流域面积都较小。洪水的涨幅不大，加上某些河段因落差大而流速快，形成跌水或冲沟，出现河床无沙石沉积的河段，洪水在这些河段的涨幅就更小。一些井位正好在这些河段的岸边，洪水对盐井的影响甚微，因此，盐井的形态很简单，有的就在盐泉的出口处刨一个小坑便可取卤，其实它就是自然盐泉，但又不同于巫溪的白鹿泉。这里洪水的影响虽然甚微，但毕竟时有洪水光临，当洪水来临时，人们必须在泉眼周围用泥石筑成小围子，以隔开淡水，这样，就具有了人工井的萌芽。对于洪水经常侵袭的井位就需要构筑永久性的小围子，这种永久性的小围子井就是人工井的雏形状态，所以，称它为雏形井。雏形井的代表当数涂井溪的高井，高井位于忠县涂井乡红赤村境内的汝溪河畔，汝溪河系长江北岸支流，发源于万县黄泥乡杨家沟，经梁平入忠县白庙乡，自北西流向南东，经汝溪、涂井到平山乡汇入长江，河道长60千米（至涂井约54千米），流域面积720平方千米，多年平均流量11.9立方米/秒，流域面积略大于巫溪县的后溪河，但流量却小于后溪河，因河流横穿背斜切面深，而形成多处跌水和峡谷，高井所在河段的地理条件为浅形冲沟，顺河床下行100米有一陡坡，形成落差较大的瀑布，河床无泥沙堆积，涂井溪的盐井就集中在河床无泥沙堆积的急流段边。高井正好位于缓流与急流的转折处，洪流到此，被及时排走，形不成大的洪峰。盐泉处在右岸（西岸）枯水线以上不到1米的位置，一般洪水涨幅只有1米左右，这样，高井就经常处于被洪水淹没几十厘米的状态，为排除这种洪水经常但又轻微的干扰，就必须设置永久性的设施来隔开洪水，于是人们就用石料打制成一个直径约60厘米、高约70厘米、厚约10厘米的圆圈，安放在盐泉出口的周围，若遇特大洪水，可临时关闭井口。雏形井就在这样的地理环境中出现了，雏形井的出现，标志着古盐泉向人工井迈出了第一步。请参阅下面忠县涂井溪高井水位示意图（图一）。

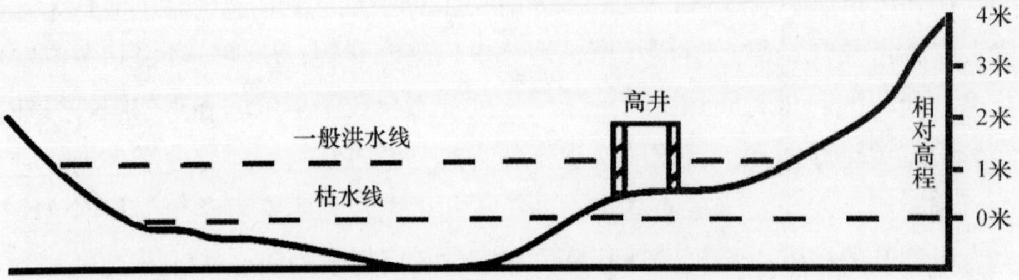

图一　忠县涂井溪高井水位示意图

六、过渡井的地理环境

过渡井主要集中在开县的温泉镇。开县共有盐井20口，其中有19口集中在温泉镇，统称温汤井，其产盐规模仅次于巫溪县的宁厂，年产盐接近4000吨，产品销往川东、川北、川陕的部分地区，是渝东产盐重镇之一。温汤井位于长江北岸支流澎溪河的上游，澎溪河明代以前称清江，又名小江、横江、玉林河，发源于开县白泉乡钟鼓村天生桥，一路汇集桃溪河、东河、南河、浦里河水，由开渠镇入云阳县境，在双江镇侧注入长江，河流全长177.5千米，流域面积5172.5平方千米。温泉镇则位于大巴山麓清江河段的温汤峡谷中，这里所说的清江是指澎溪河上游的发源段，古称巴渠、叠江，因清代划清江流域为开县东里，故近代又称东河，民间仍称清江，河道长106千米。温汤峡距源头约70千米，流域面积大于巫溪的后溪河和忠县的汝溪河。温汤井坐落在不到2千米的峡谷之间，江水由北至南，江面狭窄，两岸相距不过50～60米，盐井分布在东西两岸河边，河西10井、河东9井。这里因河面狭窄，加之地处上游山区，具有易涨易落山溪水的特征，流域面积虽然不大，但洪水的涨幅远大于忠县的汝溪河，正常年份可上涨6米，最高时达8米。这里的盐井其实也是盐泉。早先，河床比现在低2～3米，盐泉从枯水位以上1米左右的位置流出，为隔离洪水，人们就在盐泉出口的四周用石料和三合土砌筑成5米左右高的井筒，刚好能避开洪水。为抗御洪水对井筒的冲击，井壁筑得很厚，并在临水面往下逐渐放大坡度，远处看去，犹如斜坡上的烟囱。这种在盐泉四周砌筑成的井，既是盐泉，又是盐井。所以，称它为过渡井。它在盐井的进化过程中具有十分重要的意义，需要作更详细的交代。为此，我们特在现场选择了保存较完整的河东码头井（简称码头井）作为代表，进行实地测量，并绘制成“开县温泉镇河东码头井水位示意图”（图二），好让读者有个直观的了解。

码头井位于温汤峡南端左岸（东岸），此井产量较低，但保存较好，对岸的玉泉井产量最高，但已遭部分破坏，无奈只好舍大取小。码头井为方形井，略呈长方形，井口

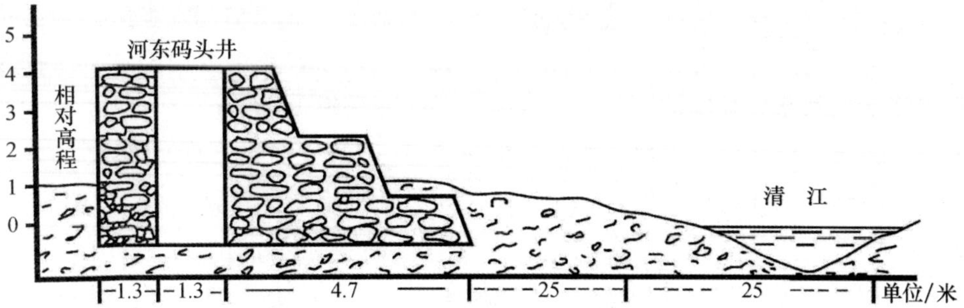

图二　开县温泉镇河东码头井水位示意图

内径南北长1.5米，东西宽1.3米，南、北壁厚0.6米，东、西壁厚1.1米，其中临水面即西面往下逐渐放大边坡，并形成三个台阶，至井底壁厚达4.7米，显然这是为了加固底部抗御洪水冲击的能力，井深4.5米，碛石堆积埋没井壁1.5米，水面低于碛石堆积面1米，高于井底0.5米，即井底负于河面0.5米，洪水上涨6米，没过井口2米，最高可涨至8米。据当地八旬老人刘世光先生介绍，早先河床没有升高时，井口正好可以避开洪水。后期洪水虽能淹没井口，但时间很短，每年也就4次左右，每次少则半天、多则1天洪水就退落了，所以并没有随河床的升高而加高井筒，每次洪水来临时，将井口封闭，水退又打开，每年停采卤水的时间只有几天，只要事先做好卤水的储备和调节工作，制盐部分是可以不停产的，即使要停产，也可安排设备检修，全年生产仍可连续进行。这样以不变应其变，使它的原貌能够保留下来，过渡井的形态亦能延续至今，较之汝溪河畔的雏形井，温泉镇的过渡井又将盐泉向盐井的进化程度向前推进了一大步。

七、人工井的地理环境

人工井主要集中在云阳县的云安镇和忠县的㽏井溪，云安镇即云阳盐厂的所在地，古时称云安场，位于云阳县城北16千米，地处长江北岸支流汤溪河的下游。云阳县因县城在云安的南面，南面称阳，即云安之阳，所以叫云阳县。境内共有盐井195口，其中185口分布在云安镇汤溪河两岸，大多数盐井又集中在汤溪河南岸。这里的制盐历史有两千多年和七千年之说，究竟起于何时，还有待进一步研究，但有一点是肯定的，即产盐规模居渝东之首，系四川省四大盐业重镇之一，列为二等场，历史最高年产量达24 700吨。产品除满足本地所需外，还销往四川省的奉节、开县、梁山（梁平）、新宁（开江）、万县、巫山、达县（达川）、东乡（万原）、石柱等十余县，以及湖北省的恩施、宣恩、来凤、咸丰、建始、鹤峰、利川、长乐、巴东、秭归、长阳、兴山等十几个县，其卤水全部取自人工井。从现实状况看，人工井的井位均在洪水位以上，而井深又均在枯水位以下，卤源埋在地下较深部位，似乎其发现和采汲都很困难，因此很容易做出起步较晚的判断。其实，这只是它的表象，真实情况并非如此，它们也是起步于自然盐泉，也经历过各个发展阶段，进行过各种尝试，只是特殊的地理环境迫使它进化得更快、更彻底而已。现在，我们就来看一看它所处地理环境的特殊之处。

其一，有人工井的地方，洪水的涨幅必大，洪水的破坏力很强。如云阳县的云安诸井，位于汤溪河下游河畔，汤溪河原名东瀼河，发源于巫溪县龙台乡钟南村，由上坝乡邓家院子进入云阳境内，由北东流向南西，至江口镇转向东南，经南溪至云安，于云阳镇东注入长江，河道全长126千米，流域面积1810.8平方千米，多年平均流量44.4立方米/秒，是巫溪县后溪河的3.17倍，是忠县汝溪河的3.73倍。因此，洪水的涨幅高达14.1米，加之附近的河道曲折弯多，两岸是悬崖峭壁，河床比降很大，急滩众多，洪水袭来时，汹涌澎湃，如万马奔腾，洪流形成的冲击力很强，对河岸边人工建筑物的破坏力极大。又如忠县的官井，官井位于㽏井河下游左岸，㽏井河系长江北岸支流，由西、中、东三条支流汇成，西支源于梁平县铁门乡八角殿，流经忠县的金鸡、黄龙、高洞三个乡；中支源于梁平县同心场石椏子，流经忠县的双丰、泰来、智华、三汇四个乡，在白石孙家堡与西支汇为黄金河；东支源于梁平县柏家乡骑龙屋基，流经忠县的黄石、官坝、兴峰等乡，在黄金乡三角滩与黄金河汇合，再流经㽏井至城东㽏井河口汇入长江。在忠县境内，河道长71.2千米，流域面积916平方千米，多年平均流量14.3立方米/秒，流量与巫溪的后溪河相当，洪水涨幅亦接近，但因该井地处㽏井河下游，临近长江入口处，除遭㽏井河的洪水袭击外，更受长江洪水的倒灌，正常年份，倒灌洪水高达11米，特大洪水可达20米左右。倒灌洪水俗称浪水，浪水虽然平静，更无激流，但持续的时间较长，一旦浪水进来就很难回落到原来的位置，恰好与开县温汤峡易涨易落的情况相反，因此，它对盐业生产造成的危害一点都不次于云阳县的云安场。在这样恶劣的地理环境里，雏形井和过渡井都无济于事，这就给当地的先民们出了一道难题，即要么像奉节的白盐碛那样任其自然发展，要么彻底战胜它、改变它。彻底战胜的唯一办法就是在洪水线以上截断卤源，要截断卤源就必须在洪水线以上，从盐泉的流经处往下挖，直到卤水从坑底涌出，这就是所有人工井都在洪水线以上的原因。先民们经过漫长岁月的抗争与拼搏，随着经验的不断积累和知识的不断丰富，人工井终于在洪水危害最大的地方出现了。从而实现了由盐泉到盐井质的飞跃，标志着先民们彻底战胜了洪水对古代盐业生产的冲击，使整个井矿盐的历史进入到一个新的时期，具有划时代的意义。

其二，云阳云安和忠县㽏井两处的人工井都始于盐泉，早先盐泉能够流出地面。从现实情况看，提出这样的问题似觉有些荒唐，如云安的白兔井，井口海拔标高163.4米，井深43.33米，卤水液面海拔标高120.07米，河面最低水位138.3米，液面负于河面

18.23米，卤水怎么能流出地面呢？又如忠县的官井，井口标高136米，井深20余米，井底标高116米，河面最低水位129米，井底负于水面13米，也不能流出地面，但经反复考证，早先盐泉确实可以流出地面，因两地的盐井位置正好处在河床易堆积、易升高的特殊河段，河床的升高就意味着盐泉的下移，河床经过几千年的沉积上升，致使盐泉渐渐沉入地下。要回答这个问题，得先从云安的地理环境说起，汤溪河流经云安镇时，形成三个特点不同的河段，汤溪河水流入云安，首先来到滴翠寺，此处河床平缓，水流平静、缓慢。往下，河床突然下落，并转变方向，先转向西南，再向东转，形成一个半圆弧形，河床一路下降，至石咀，形成1300米长的急流滩，洪水冲来的碛石在此段沉积，洪水退后成为石板滩。石咀至东井沟，长约800米，河床变缓，洪水期这里成为回水沱，成了沉积带。河水急流到石咀时，直冲南岸，因河床变缓，流速减慢，使河水在北岸回流，因此，泥沙全部在北岸堆积形成沙滩，石夹沙在南岸沉积，下端北岸东井沟冲出的石头在与汤溪河的汇合处堆积成一个小三角洲，河水再次受阻，这样既加剧了中段的堆积，又增大了下游的落差，所以，河水至东井沟以下又是一个急滩，转向东南，流入长江。中华人民共和国成立后，下游的硐村筑坝修水电站，又进一步加剧了云安地区的河床堆积，云阳盐厂的盐井区和生产区正好与堆积段相对应，这里河床堆积的速度和厚度都是十分惊人的。四川省建筑勘测设计院于1982年9月22日在《云阳盐厂（热电站、制盐车间）详勘阶段工程地质勘测报告书》中写道："汤溪河围绕场地边缘50米流过，由于下游修筑水坝，再加上盐厂碳渣、建筑垃圾不断向河里倾倒，四周山上植被覆盖少，水土流失严重，汤溪河在云安镇弯曲度大，故使汤溪河河床抬高很快。据测查和钻探资料获得，现在河床比过去100多年前抬高了10米左右。因而每年洪水季节，山洪暴发引起汤溪河水猛涨，对河岸冲刷严重，汤溪河历年最高洪水达到海拔标高152.32米。"汤溪河河床100年就升高了10米，数千年的堆积情况便可见一斑。下面是该报告书中绘制的云阳盐厂建筑工地地质剖面示意图（图三）。厂区位置在汤溪河右岸即南岸，图上右边第一条纵线是白兔井的位置，是为作对比而加进的，其余纵线是钻孔位置。其中，第25号钻孔的深度达25.3米，地质层位从上往下依次为①人工填土，②亚黏土，③亚黏土混碎石，④轻亚黏土，⑤淤泥质轻亚黏土，⑥卵石。

从图三看，汤溪河洪水位海拔标高152.32米，白兔井井口海拔标高163.4米，高于洪水11.08米，最低水位海拔标高138.3米，井底液面标高120.07米，负于水面18.23米。但从河床堆积升高的情况看，25号孔已钻至25.3米才刚好接近卵石层，卵石堆积究竟有多厚，还不知道，但若将25号孔向下垂直延伸至岸基线的交会点，其海拔标高将降至110米左右，这里距河床中心还有100余米，若再顺岸基线的走向向前延伸至河床中心，则河槽的海拔标高当在100米以下，最低水位必在白兔井井底标高120.07米以下。这样，盐泉流出地面就很自然了，至于忠县官井的情况则不需详细叙述，只要看一看中坝遗址

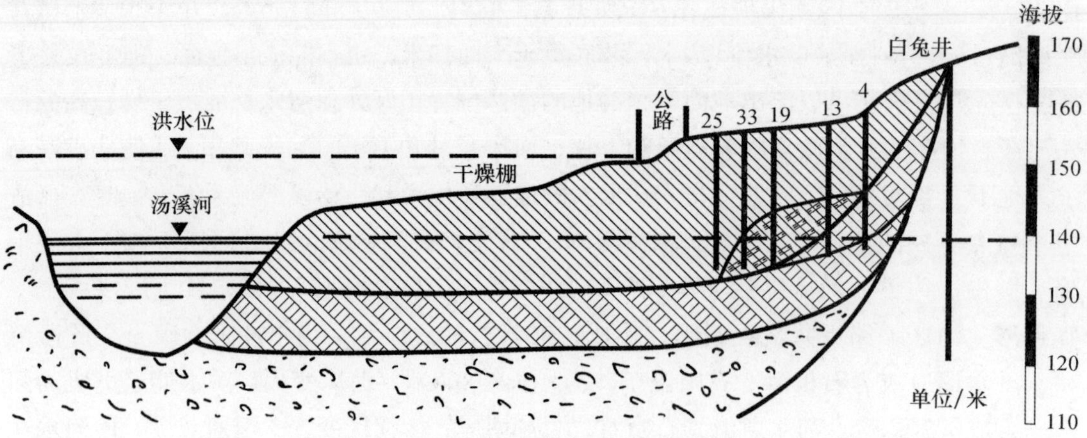

图三　云阳盐厂建筑场地地质剖面图

的考古发现便一目了然。前面曾提到过，官井位于㽏井河下游，临近与长江的汇合处，河床平缓，长江的洪水可以倒灌致水位上涨10～20米，说明这里的沉积条件比云安还好。再从已出土的实物看，自新石器时期至近代，各朝各代、各个历史时期的遗存都有，犹如一部最完整的历史画册。由此可知，河床在这里升高十几米，是一件很容易的事情。

其三，此处卤水涌出量最多，但洪水威胁又最大，因此，人们对改变现状的愿望最强烈，这是出现人工井的巨大动力。从云安的情况看，浣泉井的卤水含盐量为35.0598千克/立方米。吨盐理论耗卤28.5227立方米，卤水利用率按90%计，吨盐实际耗卤31.6919立方米，历史最高年产盐24 700吨，年需卤782 790立方米，年生产日按300天算，日需卤2609立方米。这就是说，云安地区每天有2610立方米以上的卤水流出，每天有这样多的卤水流出，自然获利就多，受益的人也多，但云安洪水的涨幅达14米。这样，一方面是因产量高而获利多；另一方面是危害大而损失巨大，主观要求与客观灾害之间形成了强烈的反差，主客观之间的矛盾就尖锐起来，客观对主观的作用力越大，主观对客观的反作用力也越大，这里的作用力主要是灾害使获利最多的人和受益人最多的地区遭受到最大的损失，反作用力则表现为人们要求根治洪水灾害的强烈愿望，强烈愿望必然化成巨大动力，促使云安和㽏井的先民们积极寻求根治洪水危害的办法，不可能像奉节的白盐碛那样听天由命，经过世世代代的不懈努力，愿望终于得以实现。可以说，人工井是人与自然长期斗争的必然产物，是探索根治洪水灾害的必然结果。

八、结　语

全区井形单一且集中的地方有：巫溪县的宁厂镇，只有一口大流量的盐泉——原始井；开县的温泉镇，全部是烟囱式的过渡井；云阳县的云安镇，全部是人力挖掘的人工井。其余各地因井位高低不同而呈多样性，且因卤水的流量小而产量低、兴废易而变异大、数量多而规模小，看似无关轻重，但正是这些多样性和变异性将盐井的进化过程全面地展现在我们面前，为研究自然盐泉向人工井的演变、进化提供了有力依据。本文的探索就凭借了这些依据。现对考查、论证的结果作如下小结。

第一，渝东地区因地质构造与地貌特征的巧合致使三叠系中部的含盐层位上升到山上，形成盐泉从各地山麓流出地面的特殊地理环境，为我们的先民提供了能最先发现和利用盐泉资源的客观条件，也是渝东成为井矿盐发源地的必备条件，没有这个条件，也就没有渝东的盐业史。

第二，从考证的结果看，渝东各类盐井都始于自然盐泉，按四种井分类，原始井、雏形井、过渡井本质上都是盐泉，只有最后一类才是真正意义上的人工井。研究表明，这类井也是由自然盐泉演变而来，只是它变得最彻底而已。可以说渝东地区的全部盐井都是由自然盐泉演变而来的，但演变的程度却有很大差异。

第三，盐泉从各地山麓流出地面，是渝东地区客观存在的普遍现象，因此，古人在最初认识、发现、利用盐泉的客观条件是一样的，洪水只影响后期的演变进程，并不影响人们最初对盐泉的发现和认识。从客观条件上讲，各地均在同一起跑线上，起步的具体时间虽有早晚，但悬殊不会太大，忠县中坝遗址出土实物的年代和文史记载的盐业起始时间所出现的断层性差异就证明了这一点。

第四，促使自然盐泉向人工井演变、进化的动力来自洪水对盐泉的影响。洪水的影响程度，决定着盐井的形态。具体讲，盐泉在洪水线以上，不受洪水影响者，呈原始井状态；盐泉在洪水线以下，且接近洪水线，受洪水影响轻微者，呈雏形井状态；盐泉在洪水线与枯水位之间，受洪水影响不严重者，呈过渡井状态；盐泉在洪水线以下，接近或低于枯水位，受洪水影响严重者，呈人工井状态。

第五，渝东所有人工井的井位都在洪水线以上，这就说明人们已彻底解除了洪水对盐业生产的危害，取得了战胜洪水灾害的决定性胜利，开创出了盐业生产的新局面。所以，人工井的出现标志渝东盐井已进入到了新的历史时期，具有划时代的意义。但如果把挖井的时间误认为是本地盐业的起始年代，就必然割断当地先民们与洪水长期斗争的历史。由此，便出现了渝东盐业史的历史断层。找回这个断层，是盐史界面临的一大新课题，本文的探索就是想抛砖引玉，以引来更多专家学者的关注。

在本文结束之时，还需一提的是，在写成本文的考证过程中，得到了开县温泉镇人民政府、万州长滩镇人民政府、万州盐业公司、黔江盐业公司、忠县盐业分公司、忠县文物管理所、开县盐业分公司、城口盐业分公司、巫溪盐厂、云阳盐厂、万州盐业分公司等单位和个人的支持，特此表示由衷的感谢。

原载于《盐业史研究》2002年第1期

从忠县涂井溪的古盐泉看人工井的早期演进

摘要：忠县涂井溪是渝东早期人工井——雏形井较集中的地方。雏形井是早期人工井的代表作，它的形成同样经历了由低级到高级、由初始到完善的发展过程。本文介绍的杉木井、江心井、高井、箭尾井、涂井，各有特色，分别呈现出初始、深坑、高围、系统、智慧五种形态，可从中看到人工井起步阶段的演进过程，是对《试论渝东古盐泉向人工井的演进》一文细节上的补充，可视为它的续篇。

关键词：初始　深坑　高围　系统　智慧

笔者在《盐业史研究》2002年第1期上发表的《试论渝东古盐泉向人工井的演进》（以下简称前文）一文中，将渝东各种不同形态的古盐井，按其难易程度和发展顺序分为四种基本形态：第一，自然盐泉（简称原始井）；第二，具有萌芽状态的小围子井（简称雏形井）；第三，在盐泉周围用泥石砌筑的烟囱井（简称过渡井）；第四，人工挖出来的井（简称人工井）。通过对各类井的具体位置和对各种不同地理环境的具体研究得出：盐泉在洪水位以上，不受洪水影响者，呈原始井状态；盐泉在洪水位以下且接近洪水线，受洪水影响轻微者，呈雏形井状态；盐泉在洪水位与枯水位之间，受洪水影响不严重者，呈过渡井状态；盐泉在洪水位以下，接近或低于枯水位，受洪水影响严重者，呈人工井状态。本文将重点介绍忠县涂井溪几个雏形井的具体形态，以进一步了解自然盐泉是如何起步迈向人工井的，也算是对前文作某些细节上的补充，可视为前文的续篇。

忠县的雏形井主要集中在涂井溪。涂井溪位于忠县城东北40千米，汝溪河下游的涂井乡红赤一组和凤山二组，沿溪河两岸不足1千米长的峡谷地段。汝溪河全长只有60千米，源头至涂井仅54千米，流域面积才720平方千米，多年平均流量不到12立方米/秒。加之涂井段河流的落差很大，在700余米的地段内，海拔标高由上端的162米，降至下端的140米，落差竟达22米，所以峡谷全由叠水、冲沟、急流组成。大落差形成急流水，致使河床的基岩全部裸露，河床没有沙石沉积，洪水的涨幅甚微，对盐井产生的影响很小，是这里呈现雏形井的主要原因。在卤水成因相同的地质、地理条件下，峡谷地段因地表岩层被河水切割，岩石的裂隙容易暴露在河床两岸，卤水从河床两岸顺裂隙流出，形成露头泉，并成群体分布。故渝东地区的盐泉，凡呈群体分布的地方，大多数都位于这种地表岩层被河水切割的峡谷地段，如开县的温汤井、万县的长滩井、彭水县的郁山井（此三井均系该处所有盐井的统称）等，都与忠县涂井溪的河岸条件相似。据传涂井溪峡谷内共有盐井48口，现有据可查、记录在案的有17口。本文将要推出的是其中具有代表性和典型意义的杉木井、江心井、高井、箭尾井、涂井这五口各具特色的雏形井（涂井溪的大小盐井，除涂井和高井为人所知外，其余各井知者甚少。故杉木井、江心井、箭尾井是根据井的位置和形态，与史料记载的井名相对应确定的）。前文已经说过，雏形井其实就是盐泉，它与原始井的区别在于：第一，为便于取卤，需要在盐泉的露头处挖一个或圆或方的小坑；第二，为隔开淡水，必须在盐泉的周围加筑小围子。前者虽与原始井有某些相似之处，但人工要素也含在其中，后者更使它完全从原始井中分离出来，这样，人工井的萌芽状态便出现于世，成为人工井的雏形，所以称它为雏形井。雏形井也有一个由初级到高级、由简单到完善的过程。涂井溪的雏形井，形态十分完备，有初始形态、深坑形态、高围形态、系统形态、智慧形态，可谓品种齐全，是研究自然盐泉如何起步迈向人工井的理想场地。本文选择的五口井，其形态就体现了五种不同程度的发展状况。

初始形态的代表是杉木井。杉木井在高井下方，位于峡谷的上端，距高井约50米。紧挨高井的上游现已修筑了一道高6米的水电站大坝，高井正好在坝基的旁边，说明此段河床较平缓，且有较大的落差可以利用。从高井往下，河床是一段长100余米，宽70余米的平坦基岩，近看则有高低起伏，呈凹凸不平状。再往下是一道5～10米高的台阶，河水至此，形成叠水或瀑布，然后流入不足1000米长的急流峡谷。现在，因上有水坝拦水，中有水渠引水，下有叠岩，所以每当河水降至坝顶以下时，这里便河水断流，河床干涸，河床的真实面目一览无余（图版一，1）。可想而知，筑坝前，这里在枯水季节时，河水是很浅的，近似于断流时的情况，人是可以在河床上自由行走的。为人们利用这里的盐泉资源，尤其是江心的盐泉资源提供了有利的条件。在这不过7000平方米的平坦基岩上，盐泉从河床两岸乃至江心的多处涌出，但卤水的涌出量都很小。从现场看得出，人们对卤水的采集，有取多少是多少、取一天算一天的心态，抱有顺其自然的态度。所以，井的形态非常简单。这就为我们研究人工井初始阶段的发展状况提供了极其可贵的实物依据。从井位看，多数井只能维持季节性的生产，唯有高井和箭尾井的产卤量较高，故井的形态和质量均达到了坚固、持久、耐用的程度，克服了洪水对盐井的干扰。杉木井位于河床中心的低洼处，四周用杉木块做成小围子，故称杉木井。杉木井的形态很简单，是一个直径只有55厘米的小圆坑，坑底深约20厘米，可以用水瓢在坑里舀卤，周围用杉木块围成一圈，木块高出水面12厘米，能阻止淡水的浸入。井的结构和形态虽然简单，材料亦就地拾取，但它已形成了人工井的初始状态（图一），标志着自然盐泉已向人工井迈出了可喜的第一步。常言道：万事开头难，难就难在开头的第一步。有了第一步，就会有第二步、第三步……所以，这一步的步幅虽小，却意义重大，为人工井漫长的发展史树起了第一个里程碑。

深坑形态的代表是江心井。江心井与高井处在江面的同一横线上，距高井25米，正

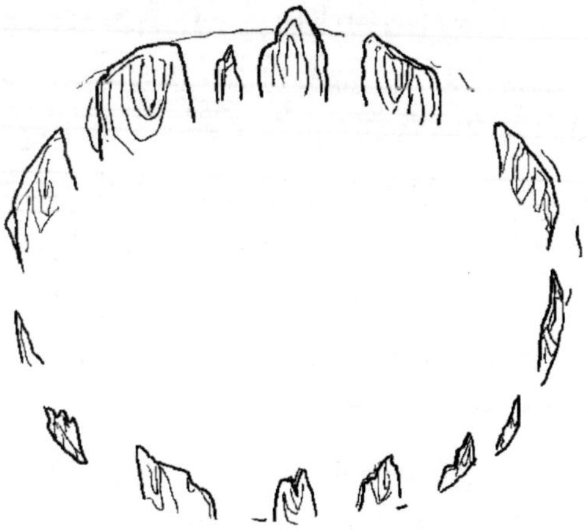

图一　杉木井现状图（曾先龙绘）

好在江面的中心部位，故名江心井，其井口位于河床中心一块稍高岩石的斜面上。古人先将岩石的斜面凿成一个直径为87厘米的圆形平面——井口面，然后在平面的中间向下开凿成一个直径43厘米，深50厘米的筒状井坑（图版一，2）。井口上面没加围子，但其隔离淡水的效果却好于杉木井，因为杉木井居于河床低洼处，而江心井则位于河床的稍高处，且井壁又是整体岩石，所以它隔离淡水的效果以及坚固、耐用的程度都好于杉木井。从凿井技术上考证，它只是在岩石上凿开一个孔洞，看似非常简单，形态亦接近初始阶段的人工井，似乎只迈出了很小的一步，但细考之，这一步却跨越了一个十分漫长的历史过程。原因在于：它的孔洞较深，要在岩石上往下凿井，必须先要弄清卤源在地表下面的流向及活动规律；要在如此坚硬的岩石上开凿如此规则的井孔，没有坚硬的工具和先进的技术是难以完成的。可见，从人工井的最初阶段发展到这种程度，其间需要何等漫长的过程。那么，为什么会出现这种形态接近而时间相差甚远的现象呢？这个问题暂且留待后面去论述。总之，江心井较之杉木井，无论井的形态、质量、功能以及凿井技术和凿井工具等各个方面都优于杉木井，人工要素和技术含量亦大大增加，使人工井在初始状态的基础上又向前推进了一大步。但是，由于它的井口没加围子，不能克服洪水产生的影响，仍然停留在季节性生产的水平上。在洪水袭击面前，显得无能为力，只能顺其自然。所以，它还是一口功能不完善的雏形井，需要有进一步的发展与完善，高井就达到了这种完善的程度。

高围形态的代表是高井，高井因围子最高而得名。它所在的位置，也是在这块平坦河床的基岩上。前文所绘高井水位示意图是在高井被河水淹没时按河床的一般规律绘制的，与河水断流时看到的河床面貌略有出入。河床干涸时看到的高井是在平坦河床右侧，距西岸10米处的位置上。盐泉上面有两层石圈做成的围子，石圈外径75厘米，内径46厘米，壁厚14～15厘米。看上去两层石圈有较大差异，其结合部的粗细不均匀，有明显的对接痕迹，显然是两个不同时期的产物。下层石圈高80厘米，其中30厘米在水坑下，做工粗糙，外壁的垂直度也差，上部井口部位有磨损。说明在未加上层石圈前，已生产了相当长的时间。上层石圈高75厘米，做工精细，磨损也小，形态完整。很显然，两层石圈不是同时安放的。从时间上看，下层较早而上层则较晚，从下层到上层，中间延续了很长的时间。从功能上看，两层石圈也各有侧重，虽然都是隔离淡水，但作用却不一样。第一层石圈只能隔离一般水位的河水，不能阻止洪水的浸入。生产周期虽比杉木井和江心井长，但生产仍然时断时续，只能维持季节性的生产。随着生产规模的不断扩大，对卤水的需求量亦不断增加，时断时续地采卤不能满足生产增长的需要。这时，如何克服洪水对生产的影响，以保证全年不间断生产的问题，必将成为当时的主要矛盾。于是，人们在取得前期生产经验的基础上，又在石围子上面加了一道高75厘米的石圈，就成了我们现在看到的这个样子。呈现出低围和高围两种井的形态（图版一，3；图版一，4）。第二层石圈加上后，即便是最高洪水袭来，生产仍可连续进行，这在当地水文条件下，算是彻底战胜了洪水，并达到了安全、永固的程度。至此，人工井的雏形已完全形成，其形态也由初始形态演变到了高级形态，与开县温泉镇的过渡井有某些相似之处，成为雏形井到过渡井这个链条上不可缺少的一环。

以上三口井代表并展示了雏形井在发展演进中的全过程，呈现出不同发展过程中的四种具体形态。从初始到完善、从初级到高级雏形井的出现，表明当地先民已彻底战胜了洪水对盐井的袭击，取得了与洪水争夺卤水之战的决定性胜利。谈到这里，难免有人会提出这样两个问题。第一，按照一般规律，雏形井的盐泉露头，应该在洪水位以下，且又接近洪水线的位置上，而这三口雏形井为什么会出现在河床上面，乃至于江心呢？原因在于这里地形与环境的特殊。由于这里河床平坦，河面开阔，河水流量小，洪水涨幅不大，对生产的影响极微。在枯水期间，人们可以在河床的任何部位上作业，洪水期间，只要在井口上加筑1米多高的围子便安然无事，就能避开洪水的袭击，确保生产的连续运行。这样特殊的环境，可以说在渝东地区是独一无二的，正是由于环境的特殊，才使我们在同一地段内看到了雏形井的初始与完善的几种形态：杉木井展现的是只能维持季节性生产的初始形态；而高井展现的却是能确保常年生产的、完美的高级形态；江心井虽无围子，但其凿井技术却已进入到了高级阶段。中间状态的雏形井，多分布在数百米长的峡谷两岸，笔者之所以舍大就小，把主要精力摆在这只有7000平方米的小范围内，就是选中了这里盐井的形态，因环境特殊而出现的多样性，它的研究价值是峡谷两岸众多盐井所不能取代的。第二，几种不同形态的盐井，为什么会一起出现在这片相同条件的河床之中，即为什么在同一条件下会出现井围子的高低差别（有的井围子较高，而有的井围子却很低，有的井甚至没有围子）？这个问题显然与井的产卤量及井的具体位置有关。如果井的产卤量很少，人们就没有必要下大功夫地去跟洪水争这点卤水，就像人们在河边种地一样，水去就种，水来便收，收多少算多少。另外，杉木井和江心井都位于江心，洪水期间到江心采卤和运卤更是难上加难。所以，人们对这类井的希望值并不大，洪水淹没的损失也很小，井的演进亦受限。而高井则不同，从照片上看得很清楚，在井口的石壁上，开凿了一道朝向西岸的小槽沟，槽沟的用途是引卤，在槽沟与河岸之间架设竹枧或木槽，卤水便可自流到岸上，说明卤水的静液面能够涌出井口，进而说明高井卤水的产量是很高的，因其产量高、淹没时的损失就大，人们就必然要与洪水相争。另外，井的位置也较杉木井和江心井有利。它的位置虽然也在河床里面，但离岸边较近，仅有十余米，在洪水淹没时，丝毫也不影响卤水自己流到岸上，即使卤水不能自流，采卤和运卤也较容易。所以，对高井而言，人们既有跟洪水争夺卤水的主观愿望，又具有实现这一愿望的客观条件。主、客观促使古人不断进行改进与完善，直到高级形态井的出现，而杉木井却仍停留在原始形态，两井形成了显明的对照，出现了两极分化的现象。这样，两极形态的盐井在同一地段并存，并延续至今，为我们留下了极其珍贵的实物资料。

下面将要介绍的是在特殊地理条件下出现的两种特殊形态的盐井——箭尾井和涂井。前者呈系统形态，后者呈智慧形态。

呈系统形态的箭尾井，在高井的下游，距高井90米处河的右岸（西岸），有一道2米深的小叠水沟，沟口宽2米左右，下游呈扇形逐渐散开，形成一个横躺着的“U”字形。在上游的岸崖上，有一条20余米长的水平裂隙，卤水从裂隙带流出，顺着岩岸流入河里。面对如此特殊的地理条件，先民们便用条石和杂泥在叠水沟口处砌筑了一口高2米的不规则长方形井，井口长1.1米，宽0.8米，壁厚0.8～1.1米，井口高出水平面0.5米。在井的上游，砌筑了一道长30余米，宽0.6米的石围堰，与井的外壁相连，与井口同高。围堰上端距河岸8米，卤水被拦在石围堰内，然后从井壁上侧井口的石缝流入井内。河水被隔离在石围堰之外，构成一套完整的系统，所以称它为系统形态。站在岸上往下看，井后拖着一条长长的石堰尾巴，犹如箭尾（图二；图版一，5），箭尾井即因此得名。这种形态的井在整个渝东地区都极为罕见，仅此一处，实为一件珍稀之物。

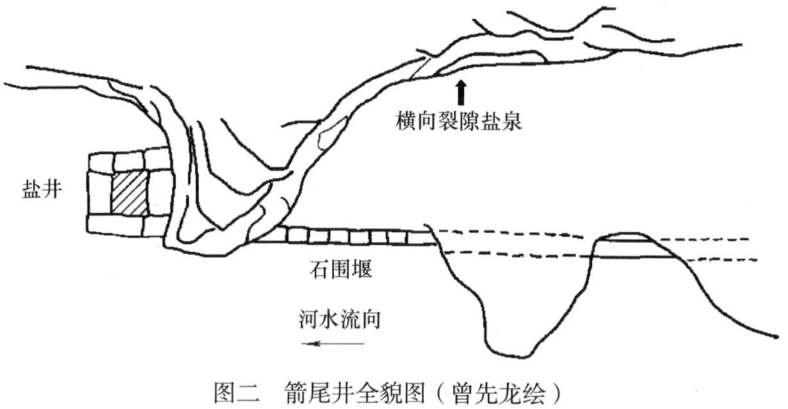

图二　箭尾井全貌图（曾先龙绘）

智慧形态的涂井是一口独具特色的盐井，是古人巧妙利用地形的佳作，是将天然地形改造成为功能齐全、设施完善、流程合理的一口盐井，也是一件难得一见的艺术珍品，具有十分独特的意义。它充分体现了古人的聪明才智，所以称它是一口智慧型的盐井。现结合实物照片和平面图来进行描述：涂井的得名尚无确切定论，经走访当地有关人士，并与之座谈，普遍认为，涂井的得名可能与当时当地的姓氏有关。它位于高井下游600米处，接近700米峡谷的末端，在左岸（东岸）岩壁的底部，连接着一个高于河床1米多的小平台，盐泉在此露头，于是这里的古人在小平台上开凿了一个90余厘米见方的小方井。紧挨着上游方有一个长2.3米，宽1.8米，深2米的天然石坑，称为天然水池，被先民们用来做集卤池。石坑的临水面，从池底往上至50厘米处是一个宽45厘米左右的豁口，豁口左侧长1.2米，右侧长2.4米。古人在盐井与集卤池之间的平台上凿了两条宽10厘米，深5厘米的小槽沟，一条横着向集卤池延伸，另一条斜着向溪流延伸。两条槽沟相交于小方井的左外角，构成一个横躺着的“A”字形，卤水渗满小方井后，溢入小槽沟，此时用黄泥堵住斜向槽沟，卤水顺横向槽沟自流到集卤池，卤水在集卤池涨满至豁口处时，因豁口底部岩石呈里高外低、左高右低状，卤水便顺豁口右侧流出池子，这样，只需在豁口外侧的适当部位放置木桶，卤水便可自流到桶里，桶装满后就直接挑进灶房煮制成盐。在豁口20厘米处的两侧，还凿有一道宽10厘米，深3厘米的闸门槽，插入厚木板就是闸门。此闸门具有双向功能，既可隔断洪水浸入卤池，又能控制住卤水溢出池外。当雨季井内卤水浓度降至不能利用时，只要用黄泥将横向槽沟堵住，淡卤便从斜向槽沟排至溪河。为防止山上下来的雨水流入卤池，古人又在后面山岩上开凿了一条排水沟，顺山岩上流下的雨水，就被排水沟引流到河沟里。在盐井和卤池的四周，有若干个方形和圆形的石孔，这些孔的用途是插木柱，便于立柱支棚，以防日晒雨淋，既可改善劳动条件，又能防止天上的雨水进入卤池。从实物照片和平面图上看，对整个场地的人工改造的工作量并不大，只是两条小槽沟、一道木闸门、一条排水沟，但功能却十分完备，既能引卤，又能排淡，既能防止河水和雨水的浸入，又能防止卤水的外溢，形成了一条完整的自流作业线（图三；图版一，6）。对天然地形的巧妙利用达到了尽善尽美的程度。这里我们不能不惊叹古人的智慧。

从以上五口盐井的具体形态上，可以看出涂井溪雏形井的多样性，正是这些多样性的存在，才使我们看到了雏形井形成、发展、演进的全过程。雏形井虽处在向人工井演进过程中的初级阶段，但在这个阶段里，也有一个从低级向高级、从简单到完善的发展过程，且越是接近前面的过程就越是漫长。从整个人工井的演进过程看，雏形井必先于过渡井，过渡井必先于人工井，这是自然盐泉向人工井演进的必经之路。但用辩证的观点来看，具体情况并非完全如此，甚至会出现某些逆转的现象。因为盐井能够演进到什么形态，是由当地特定的地理环境所决定的，所以不能简单地用盐井的形态来推断各地

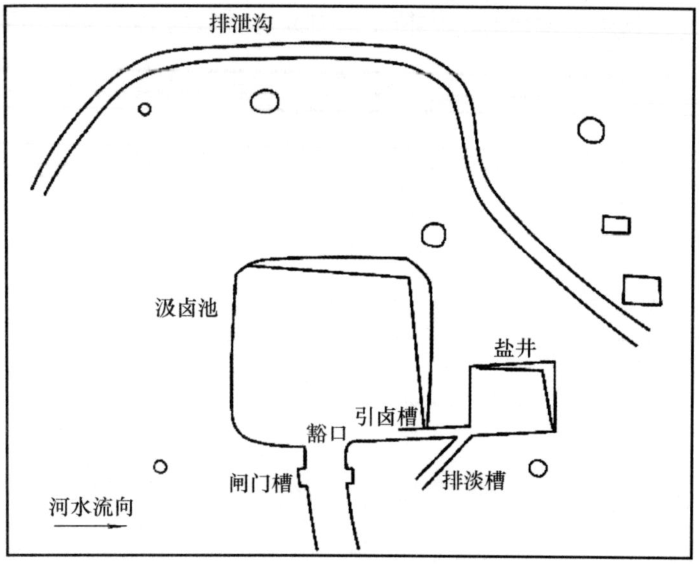

图三　涂井平面图（刘卫国绘）

盐井开发时间的早与晚。如果要考证全区每口盐井的开发时间，将可发现，某些雏形井会晚于某些过渡井和人工井；而某些人工井又会早于某些过渡井和雏形井，因为各地在不同的特定地理环境里，盐井只能演进到某一形态或某种程度，到了这个程度就不需再演进。不再演进是指基本形态已固定，其工艺仍需不断改进与完善。而较晚形态的盐井也不是生来具有的，是由初级形态逐步演变而来的。此外，各地盐业生产的延续发展，就像人的生命一样，不断地进行着新陈代谢，即随时都有老井被淘汰、废弃，也随时都有新井诞生。新诞生的盐井，因受当地特定地理环境的影响，只能重现当地已经演进到位的盐井形态，这样就出现了某些盐井的形态较早而时间较晚，或形态较晚而时间较早的交错现象。这种现象的出现是很正常、很自然的事情。前面提到的杉木井与江心井的形态接近而时间相距甚远，就是这种现象在涂井溪的具体体现。

还需一提的是，前文谈到云阳县云安地区的人工井和忠县㽏井溪的官井，井位都在洪水位以上，而井底却都在枯水位以下。经考证，是因河床升高而使盐泉降至地下。由此提出了两处早期盐泉可以流出地面，两地盐业始于盐泉，两处的人工井均由盐泉演进而来的论点。其中，云安地区已从四川省建筑勘测设计院1982年9月22日提供的《云阳盐厂（热电站、制盐车间）详勘阶段工程地质勘测报告书》中得到了证实。最近，忠县的官井也在施工中的㽏井大桥江心墩的工程地质钻探成果中得到了证实。㽏井大桥在渝巴公路（重庆至巴东）线上，位于忠县境内的黄金至县城之间，在羊子崖横跨㽏井河，是三峡库区二期移民迁建的重点基础设施工程之一，也是恢复淹没公路交通功能的项目。桥址位于中坝遗址上游，距官井400余米。㽏井大桥的上游是一段2千米长的急流峡谷，河水流速急，河床无泥沙沉积。大桥下游则是一段较开阔，又较平缓的河面，是急流下面的缓流带，冲积物容易在此沉积，形成堆积带。㽏井大桥正好处在急流段与缓流段的结合部位上，是急流段与沉积段之间的过渡地段。然而，此处江心的工程地质钻探成果表明，在这个急流与沉积的过渡地段，也有18米厚的堆积层，官井底部负于河面13米。两处相比，官井底部已高出了河床5米，况且官井位于大桥下游400米，正好处于沉积段的中心部位，河床的堆积层肯定比大桥处更厚，河床更低，盐泉更容易在岸上露头。从而，官井的盐泉早先能够流出地面、㽏井溪的盐业生产始于盐泉、官井是由盐泉演进而来的论点也得到了初步的证实。据悉，忠县有关部门即将开始对官井进行解剖性的专项挖掘，到时，这个论点必将得到进一步的证实。

原载于《盐业史研究》2003年第1期

宁河古栈道遗址新探[①]

摘要： 大宁河古栈道遗址，按其主要功能，可以将宁厂古镇后溪河口作为分界，划为北上段和南下段。经实地考察并结合有关历史考古资料分析可知，北上段古栈道主要是运盐通道，而南下段则是供架设枧竹管道输送宝源山麓天然盐泉至巫山大昌坝及巫山城郊等处煮盐的输卤栈道。从对栈道南北两段石孔的实际测量及相关比较，可进一步了解古人凿孔架设不同功用栈道的工艺差异。

关键词： 栈道遗址　北上段　南下段　枧竹管道　输卤

宁河即大宁河，古称盐水、巫溪水、昌江，自宋代置大宁监后始称大宁河，系长江三峡流域北岸的一条支流。它发源于巫溪县境内的高楼乡新田坝与和平乡大、小龙洞两个地方，前者为龙潭河，后者为汤家坝河。两河皆自西向东，顺山势流至中梁乡龙头嘴，汇合后称西溪河，再东流至两河口，与东溪河汇合后始称大宁河。东溪河，位于巫溪县白鹿区境内，发源于高竹乡龙竹坝李子垭口东侧，沿猫儿背山脉北麓东流至徐家坝转而南下，穿七蟒峡、荆竹峡至两河口与西溪河汇合，全长59.9千米。

东、西二溪汇合后之大宁河，转而南流，经县城出庙峡，进入巫山县境内，过水口、大昌，穿滴翠峡、巴雾峡、龙门峡后汇入长江。从源头至河口，大宁河全长202千米，流域面积4180.87平方千米。其中，巫溪县境内主河道长29.5千米，天然落差54米，平均比降1.83‰，多年平均流量每秒65.24立方米。巫山县境内主河道长54.9千米，天然落差90.7米，平均比降1.6‰，多年平均流量每秒98.4立方米。

在大宁河沿岸的峭崖绝壁上，凿有古栈道的方形石孔，其数量之多，规模之大，实属罕见。据《巫溪县志》载："南下段从宁厂起，沿大宁河右岸南下，至巫山龙门峡口，全程旧称270里，岩壁上现存架木石孔6800余个。"[②]另据《巫山县志》载："自龙门峡起沿大宁河西岸绝壁北上，均匀排列石方孔，一般距水面20米左右……至大宁盐厂共有6888个。"[③]最难得的是，巫山县原旅游局长龚源鼎先生，曾于2000年4月20

① 本文作者为刘卫国、任桂园。

② 汤绪泽主编：《巫溪县志·文物古迹·卷二十六》，成都：四川辞书出版社，1993年。

③ 鲁良朝主编：《巫山县志·文物古迹·卷三十》，成都：四川辞书出版社，1991年。

日，亲自带领几个年轻人进行了实地考察，一孔一孔地数，一段一段地查，获得了"从龙门峡口至涂家坝50公里长的小三峡，共有栈道孔4288个，占大宁河古栈道孔6888个的62.3%"①的准确数字。巫山境内的河道约占大宁河主河道全长的三分之二，所以，上面的三组数字是基本吻合的，如果再把北上段的石孔数字加上，石孔总数当在10 000个以上。至于栈道建于何时、是何功能，目前已有越来越多的学者认为它与宁厂镇的盐业有关，然皆语焉不详，致使不少人仍心存怀疑。本文将从实地考察结果，并结合有关输卤工艺及历史、考古资料等方面着手，剖析它与巫溪、巫山盐业的关系，为进一步揭开这个千年谜底作一些新的探索。

首先从古栈道的起点说起。考察发现，古栈道的起点就在千年盐业古镇——宁厂镇（旧时称大宁场）。宁厂古镇位于巫溪县城北15千米处的大宁河支流后溪河下游，距大宁河不到2千米，白鹿盐井就在北岸的宝源山麓。而这里所说的"白鹿盐井"，其实乃是指始于北宋淳化年间（990～994年）大宁监官雷说所建之"龙池"，涌流不绝的天然盐泉即由山麓岩洞流入"龙池"之中。"龙池"高于河面7米左右，而古栈道起点第一孔就在"白鹿盐井"附近。现因井前修建了公路，挡土堡坎遮住了井前原有地貌，改变了部分地貌特征，尽管这样，现在见到的距"白鹿盐井"最近的石孔，也只有60米左右（图版二，1）。我们且将它视为起点第一孔。

从图版二，1上看，第一孔的下游方，有上下左右一大片石孔，很显然，这是分送卤水的地方，在此将卤水分送至厂区及厂外各地，这说明古栈道的起点确实在大宁盐场。既然起点在大宁盐场，就证明古栈道与宁场的盐业有直接关系。说它有关，主要是指与运盐和引卤有关。

纵观栈道全程，它以大宁盐场为源头，从宁厂古镇起，至后溪河口转而进大宁河后，分别沿大宁河南下、北上，分成南北两段。细考之，南北两段有着十分明显的差异。南下段由宁厂镇至巫山县的龙门峡口，栈道石孔位置的水平和间距排列十分整齐，石孔的形状和大小也非常统一，而北上段则大不一样。北上段从宁厂古镇沿大宁河北上，转西溪河及主要支流东溪河而西进，至湖北竹溪县羊角洞、陕西镇平县大河乡母猪洞和小榆河、重庆城口县东安乡亢河一带，栈道连接山路，纵横交错，不下千里，形成了一个庞大的古道网。与南下段不同的是，栈道石孔的排列有高有低、孔距或远或近、孔径若大若小、孔眼亦浅亦深，与南下段石孔的整齐划一形成了鲜明的对照。

我们在考察古栈道遗址现场时，发现古栈道遗址在两河口处（西溪河与东溪河的交汇处）一分为二。于是，我们先走东溪河。

在东溪河荆竹峡中一处叫风大筦的地方，在其西岸的陡崖上，有上下三排各自独立的栈道孔（图版二，2），上排离河面高约40米，中排距上排约30米，距下排10多米。

① 龚源鼎：《小三峡古栈道孔考察数据知多少》，《三峡文化研究》（第三集），汕头：汕头大学出版社，2002年。

下排位于离河面仅1米左右的位置上，经实际测量，其孔径大的有23厘米，小的仅16厘米，中等的在20厘米左右；孔距长的有2米多，短的不足50厘米，最短处只有20～30厘米。对于这种极不寻常的排列及数据存在如此大的悬殊，初觉蹊跷，后经多方考证才发现，原来这里是分岔处，即栈道至此一分为三：上排西进，因该段河沟不长，故石孔位置较高，以便于上山连接西去的山路；下排就地下到河边，然后涉水过河，连接河东各条山路，直至湖北竹溪县和竹山县的部分地区；中排则顺东溪河西岸继续北上，至白鹿一带与湖北竹溪县羊角洞山路连接，又沿河道在白鹿折而向西，进至陕西边境与镇平县的母猪洞和小渝河山路相连。

从两河口再沿西溪河南岸西进，古栈道遗址，时断时续，一直连接起通往城口县的东安乡、亢河一带的山路。在两河口顺西溪河西进约7千米，有个叫老龙皮的地方，在这里，我们所看到的古栈道遗址显得格外别致而奇特：栈道石孔的主干线在离水面约60多米的绝壁上，从主干线到河面，有一道呈“之”字形的栈道石孔沿壁而下，直至河面（图版三，1），原来这里是连接渡口的岔道。从岔道下至渡口，渡河后即可与北岸山路相连。

由上述考察可知，北上段两河栈道与各条山路实际上连成了网络，形成了四通八达的山地交通格局。这样，就可将宁场古镇所产食盐以及其他日用生活所需物资运到后溪河以北、大宁河上游各地及周边各地区销区，又可从这些地区贩运回当地所产物资。正如清嘉庆年间严如熤所云：“山民饘粥之外，盐、布、零星杂用，不能不借资商贾。”[①]可见，北上段铺架于绝壁上的古栈道，对于连通各条山路，扩大宁厂古镇的盐业运销、增进与周边地区的物资交流和经济交往、促进当地经济发展，均起着不可取代的重要作用。这种状况足以证明，北上段的栈道主要是为贩运食盐等物资的通道。

当然，栈道既能运盐，就必能行人，亦能过兵，但军事行为往往具有一定的突发性和临时性。军队行动时，在行进路线的选择上，有很大的灵活性和不确定性，可走的路线较多，只有在被敌人逼得无路可走或为隐蔽接敌、出奇制胜的情况下，以及在防守期间预留退路时，才会在悬崖绝壁上抢修临时通道，但不需要也不可能修建这种长距离的栈道。所以，从整体上看，我们认为，宁河北上段栈道并非为满足军事需要而修建。相反，对于食盐贩运业而言，则显得格外重要，当初建造它的主要动机就是为了解决运盐等问题。就它的主要功能而言，乃是运盐通道，其他皆为附属功能。由此可以认定，北上段直接与运盐有关。

而南下段则与引卤直接相关。下面将重点探索南下段栈道与引卤的关系。

先从南下段栈道孔排列的状况看，石孔的位置是在一条直线上，犹如用水平仪测量过的一般（图版三，2）。但从全程考察，它是按一定的坡度在逐渐下降。从现场了解到的数据得知，宁厂古镇栈道石孔起点位置在海拔237米左右，末端的龙门峡口处，

① （清）严如熤：《三省山内风土杂识》，《关中丛书》，陕西通志馆。

石孔位置的海拔只有140米左右，全程80千米（旧称270里），自然落差97米，降幅为1.21‰。所以，在小范围内看，几乎是水平的，且中途没有高低起伏，这正是古时引卤之必须条件。

现在称引卤为输卤，输卤的主要设备自然少不了管道，旧时的输卤管道与现在的输卤管道是不一样的，有很大的差别。差别主要表现在以下三个方面：第一，现在输卤主要靠动力设备。因有动力，卤水在管道里向前流动，除流速快以外，它还可向低处流，也能往高处走。而旧时输卤没有动力设备，只能靠自然落差流向低处。宁河南下段栈道石孔的走向，正是先民们利用自然落差输送卤水的充分展示。第二，输卤管道的材质有很大差异。现在输卤管道一般都用钢铁管或塑料管，而过去能用作输卤管道的只有枧竹，即先将竹子的内节打通，外用篾箍加固，以防竹子破裂而漏水，然后用牝牡相衔的方法，将竹子一根一根地连接起来，就成了输卤的枧竹管道。第三，因管道材质不同而出现在工艺制作上的差异。因材质不同，其管道的抗压强度、使用寿命、维修难度、投资成本亦不相同。不同的工艺要求，决定了输卤管道不同的具体形态，这对揭示南下段栈道的真正用途十分重要。从工艺上看，钢铁管和塑料管都可以用接头或烧焊的方法进行连接，并在转弯处接上合适的弯头，管道便顺着地形，随弯就弯地向前延伸。管道全程是封闭的，即使没有动力设备，只要不超出总的高差范围，就是遇有小的高低起伏，卤水仍然可以自流，何况在大多数情况下还有动力设备推动。所以，现在架设输卤管道，对水平的要求并不严格。通常在直线较长的地段还要人为地加上弯道，以克服金属材料因热胀冷缩而产生的破坏力。这种人为设置的弯道称为膨胀节，膨胀节或上下或左右加弯，具体怎么弯，则要由现场的地势来决定。而枧竹管道则不同，因为它没有金属材料的可塑性（主要指可加弯头），便适应不了不规则转弯的地形。古人为解决这个难题，创造了架“别枝”的办法，即在转弯处置一圆木盆，并在圆木盆上朝拐角的两个方向凿孔，以连接转向不同方向的枧竹（图一）。这样，卤水即可由上游枧竹流入圆木盆，再由圆木盆流入下游拐角方向的枧竹。由于这种工艺的应用，枧竹便可顺着地势转向自如。但这样一来，全程管道就被截断成若干小段，无法封闭，因此，中途就不能有高低起伏，只能按照预先设置的坡度连续不断地向前延伸，否则卤水就输送不到目的地，结果，便呈现出了宁河南下段栈道石孔的水平线排列状况。因此，我们认为，这种呈水平线排列的栈道石孔是古时用枧竹材料输卤工艺的必然产物。

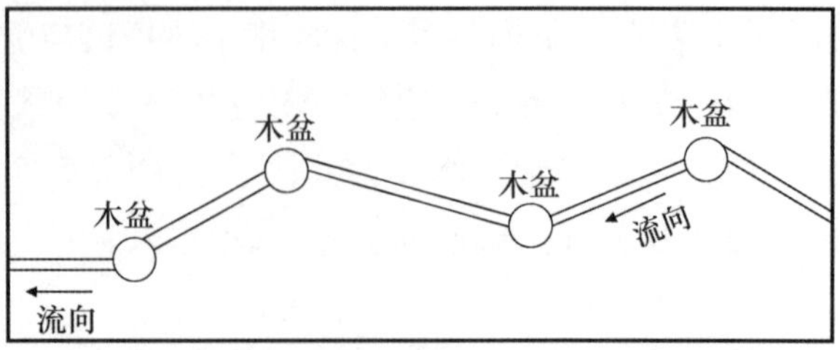

图一　枧竹输卤管道“别枝”示意图

再从栈道石孔的间距看，宁河南下段栈道石孔的孔距在1.46～2.14米，平均1.8米左右。这个间距也是采用枧竹材料做输卤管道的产物。一般说来，如果要在绝壁岩石上架设栈道，不管其功能如何，都必须先在绝壁岩石上开凿孔眼，再用方木楔入孔内，成为支架横梁，然后在上面铺设木板，成为栈道。至于架设输卤管道的栈道是否需要铺设木板，这并不重要，重要的是需要探索用作不同功能的栈道对着力点即支撑点的不同要求。石孔是栈道的支撑点，所以石孔间距的不同排列，就反映出不同栈道对支撑点的不同需求。作为人行道的栈道，对石孔间距的排列，要求并不严格，间距大点小点都无关紧要，像像北上段一样，间距的大小依地形、地势而异，不求统一，或大或小都无所谓。而南下段的石孔间距却控制得非常严格，最大差距不超过0.7米，一般差距只有0.1～0.5米。为什么要这样，是为了好看吗？绝对不是，其答案还是得在枧竹材料里面去找。目前钢铁管道每段的长度在9米左右，管墩的间距也是9米。枧竹的一般长度在8米以上，去掉两端不能使用的部分，有效使用长度在7～8米，与钢铁管道的长度接近。但枧竹管道的抗压、抗折强度却远远低于钢铁管道，况且是架设在悬崖绝壁上，需要留更大的保险系数，所以架设枧竹管道时，除两端必须搁置在支撑点上外，中间还要设置3个支撑点，这样才能使竹管不弯曲、不下垂，才能保证管线的安全，维持管道的平稳。1.8米左右的石孔间距，正好能满足这一要求。能满足并非是巧合，证明它也是采用枧竹材料制作输卤管道的必然结果。

讲到这里，还有一个问题需要回答。前面讲过，古人用架别枝的方法来解决枧竹管道转弯的问题，因为用这种方法解决竹管转弯，就必须要在转弯处设置木盆，设置木盆就必须要有着力点或支撑点。那么，宁河古栈道转弯处的着力点是怎么分布的呢？这个问题我们也在现场找到了答案。现场考察发现，如转弯处是平头露出时，平头处有1个单孔，为直接着力点（图版四，1），如转弯处是尖头露出时，在尖部的两侧各有1个相互平行的石孔，孔距50厘米左右（图版四，2），为间接着力点。间接着力的稳定性比直接着力还好，因为两孔是平行的，且间距又小，打入方木后，两方木亦相互平行，间距不会扩大，上面横置木板，圆盆再搁置其上，犹如二人抬轿，所以，稳定性更好。在这里，不仅让我们找到了解决转弯处如何设置着力点的答案，同时也从另一个侧面再现了古时候的输卤工艺（图二、图三）。

从巫溪县城顺大宁河南下，离城厢镇不远，便进入宁河诸峡之冠的庙峡，峡长11千米。在距县城10千米左右的峡谷中，有一处叫硫黄滩的地方，这里两岸岩层是一个隆起的小背斜，地层走向恰好与河流方向相交，岩层经河水切割，两岸呈圆弧状，远处看去，犹如对开着的两扇拱门，拱顶高约30米，拱脚宽50～60米，古栈道从右岸（西岸）通过。奇特的是，下面的拱形岩层下陷，再加上河水对河岸的长期冲刷，致使崖壁形成上下两级角状凹陷，剖面呈侧立的“W”状（图版四，3），在其中一段长10～20米的

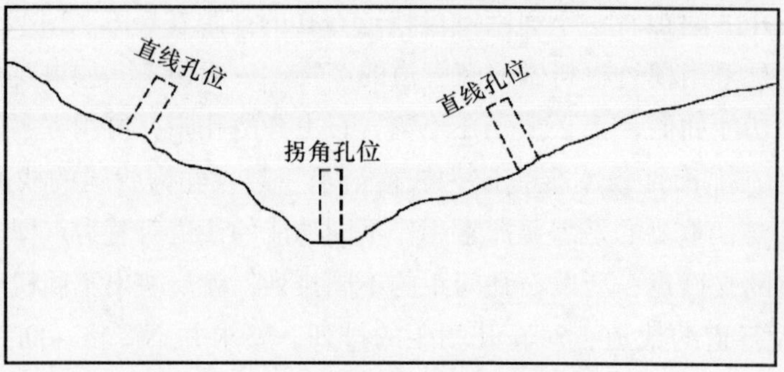

图二　弯道平头单孔示意图

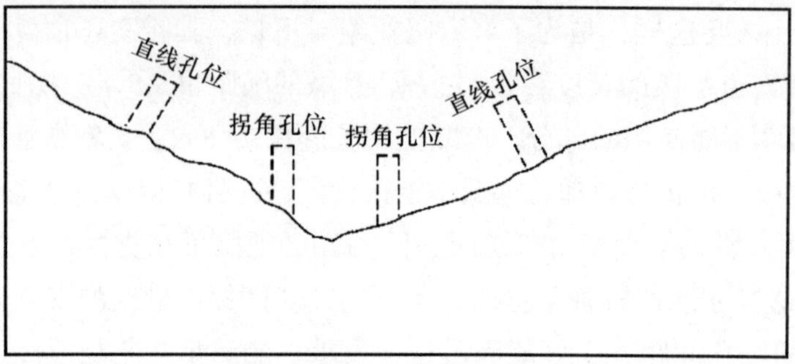

图三　弯道尖头双孔示意图

凹崖上，其顶部石崖向河面平行伸出约3米，而距离顶部平伸石崖不足二尺的凹崖上即是一排呈水平线的栈道石孔（图版四，4），显然人在此处不能站立且绝对通不过去。类似于这样的地段还不止一处，直到龙门峡，还可见到几处这样的地段，其他几处悬崖虽比这里短，但同样不能通过行人。这就更加证明了宁河南下段栈道不是人行栈道。其实这种现象的出现也是采用枧竹材料输卤所致，其理由很简单：第一，行人虽然不能通过，但它并不影响管道的通过和卤水的输送；第二，因受自然落差和管道水平线的制约，它只能由此通过，别无选择，既不能高，也不能低。除此之外，其他任何用途的栈道都无法对这种现象做出解释。

还需一提的是，人们在宁河南下段所能看到的栈道石孔中，有的是单排，有的是双排甚至有的是三排。据龚源鼎先生实地考察所得到的数据，在4288个石孔中，单排孔有3416个，占79.66%；双排孔有861个，占20.31%；三排孔仅11个，只占0.03%[①]。为什么会是这样呢？原因很简单，就是为了保证输卤栈道的稳定与安全。为了保证输卤枧竹栈道的水平状态的稳定性和安全系数，就必须合理安排主要支撑点和辅助支撑点的孔位。其中，主要支撑点的孔位，必须按工艺要求严格控制，不能随意分布。而用于输

① 龚源鼎：《小三峡古栈道孔考察数据知多少》，《三峡文化研究》（第三集），汕头：汕头大学出版社，2002年。

送卤水的枧竹栈道，则要求更高，控制更严。否则，卤水就流不到位。辅助支撑点当然可利用就地的缓坡和台阶，但当没有这些条件可利用时，就必须在崖壁适当的位置上加孔，其孔位多数都安排在两个主支点的下方，呈“品”字形排列，这样就展现出了单排孔、双排孔乃至三排孔的排列景象。在特殊地段，辅助孔的位置也有相应的变化，如前面所提到的硫黄滩凹崖处，有些地方辅助孔的位置就出现在凹崖的上面，显然是采用绳索提拉的办法来稳定枧竹栈道的。总之，辅助支点的具体位置乃是依地势而定，随地势变化而变化，正由于此，现场也就出现了石孔排列的多样化。

由上所述，我们可以明确得知，宁河南下段的古栈道主要是作输送宁厂古镇宝源山麓的天然盐泉之用。

秦汉时期，今巫溪、巫山同为一县，史称巫县，属南郡。据史料记载，西汉时期，即在巫县置有盐官①。到了东汉初年，今巫山大昌坝和巫山县城郊等地，即在用来自宁厂古镇宝源山麓引来的天然盐泉煎煮食盐②。从巫山县境内近期考古遗址的发掘成果亦可充分证明这一点。据巫山县文管所的同志介绍，在大宁河下游沿途的东坝遗址（位于大昌镇兴胜村东200米，南距大宁河100米）、巴雾河遗址（位于双龙乡巴雾村西北一级台地）、琵琶洲遗址（位于早阳乡东平村，大宁河绕山形成的一级黄土台地）、孔圣泉遗址（位于秀峰乡圣泉村东南1.5千米三岔沟一级台地）等多处都发掘出土了大量的以绳纹为主的灰、红陶残片，与忠县中坝遗址的绳纹陶罐有相似之处，这说明在大宁河下游的巫山县境内确曾煮制过食盐。但巫山境内并无盐泉，卤水从何而来？由大宁河南下段栈道将宝源山麓天然盐泉输送至巫山县，是巫山县煮盐用卤的唯一来源。

再从地理位置上看，巫山是巫溪盐走出宁河峡谷，运往长江流域各地的必经通道，巫山虽不产卤，但地理位置上的优势是不可取代的，加之巫溪道路的艰险，卤水自流到巫山要比从巫溪运盐出来方便、经济得多。而大宁盐泉位于大山深处，盐又是一种不可缺少、不可替代的特殊商品，因它受地理的限制，不是什么地方都有。所以，对生产者而言，它是赖以生存的手段和条件，必须维持下去。对消费者而言，它是生命中不可缺少的必需品，一日都不可或缺。这样，交通问题就成了两者之间的主要障碍，如不解决，生产者无法生存发展，消费者无法得到盐巴食用。因此，生产者要千方百计地把它运出来，消费者要千方百计地得到它，生产者和消费者对栈道的需求都很迫切，足见这条栈道对促进当地经济发展，保持社会稳定具有十分重要的作用，具有极其重要的意义。所以无论从地理环境的客观事实看问题，还是从长远利益想问题，把卤水从宁厂古镇通过枧竹栈道输到巫山县境内，在巫山煮制成盐，然后运往长江流域各销售区，这对

① （汉）班固：《汉书·地理志》卷二十八，《二十五史》影印本，上海：上海古籍出版社，1986年。

② 任桂园：《宁河栈道与煮盐铁盆刍论》，《盐业史研究》2002年第4期。

于当时该地区的盐业生产与食盐运销而言，已是最为方便、最为经济的方式了。光绪《大宁县志》引《舆地广记》说“汉永平七年，尝引此泉于巫山，以铁牢盆盛之”，看来是十分可靠的。

盐是古代最重要的商品，又是国家财政收入的重要来源。自秦汉以降，迄至明、清，古巫县及其后之巫溪、巫山二县所属县地和县名虽多有变更，但历代的统治者对宁厂古镇的盐业生产一直非常重视，在其所属之县，历代均设置有专职盐官，或主持食盐的官营专卖，或掌管盐税的征收，对食盐的产运销进行着有效的管理。北宋初年，更置为大宁监，及至熙宁中（1068～1077年），大宁盐产岁额已达400余万斤，“一泉之利，足以奔走四方，吴蜀之货，咸萃于此”，正是由于大宁监盐业的兴旺发达，带动了一地的经济发展，古代的巫溪水方始有大宁河之称。

2002年12月24日于万州

奉节鱼复浦上的八阵图与盐灶

摘要： 鱼复浦是一片碛石沙滩，位于奉节县城东1千米的长江北岸第一级阶地上，呈鱼腹状。上有盐泉，称为白盐碛，俗称臭盐碛。传说诸葛亮入川时，曾在此聚石为堆，设置石阵，曰八阵图。但诸葛亮入川和刘备败退至此时，均在丰水季节，鱼复浦正淹没于江水之中，无石可聚。由此可知，八阵图的故事乃是《三国演义》里虚构的情节。但诸葛亮作八阵图却真有其事，史籍中多有记载，而构成八阵图的石堆，却是白盐碛上历代煮盐留下的简易盐灶，单个盐灶呈地堡状，群灶呈石阵状，通风、除渣的地沟可连通成网。战时，堡内置守兵，沟内设伏兵，此处石弹充足、水源丰富，为一完整防御阵地。所以，八阵图是对鱼复浦上的盐灶进行改造后，用于军事防御的产物。

关键词： 鱼复浦　白盐碛　八阵图　盐灶　石堆

当读者看到这个题目时，会觉得十分奇怪和好笑，笑笔者太痴迷，并且会说用于军事上的八阵图跟用于制盐生产的盐灶，本是风马牛不相及的两回事，怎么能扯在一起呢？但经考证和研究，这里的八阵图确与盐灶有关，并非风马牛不相及。不过需要说明的是，奉节县境内的八阵图，有旱八阵和水八阵之分。且在巴蜀境内，诸葛亮的八阵图有多处遗址存在，本文只对奉节县鱼复浦上的水八阵与盐灶的关系，作一些尝试性的探析，不涉及旱八阵和其他地方的八阵图。

鱼复浦遗址，位于奉节县城东1千米、白帝城西5千米处，临长江左岸的第一级阶地上，是一块东西长2500米，南北宽800米的碛石沙滩[①]，夏季被洪水淹没，冬季露出水面。长江自西向东流经本县，在县城东向南转了一个弧形大湾，致使碛坝呈两端尖、中部圆，北高南低状，远处看去犹如鱼腹（图版四，5），为一天生校场。传说诸葛亮曾在此聚石为阵，曰八阵图[②]。这里又是奉节县历代的煮盐之地，煮盐的盐灶呈石堆状，石堆分布在鱼复浦上，形成石阵，与诸葛亮的八阵图同处一地，这样，两者自古便结下了不解之缘。

2003年6月1日，三峡大坝开始蓄水，鱼复浦已沉入库底，从此，不再与人们见面，

---

① 刘方陶、李向东主编：《奉节县志》，北京：方志出版社，1995年，第707页。

② 刘方陶、李向东主编：《奉节县志》，北京：方志出版社，1995年，第707页。

并将长期沉睡在库底，浦上遗存已无法再去考察了。在告别库底的日子里，怀旧与留念之情油然而生，好在笔者对鱼复浦的潜心研究已有多年，并赶在蓄水之前拍摄了一些珍贵的遗存照片。现选择几幅随文一起刊出，以表达笔者对鱼复浦的永久怀念之情。

说到鱼复浦上的八阵图，恐怕是人人皆知、家喻户晓，但说到鱼复浦上的盐灶，便知之甚少，本文将对鱼复浦上的八阵图与盐灶之间的内在联系，作一些尝试性的探析。

一、盐灶与小说故事

在我国著名历史小说《三国演义》里，有一段诸葛亮在鱼复浦上布设八阵图的故事，其大意是：诸葛亮入川时，在鱼复浦上聚石为堆，布成阵势，曰八阵图，能顶埋伏于此的十万大军。十年后，关羽被东吴杀害，刘备亲率七十五万大军讨伐东吴，在夷陵，反遭东吴都督陆逊火攻连营七百里，刘备败退白帝城，陆逊引得胜之兵，向西追袭，至鱼复浦被困于八阵图中，幸被诸葛亮的岳父黄承颜引出，方才下令班师。后来，唐朝诗人杜甫曾以"功盖三分国，名成八阵图。江流石不转，遗恨失吞吴"的著名诗篇来颂扬诸葛亮的才智与伟业，之后亦有不少文人墨客到此，留下许多叙述或赞美八阵图的诗、词、楹联和文赋，致使这里的八阵图成为家喻户晓、人人皆知的神奇故事。但在纪实性的历史著作《三国志》里，却没有鱼复浦上八阵图的记载。书中对张飞义释严颜、陆逊火攻连营、刘备败退白帝、病后死于白帝、死前在白帝托孤于诸葛亮等事实都有叙述，唯独没有陆逊在鱼复浦上困于八阵图之说，足见这段故事是罗贯中写小说时加入的情节，是艺术上的虚构。经考证，诸葛亮、张飞、赵云将兵溯流定白帝的时间是建安十七年（212年）[①]，而刘备败退白帝城是在章武二年（222年）[②]，前后经历了整整十年的时间。鱼复浦冬季才露出水面，夏季被洪水淹没，诸葛亮一行于是年农历七月二十日由荆州起程，日行军按八十里计，如果途中不遇大的战事，七月底八月初便可到达白帝，这时，丰水期尚未过去，鱼复浦露出水面的可能性极小。此时，庞统已死，刘备身边已无军师，战况紧急，诸葛亮与张飞兵分两路，水陆竟发，急奔雒城，并约定先达雒城者立头功。因此，诸葛亮一行不会久留于此。鱼复浦正被江水淹没，已无石可聚。就算有石可聚，来年也要被洪水冲毁，况且已历经十年之久，早已被洪水冲得荡然无存，面目全非，留存下来的石堆皆是人工砌筑的建筑物。陆逊火攻连营，大败蜀军的时间是在农历六月，八月已收兵还巫[③]，由此推算，刘备败退白帝城的时间当在六七月

① 陈寿：《三国志》卷三十二《蜀书二》，长沙：岳麓书社，2002年，第598页。

② 陈寿：《三国志》卷三十二《蜀书二》，长沙：岳麓书社，2002年，第600页。

③ 陈寿：《三国志》卷三十二《蜀书二》，长沙：岳麓书社，2002年，第600页。

间，此时亦正当丰水季节，鱼复浦还淹没于滔滔江水之中，也不可能有石堆出现。对这一点，任乃强教授编著的《华阳国志校补图注》中，亦有同议，文中对鱼复县的“盐泉”二字，就有这样的注释：补“盐泉”二字者，鱼复江南（现在江北），峡口外有洲，人称盐碛……江水夏秋没碛，惟冬春可煎。盐工候江落碛出时，于泉上搬去石碛为堆，乃得盐水。岁岁为之，泉位与碛堆不变，过舟者不知其故，妄传为诸葛亮布置的八阵图。其事当辨也。《寰宇记》引《荆州图副》云：“永安宫南一里，渚下平碛上，周回四百八十丈，中有诸葛武侯八阵图，聚细石为之，各高五尺，广十围，历然棋布，纵横相当，中间相去九尺，正中开南北巷，悉广五尺，凡六十四聚，或为人所散乱，即为夏水所没，冬季水退，复依然如故。”又续引盛弘之《荆州记》云：“垒西聚石为八行，行八聚，聚间相去二丈许，谓之八阵图。因曰‘八阵即成，自今行师，更不复败’。八阵及垒，皆图兵势，行藏之权，自后深识者所不能了。桓温伐蜀经之，以为常山蛇势。”世人妄传诸葛神奇如此。夫江水力能转运巨石，安得武侯八阵图细石堆遂不可移乎？知碛下盐泉，足破其妄矣[①]。

以上史料说明，陆逊困于鱼复浦上八阵图的故事是艺术上的虚构。但这些虚构并非凭空想象，它源自于真实的实物背景，有充足的事实依据：其一，诸葛亮作八阵图一事，史籍中多有记载，最早见于晋代，前面提到的桓温便是晋代人；《荆州图副》亦出自于南北朝人的手笔；在《三国志》里，虽然没有陆逊被困鱼复浦八阵图的故事情节，但却有“亮性长于巧思，损益连弩，木牛流马，皆出其意；推演兵法，作八阵图，咸得其要云”[②]的记载；杜甫“名成八阵图”的诗句，也远远早于《三国演义》的成书时间。说明远在罗贯中写小说之前，八阵图就已被载入史册，并在民间广为流传了。其二，据地方志载：奉节人民因仰慕鞠躬尽瘁、死而后已的诸葛亮，旧时每年正月初七，成群结伴，出游水八阵，谓之“踏碛”。妇女在碛上捡石子凿孔串作饰品，以示吉利。踏碛之风，民国尚存，至今失传[③]。说明八阵图在当地百姓中已深入人心。其三，鱼复浦遗址处确有石堆的遗迹存在。不过，构成八阵图的这些石堆，与白盐碛上的盐灶，所处的位置是相同的，其形体结构亦相似，而且这些盐灶在军事上，尤其在防御战中，有很高的利用价值。诸葛亮、刘备虽都是丰水期来到白帝，但在数十年的军事对抗中，在注重天时、地利的时代，对长于巧思的诸葛亮来说，不可能不对这些现成的地物加以改造和利用。历代的军事家也不会对此熟视无睹，在数十年的军事对抗和历代战争中，必然会有许多成功的战例；鱼复浦又是一个良好的演兵场地，在平日的训练中，也会经常在此演练诸葛亮的阵法，从而给罗贯中提供了创作的素材。总之，不管鱼复浦上的八阵图是虚是实，或有或无，本文旨在揭示小说

---

① 任乃强：《华阳国志校补图注》卷一《巴志》，上海：上海古籍出版社，1987年，第37页。

② 陈寿：《三国志》卷三十五《蜀书五》，长沙：岳麓书社，2002年，第623页。

③ 刘方陶、李向东主编：《奉节县志》，北京：方志出版社，1995年，第734页。

作者创作八阵图的实物原型，探析八阵图与盐灶的内在联系。因此，笔者将按其“有”来进行探索、以“有”为背景而进行多侧面的剖析。

前面已提到，消除人们误传的办法是“知碛下盐泉，足破其妄矣”。下面就先从碛坝上的盐泉及跟随盐泉而出现的石堆说起吧。

二、盐灶位置与石阵

据《奉节县志》载：“奉节历史悠久，夏、商时为荆、梁二州之域。公元前1006年，周灭商，奉节乃巴之属国——夔子国属地。公元前633年，夔地并为庸国之鱼邑，属楚。公元前601年，庸叛楚，楚联巴、秦共灭庸，三分其地，鱼重归于巴。公元前316年，秦灭巴，鱼邑属秦。公元前314年，秦于巴国之地置巴郡，领十一县，鱼邑改称鱼复，序列第九。公元前216年，鱼复隶属益州之巴郡。194年，刘璋分巴为三郡，鱼复属固陵郡。201年改固陵郡为巴东郡，郡治鱼复。216年恢复固陵郡名。221年，复巴东郡名。222年，刘备从夷陵败退白帝城，改鱼复为永安县。583年改永安为人复，属信州。619年改信州为夔州。649年改人复为奉节。”①

鱼复浦上有盐泉数眼，古人就在盐泉附近的碛石滩上，将卤水加工煮制成白盐，故有白盐碛之称，卤水流出地面时，有硫化氰等同生气散发出来的臭鸡蛋味，白盐碛又俗称为臭盐碛。梅溪河在此汇入长江，由北向南横切碛坝，将鱼复浦分为东西两部分。石堆遗址见于东半部分，这里恰好是奉节的盐业生产所在地，盐灶和八阵图均位于鱼复浦的东半部分。

奉节从古产盐，鱼族依之建国②。是渝东地区古代盐业的发源地之一，历史最高年产量达4000吨③。在《盐政辞典》里，对“奉节”一词就有两条与盐业有关的解释：“（一）县名，清为四川夔州府首县，民国裁府留县，隶四川东川道，川盐票岸销地也，清末行水引一百七十七引。按本县有奉节场。（二）场名，在奉节县城东南七里之碛坝中，面临大江，每年五月至十一月洪水期间，盐井为江水淹没，迄水退坝出，始淘井开煎，其卤甚臭，故俗称臭盐碛，分南北两岸，南岸一井，北岸三井。引《荆州图副》云：‘八阵图下东西三里有一碛，东西一百步、南北广四十步，碛上有盐泉五口，以木为桶，昔常取盐，即时沙壅，冬出夏没，即指此也。’民国四年，设盐井委员，其现在情况如下：北岸三井，盐锅：三八〇口，灶家：一一〇户；南岸一井，盐锅：二一

---

① 刘方陶、李向东主编：《奉节县志》，北京：方志出版社，1995年，第54、55页。

② 任乃强：《华阳国志校补图注》卷一《巴志》，上海：上海古籍出版社，1987年，第37页。

③ 万县地区盐务局：《万县地区盐业志》，成都：四川人民出版社，1991年，第56页。

口，灶家：九户；总共四井，盐锅：四〇一口，灶家：一一九户。”①

笔者在现场考察时看到，石堆经洪水长期冲刷，现已留存无几，几乎全部荡平，盐泉多被沙石壅埋，目前只有一眼盐泉仍有卤水流淌，估计流量每小时有20立方米左右，且有臭味散发（图版五，1）。从盐泉往西偏北约50米处，有一个长方形的集卤池，南北宽3米，东西长12米（图版五，2），在集卤池的附近有一两处残存石堆，虽已面目全非，但从夹存在石堆里用于建筑的胶凝材料中（用石灰、石膏、炭渣拌成的三合泥），可以看出这些石堆是人工建筑的痕迹，也是石堆能够留存至今的主要原因（图版五，3）。盐泉位置接近于碛坝末端的河流岸边，正巧位于鱼腹的肛门之处，距县城恰好3.5千米。众所周知，凡产盐之地，有泉必设灶，灶需设在便于操作、方便运输的开阔之地，从地形上看，盐泉以下是碛坝的末端，地形逐渐收敛成尖角状，地势狭窄，不宜设灶；往上则地势开阔。因此，煮盐区只能向上游方展布。盐灶为单锅单灶，后来逐步发展、演变到四锅排灶，因此，400口盐锅即400座盐灶，有400座盐灶就有400个石堆，这400个石堆如照40个×10个分布，间距按35米计，则需1400米×350米的地盘。但盐灶的实际分布并非如此规范、整齐，在生产实践中，必受当时地形、地势的影响和制约，布局将呈不均等状态，而范围也将更宽、更广。其场面之壮观便可想而知，不用说几百个石堆，就是有几十个这样的石堆也够壮观的了。光绪《奉节县志》云：“县治东南八阵碛下，旧有盐井四口，龙脊滩南亦有盐井二口，冬出夏没，年久淤塞，咸丰初年乡民淘井试煎，产盐极旺，于是，每岁水落之时，编茅砌灶，比屋鳞次，蒸气成云，熬波出雪。”② 呈现一派繁荣景象。从这里可以看到：白盐碛的上游方是一大片盐灶，即一大片排列有序的石堆，犹如石阵，人们自然会由此联想到八阵图。盐碛处是一片产卤区，中间为过渡区。与前面所云“八阵图下三里有一碛”相对照，便可发现八阵图和盐灶是在同一块区域内，如把“八阵图下三里有一碛”这句话倒过来念，意思就变为八阵图在盐泉上头三里之处。三里是个大概数，约1000米，这一片正好是盐灶的分布区，所以，展现在我们眼前的景象是一幅合二为一的画面，即盐灶与八阵图相重叠，盐灶就是八阵图，八阵图也就是盐灶。

现在，我们看到的还仅仅是从盐泉到盐灶，从盐灶到石堆，从石堆到八阵图的表面景象，接下来需要探析的是石堆与八阵图的内在联系，即这些石堆的结构在军事防御中的独特地位和作用。

---

① 林振翰：《盐政辞典·奉节》，郑州：中州古籍出版社，1988年，第64页。

② （清）《奉节县志》卷十六《盐茶》，光绪十九年刻本，第73页。

三、盐灶结构与石阵

渝东地区的旧盐灶，除个别地方因盐泉分散、出卤量小、地势狭窄而灶形差异较大之外，其余各地，尤其是几个主要产盐重地之间，盐灶的灶形差异很小，几乎相同。而白盐碛上的盐灶却比较特殊，有别于任何一个盐场，需要作单独的介绍，但在介绍白盐碛的盐灶之前，更需先对各盐场普遍使用的盐灶有个基本的了解，才好对比和参照。现以云阳盐厂的旧灶为例：从云阳盐厂的旧盐灶剖面图（图一）上可以看到，灶的前端平面上是两口大圆锅，圆锅下面是炉膛，炉膛高度为1～2.4米，炉床倾斜约45°，炉床下面是下硐，下硐深约2米，功能是通风和除渣，这样，盐灶总的高度达4.4米，但工人的作业面却是在稍有斜度的平面上。所以，盐灶一般都要选择在有土坎的地形上，如彭水郁山盐场（图版五，4）、巫溪大宁盐场、田坝盐厂、忠县涂井盐场、㽏井盐场、开县温汤井盐场等，都是选择在这样的地形上开设盐灶。如果没有这样的地形可利用时，就要人工挖槽、保坎，来造成这样的地势，以满足制盐设备及工艺上的需要，云阳盐厂即是如此。

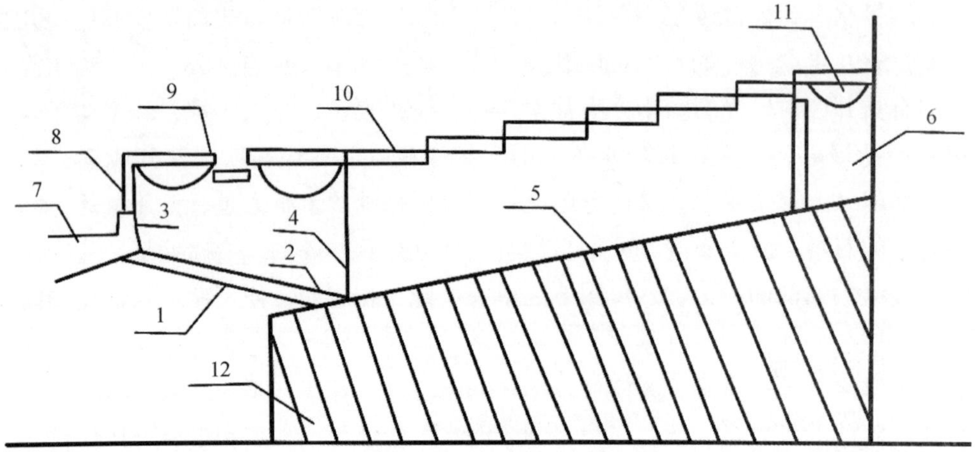

图一　云阳县的旧盐灶剖面图

1. 炉床　2. 卡子石　3. 炉壁　4. 大小耐火帽子石砌码烟巷口　5. 烟道　6. 尾锅烟巷进塔火门　7. 炉门砌石　8. 铸铁炉门　9. 大铁圆锅　10. 钢板平锅　11. 小铁圆锅　12. 下洞通风道

白盐碛之所以有别于渝东任何一个盐场，主要原因：第一，它是季节性的生产，要与洪水抢时间，洪水来临时，不但要停产，所有设备均要搬走，否则，将被洪水全部冲毁，因此，不可能在这里建造永久性的厂房，只能建临时性的简易盐灶。第二，既然是临时性的简易灶，就不可能有成规模的龙灶，即十几口锅的双条形灶，只能设单锅单灶，后来出现的四锅排灶，实为四个并列的单锅灶，并不改变盐锅与石堆一对一的比例关系。这样，有一口盐锅必有一个石堆，一个石堆犹如一个地堡，一座盐灶就是一个独立的地堡，群体盐灶就像地堡群一样分布在白盐碛上。第三，这里是一片碛石沙滩，没有土坎可以利用，建的又是临时性的盐灶，就不可能去搞大面积的挖槽、保坎，只好将盐灶建在平坝之上，这样，盐灶的主体必然要高出地面。从各地盐灶的结构看，锅面至炉膛底部的高度均在2米左右，这样高的作业面，人在地平面上是无法操作的。盐工必须站在盐锅旁边，才能作业，为此，就得加大灶体厚度，顶部不得少于0.6米，往下还要保持一定的坡度，才能满足盐工行走的空间和盐灶的稳定，其形状就与自贡市桑海井目前保留的两三口单锅灶相似（图版五，5），与前面所云："聚细石为之，各高五尺"的八阵图高度相接近；但桑海井的盐灶是烧天然气的，结构简单，只要有炉膛就行，而白盐碛的盐灶则是烧柴和煤的（古时烧柴，近代烧煤），因此，炉膛更高、灶壁更厚、灶体更坚固。除此，炉床下面还必须挖掘通风、除渣地沟，名曰下硐，这样的下部结构又与云阳盐灶相接近。这种将所述两种灶形结合在一起的灶——上部如桑海井的盐灶，下部像云阳县的盐灶，就具有了军事上的特殊用途，尤其在军事防御期间，更有其独特的应用价值。

从白盐碛上单锅灶的剖面图（图二）上可以看到，盐灶的上部恰好是冷兵器时代的一个战斗堡垒，里面能够容纳3～5人，可向外监视、观察敌军动向，亦能对外发射弓弩；弓弩用尽后还可投掷石块，这里的石块取之不尽，用之不竭，不会有弹尽之时；加之此处水源丰富，不缺水喝，利于备战。战时只要在灶壁上部开凿射孔，盐灶就被改造成为高五尺余并有女儿墙的地堡，战斗功能就更加完善。盐灶的下部还有一道便于通风和除渣的地沟，战时可作为隐蔽和埋伏兵力的掩体。如将各灶的地道连通成网，就是一个庞大的集群堡垒，各个堡垒之间，可以互相依托、互相策应、互相支援。这样，既能形成强大的群体合力，又可以逸待劳、隐蔽待敌、灵活机动地给敌人以出其不意的打击，达到出奇制胜的目的。小股敌人进来，便有来无回，大股敌人来了，也不敢轻易冒

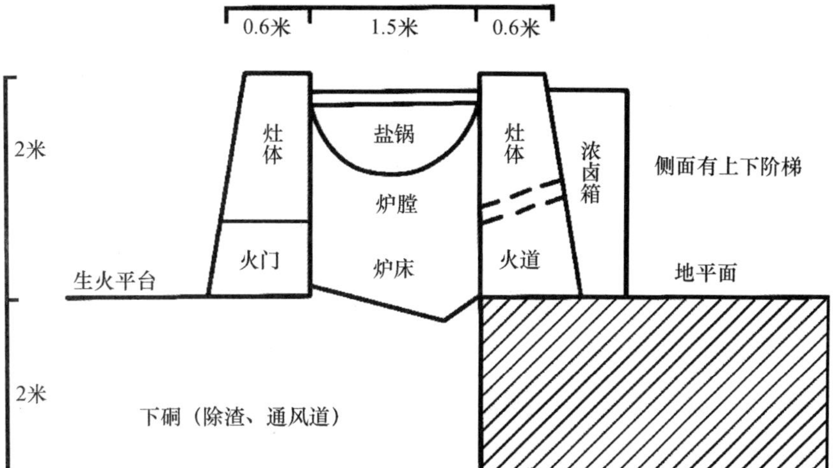

图二　鱼复浦上单锅灶剖面图（刘卫国绘）

进，至少可阻滞敌军步伐、打乱敌军部署、延缓敌军行动，为本军的调动、部署或转移争取到宝贵的时间。从而，为本军取得战争的胜利创造良好战机，实乃一个既能迷惑敌人，又能主动出击的理想防御阵地。只要组织得当、指挥得力、配合得好，就可以一当十、以少胜多，克服兵力不足的矛盾。这样的场地，不用说诸葛亮这个历史上少有的天才军事家，只要稍为有点军事常识的人都会加以充分利用。所以，小说作者把这些盐灶描写成威力强大的的八阵图，并不算夸张，其中的种种神秘现象亦能得到合理的解释。

还需一提的是，所谓阵势，无非是指巧妙地组合用兵，充分发挥组群兵力的系统优势，达到扬长避短，克敌制胜的目的；石阵乃是借用石堆既能隐蔽士兵又能主动出击的特殊结构而巧妙地用兵，致使敌人在不知情、不摸底的状态下，糊里糊涂地遭到袭击。反之，不用兵就不成其为阵、有石堆而无兵，就不叫石阵，如放弃石堆而不用，将反为敌人所用。因此，只有巧妙地用兵，才能发挥石阵的强大威力。有兵藏在其中，才会有种种神秘现象出现。

四、盐灶与神奇现象

罗贯中在写《三国演义》之前，对鱼复浦上煮盐时的景观是非常了解的，他将这些景观糅合在八阵图的故事之中，就演化成许多不可思议的神秘现象，如“逊在马上看见前面临山傍江，一阵杀气，冲天而起”“逊不信，下马登高望之，杀气复起”“逊见日将西沉，杀气越加”“哨马回报，并无一人一骑”“江边只有乱石八九十堆，并无人马”“诸葛亮入川之时，驱兵到此，取石排成阵势于沙滩之上，自此常常有气如云，从内而起”“但见四面八方，皆有门有户”“逊方欲出阵，忽然狂风大作，一霎时，飞沙走石，遮天盖地。但见怪石嵯峨，槎枒似剑；横沙立土，重叠如山；江声浪涌，有如剑鼓之声……”这些描写读后令人生畏，有神秘莫测之感。但只要把现场的具体环境和煮盐时的情境相对照，就不觉得奇怪、也不觉得神秘了。譬如“江边只有乱石八九十堆，并无人马”就是盐灶在碛坝上的分布情况；而“四面八方，皆有门有户”就写出了盐灶的形状和结构特征。“常常有气如云，从内而起”恰好是盐灶煮盐时蒸汽升腾时的情境。又如，石阵中出现的“一阵杀气，冲天而起”“一霎时，飞沙走石，遮天盖地”“有如剑鼓之声……”的情形，也很容易造成，只要事先在盐灶的通风、除渣道内埋伏一些士兵，带上扬沙工具和剑鼓，到时候，待指挥将领一声令下，一起喊杀，并敲击剑鼓，同时向外扬起沙石，神秘现象便会立即显现，随着沙石的堆积，亦会出现“怪石嵯峨，槎枒似剑，横沙立土，重叠如山”的奇观。至于“忽然狂风大作”及“江声浪涌”的情境，则是由鱼复浦的特殊位置，于特定时段内，出现的自然气象所致，因为鱼复浦位于夔门关之上，与瞿塘峡峡口相对，正当风口之处，随时有阵风袭来，傍晚尤甚，陆逊入阵，时逢日暮之时，遇上起风，是情理之中的事，就不足为怪了。

拨开八阵图种种神秘现象的面纱，我们看到的是：盐灶结构如同地堡；盐灶的分布如同石阵；碛坝上的煮盐场景构成了八阵图中的神秘现象；鱼复浦在特定时段内出现的气象变化，也为八阵图增添了几分神秘的色彩。充分运用这些有利条件于军事防御，确能阻敌于一时，以获得调整部署、扭转战局的宝贵时间，可得到意想不到的收获，为搞活战争全局而发挥巨大作用。

五、结　　语

综上所述，鱼复浦上八阵图的故事，史无记载，显系罗贯中写小说时虚构的情节，但诸葛亮作八阵图却真有其事，史籍中亦多有记载。至于鱼复浦上八阵图的真与假，或许是亦真亦假或许为半真半假。假者：诸葛入川和刘备败退白帝城，均在丰水季节，没有布设石阵的客观条件，更无石堆及石阵出现。真者：诸葛亮作八阵图乃有史为证，且记载较多，加之盐灶及煮盐场地具有防御阵地的功能，为一天然防御阵地。战争乃敌我双方面对面的拼杀，对战斗人员而言，就是要保存自己，消灭敌人；对指挥人员而言，就是要最大限度地消灭敌人、尽可能地减少自己的伤亡。要达此目的，就要千方百计地利用既能隐蔽自己，又能发扬火力（指发挥兵器作用）的地形和地物。鱼复浦上有如此好的地物，必为诸葛所利用。现可综合、归纳成以下几点，作为对全篇的小结：第一，诸葛亮、刘备均于丰水期来到白帝，此时鱼复浦被江水淹没，无石可聚，也无石堆现出。第二，从诸葛亮聚石为堆到刘备败退白帝城，已相隔十年，鱼复浦年年遭洪水袭击，聚成的石堆不可能完好地保存到十年后还能发挥作用。第三，鱼复浦上有盐泉，奉节从古产盐，鱼人依之建国，制盐历史悠久。因而年年修复旧灶，岁岁垒砌新灶，年复一年，留下大片石堆，才有“冬季水退，复依然如故”的景观。第四，八阵图与盐灶的位置相重叠，石堆的数量和高度亦相接近，因此，盐灶与八阵图本为一体，盐灶即是八阵图，八阵图亦是盐灶。第五，从现场遗址发现，在遗存的集卤池和石堆里，均混夹有建筑用的胶凝材料，说明石堆是为满足制盐生产所需的建构筑物，并非一般的聚石为堆；石块与胶凝材料凝固在一起，是石堆能够留存至今的主要原因。第六，鱼复浦上的盐灶群，具有防御阵地的功能、又有壮观的石阵景观，还有许多特殊景象，容易与八阵图相联系，自然成为小说创作中最理想的实物原型。第七，八阵图里的神秘现象，除一部分由隐蔽在石阵中的人力制造外，其余皆为煮盐场面的再现。以上各项足以证明，鱼复浦上的石堆群，是历代制盐留下的盐灶，八阵图是盐灶经改造后用于军事防御的产物。

2003年6月写于三峡大坝蓄水之时

渝东古盐业探源

摘要：渝东地区的盐泉大约形成于3500万年前的始新世——渐新世，分布在十几个县的广大区域，位于古人经常出入、必须光顾的河流岸边，容易被古人所发现。因此，渝东盐业是从古人在本能驱使下到盐泉处吸食盐水开始，在最原始的零点位上起步，经历了本能吸食、酝酿准备、自食起步、交换过渡、产业成熟五个漫长的历史时期。

关键词：渝东盐泉　古盐业　五个时期

渝东地区因地质与地貌的巧合，致使盐泉从全区各地山麓流出，其数量之多，分布之广为全国之冠。据不完全统计，在长江两岸的巫溪、城口、宣汉、秭归、巴东、奉节、云阳、万县、忠县、开县、彭水、武隆、丰都、南川、石柱等十几个县内的溪河边，分布着数百眼盐泉，如再加上相邻之湖北省清江流域的盐泉，则数量更多、分布范围更广。这一得天独厚的地理环境，使它成为我国井矿盐的发源之地。但这里的盐业到底始于何时，至今仍然是一个值得深入探讨的问题，本文试图就此问题进行一次大胆的探索。以就正于学界。

一、诸多的历史疑点

随着对三峡文化和渝东盐业史研究的深入，尤其是近几年来，在库区内开展的抢救性文物发掘中，获得了丰硕的成果。用这些成果与原有史料相对照，便会发现渝东盐业的真实历史与传统历史观点（即史料记载）之间，存在着许多疑点。只有直面正视、认真分析、努力破译这些疑点，渝东的盐史研究才能向更深的层次发展。为此，特在诸多历史疑点中举出几个与盐业有关的疑点来进行探索。

首先，是史料记载与真实历史之间的差距太大。早在20多年前，笔者就曾听到过一些传说，并看过一些史料，但总觉得这些传说及史料，对渝东盐泉之发现与盐业之起源的说法不大符合历史发展的客观规律，反映不出历史的真实面貌，但又苦于没有证据，这个疑团便凝存于心。近年来，随着三峡库区内考古发掘的普遍展开及新成果的不断出现，尤其是中坝遗址所取得的突破性成果，又加上学者们对“巫咸国”和“巫载国”的破译，这个疑团终于被解开，于是从未写过文章的笔者，便身不由己地加入到了渝东盐业史的研究中来。

现在我们就来看一看这个差距究竟有多大，首先来看忠县的盐业，据《忠县志》载：“旧有盐井溪，相传东汉关西夫子杨公伯起（杨震），见白兔饮泉，因而掘井，俗称㴩、涂两井。”[①]按此记载，忠县的盐业当始于东汉，但考古证实，这里早在新石器时代晚期，就已经建成了商品化、专业化的盐业基地和经济集聚地，与相关记载至少有两千多年的差距，这个差距实在大得惊人。另据《四川省盐政史》载：“大宁盐井始于汉，卤脉自宝源山麓，地属袁氏。”但《山海经》中的巫载国，早在虞夏之时，就已呈现出一派“不绩不经，服也，不稼不穑，食也。爰有歌舞之鸟，鸾鸟自歌，凤鸟自舞，爰有百兽，相群爰处，百谷所聚”的繁荣景象，较之“始于汉”的记载[②]，其差距也是两千多年。其他各盐场起始时间的记载，均为汉初或东汉，有的还更晚，最早的记载也不过公元前316年。为什么会出现这种历史断层和大跨度的时间差异呢？这也许跟巴国的灭亡有关，因为渝东地区远古时期文化的形成与发展，跟华夏文化的形成与发展，即相似又同步。相似是指民族的形成，都是以占有盐泉之利的民族为核心，逐步发展、壮大、兼并、融合周围其他民族，然后统一成一个大民族，走向强盛而建立起强大的国家。近年来，不少学者研究《山海经》后认为，巫载国与虞夏同时，巫咸国则在巫载国之前，当与黄帝同期，这便是同步。任乃强教授在《四川上古史新探》一书中说道：“按《山海经》所传，巫载兴，亦当与虞夏同时，可算得上我国上古时期两朵并蒂花，但它所在地不似中原那样宏阔开展，而是一个狭促崎岖的石灰岩山谷地区，所以，发展到了农业优先的时代，便不能不为巴、楚文化所代替。”[③]这里所说的“并蒂花”，就是指渝东先民的文化，是独立于华夏文化之外的另一朵花。因此，它的早期文化不可能载入华夏文化的史册，后来便随着巴国的灭亡而消失，成为历史的断层，直到秦国统一巴国后，渝东的历史才开始载入华夏文化的史册。所以，各盐场的起始时间都记为秦末汉初，这恐怕就是渝东早期盐业出现历史断层的主要原因。这种情况不单是渝东如此，南方其他民族的历史亦如此，范文澜编写的《中国通史》中就讲道：“远古时代就居住在南方的苗、黎、瑶等族，都有传说和神话，可是很少见于记载。一般说来，南方各民族中最流行的神话是‘盘瓠’，三国时徐整作三五曆记，吸收‘盘瓠’入汉文化，‘盘瓠’成为开天阔地的‘盘古氏’。”[④]这就说明，南方其他民族的早期文化，也没有载

① 忠县志编纂委员会：《忠县志》第二十三篇《赋文》，成都：四川辞书出版社，1994年。

② 袁珂校注：《山海经校注》卷十五《大荒南经》，上海：上海古籍出版社，1980年。

③ 任乃强：《四川上古史新探》，成都：四川人民出版社，1986年。

④ 范文澜、蔡美彪：《中国通史》，北京：人民出版社，2008年。

入华夏文化的史册，就连“盘古开天”这个流传广泛、家喻户晓的神话，也是三国时期才入编进册，与渝东先民早期无历史记载的情况十分相似。

其次，在研究渝东的盐业史时，无不涉及巴人，而研究巴民族时，又无不涉及盐。在渝东，盐与巴有着密不可分的渊源关系，“盐、巴”确实不可分，因为盐是巴文化的基础，而巴人又是渝东盐的重要开拓者，故有“巴盐”之称。但是，巴人的起源至今仍是一个谜，专家学者们也各持己见，至于谁是谁非，则不需评说，相信随着研究的深入，自会有统一的定论。不过有一点却是一致的，即巴人不管他来自何方，也不管他何时来到峡江，自他来到峡江以后，便靠盐而兴旺、发达，直到兴邦、立国，靠盐的经营而建立起盛极一时的巴国，后又因盐而引来楚、秦相争，招致战祸，直到灭亡，即所谓因盐而兴，又因盐而亡，真乃“成也萧何，败也萧何”也。因此，可以说巴人从兴到亡的全部历史，就是一部早期的渝东盐业史。但它又是一部不完整的渝东早期盐业史，因为渝东的盐业并非始于巴人，巴人是渝东盐业的开拓者但不是创始人，他所经历的只不过是先秦时代的最后一个时期。从传说中的“盐水有神女谓廪君曰，此地广大，鱼盐所出，愿留共居，廪君不许”[①]，这几句对话中可以看到，在巴人到来之前，这片广大的峡江流域，已有鱼和盐的生产了，其产盐范围已遍及全区，并具有了一定的规模。可想而知，渝东盐业从原始起步到“此地广大，鱼盐所出”，其间的历程难以想象，所以说，巴人涉足渝东盐业，距渝东盐业的源头还很遥远。

再次，前面提到的巫载国“不绩不经，服也，不稼不穑，食也”，以及“百谷所聚”的繁荣景象，和忠县㽏井溪遗址所展示的经济集聚地的场景，虽然填补了渝东盐业史上很长一段空白时期，但仍然没有见到盐业的源头，因为这两处所展示的面貌，都显示渝东盐业已经达到了商业化、专业化的程度，生产已有了相当规模，成为古代重要的盐业生产基地和经济集聚中心，距离源头仍然十分遥远。

最后，关于动物引泉的传说。笔者在渝东各地考察时发现，凡有盐泉分布的地方，都有一个动物引泉的美丽传说，可谓是有盐泉必有传说，但将这些传说汇集到一起时，便会发现，这些传说全是一个模式、一个样子、一个套路，连动物引泉的时间都很接近和雷同。都是讲：有猎者在某处或追赶动物至某处时，发现了盐水，然后挖泉成井，开始煮盐。不同处在于有的说是白鹿，有的说是白免，有的说是白羊，还有的说是白斑鸠。这样，人们就不得不对这些传说的真实性产生怀疑，至少有一些地方的传说是后人的牵强附会之作。其实，盐泉只要能够流出地面，是很容易被人类所发现的，因为盐水与泉水流出地面有很大区别：盐水是热的，有热气冒出；盐水有气味，赋存于盐层中的硫化氢等同生气，流出地面时，会散发出一种刺鼻的臭鸡蛋味；盐水

① （南朝宋）范晔：《后汉书》卷一百一十六《南蛮西蛮夷传》，北京：中华书局，1965年。

是咸的，尝之味甘；盐水有色，因卤水的透明度差，呈混浊状态，加之卤水中带色粒子和杂质的不同，而呈现出各种不同的颜色，不过，由于渝东地区的卤水性质基本相同，化学成分亦很接近，故卤水颜色的差异较小，多呈乳白（略带翠绿或浅黄）；有的稍微发黑，清亮透彻的也有，但极个别，没有代表性；盐水流经的沟底，有杂质凝结的垢物附着，清晰可见；边沿部分被太阳晒后有白色晶体，十分醒目，它以视觉、嗅觉、味觉、触觉等全方位地向人们展示；况且盐泉又分布在河流岸边，与水源长期相伴，是原始人经常出入、必须光顾的地方，很容易被人类所发现。至于本能问题，它是由体内新陈代谢的需要所促使，所以，动物有嗜盐的本能，人也同样有嗜盐的本能，况且人还是高等动物，智商远远高于其他动物。不过，动物的一些器官经过长期的演变进化，对某些物体及其征兆特别敏感，再加上草食动物的觅食习惯总是头朝下，嘴接地，不停地在地面寻找食物，为区分食物与杂物，还往往先用鼻子闻一闻，或用舌头舔一舔，这样，就会先于人类找到盐泉。所以，笔者并不否认动物引泉这种客观事实的存在。从本质上讲，动物引泉的传说是真实的、可信的。但关键不在于人类是否需要动物的引见来发现盐泉，而在于被动物引见的时间值得商榷。从目前已取得的考古成果了解到，204万年以前，三峡地区就有人类活动，盐泉已先于人类流淌了几千万年，而且在有人类活动的时段内，时间越往前推，盐泉的数量越多，人类接触动物的机会也越多。但可疑的是，为什么在长达两百多万年的时间里，盐泉就在人类经常出入的地方流淌，却没人发现，也不去享用；其间，人体所需盐分又从何来；为什么在人类与动物长期相伴的日子里，都没有学会识别盐泉，一直到最近的两千年前才有动物来引见，且各地都是在这个时期才见到动物来饮泉。更不可思议的是，这些盐泉一旦被发现，一下子就进入了具有先进技术的人工井时代，那么人类在与盐泉和动物相伴的两百多万年里，岂不是一直在长眠沉睡，而到了两千年前却突然醒来，猛然一跃，就进入了一个新的历史时期？这显然与历史发展的客观规律不相符合。所谓传说，是指人们口头流传下来的，对某人或某事物的叙述。一般说来，多数传说叙述的都是没有文字记录前的人和事，时间通常都很遥远，且时间概念也很模糊，往往用“很早以前”或“从前”这类词语，不可能具体到某一年。渝东各地盐场的传说，都是汉代以后的事情。这时，已有全国统一的文字，完全可以直接记录，不需再用口头来传承。奇怪的是，在有盐泉必有传说的渝东地区，却没有一处有直接记录。史料叙述其事时，前面都有“相传”二字，这就完全有理由怀疑，这些传说是秦汉以后，有人将远古时期的传说，与秦汉之后的某个重大历史事件相联系的产物。例如，巫溪大宁盐场起始于公元前316年，正好是秦国灭亡巴国的时间；云阳云安盐场起始于公元前206年，却恰好是刘邦到朐忍（今云阳及万县、梁平、开县的部分地区）的时间。由此便可清楚地看到，这两个盐场的起始时间，就把两个重大历史事件与古代传说紧密地结合在一起了。这样的传说一经出现，其余各地便纷纷仿效，于是就有了全区千篇一律的传说。

以上几个主要疑点，笔者拟从史前时期渝东盐业逐步形成的历史过程，根据现有的地质资料、考古资料和研究成果来进行探索，以追根溯源，寻找一种科学的阐释。但就目前的成果而言，还只是一个初步的尝试，望有更多的专家、学者能就此课题展开更加广泛、深入的探讨和研究。

二、渝东盐泉的形成

要寻根溯源，首先需要溯渝东盐泉之源。关于四川盆地盐矿资源的形成，四川师范大学的李小波教授在《盐业史研究》2002年第4期上发表的《四川盆地古代盐业开发的地质基础》一文，已作了全面而细致的论述，笔者便可省去一些篇幅，这里只对渝东地区盐和盐泉的形成作些粗浅探讨。

从地质部门在渝东地区几十年地质勘探的成果中了解到：渝东大地构造位于四川盆地川东褶皱束东部，在川、鄂、湘、黔隆起带北西缘及大巴山弧形构造带南缘的结合部位。渝东盐矸除彭水郁山镇、城口明通外，均分布于三叠系地层中。中三叠统、下三叠统嘉陵江组和雷口坡组是本区主要含盐层，除已溶滤破坏者外，目前残留盐体残存资源总量近7000亿吨。含盐系各碳酸盐夹层尚含有卤水，上三叠统须家河组和下侏罗统香溪组亦为本区重要含卤层，为渝东盐泉的形成奠定了基础。郁山镇盐泉出露于奥陶系，与下伏寒武系含盐性有关[①]。

三叠系盐矿经历了嘉陵江组和雷口坡组两个成盐期，但二者的沉积环境却迥然不同。当时，四川并不是盆地，而是华南板块的一部分，华南板块是从南大陆分离出来的一个古板块，二叠系末才运移至北半球，在大别山一带与华北板块相碰撞。与此同时，印支板块也和华南板块相撞，封闭了特堤斯海与太平洋的通道。嘉陵江期是构造演化的初期阶段，虽然上述三板块碰撞在一起，但华南板块北侧的秦岭海槽还存在，南侧的红河海槽也存在，华南板块东侧是太平洋，西侧是特堤斯海。华南板块成为一个四周为大海所环绕的碳酸盐台地。台地东西两侧边缘有两个长条形古陆，南北两侧有一些高地和沙堤。高潮期，高地和沙堤被海水淹没，沉积的是碳酸盐；低潮期，高地和沙堤又露出水面，沉积的是蒸发盐。台地内部地形较平坦，其古地理景观为浅水潮坪，四川因距海水补给地较远，西部又有康滇和龙门山古陆为屏障，故水体浓度较高，成为台地成盐区。台地碳酸盐沉积区面积近100万平方千米，石膏约60万平方千米，盐矿约15万平方千

① 《四川省云阳县双江镇盐（岩）矿资源论证报告》，第2章第3节、第3章第1节。

米。沉积盐矿总量近5亿亿吨。后虽经三叠世末的古剥蚀和新生代表生风化淋滤作用两次破坏，目前仍残存有南充、万县、垫江、达县四个大盐体和众多小盐体，残存资源总量约3亿亿吨，其中，位于渝东地区的万县、垫江、达县三个盐体资源总量近7000亿吨。

雷口坡中期，因印度洋急剧扩张，印支板块的俯冲和挤压，使华南板块解体，沿中部出现一条近南北向走滑断裂，该断裂不仅切穿了华南板块，而且还切穿了华北板块，其东侧不仅向北进行了大规模推挤，而且整体上升为陆，使沉积区退缩至中、上杨子区，面积由100万平方千米缩小至50万平方千米。此时，秦岭海槽已消失，古构造格局由台地演化为台缘拗陷。沉积区面积虽缩小了，但拗陷的幅度加大了，特别是黔南生物礁堤的形成，使本区古地理景观演化为礁后潟湖。四川位于潟湖末端，由礁堤补给的海水经逐步蒸发浓缩，并最后在四川成盐。雷口坡期盐矿沉积规模与嘉陵江期相近，但因中三叠世末，古剥蚀破坏严重，目前，雷三段残留盐体仅有南充、威西、万县和建南四个，残留资源总量约2亿亿吨，其中，位于渝东地区的万县和建南两个盐体的规模较小，资源量不到100亿吨，对盐泉的形成及影响范围较小，雷口坡盐矿主要分布在更西侧的成都拗陷，已远离渝东地区。

盐矿沉积后，又经历了古溶蚀、压密成岩和热变质等发展阶段。中三叠世末，四川曾以泸州隆起为中心，整体上升为陆地，使三叠系盐矿风化、淋滤和剥蚀。之后，泸州隆起核部三叠系盐矿层已剥蚀殆尽。渝东西部的雷口坡四段盐矿亦荡然无存，其破坏程度便可想而知。四川地区又接受了上三叠统、侏罗系、白垩系的沉积，随着盖层厚度的不断增加，地热温度的不断提高，盐类物质遂进入压密成岩和热变质阶段。在这一过程中，均有大量脱出水从盐类物质中分离出来，运移至相邻储层中，形成卤水。早期以压密成岩为主，脱出水主要为晶间卤水，浓度和浓缩程度较高；晚期以热变质为主，脱出水则以结晶水为主（结晶水为淡水），对易溶盐类有极大溶蚀破坏作用。大量脱出水在迁移过程中对于途中遇到的各种盐类物质，将产生广泛的物质转移和交换，在新的物理、化学条件下，形成新的稳定矿物，如硫镁矾、无水钾镁矾和某些杂卤石等钾镁盐矿物，可能就是在这一时期由高浓度卤水交换而成。

本区于三叠期后，受印支构造期、燕山运动、喜马拉雅运动的影响，褶皱上升，逐步形成现今的构造格局。各高背斜含盐地层多已裸露地表，背斜轴部盐层早已溶蚀殆尽，目前溶蚀部位为背斜翼部，盐泉水化学指数具溶滤特征，说明和残留盐类物质有关。仅忠县大池干井背斜褶曲幅度相对较低，盐泉出露于须家河组，水化学指数具溶滤、沈积混合成因，说明混有一部分卤水，现在所见到的盐泉仅为残留部分，现有盐体是因深埋地下又有良好的隔水层封闭才得以保存。由此可知：第一，渝东地区的盐矿资源，除郁山、城口外，其余地区皆赋存于三叠系地层中，形成于早、中三叠纪；第二，渝东盐泉多数来自雨水对背斜翼部残留盐类物质的淋滤，然后从河流切割的低处流出，成为盐泉，属岩盐淋滤型表层卤；第三，因受区域压力的强烈褶皱、挤压和表生风化淋滤作用的破坏，浅部盐层大多已被淋滤无存，现在能见到的盐泉，仅仅是少量残存的部分。这三点对我们了解渝东地区盐矿、盐泉资源的形成，认识古代人类接触盐泉资源的地理环境，分析、研究古人对盐泉资源的开发和利用，均有十分重要的意义。

从岩盐的形成到盐泉的出现必须具备三个条件：第一，含盐层位要从地平面以下抬升到地平面以上；第二，覆盖在盐层以上的地表岩层，要遭受风化剥蚀，使含盐层暴露地表或有裂隙贯入其中，才能使雨水渗入含盐层，卤水才有其来源和补充；第三，河流切割低处有盐卤层或贯通裂隙暴露地表，盐水才有可能露头，否则就形不成盐泉。如果盐水顺裂隙或岩层流入地下，窜不出地面，就成了地下卤或深层卤，也形不成盐泉。看来，这三个条件是缺一不可的，那么，这三个条件又是如何形成的呢？这要由构造旋回，即某一特定地质历史阶段内的地壳运动来实现。

四川现在的地貌、地势，形成于距今6500万年前的喜马拉雅期，喜马拉雅期是四川运动发展的主要时期，最近的一次重要变动期大体发生在古近纪、新近纪之交，新近纪以来，现代地貌、构造的“四川盆地”才真正开始形成，西部高原也逐渐隆升①。我国不存在独立的燕山运动，燕山运动是和喜马拉雅运动一起，形成一个统一的构造旋回，早期以太平洋板块俯冲挤压作用力为主，晚期则是由太平洋板块作用力和印度板块作用力组成一个统一的应力场进行的。渝东地区的构造格局是在旋回早期形成的，晚白垩世末，在太平洋板块应力场作用下，沿长江南岸出现了一条近东西向断裂，将华南板块中部近南北向断裂截为两段，北段即现今的郯庐断裂，南段则被推移至湖南、贵州两省交界处，即现今桃园—三都断裂，致使该断裂西侧出现一系列平形排列的弧形断褶构造，七曜山以东为隔槽式构造，七曜山与华蓥山之间为隔挡式构造，这时，渝东地区的构造格架已基本形成，云贵高原亦已具雏形。

旋回晚期，四川盆地在太平洋板块张应力场和印度板块应力场联合作用下曾发生由南向北推挤和顺时针方向扭动，龙门山推覆体、大巴山弧形构造带相继形成，四川盆地构造格局最后定型。这一时期，渝东各背斜褶曲幅度进一步加强，并将其东北端压缩为“帚柄状”。

在构造变形过程中，蒸发岩和卤水均发生过大规模运移，盐类物质由翼部运移至轴部，甚至侵入更高部位，形成形态各异的盐构造。卤水属流体矿产，在构造变形中，受原有压力的破坏，必然由高压区向低压区运移，并最终汇聚在构造裂隙带。在这一过程中，固、液相盐类物质再度接触，发生广泛的盐类物质转移和交换，四川盆地广泛分布的杂卤石多数是这一时期由含钾卤水交代石膏岩所致。

① 四川省地质矿产局：《四川省区域地质志》，北京：地质出版社，1991年。

旋回末期，渝东地区构造活动虽仍在继续进行，但表生风化淋滤作用已开始进行，且随背斜上隆幅度的增高，风化剥蚀强度亦在增大。据大量勘察成果证实，该区各高背斜轴部盐构造普遍存在，在某些部位，嘉陵江四段蒸发岩已上侵至雷二段中、上部，褶曲强度更大部位可能会更高。由于盐构造的普遍存在，各高背斜含盐系上覆层张性裂隙必然十分发育，这对风化、剥蚀作用的进行和盐泉的早日出现都是十分有利的。

综上所述，渝东盐矿沉积于20000万～22000万年前，卤水的分离和汇聚大约在距今15000万年。渝东地区构造变形始于6500万年前，上覆层的风化、剥蚀作用亦从此时开始。目前，各高背斜多已剥蚀至嘉三段，部分已剥蚀至二叠系，华蓥山中段寒武系亦已暴露于地表，可见，背斜褶曲幅度越高，剥蚀速率越大，盐泉形成越早。若年平均剥蚀率按0.1毫米计，则渝东盐泉的出现应在3500万年以前，各高背斜核部盐矿体的大量溶蚀在1000万～2000万年前，因高背斜翼部属无盐带，轴部盐矿体溶蚀后，盐泉即进入衰减期。由此可知：盐泉形成的初期，其数量随着地势的不断升高、裂隙的不断增多、河流不停地切割而增多，经历了一个由少到多的发展过程，之后则相反，随着盐层不断地被雨水淋滤、溶蚀，盐泉的数量将逐渐减少，浓度亦渐渐下降，经历的却是一个由多到少的萎缩过程。盐泉在3500万年前就已经形成，而人类的出现才200万年，人类对盐泉有目的、成规模的开发利用则更晚，只有几千年的时间，在漫漫3500万年的长河里，几千年的时间好比弹指一挥间，所以，人类并没有赶上盐泉的大好时期。古人，包括200万年前的古人，所接触到的盐泉资源早已进入了衰减期，看到的也仅仅是残留下来的很小一部分而已。

三、古人留下的印记

前面探讨了渝东地区盐泉的形成，知道了在3500万年前，渝东的盐泉就已经形成，在那里静静地等待我们的祖先去开发，但人们姗姗来迟，错过了大好时光，赶在了后期，不过，就这残留下来的部分盐泉资源，已足够我们的祖先受用了。那么，我们的祖先又是如何对待大自然赐给的这份厚礼呢？这里，我们不妨在古人留下的印记中去寻找些许线索，哪怕是一星半点，都将有助于我们对古人开发利用盐泉资源进行了解。

人类出现于古近—新近纪和第四纪之交的更新世，在更新世早期，古人就在长江三峡地区留下了活动的足迹，在三峡地区，已发现的旧石器时代文化及人类化石遗址达20多处，仅早期文化遗址就有6处之多，其中，巫山县庙宇镇龙骨坡遗址，从1984年7月开始，经三年发掘，始获巨猿齿化石，次年又得到人化石材料，称之为巫山人化石，经鉴定其年代距今204万～201万年，巫山人化石被命名为直立人巫山亚种，系我国境内发现最早的人化石，属更新世时期，比元谋人还要早30万年，人类学家称之为“亚洲金牌”[①]。在巫山人化石出土处，还发现大批动物化石，有脊椎动物120种（另有材料说达4000余种），其中，哺乳动物116种。此外，还发现石制品30件，骨制品多件[②]。说明在旧石器时代早期的更新世时，这里的先民就有了制作石器和骨器的历史，足见这里也是中华民族祖先最早活动的地区之一。

笔者注意到，旧石器时代中、晚期的出土文物与早期文物有两个明显的变化。

一是中、晚期的出土文物里，石器的数量和品种在逐渐增多，而动物化石的数量和品种却在逐步下降，并有植物化石出现。倒如，旧石器时代的高家镇遗址，就出土了大量的石制品。1995～1997年，中国科学院古脊椎动物与古人类研究所、重庆自然历史博物馆组成联合考古队，在丰都县高家镇进行考古发掘时，共获得石制品2877件，内容非常丰富，以大、中型石制品为主。器类主要有砍砸器、刮削器，此外还有较多的石核、石片等，制作质量高，以锤击、碰砧技术为主，亦有摔击技术的应用。地质时代大致相当于中更新世至晚更新世初，距今约有20万年，属旧石器时代早期或中期偏早阶段，石器的数量和种类较之早期有明显的增多。稍晚的长阳人化石遗址，1956年由当地农民，在三峡出口处的长江南岸，长阳县黄家塘乡下钟家湾的一个龙洞中挖龙骨时，发现一件人类上颌骨化石，次年考古人员又发掘出土一件人类左下第二前臼齿化石，属旧石器时代中期，地质年代为晚更新世早期，距今19.5万年左右。与长阳人化石共存的动物化石仅大熊猫、古豺、洞穴鬣狗、东方剑齿象、中国犀、竹鼠、巨貘等几种， 动物的数量和种类较早期有显著的下降。到了旧石器时代晚期的铜梁遗址，出土的动物化石种类更少，石器的品种则更多，并有植物化石出现。1976年，在重庆市西北60千米外的铜梁县西郊修水库时，在距地面8米的沼泽相地层中，发现了300余件石器制品和一批动、植物化石，石制品分为石核、石片、石锤、刮削器、尖状器、砍砸器六大类（同时期的丰都烟墩堡遗址，石制品多达1215件，共十几个大类），其中以刮削器最多，达114件，器形可分为单直刃、双刃、复刃和端刃等。动物化石却只有东方剑齿象、印度象、巨貘、中国犀几种，而植物化石的种类竟多达67种，地质年代属晚更新世中期，据^{14}C测定，其年代距今21 860～21 240年。另外，在总共8层遗址的第4层和第5层上部，还发现了一件石斧和一些残陶器的复片，属新石器时代，显现了新、旧石器时代文化在地层上的直接叠压关系[③]。

① 杨华：《长江三峡地区古人类化石和旧石器文化遗迹的考古发现与研究》，《三峡文化研究》（第三集），汕头：汕头大学出版社，2002年。

② 郑若葵：《重庆巫山县考古学文化的发现与研究》，《三峡文化研究》（第三集），汕头：汕头大学出版社，2002年。

③ 杨华：《长江三峡地区古人类化石和旧石器文化遗迹的考古发现与研究》，《三峡文化研究》（第三集），汕头：汕头大学出版社，2002年。

二是从旧石器时代中期到末期，即距今20万～1万年前，远古人就开始由洞穴逐步转移到平川地带居住，在丘陵、平川地带聚集生活。到新石器时代，远古人的遗迹密集地分布于长江及支流两岸，这种变化充分证明，远古人的食物结构已发生了变化，从以肉食为主转向了以植物为主，获取食物的方法从以捕猎为主转向了以采集和种植为主。随着食物结构及获取食物方法的改变，其居住地也随之转移到丘陵和平川，向水源靠近，这已是大家公认的事实。但是，这里还有一个容易被人们忽略的问题，即在以肉食为主的时期，人体所需盐分可以从动物的血液中得到补充，但食物结构改变到以植物为主时，人体所需盐分就缺少补充的来源，需要直接补充，而盐泉已在这里等候了3500万年，且分布在大小河流的两岸，与人类所需的水源相伴。所以，盐泉的吸引应是一个不可忽视的重要因素。古人向河谷、平川迁移，应该是食物、水、盐泉三者共同作用的结果，缺一不可。其次便是水道交通，当物资开始进行交换以后，水道交通就具有了极其重要的地位。

到了新石器时代，其文化又呈现出三个明显的特征：一是石器的数量更多、类型更完整、制作更精细；二是陶器制品的数量大、品种多；三是骨制工具和装饰品的大量出现。目前，三峡地区已发现新石器时期文化遗址200多处。其中，巫山县的大溪遗址就具有代表性，仅此一处就可展现这三大特征，大溪遗址位于夔门东口长江南岸，在奉节、巫山两县的交界处，距巫山县城45千米。1958年、1975年、1976年，长江流域文物保护委员会、四川大学、四川省博物馆、万县市文化馆、巫山县文化馆三次到该处发掘，发掘面积达570平方米，清理墓葬208座，出土文物1700多件，在文化堆积层中夹有鱼骨渣，文化遗存有陶器、石器、骨器，分为生产工具、生产用具、装饰品三大类。其中，生产工具以石器和骨器为主，生产用具以陶器为主，装饰品则石、骨兼有。石器工具有斧、铲、锛、凿、石杵、纺轮、刀等；骨器工具有针、凿、匕、刮刀、矛、纺轮等；陶器用具有豆、盘、釜、曲腹杯、罐、钵、瓶、盆、器盖、器座及猪头形器等，色泽有红陶、黑陶、灰陶、红衣黑里陶，花色有素陶和彩陶，素陶的纹饰有戳纹、附加堆纹和镂空等，彩陶有白衣黑彩、红衣黑彩，彩绘有绳索纹、横人字纹、三角纹、网纹、草叶纹、直线纹和弧线纹；装饰品多为耳饰、项饰、胸饰三类，质地有玉、石、象牙、兽骨等，部分饰品上刻有锯齿纹、圆圈纹和平形纹等，制作技术普遍使用切割和钻孔，钻孔采用管钻法，分单面钻和双面钻。由此可以看到这些器具的品种齐全、做工精细、技术先进，较之旧石器时代已有了翻天覆地的变化①，但这些并不是本文所要关注的重点，这里最值得关注的是文化层中的鱼骨渣和墓葬中的鱼葬品，这一现象已遍及整个三峡地区。1993年在三峡工程坝址——中堡岛处，发现一鱼骨坑，深1米多。在大溪遗

① 杨华：《长江三峡地区古人类化石和旧石器文化遗迹的考古发现与研究》，《三峡文化研究》（第三集），汕头：汕头大学出版社，2002年。

址、中堡岛遗址已发现了100多个这样的鱼骨坑，足以证明，三峡地区沿江两岸的先民曾普遍以渔业为生。但发展渔业必须要以盐业为支撑，因为鱼属鲜活产品，加之三峡地区气候炎热，鱼容易腐烂，必须要用盐来腌制，才能储藏和保存，才便于运输和销售。因此，几乎所有研究巴族兴亡的学者们，在文章中都有“鱼盐之利”一说。前面曾谈到盐与巴不能分，而鱼和盐也同样不可分。盐业保证了渔业的生存与发展，反过来，渔业生产又扩大了盐的需求量，促进了盐业的再发展，加之以渔业为生的先民有舟楫之便，可以将当地生产的盐运到更远的地方去销售，进一步促进了渝东盐业的发展。可以说，从事渔业生产的先民们，对渝东盐业的发展，同样做出了不可磨灭的贡献，前面所说巴人是渝东盐业的开拓者就在于此。渔业和盐业互相促进，构成了巴文化的基础，形成了巴文化的主要特点，成为渝东古代特色经济的重要组成部分。

忠县㽏井溪遗址群出土的文物，则恰好与大溪遗址的出土文物相反。忠县㽏井溪遗址群，包括哨棚嘴、瓦碴地、羊子崖（中坝）遗址，遗存的实物较为特殊，在这一地区内，发现了大量尖底杯、花边陶釜或花边圜底罐。尖底陶杯是一种直口无唇、薄胎斜壁，尖底的角状陶容器，花边陶釜或花边圜底罐，是一种口沿抹压成波浪状的鼓腹底的陶容器，器表从颈部以下布满绳纹①。这些陶器的堆积相对单一，但数量很大，㽏井溪遗址群的哨棚嘴、瓦碴地、中坝遗址中都有各自的堆积层。根据这些陶器不能平放地面、数量多、品种单一的特点，考古人员初步认定它不是生活用品，而与某种生产有关。既然与生产有关，人们不得不问，它与什么生产有关？㽏井溪这个地方，是什么样的生产，能够促成如此量大而单一的堆积层呢？答案只有一个，就是盐，除此，没有任何其他生产能够形成这样的堆积。因为在㽏井溪这个地方，历史上除盐之外，没有其他任何成规模的生产项目。相反，忠县的盐泉就集中在涂井溪和㽏井溪两处，中坝是历史上的产盐重地，中坝遗址距长江汇合处只有6千米，落差小，水位平缓，每到雨季，长江的洪水可顺溪河倒灌，致使水位上升10余米，这样，㽏井溪的洪水，只能将中坝生产区堆积的陶片冲散，但冲不走，便一年铺一层，来年再铺一层，年复一年地堆积起来，就形成了现在看到的这种堆积状态。另外，在中坝遗址处还发现了几座龙窑，说它是窑，它却只有烟道而无窑体，呈长条形，没有放坯件的位置和空间，说明它并不是窑，实际上是煮盐的龙灶，由此便可看到渝东地区古代盐业生产盛况之一斑。除此之外，在大宁河下游的东坝遗址、巴雾河遗址、琵琶洲遗址、孔圣泉遗址及其他一些地方，都发掘出土了大量以绳纹为主的灰、红陶残片，与㽏井溪遗址群的绳纹陶罐有相似之处，足见古人从事盐业生产留下的印记在三峡地区比比皆是。

---

① 孙华、曾宪龙：《尖底陶杯与花边陶釜——兼说峡江地区先秦时期的鱼盐业》，《巴渝文化》（第四辑），重庆：重庆出版社，1999年。

到新石器时代末期，渝东地区盐泉的开发利用，使巴国逐渐强大起来，但同时也遭来楚、秦两国的垂慕，成为两国觊觎与争夺的目标。春秋初世，巴强于楚，楚向食巴盐，仰给于巴，巴楚世婚，战国时巴已北徙其国邑，楚趁巴北迁国邑，疏于防备之机，侵夺并占据渝东盐泉，至秦灭巴时，秦、楚之间为争夺这里的盐泉，展开了大规模的争夺战，先后持续了数十年，并形成拉锯局面。最后，楚国终于败走，巴国最终因盐而亡，楚国亦因侵夺渝东盐泉而遭来亡国之祸①。这一重大历史事件，亦在三峡库区多处发现的楚墓群中得到了证实，通过最近几年的考古发掘，已清理出具有楚文化特色的楚墓近100处，这些墓葬主要集中发现于忠县崖脚，云阳李家坝Ⅱ区，此外，涪陵镇安、万州中坝子、奉节上关等地，也有一定数量的墓葬②。从这些墓葬的分布情况看，云阳和忠县是长江沿岸两个产盐重地，崖脚位于㽏井溪与长江汇合处的北岸，是控制㽏盐的要地，李家坝位于云阳高阳镇，距云安盐场仅20千米左右，所在之小江是开县温汤盐的必经水道，李家坝确系控制云、开两县盐运水陆交通的要地。此外，万州、奉节都有盐的生产，涪陵虽不产盐，但它地处乌江口，是控制彭水郁盐水道的重地。不难看出，这些墓葬所处的位置均与渝东盐的产地有关，而且都在运盐水道的重要位置上，控制住这些地方，就能保证盐税的征收，又可护卫运盐船只顺利发往楚国。从墓葬的数量看，盐的产量越大，墓葬就越集中，所以，位于产盐重地的云阳李家坝Ⅱ区、忠县崖脚两处遗址的墓葬最多，也最集中。云阳李家坝已清理出墓葬45座，忠县崖脚清理出墓葬20座，本文第一次发表时，遗址仍在发掘。从出土的器物看，自然少不了兵器，其中有剑、矛、钺等。这样，就将楚国军事占领巴国盐泉的历史面貌重现在我们的眼前了。

四、盐业的逐步形成

前面已研究了渝东盐泉的形成和古人留下的一些印记，现在就可以将两者联系起来进行推论了。需要肯定的是，根据盐泉遍布渝东全区且远古时代盐泉的数量更多，分布范围更广，盐泉又正好位于古人经常出入、容易被人类所发现的河流边上，以及盐水自动流出地面的特殊地理环境，古人对盐泉的发现与利用，绝不会是偶然性的，盐业的形成也不是突发性的，而是先从吸食盐水开始，从最原始的零点位上起步，然后循序渐进，一步一步地踏上漫漫征途，世世代代传承不息，一直走进现代社会，与李冰在华阳偶然打出盐井的历史，有着十分明显的区别。笔者认为，渝东地区的盐业，从起步、发

---

① 任乃强：《说盐》，《盐业史研究》1988年第1期。

② 邹后曦：《1999年度重庆库区考古发掘的重要收获》，《三峡文化研究》（第三集），汕头：汕头大学出版社，2002年。

展、到形成，共经历了以下五个历史时期。

本能吸食期。原始人在以吃动物肉、喝动物血为主要食物来源的时期，体内所需的盐可以从动物身上得到补充，一旦离开丛林，改食植物，体内所需的盐就得不到补充，身体开始“闹革命”、全身无力、无法适应险恶的客观环境，为求得生存，本能促使人们到处去寻找盐泉。反之，原始人在没有找到盐泉以前，也不会轻易离开丛林和洞穴、盲目地向河谷、平川迁徙。人类在长期与动物为伴和追捕动物的过程中或在寻找水源时，遇见动物舔食盐泉或直接见到盐泉的机会是很多的。人类一旦找到了盐泉，便会经历一个互动交错的时期，即改变食物将促使人类去寻找盐泉，找到了盐泉又会促进人类食物的转变及向河谷、平川地带的迁徙，改变食物和寻找盐泉相互交错，这是一个十分漫长的历史时期，这一时期至少经历了几十万年的历程，才最终完成食物和住地的转变。从发现盐泉到生活用具出现以前，人类对盐泉的利用只能靠本能的驱使，直接到盐泉处去吸食，故称之为本能吸食期。在渝东盐业历史的进程中，这是最漫长的一个时期。

酝酿准备期。在陶器制品出现之前，人类会将某些自然物体当器具来使用，如某些瓜果的硬壳等，然后学会用木料、泥土制作器具，人类一旦学会使用器具，就会利用这些器具把盐水取回住地，慢慢食用。当人类学会用泥土制作器具时，必须将泥土器具风干或晒干，成为坯件后才能使用，但往里面装入盐水后，又会将泥土器具重新浸湿、变软，不便使用，因此，古人必须将它放置在火旁烘烤，才能防止泥土器具变软或漏卤，这样一来，装有卤水的泥坯器具在火旁不停地烧烤，时间长了，人们就会有两个惊人的发现：一是卤水经烧煮后，因水分蒸发而凝结成固体盐块；二是泥土器具烧久后会变硬，成为陶器。于是，盐块和陶器同时出现，成为一对“双胞胎”。这一时期，人类从采集卤水到烧煮成盐，已不再是由本能驱使的简单行为，而是受主观意识的支配，能动地去采集卤水资源，经过长期的生活实践，最终将卤水烧煮成盐，实现了一个质的飞跃，为盐业的起步准备了条件，从而与原始行为决裂，成为渝东盐业史上的第一个里程碑，故称这一时期为酝酿准备期。其酝酿过程与制陶技术的发明过程是同步的。

自食起步期。人类学会制盐技术后，起初只是为了自己食用，加之当初的技术落后，产量很低，只能满足自己食用，没有多余，纯属自己生产自己吃，并不拿去进行交换，所以，这时产出的盐只是产品，还不是商品。后来，随着生产技术和生产能力的不断提高，产品开始有了剩余，可以将多余的部分拿出来进行交换，而远离盐泉或不占有盐泉之利的人们，必然会拿出自己的产品去与之交换。从制盐技术的出现，到盐产品开始到市场进行交换的这一时期，虽有盐的生产，却未形成产业，但盐业已开始起步，这期间产出的盐全部自食，所以，称为自食起步期。

交换过渡期。自从盐产品能够到市场上进行交换以后，人们便发现，只要手中有盐，就可以换回自己所需要的东西，不必样样都由自己来生产。我们到黔江武陵山区考察时，在郁山镇就听当地的老盐工讲：“过去山区吃盐艰难，盐很贵重，在盐工中一直流传着‘手有一把盐，不愁没米下锅做饭’这样一句民谣。”并解释说：“哪怕家中只有一把盐，就不愁没米下锅，到煮饭时先把水烧上，然后再拿盐出去，回来就有米下锅了。”这是中华人民共和国成立前至中华人民共和国成立初期，盐巴在边远山区市场上进行交换的真实写照。近代情况如此，远古时代的状况便可想而之，从中可以看到，盐巴在产品交换过程中，具有驾驭市场的领先地位。盐是人们不可缺少的必需品，古人用陶罐煮制的盐，因石膏等杂质没有除去，呈锅巴状，故将盐称为“盐巴”，在没有度量衡的时代，一块盐巴就是一个计量单位。既好计量，又便于携带，且还不腐烂，易于储存，是具有货币职能的理想中介物，随时随地都能换回所需要的物质。因此，人们为了能够换回更多的东西，就得千方百计地改进生产技术、提高产品质量、扩大生产能力，从而增加盐巴产量。这样发展的结果，就使一部分人渐渐从农业中分离出来，成为制盐专业户或专业制盐工，盐业逐渐向商品化、专业化，规模化过渡，而促进这一过渡的动力来自于交换，所以，称这一时期为交换过渡期。这期间，制盐产业已经出现，但还不成熟，是向成熟化逐渐迈进的一个时期。

产业成熟期。这里所说“成熟”二字，是就产业而言，并不是说这时的盐业生产已具相当规模、生产技术、工艺、设备及管理等已达到十分完备的程度，对于这些方面，时至今日，仍需不断改进、完善与发展，并永无止境，否则，盐业生产就会停留在某个历史阶段，不再前进、进化与发展。产业成熟的主要标志：盐业生产已达到了商品化、专业化、规模化的程度，产盐之地已成为当地的经济集聚中心。在没有机械和热动力的时代，一个年产1000吨以上至10000吨左右规模的盐场，可以形成有5000～10000个产业工人的重镇，其繁荣程度便可想而知，这种繁荣景象笔者曾有幸亲眼看见，前面提到的㽏井溪遗址群和《山海经》中巫载国所展现在我们眼前的场景，就是盐业已进入产业成熟期以后的景象。

以上五个时期，是渝东盐业形成过程中，不可逾越的必经之路，中间没有捷径可走，但其具体时间目前尚无法确定，不过暂且可按新、旧石器时代的早、中、晚几个时期来进行一个大概的对应：旧石器时代早期，人类以动物为主要食物，食盐有补充的渠道，人类对盐的需要无明显感知，对盐泉并不十分关注；到了旧石器时代的中期，主要食物开始向植物转变，并开始离开洞穴和丛林，迁徙到丘陵及平川地带居住，对盐的需要十分敏感。从此，渝东盐业进入本能吸食期；到旧石器时代晚期，人类将迎来陶制品和盐制品的出现，便将历史推进到酝酿准备期；在新石器时代早期，制陶和制盐技术已经出现，盐业历史进入自食起步期；新石器时代中期是交换过渡期；新石器时代晚期则产业已经成熟，盐业已发展到产业成熟期。

最后需要说明的一点是，以上推论是以渝东地区盐泉资源之量多、面广、靠近水源这个特殊地理环境，且人类在这一地区生活了200多万年，以及诸多考古新发现等客观条件为前提，如果离开了这些特殊地理环境和客观条件去推论，就没有前提和基础，推论就成了无本之木、无源之水了，对于只有少量盐泉的某些地区，也不足以进行这样的推论，所以不能拿这个推论去随意框套别的地区。

另外，在本文的写作过程中，得到了西南石油局第二地质大队、索特云阳制盐公司、云阳盐业分公司和王华荣先生、史光明先生、涂天女士的大力支持。尤需一提的是，地质二大队的王华荣老工程师，亲自提笔为本文的地质部分作了校补，三峡学院的任桂园教授又对本文作了通篇校审，特此表示衷心的感谢。

原载于《盐业史研究》2004年第3期

浅论渝东古盐灶向现代真空制盐技术的演进

摘要：渝东地区的盐灶，经历了陶罐、铁锅、真空三个历史时期。由于卤水浓度低、能耗及成本高、产品缺乏竞争力，严重威胁、制约着盐业的生存与发展。为此，先民们便十分重视余热和自然能源的利用，运用各种方法、创造出各种节能型盐灶，让卤水在进锅前就先浓缩，使能耗和成本逐渐降低，渝东盐业才得以从远古持续发展到现在，也为真空制盐技术的出现积累了经验。

关键词：陶罐煮盐　铁锅煮盐　真空制盐　枝条架　节能降耗

渝东盐泉遍布全区各地河流岸边，容易被古人所发现，是这里成为我国井矿盐发源地的主要原因。盐泉自流地面，容易采集和运输，盐场位于便利的水道岸边，是渝东盐业发展不可缺少的有利条件，这一得天独厚的地理环境，使世世代代的三峡人获益匪浅。然而，卤水浓度低、能耗和成本高、产品缺乏竞争力，又成为制约渝东盐业发展的桎梏。

渝东盐业能够历数千年而延续至今，既得益于便利的长江黄金水道，又得益于“蜀道之难难于上青天”。此话乍一听，似乎自相矛盾，但事实确实如此。因为有黄金水道之便，各场所产之盐，能够凭借长江水利而上溯下运，销往周边各地，渝东盐业得以生存和发展；但盐属大吨位商品，不宜长途运输，在“蜀道之难难于上青天”的历史条件下，远处的便宜盐运到此地亦不便宜，如常言所说“豆腐已盘成了肉价钱”，因此，市场与市场之间处于相对隔绝、封闭的状态。在此背景下，本地盐成本虽高，但盐价亦可水涨船高、随行就市。如此，市场越是隔绝、封闭，渝东盐的生存和发展空间就越大，反之则越小。中华人民共和国成立后，外部情况发生了根本性的变化：第一，运输有了火车、汽车和轮船，盐的长途运输已不再是难题；第二，全国实行了统一盐价，市场不再隔绝、盐价不再水涨船高、随行就市了，原有优势丧失殆尽；第三，各地相继改用天然卤水为岩盐资源，并改平锅灶为真空制盐，生产力得到空前发展，能耗与成本大幅度下降，而渝东仍在原地止步不前，差距进一步拉大，致使渝东盐业一度陷入绝境，几乎全军覆灭。直到20世纪20年代末，开发利用万州高峰场的岩盐资源后，渝东盐业才又枯木逢春，重新焕发出青春来。渝东盐卤浓度太低、能耗太高的严峻事实，迫使各盐场在节能上狠下功夫。所以，渝东盐业的生存与发展，除上述有利的外部条件之外，充分挖掘企业内部潜力，千方百计利用余热和自然热能提高卤水浓度，以减少能耗、降低成本亦是关键所在。盐工称提高卤水浓度为“增加咸头”，将增加咸头的各种方法融入盐灶之中，就出现了种种具有节能特色的渝东盐灶。

渝东盐灶经历了陶罐煮盐、铁锅煮盐、真空制盐三个历史时期，在每个时期里，我们都能看到先民们在盐灶的结构上，千方百计利用余热来增加咸头的影子。

一、陶罐煮盐时期

陶罐煮盐始于新石器时代，是最漫长的一个时期。但因多数盐灶设在河流岸边，且山区地势落差大，每年洪水期间，河水汹涌澎湃，湍急的洪流犹如万马奔腾，岸边的堆积物被奔腾的洪流冲刷得一干二净，陶罐碎片在被洪流冲刷搬移的过程中，与硬石块相碰撞，像在球磨机里那样被研成齑粉，故煮盐陶罐很难留存至今。只有在个别缓流地段上，才有可能保存下来，其中保存条件最好的当数忠县的中坝遗址。这里因地势平缓，距长江入口处只有6千米，洪水期间，长江水可倒灌至此，使河面抬高十余米，导致中坝煮盐区遗弃的陶器碎片被冲散，却又冲不走，便年复一年地堆积起来，故能在这里发掘出大量陶罐碎片。相似陶片在万州的麻柳沱、奉节的老官庙以及大宁河中下游等处亦有发现，但数量稀少，且较分散。

关于中坝遗址考古成果的报道已有很多，相关论文也发表了不少，本人亦曾在几篇文章中提及过此事。至于陶罐的用途问题，目前已基本上有了定论。这里遗存物的堆积层厚、时间跨度长、残片数量大、品种单一的现象十分特殊，与国内外盐业考古遗址的现场十分相似，加之考古单位对罐体残留物所做的科学检测，基本上可以认定它是早期的煮盐工具。对于这个认定，专家、学者们的看法也已趋同一致，基本上达成了共识，所以，这里就不再重复它了。不过，其中有几个具体问题却与本文的主题有关，还需作一些具体的探讨。

第一个问题是：在大量的陶器碎片中，主要有敞口深腹尖底缸、尖底陶杯、花边束颈圜底罐三大类。令人费解的是，按照事物发展的一般规律，生产规模应该是由小到大，生产工具亦应如此，但这里遗存的早期器物中，却是容积较大的尖底缸在先，而容积较小的圜底罐和尖底陶杯则在其后，说明这里煮盐工具的发展是先大后小。对此现象，笔者与曾先龙先生于2000年合写的《渝东地区古盐业发展史初探》一文中，曾提出了“先民们是先用尖底缸储卤或腌鱼，在储、腌过程中发现卤水蒸发而结晶的现象，从此开始晒盐，并由此提出从储卤、晒盐到煮盐的发展过程”[①]。但随着研究的深入，似觉这个推论尚有缺陷，还不能自圆其说，需要有新的探讨来补充和完善。譬如，既是储卤和腌鱼，为何要将缸体做成尖底状，平底不是容积更大、放置更稳吗？再则，从晒盐到煮盐，并不是制盐技术发展的必经过程。对此，笔者在《渝东古盐业探源》一文中，曾做过这样的探讨：“原始人最初是在本能的驱使下，直接到盐泉处吸食盐水，到了会用泥土制作器皿和用火的时代，人们就会用风晒干的土坯器皿将盐水捧回住地，土坯器皿装入盐水后会再变软，必须放在火旁烘烤，时间长了便会看到土坯被烧制成陶器而卤水则被烧煮成盐巴，从而，制陶技术与制盐技术同时出现。”[②]从这一发现过程中可以知道，早期煮盐的发展过程，必是先在地面上直接生火，然后才发展到在炉膛里生火煮盐的。晒盐是制盐生产过程中对自然能源的直接利用，是一种辅助性的生产手段。渝东盐泉大多出露在狭谷地带，没有宽阔的晒场，不具备成规模晒盐的地理条件，有些地方的场地，如忠县的涂井溪、城口的明通井等，窄得连设灶都很困难，所以，晒盐在渝东不可能成为一个时期的主导工艺。相反，考古却发现，在海盐产区（晒盐区）的山东莱州湾[③]，国外的日本[④]、非洲[⑤]、美洲、欧洲[⑥]等国家和地区，均发掘出早期与中坝遗址相似的煮盐陶罐。另据《世本·作篇》《丛书集成初编》载：“夙沙作煮盐”“宋衷曰：夙沙，齐灵公臣。齐，滨海，故以为鱼盐之利”。也有史料载为“夙沙氏煮海为盐”[⑦]。可见，海盐早期也是用陶罐煮盐，其发展过程为先煮后晒，所以，晒盐并不是井盐早期发展的必经之路。而用“先地面，后炉膛生火煮盐的发展过程”来研究㽏井溪遗存物的状况，或许能解开其中的一些疑团。因为先民们在没有发明构筑盐灶之前，只能在地面上生火煮盐，这里可以想象的是，古时烧柴，在地面上生火，火苗直接由地面向上串，罐体矮小了就接触不到火焰，必须高而大的火焰才能接触到罐体；若要使罐体能更好地受热，并增大其受热面，就必须将罐体做成上大下小的锥形，这样，将几个尖底缸紧挨着插在地上，几个相邻缸体的下面就有了类似于炉膛的空间，缸体就能更有

① 刘卫国、曾先龙：《渝东地区盐业史发展初探》，《盐业史研究》2000年第4期。

② 刘卫国：《渝东古盐业探源》，《盐业史研究》2004年第3期。

③ 李水成等：《莱州湾地区古代盐业考古调查》，《盐业史研究》2003年第1期。

④ 〔日〕近藤义郎著，陈伯桢译：《陶器制盐的研究》，《盐业史研究》2003年第1期。

⑤ 〔美〕傅罗文著，陈伯桢译：《新几内亚、乌干达及西罗马帝国的盐业生产、交换及消费——重庆地区先秦时期盐业生产的比较研究》，《盐业史研究》2003年第1期。

⑥ 陈伯桢：《由早期陶器制盐遗址与遗物的共同特性看渝东早期盐业生产》，《盐业史研究》2003年第1期。

⑦ （汉）宋衷注、（清）孙冯翼辑：《世本·作篇》，《丛书集成初编》·第3698册，北京：中华书局，1985年。

效地接触火焰（图一）。这里的缸分为尖底和小平底两种，高50～60厘米，口径40～50厘米，而小平底缸的底径却只有5～15厘米，近似于尖底缸。这样的形状和大小，正好能满足地面生火煮盐的技术要求，且罐体颜色里外不同、外表颜色又上下各异，并从下往上逐渐由黄变黑，这一现象当由地面生火煮盐所致，这可能就是早期使用大容积敞口尖底缸的主要原因。

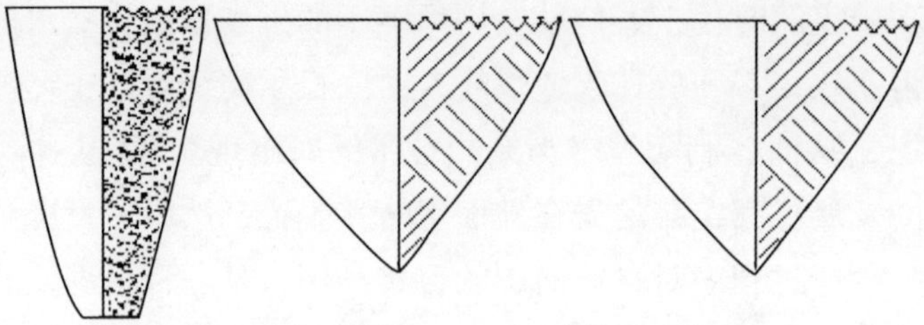

图一　忠县中坝遗址的小平底和尖底缸（曾先龙绘）

第二个问题是：在后期的圜底罐堆积层中，有大量尖底杯共存。往往一层尖底杯，一层圜底罐[①]。其中，圜底罐用于煮盐则较好理解（图版六，1），认识也较统一。但尖底杯与之共存的现象却有些费解，因为尖底杯的容积很小，不像是煮盐工具，若为其他用具，又不可能如此量大而单一。关于尖底杯的用途，笔者曾与北京大学考古文博学院副院长孙华教授、四川省文物考古研究所考古队副队长孙智彬、忠县文物管理所副所长曾先龙、《盐业史研究》编辑部主任林建宇、研究所副所长程龙刚等，一起在现场进行过多次探讨，并提出过以下几种推测：其一，可能是售盐的量具，但量具不可能有如此大的量，更不可能只集中在这一处；其二，可能是祭祀用具，用它盛装盐、卤或酒，插在地上以祭祀盐神和祖先，但祭祀用具也不可能形成如此量大而单一的堆积；其三，从遗存物的堆积特征分析，还是倾向于煮盐工具，况且国外盐业考古遗址也有相同的发现。但此时已进入到陶罐煮盐的尾期，生产已具一定规模，而尖底杯的容积却非常小，且为尖底状，与尖底缸的形状有些相似，但口径只有4～5厘米，高不过6～14厘米（图版六，2），显然与当时的生产规模极不相称。那么，它到底是干什么的呢？下面结合第三个发现来一起分析，或许能找到一个较为合理的阐释。

第三个问题是：在中坝遗址中，除发现大量陶罐碎片外，在堆积层上还发现了几座“窑”。其形制非常特殊，炉膛深150厘米，宽却只有40厘米，炉膛后面还拖着一个长长的尾巴——火道，火道依坡而建，与炉膛同宽，长度达800～1000厘米，但无窑体，没有放置陶坯的位置和空间[②]，如图二所示。

---

① 曾先龙：《中坝遗址在三峡库区盐业考古中的地位》，《盐业史研究》2003年第1期。

② 曾先龙：《中坝龙窑的生产工艺探析》，《盐业史研究》2003年第1期。

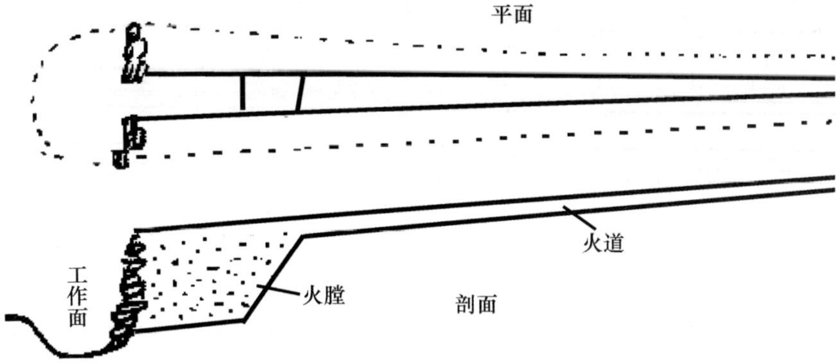

图二 中坝龙灶示意图（曾先龙绘）

没有陶坯置入就不能制陶，不能制陶就不称其为窑。不是窑又是什么呢？显然是煮盐的灶，从灶头至灶尾形如一条龙，应曰“龙灶”。说明此时的盐业生产已具一定规模，生产工艺已达到十分先进的程度。说它先进，是指这一工艺一直延续到整个铁锅煮盐时期，铁锅时期的变化只是煮盐设备在不断扩大，余热利用系统在逐步改进与完善，但其基本工艺仍然没有变化，直到真空制盐工艺出现后才被淘汰。说到这里，又有两个疑点浮现出来，亦需作进一步的探析：疑点之一，“龙灶”既不烧窑，那么，大量的陶器碎片又从何而来？笔者认为，陶罐煮盐并不是用成品陶罐煮盐，而是用坯罐直接装卤烧煮，待盐水煮干成盐巴时，坯罐也烧成了陶，这时煮成的盐成块黏底，不易取出，多数要敲碎陶罐才能取出盐巴，故碎片的产出量大，并随时间的推移而越积越多、越堆越厚。疑点之二，即前面所提到的，尖底杯何以在此时与圜底罐共存？笔者认为，共存的原因可能有二：一是在四个圆形罐的中间，必有一个闲置的空间可以利用，若放置四排圜底罐，就会有三排这样的闲置空间，如图三所示。如在每个空闲处插入一个小陶杯，便可充分利用灶面的有限空间和余热来增加产量。二是用它可生产某种特殊需要的型盐，如充当货币的小块盐。在原始交换中，人们为了能换到自己所需要的物品，就要先换回人们普遍需要而又便于携带、便于贮存、便于计量且不腐烂的物品，然后再用它去交换，就容易换到所需之物。这种被人们争先换到手的物品，就具有了货币的职能，成为物品交换的中介物，而盐巴在当时就恰好具有这些属性，是最理想的中介物。用尖底杯制成的小盐块，其形状和大小基本一致，在没有度量衡的时代，它还具有直接计量的属性，且量值较小，又较准确，如与用圜底罐煮成的块状盐配合使用，便有整有零，既方便又灵活。所以，用它充当货币是最好不过了。由此再深一步地进行探索，还可发现“块”与“角”这两个币制单位是怎样形成的：用圜底罐煮成的圆形块状盐，人们自然称它为“块”或“圆”，而用尖底杯煮成用以找零的角状盐则称之为“角”。这样，“块”与“角”之间的整零进制就形成了，且一直沿用至今。总之，利用闲置的灶面空

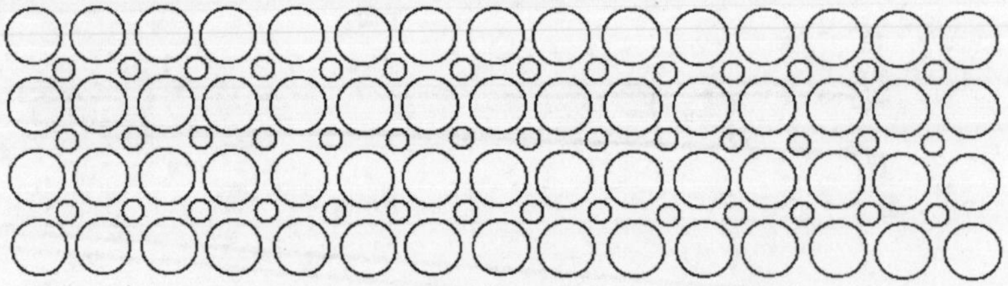

图三　空闲空间利用平面示意图（刘卫国绘）

间和余热，生产能充当货币的形盐，实乃一举两得之事，又何乐而不为呢。

从地面生火到炉膛生火煮盐，热能自身的效率有了显著提高，盐灶也从此形成。而使用“龙灶”则又进一步使炉膛后面的余热得到了有效利用。由地面—炉膛—龙灶，成为早期盐灶发展的必然过程。当然，这只是笔者个人的一种推测，要做出从地面到炉膛，再从炉膛到“龙灶”煮盐这一发展过程的结论，还为时过早，尚需进一步的研究和证实才能最终确立。本文旨在抛砖引玉，先初步作个尝试性的探讨，不管其论点是否成立，但在尖底缸到“龙灶”的发展过程里，早期盐灶演进的基本轮廓已隐约可见，从“龙灶”的结构看，炉膛只有0.6平方米的燃烧面积，而长长的尾巴却使陶罐的受热面积增加到了4平方米以上，提高近6倍，热效率大大提高，节能效果明显、特征突出。这一技术的形成，在一个短时间内是不可能完成的，它标志着渝东的制盐工艺，已走出了落后而又漫长的原始煮盐时期，迈入到了新的历史阶段，盐灶的降耗特征和结构已具雏形，即将迎来新的铁锅煮盐时期，并一直影响着整个铁锅时期盐灶的发展。所以，“龙灶”的出现具有极其深远的历史意义。

还需一提的是，早期的敞口深腹尖底缸，不论它用于储卤还是腌鱼，也不论它用于晒盐还是煮盐，有一点却是肯定的，即敞口尖底容器有利于卤水的自然蒸发。夏天，尖底部分插在晒热的沙地上，还可利用沙热浓卤，火力加上自然热能，蒸发效果则更佳。这就足以证明，古人已经学会了利用余热和自然能源来浓卤制盐，为铁锅煮盐时期的盐灶结构与形制的发展奠定了基础，并为后来的节能降耗指引了方向。

二、铁锅煮盐时期

到了秦末汉初，铁器得到普遍利用，铁锅代替了陶罐，渝东从此结束了陶罐煮盐的历史，铁锅煮盐一直延续到20世纪90年代。铁锅煮盐时期的盐灶，各地因盐井的分布有疏与密、卤水有浓与淡、产卤有丰与歉、季节有淡与旺、地势有阔与狭、地形有陡与缓之差，以及时代的变迁，不同地域、不同时段的盐灶也各有差异：从灶形看，有台灶、排灶、龙灶；从火道看，有“一条河”灶、“两条河”灶；从盐锅的数量看，有单锅灶、双锅灶、四锅灶……十八锅灶；从余火的利用看，有垄灶、田灶、巡回火管灶；从烟气的利用看，有笼灶、塔炉灶；从锅的形状看，有小圆锅、大圆锅、平底方锅灶等。在这些类型众多的盐灶中，不论盐灶的形状与结构如何，都是在陶罐“龙灶”的基础上，不断改进与完善余热利用的结果。具体讲是在四个环节上采取了节能措施，一是承接“龙灶”的方法，加长炉膛后面的烟巷。让炉火在炉膛燃煮盐锅后，进入长长的烟巷，进一步增大盐锅的受热面，使火力达到最佳效果。从而，盐锅的数量便由单锅、双锅逐步发展至十八锅，盐锅的受热面增大了4～6倍。其中，烟巷余热利用得最好的是平锅灶，其工艺已达到了十分完善的程度。即便是单锅灶，烟巷的余热也同样得到了有效利用。二是向后延伸，继续利用烟巷后面的余热。这种工艺是在烟巷后面用盐泥土砖砌成“垄”或“田”，上铺盐泥，灌卤浓缩。其盐灶有垄灶、田灶、巡回火管灶等。三是再向后延伸，将烟囱改造成“笼”或“塔”。利用烟囱里的烟气浓缩卤水。这种工艺的盐灶有笼灶和塔炉灶等，后期普遍使用的便是综合型的塔炉平锅灶。四是利用炉膛周边的炉体热度浓卤成“冰”，称为泼炉印灶。“印”是地方土语，乃浇灌之意，“印灶”即“印水”，“印水”即“浇水”，就是往灶上浇灌卤水。“泼炉印灶”即往炉灶上泼洒、浇灌卤水，使卤水浸入炉灶的泥土之中，用炉体热度蒸发水分，盐在泥土中结晶而产生“冰土”的盐灶。下面就选择几种具有代表性的盐灶，来了解铁锅灶是如何演变、进化到真空制盐的。

单锅台灶是较原始的一种铁锅灶，与农村的民用柴灶非常相似。据载，各盐场早期都曾使用过这种盐灶，个别盐场因受地形和季节的限制，台灶一直沿用到中华人民共和国成立初期，成为古盐灶的活化石，为研究盐灶的演变、进化提供了宝贵的实物资料。比如，城口县的明通盐场，因地势狭窄，只好依井砌灶，台灶一直使用到1955年8月才改换成田灶；又如奉节县的白盐碛，位于长江边上的一片碛石滩上，因洪水涨落，每年冬出夏没，只能在冬季生产，每当洪水退去，便砌筑临时性的简易台灶，长期的季节性生产，将台灶一直沿用到盐灶结束产盐为止。

台灶在民用柴灶的基础上，逐步向增产、降耗两个方向发展，渐渐有了三个方面的变化：一是盐锅由小改大，至后期使用的铁锅重达800余斤，口径1.5米，名曰鏊子；二是台面逐渐扩大，先由一锅增至两锅，再由两锅增至四锅，最后由四锅增至六锅；三是继承“龙灶”利用余热的方法，其盐锅有上下之分，下锅是煎锅，上锅为温锅，即每个火门两口锅，其中，一口用炉火煮盐，一口用余火浓卤，六锅者有3个火门，为三连排灶。奉节的单锅台灶为一锅一箱（图四），后期发展为四锅排灶，即四锅四箱，为4个并列的单锅灶。每锅后面加1个浓卤箱，在炉膛与水箱之间设有火道，炉膛余火经火道进入浓卤箱，直接浓缩卤水。台灶虽是初级阶段的铁锅灶，但节能的功效却已显现出来，并为以后的发展和改进奠定了基础。

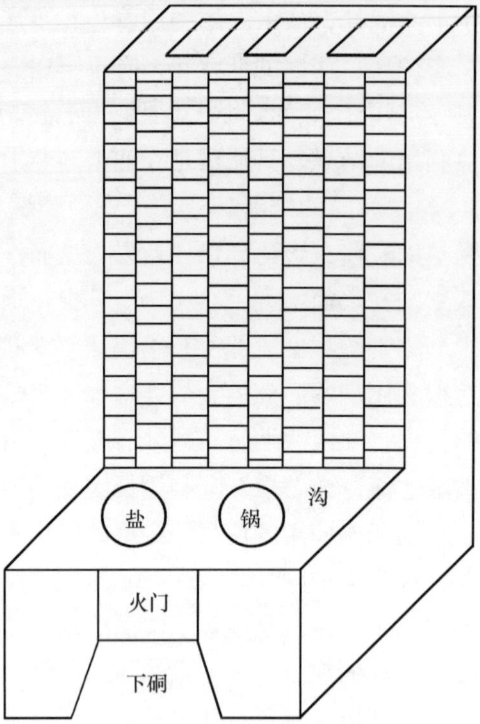

图四　巫溪盐场的双锅台灶（刘卫国绘）

泼炉印灶是在台灶的基础上发展形成的，台灶的煎煮和温卤两个部分，被改进为甑子、炉子、锅膛三个部分（图五），泼炉印灶为六锅灶，用泥土砌成，中杂以橛灰，供卤水通过。甑子下为窗子，即通风孔道，炉子上成田形，中空为大道，锅膛下面叫火膛，安置铁炉桥，下面是进风口，称为下洞，灶口叫风门，亦叫火门。凡甑子、炉子、锅膛烧到一定时间，便印水一次，盐水受热蒸发，结成的白色晶体叫“盐骨头”，结于泥内的叫“咸气”，即“冰土”。每烧15天，拆灶另修，并将挖出的“冰土”锤细，通过滤桶滤入锅内再煎熬[①]，较之台灶，余热利用更加充分，节能效果更好。后来，这一工艺一直留存于各类盐灶之中，不论何种盐灶，均要定期挖锅膛，挖出“冰土”后重砌炉膛，并对挖出的“冰土”做到有计划地溶滤使用，以实现其均衡增产。

垄灶和田灶是在泼炉印灶的基础上，经逐步改进、完善、发展形成的。开始是在盐锅的后面，用卤拌土制成泥砖，垒成“垄”形，表面铺上煤渣，利用余热浇卤浓缩，提高产量，名曰“垄灶”（图版六，3）。后改“垄”为“田”，曰“田灶”，即用泥砖在原“垄”的位置上垛叠成田畦形，上铺盐泥，田长2米，宽4米，中间砌埂隔为四格，

① 沈英士：《涪陵地区盐业志》，成都：四川人民出版社，1991年。

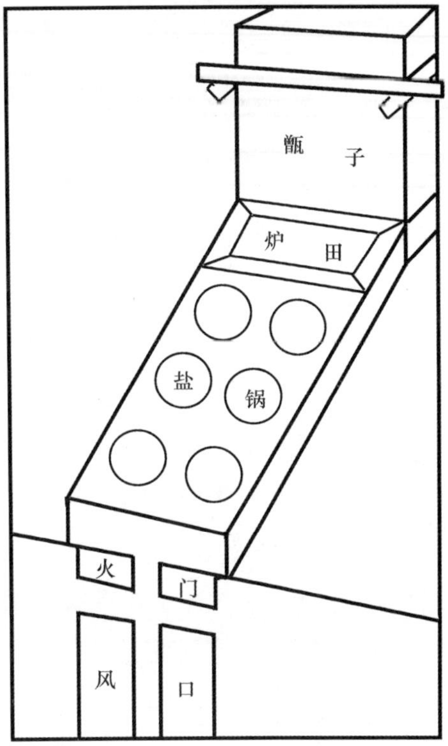

图五 泼炉印灶示意图（描绘于《涪陵地区盐业志》）

田前有进火道，每一排灶尾有三条火道，两排则有6条，把余火引到田下，田内灌卤浓缩，田后开出烟孔3个或6个，每灶视地形加长灶身，分别安置大小盐锅6口或8口：一灶6锅的灶膛长1.3米，宽0.67米，安大圆锅1口，紧接烟巷安小锅5口，长约5.67米，排列成一行，称“一条河”；一灶8锅的灶膛长2.33米，宽1.17米，炉桥7根，安大圆锅2口，紧挨烟巷分岔成两排，称“两条河”，也称“一马双箭”，每排安小锅3口，长约3.4米，两排安小锅6口，大小锅共8口（图六）。小锅安置为前低后高，烟巷坡度大于盐锅坡度，第一口小锅底距烟巷底约1米，末尾小锅相距却只有0.67米[①]。与泼炉印灶相比，垄灶和田灶对余热的利用更加充分。

巡回火管灶是在中华人民共和国成立后云阳盐厂首创这种盐灶，后推广至彭水的郁山盐厂。火管灶是把原来灶后的“田”置换成长8.8米，宽8.4米，间隔为二的温卤池，内安直径 360 毫米的铸铁巡回火管12根，引进余热，浓缩原卤，烟囱伸出灶外，灶内设有煤烟巷，灶膛安置直径1400毫米的大圆铁锅 2 口，两排烟巷上每排安大锅4口，共安大锅10口，下洞及锅门子与田灶基本相同（图七）。巡回火管灶已开始向真空制盐靠

① 官箴九主编：《云阳县盐业志》，四川省云阳县盐厂，1995 年。

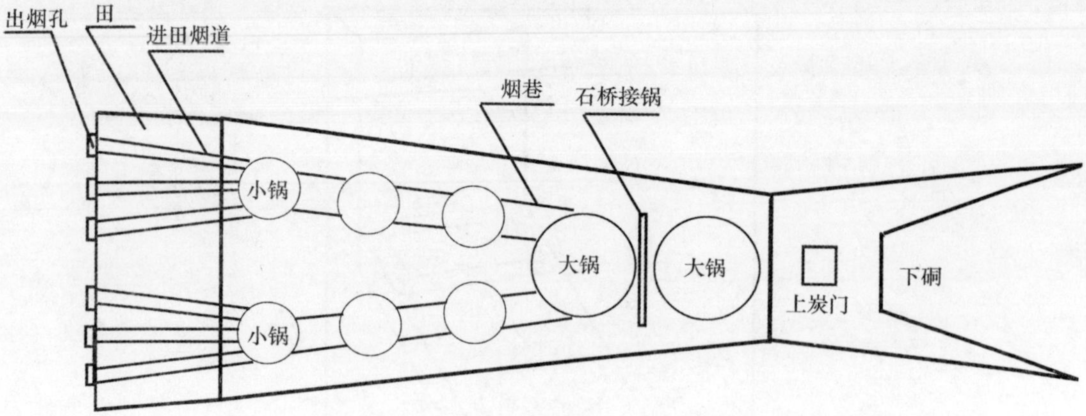

图六　云阳八锅田灶平面图（描绘于《云阳县盐业志》）

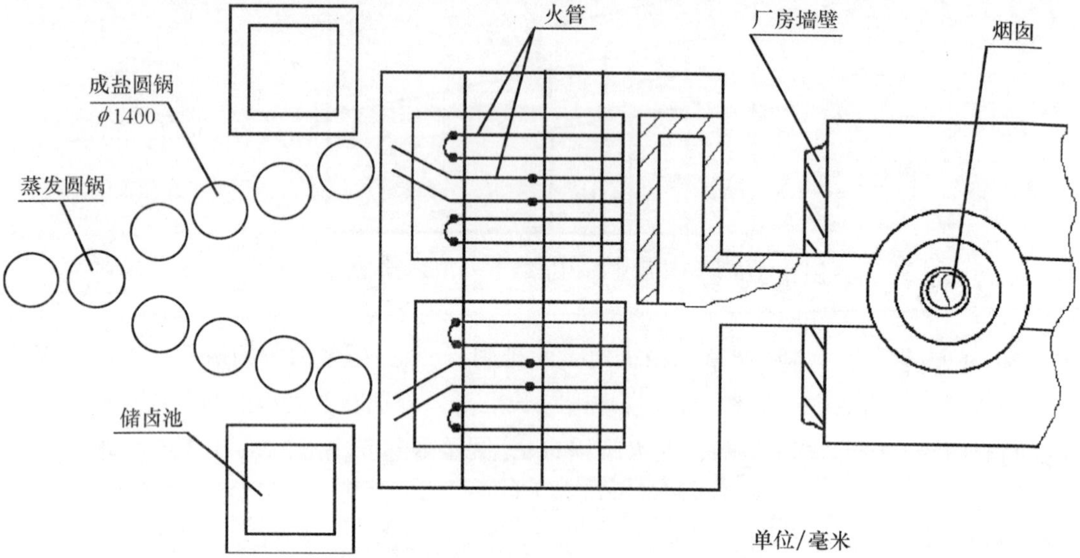

图七　云阳火管灶平面图（描绘于《云阳县盐业志》）

近，对于提高产量和质量、节能降耗都取得了十分明显的效果，但因铁管温淡卤，管壁结垢严重、垢质影响铁管的热传递，致使浓缩效果逐渐下降，生产周期亦逐渐缩短，加之铁管的投入大、腐蚀快，故巡回火管灶使用不久，就被塔炉平锅灶所代替。

塔炉平锅灶是集各种盐灶优点于一体的一种盐灶，受到各盐场的普遍欢迎，被各盐场所采用，在现代真空制盐技术出现之前，可算是节能效果最好、节能技术较为完善的一种灶型。塔炉平锅灶的改进主要有两大部分，一是将烟囱改建成底部为4.5米×4.1米，上部为3米×2.1米，高22.5米的塔炉（图八）。塔内用大青砖和砂岩条石（俗称节节石）充填，一层一层有间隙地堆码成花格子，烟气进入塔炉，加热青砖，卤水顺上面的木槽往青砖上喷淋，进行热交换，将卤水浓缩，烟尘被卤水淋滤，故浓缩后的卤水成黑色，经澄清处理后再入锅煎煮。这样，炉内烟气浓缩了卤水，而卤水又清除了烟尘、净化了空气，减少了空气的污染。二是加长烟巷并改用平底钢板方锅。每灶分成两排，即“两条河”，每排灶膛上安大圆锅2口，烟巷上安小锅7口，其中方锅6口，圆锅1口，共9口，两排共18口（图九）。大圆锅的直径为1.75 米，小圆锅的直径为1. 5米，方平锅的口径与小圆锅的直径相同[①]，钢板的传热效果好于铸铁锅，长长的烟巷取代了原来的“垄”和“田”，余火直接加热钢板锅，不仅热效率远远优于“垄”和“田”，而且还能自动炸皮除去锅垢，工人的劳动强度亦随之减轻（图版六，4）。此外，炉体上仍用卤水泼灌，检修挖炉膛时仍有“冰土”可取，泼炉印灶的节能措施仍然保存其中。可见，在保留和集中各种盐灶优点的基础上，还有了新的发展，各个部位的余热得到了更充分的利用。在土法生产的时代，盐灶结构和节能效果均达了十分完美的程度。

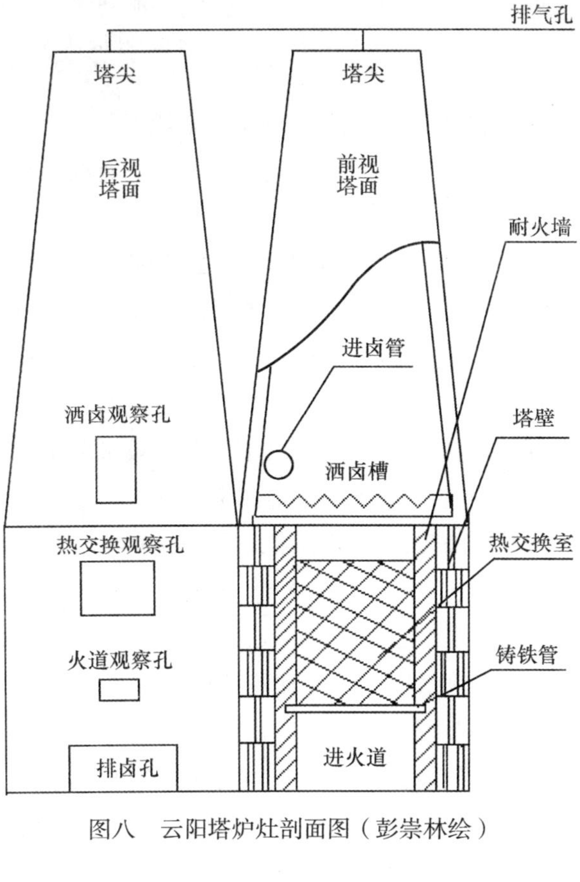

图八　云阳塔炉灶剖面图（彭崇林绘）

① 官箴九主编：《云阳县盐业志》，四川省云阳县盐厂，1995 年。

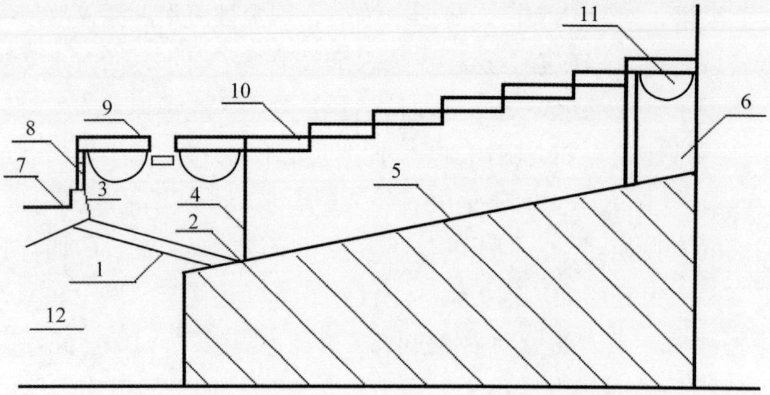

图九　云阳平锅灶剖面图（描绘于《云阳县盐业志》）

1. 炉床：燃烧面积2.5平方米，炉桥10根，通风面积1.84平方米　2. 卡子石：高0.63米，角度60º
3. 炉壁　4. 烟巷口：用大小耐火冒子石砌码口　5. 烟巷：两条，巷壁用蹬蹬石砌码，底部用沙泥糊填
6. 尾锅烟巷进塔火门　7. 炉门砌石　8. 铸铁火门　9. 大铁圆锅：两排共4口　10. 钢板平锅：两排共12口
11. 小铁圆锅：两排共2口　12. 下洞：即通风道

在铁锅煮盐时期，渝东的先民们，除不断改进盐灶，千方百计利用各个部位的余热来提高卤水浓度外，还特别重视自然能源的利用。其方法有枝条架浓卤、瓦房浓卤、电渗析浓缩等。

枝条架浓卤是用竹子的枝条来浓缩卤水。此法用圆木作成人字形的大木架，两面挂上厚厚的枝条，远处看去，犹如北方郊野上的窝棚（图版六，5）。顶上置水槽或枧管，沿槽壁或枧管的两侧按一定间距开凿小孔，将卤水引入水槽或枧管内，卤水顺水槽或枧管两侧的小孔向外喷洒，落到枝条上后顺支杈往下流淌，并逐渐分流，形成小小的水滴，在太阳和风的作用下蒸发水分、浓缩卤水。蒸发效果取决于枝条面积的大小、环境温度的高低、风力的强弱和空气的干湿度等四个条件。一般情况下，卤水浓度可提高2波美度左右。这点效果看似极微，其实不然，从下表中可以看到（表一），不同浓度的卤水，盐、水比是不一样的，其比值的大小，随卤水浓度的变化而变化，像金字塔一样悬殊，浓度越低，清水所占比例越大，反之则越小。例如，3波美度卤水的水、盐比就高达30.81，而13波美度卤水的水、盐比则为6.32，到22波美度时，水、盐比仅为3.315；渝东地区卤水的平均浓度只有3.5波美度左右，若将3.5波美度的卤水提高到5.5波美度时，水、盐比就由26.26降到了16.34。也就是说，用3.5波美度的卤水煮制成1吨盐巴，需要蒸发水分26.26吨，提高2个波美度后，就只需蒸发16.34吨，说明枝条架上已为每吨盐蒸发了9.92吨水分，占水分量的37.78%，可见效果十分明显。枝条架浓卤曾在川内普遍推行，尤其在卤水浓度较低的小盐厂，使用更加普遍。但因各盐场的环境存在较大差异，因而，枝条架也呈现出多样性来，如云阳盐厂为更好地利用空间，进一步挖掘

表一　渝东卤水含盐、水量比例表

波美度/°Bé	3	4	5	6	7	8	9	10	11	12
含盐量/千克/立方米	32.08	43.08	54.23	65.54	77.02	88.67	100.5	112.5	124.6	137.0
含水量/千克/立方米	988.2	984.2	980.1	976.0	971.8	967.5	963.1	958.7	954.3	949.7
水、盐比	30.81	22.85	18.07	14.89	12.62	10.91	9.585	8.524	7.656	6.933
波美度/°Bé	13	14	15	16	17	18	19	20	21	22
含盐量/千克/立方米	149.5	162.3	175.2	188.3	201.7	215.2	229.0	243.0	257.2	271.6
含水量/千克/立方米	945.1	940.5	935.7	930.9	926.0	921.1	916.0	910.9	905.7	900.4
水、盐比	6.320	5.796	5.341	4.943	4.592	4.280	4.001	3.749	3.552	3.315

空中潜力，就在传统枝条架的基础上，创建了高密枝条架（图版六，6）；巫溪大宁盐厂，条件与云阳盐厂相反，这里地势狭窄，无地建架，曾计划利用岩石山坡建2万平方米的枝条架，后因资金不足而未实现，但计划却是实用可行的。

瓦房浓卤，浓卤原理及方法同枝条架。1960年，大宁盐厂为响应上级“自力更生、土洋结合、土法上马、洋法革新”的号召，全厂职工积极行动、想出了利用瓦房晒卤的方法，并获得成功，有效地利用了闲置的屋面空间，卤水浓度提高了0.7～1个波美度。据老工人讲，用此办法使产量提高了15%，后因房屋漏水，浸湿房里堆放的“冰土”和物资，又担心影响房屋的使用寿命而停止了瓦房浓卤①。

电渗析浓缩，大宁盐厂的卤水，夏季因地面雨水的渗透，浓度降至2波美度以下而被迫停产。季节性的生产使该厂吃尽了苦头，职工对此常有抱怨。职工中曾流行“工人努了力，经济无效益，旺季人不够，淡季人有余”的顺口溜。为解决淡季生产的难题，在四川省盐务管理局的支持下，于1974～1975年，引人电渗析技术：即采用阴阳隔膜通入直流电源，使氯和钠离子通过渗透层，聚积在阴阳离子的交错地段，氯化钠的浓溶液导出；交错地段的淡水也随之分别排出流走，浓卤水流过专制的电槽，由电槽将淡水和浓卤水分开。由260对0.5平方米交换膜组装成的电渗析器，可使卤水由2.4波美度浓缩到5.1波美度，日产浓卤50立方米②。电源由自建小水电站供给，从而，实现了由水能到电

① 巫溪盐厂编：《巫溪县盐厂志》，内部资料，第75页。

② 巫溪盐厂编：《巫溪县盐厂志》，内部资料，第76页。

能，再由电能到电渗析浓卤的转换，实际上是用水能浓缩卤水。可惜这套设备的容量太小，且使用不久，又被山岩崩塌而毁坏。

三、真空制盐时期

真空制盐的特点是卤水进入真空罐内，在真空条件即低温条件下蒸发，卤水只加热到 40℃ 就沸腾，且热能又反复多次地利用，热效率大大提高，能耗、成本及劳动强度均大大降低，使节能技术发生了质的变化，实现了历史性的突破与飞跃。真空制盐技术的出现，标志着我国盐业已进入到机械化、自动化的新时代。从此，落后的传统盐灶被陆续淘汰。但渝东的真空制盐起步较晚，始于20世纪80年代。20世纪70年代兴建的是半土半洋的简易真空灶，本文所要论述的，正是这种针对渝东淡卤而出现的、带有过渡性质的简易真空灶，即具有渝东特色的真空灶。云阳盐厂于1976～1979年，先后拆除8座平锅灶，投资111万元，建成两座年产6000吨盐的简易真空灶。简易真空灶专为低浓度卤水而设计，与一般真空灶相比，有三点不同之处。第一是没有锅炉，以蒸发锅取而代之。每台蒸发锅的有效传热面积50平方米，直径6米，高3米，形如南瓜，俗称“南瓜锅”，共5台运转，2台备用。蒸发锅一是产生蒸汽，为真空制盐提供热气源；二是直接浓缩卤水，为蒸发罐提供进罐时所需浓度的卤水，所以，蒸发锅的蒸汽压力并不大，只有0.5千克/平方米，蒸汽温度也只有110℃。第二是保留了塔炉结构，继续利用烟道余热浓缩卤水，建了4座蒸发卤水截面积为11.5平方米的塔炉[①]。这就是说，简易真空灶是由两个时期的三个部分组成的混合灶，蒸发罐部分为现代工艺，塔炉却是传统工艺，蒸发锅则为半土半洋的过度工艺，即一半截是真空灶，一半截是塔炉灶，中间是以土代洋的蒸发锅，可谓老中青三代结合，所以说简易真空灶是一种过渡性的、土洋结合的真空制盐灶。第三是因为卤水淡，蒸发罐的加热面积大，是同等规模真空灶的若干倍，犹如大马拉小车。一座年产仅6000吨盐的简易真空灶，其蒸发罐的加热面积比年产3万吨能力的设备还要大。1982～1985年，云阳盐厂建了一座年产2万吨盐的真空制盐灶，因为卤水浓度太低，2万吨生产能力竟用了5个加热面积为600平方米的加热室和蒸发罐，为五效蒸发生产，相当于年产15万吨盐的规模。后来改用万州高峰场的岩卤资源时，只对尾部的脱水干燥部分稍加扩大，年产量就上升到了10万吨，若再适当增大蒸汽出力，年产能力便可达到15万吨。继云阳真空灶之后，紧接着巫溪田坝盐厂，忠县盐厂各建了一座年产1万吨盐的小真空灶，后改造为2万吨。20世纪90年代初，又在万州分别建成年产盐8万吨和30万吨真空灶各一座，后者的自动化、现代化程度较高。从此，渝东盐业迈入全国先进

① 官箴九主编：《云阳县盐业志》，四川省云阳盐厂，1995年。

行业。目前又在进行年产 100 万吨真空盐的改建，至此，渝东盐灶从最原始到最现代，走过了历史的全过程；盐井方面亦有最原始的自然盐泉、最原始的人工井，还有世界上最深的现代机井。这样，在渝东大地上便展现出一幅盐业历史的全貌图，实乃一座天然盐业历史博物馆。

四、结　　语

渝东古代盐业，既存在有利的客观因素，又存在先天性的致命不足，机会与挑战长期共存。有利条件是盐卤资源遍布全区各地，容易被古人所发现、便于早期开发，卤水的采集和盐巴的运输都很方便，且燃料丰富、便宜，加之在“蜀道之难难于上青天”的封闭条件下，可以自成体系，独霸一方。然而，卤水浓度太低，能耗和成本过高，又制约着渝东盐业的发展，严重威胁到盐业的生存。为求得生存与发展，从远古到现代，人们一直在不停地探索节能降耗的方法，经世世代代人的不懈努力，各种节能型的盐灶便应运而生，有效地降低了能耗和成本，致使渝东盐业能够从远古延续到现在。虽然这些盐灶与现代真空制盐技术相比，显得十分落后，但它在历史上所发挥的重要作用和辉煌的历史功绩是不可磨灭的。况且，现在的真空制盐技术又是在旧盐灶的基础上发展起来的。我国的真空制盐技术虽然是从国外引入，但这一技术绝不是从天上掉下来的，它同样离不开对前人实践经验的总结。许多资料表明，国外盐业的早期发展，也走过了与我国相同的探索之路，可以说，各种节能型盐灶就是现代真空制盐技术的基础和前导，真空制盐技术正是各种节能型盐灶发展到一定历史阶段的必然产物，没有各种节能型盐灶的出现，就不可能有今天现代真空制盐技术的发展。

2004年10月于万州

渝东盐场的民俗节

摘要：渝东各盐场，旧时普遍建有井祖庙与火神庙。井祖庙里供奉着当地盐业的祖始爷，称为井祖或井神，亦称龙君，每年祭祀龙君的活动叫作龙君会；火神庙里供奉着火神爷，祭祀火神的活动叫火神会。龙君会和火神会年年举行，成为渝东各盐场普遍流行的两个民俗节日。部分盐场在特定的地理环境及特殊的历史背景下，还出现了一些具有地方特色的民俗节，为当地所独有。其中最有典型意义的当数大宁盐场的绞篊节，它先后延续了600多年。民俗节是当地的一种文化现象，它的形成，反映了古代盐业在当地政治、经济生活中的重要地位和不可代替的作用，是宝贵的历史文化遗产。

关键词：民俗节　龙君会　火神会　绞篊节

盐业是渝东地区最古老的一个行业，其历史渊源流长，远远超出一般人的想象，在悠悠漫长的历史长河中，必然会出现某个传说中的神灵或重要人物，或发生某些重大事件值得后人纪念，到了相关的日子，人们就会用相应的仪式来纪念其人和事。这种一年一度的纪念活动年复一年，传承不息地进行，时间长了，自然就演变成为当地的一个传统节日。因此，渝东各盐场均有各自需要纪念和值得祭祀的日子，从而形成各自不同的传统节日。其中最普遍的传统节日有两个，一个是为纪念当地传说中的盐业创始人而形成的龙君会，另一个是为祭祀火神而形成的火神会。

一、龙君会与火神会

渝东各盐场，均有各自传说中的创始人——即最先发现盐泉的人（至于这些传说中的人物，是否是真正最先发现盐泉的人，这一点并不重要，因为本文只研究节日的形成，不追溯盐场的起源）。人们往往把传说中的创始人称作祖始爷，建井祖庙或祖始庙供后人祭祀，当作神灵来供奉，并将相关日子，如创始人的诞辰日、盐泉的发现日、开发日、祭祀庙宇的落成日等，定为一年一度的祭祀日，年年祭祀，遂成节日。人们称盐业的祖始爷为井祖或井神，母系氏族时期的盐业首领尊称为盐水女神。盐卤与水有关，传说水归龙管，遂又将井神与龙联系在一起，称为龙君。云阳的云安盐场、巫溪的大宁盐场、城口的明通盐场等均建有井祖庙或龙君庙，祭祀龙君的日子和仪式称为龙君会。例如，云安盐场就建有一座龙君庙，当地称龙君宫，里面供奉着当地传说中的盐业圣祖——扶嘉的神像。龙君宫现已不存，据当地长者回忆，昔龙君宫正殿供案上，还立有龙君的牌位，上书“汉扶嘉先生之神位”八个大字。扶嘉是云安盐业传说中的先驱者，据载：“公元前206年，汉王刘邦同将军樊哙到朐忍（今云阳）招募板楯族当兵，屯军于路阳坝，刘邦由樊哙陪同再前行至云安，驻跸元天宫（玄天宫），遇扶嘉于洞口。嘉劝刘邦早定三秦，完成大业，刘邦以嘉志在扶翼，赐嘉姓扶，官至廷尉，食邑朐忍。”又“传说樊哙打猎，在云安见一白兔，拔箭射之，白兔受伤，向荒山逃去，跟踪至今大井附近，白兔钻入茅草中失踪，拔茅草寻找，发现岩缝中有水缓缓流出，尝之味咸。樊哙将此发现告知刘邦，刘邦遂命扶嘉开井采卤制盐”①。于是人们便视扶嘉为云安盐业的祖始爷，建庙供奉。清人杨墀曾作诗云：“乱世能潜草莽中，叩关容易庆遭逢。三秦早劝高皇定，百里先叨采邑封。似与中原同逐鹿，偏于大泽一占龙。至今汲绠分余润，市井盐鱼又一宗。”②对扶嘉的功绩作了高度的概括和颂扬。

又如，巫溪的大宁盐场，在盐泉的旁边，并列建有猎神庙和龙君庙。其中，猎神庙是根据当地白鹿引泉的传说而修建，据《舆地纪胜》载：“宝山咸泉，其地初属袁氏，一日出猎见白鹿往来于山下，猎者逐之，白鹿入洞复不见，因酌泉知味，意白鹿者，山灵发祥以示人也。”③故后人称之为白鹿引泉。人们为纪念这位猎人和白鹿，就在盐泉右侧建了一座猎神庙，并在盐泉左侧塑了一只白鹿。现庙和鹿均已被毁，但遗址尚存。因传说水由龙管，人们又在盐泉右侧建了一座龙君庙，此庙坐北朝南，背靠宝源山麓，前临小河，殿正中立有龙君塑像④。龙君庙位于猎神庙的右侧，似与猎人和白鹿无关，但细考之，此庙仍为祭祀猎人和白鹿而修建。这一点，龙君碑的碑文里就说得十分清楚，该文开头便道：“龙君庙创自汉代，相传猎者见白鹿逐之，遂得盐泉，始庙祀焉。”⑤每年农历六月十三日为龙君会，祭祀活动由会首主持，会首亦称“头人”，头人每十户为一组，各组轮流，一年一换，届时，由当值组的十位头人负责筹集资金，主持祭祀仪式及各项活动⑥，并大摆酒席，以示庆贺。

再如，城口的明通盐场，该场因生产规模很小，又地处城口县偏僻的群山环绕之中，四周岗峦重叠，峡谷纵横，溪深湍急，羊肠小道盘旋于悬崖绝壁之间，从古代到

---

① 官箴九主编：《云阳县盐业志》，四川省云阳盐厂，1995年。

② 贾聚星主编：《云阳县志》，成都：四川人民出版社，1999年，第1305页。

③ （清）高维岳总修：《大宁县志》卷三《食货志》。

④ 巫溪盐厂编：《巫溪县盐厂志》，内部资料，第22页。

⑤ 汤绪泽主编：《巫溪县志》，成都：四川辞书出版社，1993年，第718页。

⑥ 巫溪盐厂编：《巫溪县盐厂志》，内部资料，第22页。

近代几乎与世隔绝，人民食盐唯依明通盐井，不足部分则到五百里外的云阳、开县两场运回，故这里的盐业生产一直鲜为人知，盐史研究论著中也无人提及。明通制盐历史悠久，一说始于秦末汉初，一说开始于唐宋。但纵观历史，这里的盐业，算是历尽了坎坷与沧桑，盐井也时开时停，或因卤淡量小而停产，或因地理变迁而遗弃，或因兵荒马乱而荒废。所以，究竟始于何时，现还无从考证，据正德八年（1513年）《夔州府志》载："宣汉井在明通溪旁，水卤可煮盐，井有十六，今呼明通井。"[①]又据《城口厅志》载："斑鸠井在八保明通井岩畔，其卤源自穴中流出，相传有陈、罗二人捕猎到此，见白斑鸠飞入岩穴，白水流出，尝之味咸，遂煎成盐，今尚有陈、罗二人遗像。"[②]陈、罗二人成为该井的井祖，由灶户供奉。

渝东各盐场，除建庙祭祀当地的盐业祖始爷外，对我国历史上曾对盐业做出过重要贡献，或产生过重大影响的人物，也十分崇敬，同样建庙供奉，年年祭祀，视同井祖。例如，云安盐场，前面已经提到，当地盐井的开发，传说与刘邦、樊哙有关。因此，云安在建龙君宫的同时，还建了一座高祖庙，供人们对汉高祖刘邦及将军樊哙进行祭拜。又如，忠县的㽏井、涂井盐场，人们还将管仲作为崇拜的偶像，据有关史料记载：管仲，名夷吾，春秋颍上人。后世称为管子。相齐国（桓公）而霸。又称仲父。吾国盐法，权与管子。《海王》一篇之作，距今已2600余年，实为中国最古盐书。乃言盐利者之祖，其倡行官山海盐荚，尤为千古盐宗[③]，是我国最早制定盐业专卖政策之人。在发展经济方面，他利用齐国地处海边的地理条件，充分发展渔业、盐业和商业，注意货币的规划与管理。很快就使齐国的经济实力和军事实力得到增强，因此，齐国在桓公时代，发展成为天下最富有的国家。为纪念这位盐法始祖对促进我国盐业发展做出的巨大贡献，忠县㽏井、井涂两盐场的井民和灶户，视管仲为盐圣，并在每年农历正月初二这一天举办管仲会[④]，像祭祀当地盐业始祖一样祭祀管仲。

以上数例足以说明祭祀井祖的民俗已普遍流行于渝东各盐场，龙君会已成为各盐场必不可少的传统节日，它的形成与盐业生产息息相关，但这还仅是盐业生产中的一个方面，在制盐生产过程中，产盐的多少，除卤水的数量和浓度外，另一个至关重要的条件是火力的大小。当然，工艺、设备及人工的操作技能也很重要，但卤水浓度的高低与火力的大小乃是制盐生产过程中的两大基本要素。所以，在渝东各盐场，除祭祀龙君外，还有举办火神会的民间习俗，但各地祭祀火神的时间却不尽相同。云安盐场的火神

① 内部自编：《城口县明通盐厂志》，1998年，第1页。

② 内部自编：《城口县明通盐厂志》，1998年，第9页。

③ 林振翰撰：《盐政辞典》，郑州：中州古籍出版社，1988年，第36页。

④ 肖枫主编：《管仲治国　国富民强》，《二十四史精华·史记》，北京：当代中国出版社，2002年，第101页。

会在农历三月十五日举行，忠县盐场的火神会在农历六月十四日举行，而大宁盐场的火神会却在农历二月十五日举行。在大宁盐场，人们于龙君殿的右侧修建了一座火神殿，每年的农历二月十五日这一天，盐工就要在这里举办火神会，以祭拜火神，火神是盐工的供奉之神，火神会由盐工工头主持，并按人头收费，新来人员及晋升加薪者要出双份钱①。在会期里，既要举行隆重的祭祀活动，也要大办酒席，互相致贺。其间，人们已完全沉浸在节日的气氛之中。

常言道水火不兼容，这句话是指水火二者的属性相互克制，对盐业生产者来讲，两者皆不可缺，既要相得，又要相克。相得则拥有制盐的原料和燃料，相克便使二者相煎，将卤水煮制成盐，所以，渝东各盐场都普遍崇拜龙君与火神。各地流行的龙君会与火神会，就是崇拜和纪念二者的具体表现。此二者可概括为水（卤水）、火二神。人们祭祀“水”、火二神，无非是祈求“水”丰、火旺，希望神灵保佑，以获得稳产高产，取得最佳经济效益。这样的祭祀活动以及由此而形成的传统节日，人们是容易理解的，亦为人所知，但在渝东各地，还有一些较为特殊的民俗节却鲜为人知。

二、特殊的民俗节

在渝东，除普遍流行龙君会与火神会外，少数地方，因其特定的地理环境和特殊的历史背景，还出现了一些特殊的民俗节，如奉节白盐碛上的踏碛民俗，据《陆游诗》注：“农历正月初七为人日节，夔人重诸葛公，旧于是日结伴出游八阵图，谓之踏碛。妇人拾小石可穿者，系于钗头，以为一岁之瑞。”②另据新编《奉节县志》载：“昔日为纪念诸葛亮，官民等于这一天出游八阵碛，作通宵游乐，妇人拾小石可穿孔者系于钗头，以作祥瑞之物。”③踏碛之俗显然是在怀念诸葛亮，但这一民俗的形成却与此处的盐业生产密不可分，因为八阵图与煮盐区同在一片碛坝之上，盐泉则夏没冬出，冬春两季是煮盐的繁忙季节，正如光绪年间《奉节县志》所云：“每岁水落之时，编茅砌灶，比屋鳞次，蒸汽成云，熬波出雪。”④煮盐工呈现出一派繁忙的生产景象，这是吸引盐工家人及官民到碛上的重要因素。另外，盐工在上班时间内，需要吃一顿饭，一般都由家人送到灶房，返回时顺便拾几块小石子是常有的习俗，如偶尔拾到一块很漂亮的小石，便会吸引更多的妇女前往捡拾。人日节是纪念人类起源的节日，后演变为天穿节和

① 巫溪盐厂编：《巫溪县盐厂志》，内部资料，第22页。

② （清）曾秀翘主纂、杨德坤撰：《奉节县志》卷十七，四川省奉节县志编纂委员会，1985年，第76页。

③ 刘方陶、李向东主编：《奉节县志》，北京：方志出版社，1995年，第792页。

④ （清）曾秀翘主纂、杨德坤撰：《奉节县志》卷十七，四川省奉节县志编纂委员会，1985年，第73页。

人祖会。其中，天穿节是纪念女娲氏补天地，仪式由女家长主持，妇女是活动的主体，在八阵图和盐灶的双重吸引下，利用人日节之机，到碛上出游拾石便是顺理成章之事。不过，最为隆重、最具特色、延续时间又是最长的民俗节，莫过于大宁盐场的绞篊节。

大宁盐场位于长江北岸支流、大宁河上游的后溪河（亦称茶登河）畔，距巫溪县城北15千米的宁厂镇上，大宁盐场的盐泉名曰白鹿泉，亦称龙井。龙井位于后溪河北岸的宝源山麓，两岸地势狭窄，盐灶沿着盐泉两侧的一片狭长地带展开。早先盐泉露头后，顺着岸坡流入小河，故盐灶位置高于盐泉，卤水到灶房，只能靠人力挑运，既费力又费时。后来人们用石块在盐泉的出口处建筑围池，将卤水水位抬高，卤水便可顺竹枧直接流入灶房，较之人力挑运，引卤方法已有很大改进，但由于卤水分配不均，常因争卤而时有纠纷发生，以致强弱相凌，诉讼不息。宋淳化三年（992年），知监雷说创龙池，外侧拦木板，在木板上开凿30个一样大小的方孔，后来孔眼增加到68八眼，在孔眼外承接竹管，分泉接引，分配各灶，从此，再无争卤纷争[①]。这既是引卤方法的一大改进，更是卤水管理方法的一大进步，但这种方法不能使卤水过河，盐灶仍局限在北岸的狭小空间里，严重制约着生产规模的发展。

随着市场需求的不断增加，制盐规模亦随之逐渐扩大，扩产与地势受限的矛盾便突出起来，要扩大生产规模，煮盐区只能向南岸拓展。要将煮盐区扩展到南岸，卤水如何过河就成了新的问题。为此，人们想尽了各种办法，终于在孔嗣宗的主持下，于宋嘉定元年（1208年）想出了过虹的方法[②]。此法用竹篾绞织成碗口粗的牵藤，绷紧固定在两岸，然后将竹枧吊在其上，称之为虹，再将北岸龙池的卤水引到南岸，谓之过虹。一藤一枧为一虹，初引13枧，即有13条虹，这13条藤与枧横空跨越南北两岸，远处看去，犹如道道彩虹，形成一道壮丽的景观，人们便称这景观为过虹[③]。因虹用竹篾织成，其高度又大大超过洪水水位，用这个方法既能将北岸的卤水引到南岸，又能避免洪水的危害，且虹与篊同音，篊者，竹在洪之上，故将虹改作篊，虹只能表述这一事物的外部形象，不能表达其内在本质，而篊则能二者兼顾，可解读为：篊是由篾藤和竹枧组成、且超过洪水高度、既能引卤过河、又能避开洪水危害的道道“彩虹”。关于篊这个字，据《汉语大字典》所释，其意有引水之义，笔者认为，篊字的出现当与引卤有关，跟忠县㽏井溪为表述二水合一，其味甘美而出现㽏字的背景十分相似，由此看来，篊、㽏二字也算是我国珍贵的盐业文化遗产。所以，过虹应为过篊，又因篊的粗藤是用篾条绞织而成，既粗又大、既重又长，要将其安装到位并非易事，施工难度极大，非用绞车拖拽不

---

① 汤绪泽主编：《巫溪县志》，成都：四川辞书出版社，1993年，第705页。

② 巫溪盐厂编：《巫溪县盐厂志》，内部资料，第45页。

③ 巫溪盐厂编：《巫溪县盐厂志》，内部资料，第53页。

可，故而又称过洊为绞洊。篾洊解决了卤水过河的难题，但篾洊易坏，需一年更换一次，更换时间后来固定为每年的农历十月初一。到这一天，县官要到场与民同庆，井民则要敲锣打鼓、鸣放鞭炮、唱歌跳舞，呈现一派热闹非凡的喜庆场面，这种一年一度的换洊庆典活动称为过洊节，亦称绞洊节。《舆地纪胜》云："绞洊在盐井引泉踏溪，每一枧用一洊，其枧与洊经一年，十月旦日，以新易陈。郡守作乐以临之。井民歌舞相庆，谓之绞洊节。"①绞洊节这一习俗一直延续了600多年，至清光绪元年（1875年）以后，篾洊才逐渐被铁洊所代替②。铁洊是指用铁管引卤，铁管耐用，生产周期可达10年之久，但铁管的重量大，需要驾设铁索道或铁索桥，绞洊节的习俗亦随铁洊的出现而逐渐消失，往后的70多年里，为铁洊和篾洊并存期，随着时间的推移，篾洊越来越少，但并未很快消失，直到1959年，南北两岸才全部改为铁管输卤。

这里，还有一个值得探索的问题便是，一年更换一次篾洊，对生产企业来说，只能算一次设备大检修，为什么一个正常的设备大检修，会如此小题大做，不惜兴师劳众，费资耗财，还要惊动官府，招来四邻，热热闹闹地演化成一个独特的传统节日呢？笔者认为，绞洊节的形成与当时的劳作场面、现场条件、地理环境、季节时令等因素有关，下面笔者就试着对绞洊节的形成作一些不成熟的探讨。

三、绞洊节刍议

换洊要做的第一件事情，是要先备齐足够的材料即竹子，然后分别加工制作成篾藤和竹枧，制作篾藤和竹枧需用大量的竹子，竹子有两种，一种是用于制作篾藤的竹子，这种竹子细长、壁薄、节稀、硬度和强度较低，但韧性好，可划成篾条，适宜编织，能进行缠绕、捆绑、铰接，当地称它为慈竹。另一种是用于制作引卤管道的竹子，这种竹子与慈竹相反，粗大、壁厚、节密、硬度和强度较大，适宜制作枧管。当地叫它楠竹，学名毛竹。加工制作这两种竹子的现场犹如大会战，场面十分壮观：制作篾藤要先将竹子划破，制成篾条，待篾条备足以后，再绞织成粗大的篾藤，因用量太大，加工场地必然也很大，到处是划破竹子发出的劈劈啪啪声和绞篾时的吱吱嘎嘎声，还有工具的敲打声和人的喊叫声，场面非常壮观，显得格外热闹，但加工竹枧的场地却更加热闹。竹枧的加工工序较为简单，只需先去掉两端不能用的部分，再打通竹子内节，外用篾箍加固即成，但场面却更为热闹、壮观。在打通内节时，要先将竹子固定在木马凳上，然后用凿刀捅节，凿刀为月弧形，刀柄用结实而细长的竹竿制成，长度大于被加工枧竹的二分

① （清）高维岳总修：《大宁县志》卷三《食货志》。

② 巫溪盐厂编：《巫溪县盐厂志》，内部资料，第53页。

之一，捅节时，内节被凿刀一节一节地凿破、捅穿，其节碴也在管内一点一点地积累，阻碍凿刀向前冲击，当节碴积累到一定数量时，凿刀便无力再往里进，因此，必须一边捅节，一边排除管内节碴，为解决向外排碴问题，人们便在凿刀的颈部装上几个小于竹管内径的铜片，使其凿刀往里推进时，打穿内节，而向外拖出时则带出节碴，这样一来，无论凿刀往里推进还是向外拖出，均会因铜片相撞而发出“哗啦啦啦”的声音来，其声音清脆响亮，余声绵长，且有节奏，悦耳动听，犹如闹元宵时打莲筲的声音，且又胜于莲筲之声，加之作业台面众多，声音此起彼伏，更显热闹非凡。纵观整个制作现场，到处是划竹声、绞篾声、捅节声、号子声和敲击声，这些声音组合成一曲曲动人的劳动乐章，响彻整个山谷。加之人流来往如织如梭，展现出一幅幅热气腾腾、喜气洋洋的画面，还未等庆典活动的到来，就已经有了几分节日的气氛了。

当材料准备齐全，并分别制作成篾藤和竹枧之后，就要架设安装。旧时，各行各业的工匠们都很迷信，搞任何一项工程，都要选择吉利的日子动工，动工前还要举行祭拜仪式，祭拜有关鼻祖和神灵，祈求工程安全、顺利。尤其在大山深处的宁厂镇搞这样大的工程，要用人工将碗口粗的篾藤拖拽到位，还要将其紧紧地固定在两岸，然后又要悬空在上面吊挂竹枧，其施工难度便可想而知，在这样的背景与条件下，祭拜活动必然隆重，关心的人亦很多，到现场观看的人更是倾巢出动，地方官员、乡绅及各界知名人士也要到场助兴，以示关注和鼓励。当宣布架设开工令时，免不了要敲锣打鼓，燃放鞭炮，此时人们已完全进入到节日般的氛围之中。待安装合龙时，人们为庆贺换箅成功，更是锣鼓喧天，鞭炮齐鸣，井民们亦会欢呼雀跃。唱歌舞蹈，一阵狂欢。全场出现一派欢天喜地的景象。把节日般的喜庆气氛推向高潮。狂欢之后，还少不了一顿狂饮，因为按照地方习俗，凡有重要喜庆活动，如红白喜事、添子祝寿、工程竣工、传统节日等，都要大办酒席。所以，狂欢之后的狂饮是在所难免的，狂饮标志着整个换箅工程的圆满结束。

在以上的过程中，我们已经看到，每次换箅，从开始备料到安装结束的全部过程中，人们一直沉浸在节日般的欢乐与喜庆之中，场景犹如过节，且年年如此，箅的更换周期又恰好与节日的周期相一致，都是一年一次，这样年复一年地重复，时间长了，自然就衍生出一个地方性的节日来。后来它又随着箅的消失而消失，说明绞箅节的产生，有别于为纪念某人或某事而形成的节日，它是在一年一次更换篾箅的特定氛围中自然形成的，它与箅有着不解之缘，如同箅的影子一般，箅存则节在，箅灭则节亡，它纯粹是一个随箅的出现而出现，又随箅的消失而消失的、自生自灭的特殊节日。

还有，为什么每年的换箅时间要选择在农历十月初一呢？笔者认为，其主要原因和理由大概有四：第一，此时，洪水期刚刚过去，枯水期已经来临，当河水退后，岸边腾出的碛石滩坝正好可以用来做加工场地；第二，龙井的卤水受地面淡水渗透的影响较大，卤水浓度呈周期性变化，旱季浓度可上升到4～5波美度，而雨季浓度则降至2波美度以下，因此，每年冬春两季是生产的黄金季节，所以，必须在冬季到来之前，做好一切生产准备工作，所有生产设备必须在九月底以前检修、更换完毕，否则将影响下一个生产周期，此时换篊可谓正逢其时；第三，秋季是竹子成熟、砍伐的季节，材料供应有足够的保证；第四，绞篊节安排在十月初一这一天，也是为了纪念孔嗣宗[①]。因为用过篊的方法将卤水输送到南岸，是在孔嗣宗的主持下想出来的，孔嗣宗是过篊的鼻祖，值得后人怀念，纪念孔嗣宗必然成为绞篊节的重要内容。

四、民俗节与地方经济

以上民俗之所以能够在当地形成气候，成为每年必过的传统节日，除盐场自身的历史原因外，地方官府的重视与支持亦很关键，每次祭祀活动，多数地方官员都要亲临现场，与民同庆，尤其是大宁盐场的绞篊节，县官更是年年必到。这与盐场在当地经济活动中的重要地位有直接关系，盐场既是官府财政收入的聚宝盆，又是当地民众经济收入的主要来源所在，每个盐场都涉及上万人的衣食来源，还关系到百万人的食盐供给。因此，保证盐场的正常生产，是上至朝廷，中至官府，下至黎民百姓都十分关注的问题。今天看来，一个年产几千吨盐，甚至不足1000吨的小盐场，确实微不足道，是关、停、砍、转的首选对象。然而，它在历史上所起的重要作用却是今人难以想象的，事关国计与民生。就“民生”而言，它与千家万户的衣食住行紧紧相连。正如民国《云阳县志》所云：“蜀盐之利，比于全国，率在中上，县盐务之于全蜀，率于如此，然任土所出，于县境食货，实为大宗，利之所凑，食其业者，自卤主、煎户、运商、肆伙、汲拽、都养、洎乎沿江煤窿、舟挽、驮驱、转移执事于其间者，无虑数万人……亦为县境一大都会。”[②]这是云安盐场过去情景的真实写照，其余各盐场的情况亦与此相似，大宁盐场的情景更是完全相同，生产规模也与之相等，只因雨季卤水浓度太低要停产半年，故产量只有云安的二分之一，但生产季节的情况和云安是完全一样的。据民国《四川盐政史》载，大宁场时有产业工人8000名左右，加上服务业及相关产业，就业人员当在万人以上，如每人供养2～3人，食其业者亦有3万～4万人之多。所以，凡产盐之地，必为渝东经济发达的集聚中心；从“国计”上讲，又事关朝廷与地方财政收入之大计，以大宁盐场为例，本场历史最高年产量达10 798吨，一般年产在6000～7000吨[③]。“宋熙宁年间

① 宋召曦、钟长永：《川盐史论》，成都：四川人民出版社，1990年，第88页。

② （清）刘贞安总纂：《云阳县志》卷十《盐法》，重庆市云阳县地方志编纂委员会，2002年，第119页。

③ 巫溪盐厂编：《巫溪县盐厂志》，内部资料，第62页。

（1068～1077年）岁产盐达400余万斤”[①]，折2千余吨，仅为四川三等场。然税银却很可观，时盐税由生产和流通两个环节征收，生产环节有井课、灶课、锅课三项。流通环节按引计征，“引即官府发放的盐票，400斤为一引，分为水引和陆引，宋时盐用钞，茶用引，钞犹引，故亦称钞引。引法始于元初，引额按人口计发，销盐之地为引地，经营者为引商，引商凭引票到指定盐场购盐，在划定的销售地域内有专卖之权，凡已纳课之盐谓之官盐，否则谓之私盐。引税因地因时而异，水引每引征银约三两半，陆引12.5张折合水引1张，每引征银不足三钱”[②]。若换算成吨，水引每吨征银17两有余，而陆引则1两半还不足，水引课率虽高，但配额很少，一般只有陆引的三十分之一。清代各盐场的征税情况因生产规模悬殊而差异较大，但都是支撑当地经济的重要支柱（表一）。

表一　清代渝东盐场征税情况　　（单位：口、张、两）

场名	盐锅		陆引		水引		其他	合计	时段	数据源
	锅口	税银	引额	税银	引额	税银				
云安场	357	893	7218	1966	1132	3855	517	7231	清雍正	《民国云阳县志》
大宁场	1008	2016	2195	598	463	1577	261	4452	清乾隆	《光绪大宁县志》
奉节场	401	不详			177	611	100	711	清末	《光绪奉节县志》
彭水场	158	457	4533	1235	56	191		1883	清嘉庆	《四川盐政史涪陵史》
明通场	12	91	300	82				173	清雍正	《明通盐厂志盐政典》
开县场	75	188	1800	490	195	664		1242	清雍正	《夔州府志》
忠县场	34	179	619	169	252	858		1026	清乾隆	《清盐法志》
万县场	28	101	1201	327	195	664		1092	清雍正	《夔州府志》

注：1. 本表不含灶主榷课，时灶主每户岁榷课银六两七钱二分；2. 其他栏里包括羡余、截角、朱力、脚力等征课内容；3. 奉节场时有灶主119户，盐锅401口，榷课当在1600两左右；4. 彭水场、明通场、开县场、忠县场、万县场均不含其他项

从表中我们所看到的数字，还仅仅是个小巫而已，据有关史料记载，正课以外的各项摊派，均要加到盐价里面去，其数额远远大于正课，甚至大得令人难以置信，每引高达百两以上[③]，正所谓靠山吃山，靠水吃水，而靠盐的则吃盐。从朝廷到地方，需要用钱时便都到盐里来剜，致使杂摊的名目繁多，数额巨大。照此计算，只要有2000吨的年产量，实征岁银便可逾百万两之多。在宋史传记中，有一位名叫李周的御史，曾任过云安知县，从他的传记中我们也能看到一丝线索，可借以作个参照：“李周，字纯之，冯

① 汤绪泽主编：《巫溪县志》，成都：四川辞书版社，1993年，第224页。

② 林振翰撰：《盐政辞典》，郑州：中州古籍出版社，1988年，第40-42页。

③ 刘贞安总纂：《云阳县志》卷十《盐法》，重庆市云阳县地方志编纂委员会，2002年，第133页。

翊人，神宗朝进士，知云安县，蠲盐井征且百万。孙固荐之，召对边事，称旨。上谓固曰，李周，朴忠士，且以为御史。”①蠲者，免也，说他任云安知县时，为安抚百姓，免征达百万之多，此举还得到了皇上的赏封，由此便可见其一斑，免征且百万，实征之数就可想而知了。总之，盐业生产事关国计与民生，稳定的盐业生产，既是当地平民百姓赖以生存的脊梁骨，也是地方官府财政来源的主要管道，又是政治稳定的重要保证。再则，盐历来由官府经营专卖，朝廷派有盐监或盐大使进驻，并设有衙门，盐官的职位一般与知县同级，代表朝廷专施盐务，庆典节日是盐业生产的大事，亦是盐官的分内之事，重大庆典活动必到现场督办指导，既然朝廷派来的大使都要去现场与民同庆，地方官员就必然更加重视和支持。可以说，官府的重视与支持对民俗节的形成起了推波助澜的作用。

五、结　　语

纵观历史，各地盐场的民俗节是在当地特定的地理条件下，盐业生产发展到一定历史阶段的必然产物，必然性决定了它将在历史上出现，又在历史上消失。研究这些节日的产生和消失，有着十分重要的意义，从中我们既可看到渝东盐业辉煌的过去和先辈们富有创造性的智慧结晶，也可看到渝东盐业对形成三峡文化的重大影响，它曾对三峡地区的历史起过重要作用，为三峡地区的经济发展做出过重大贡献，占有重要地位。现在，巫溪及众多小盐厂虽因卤淡而关闭停产，但这些民俗节日中丰富的文化内涵，和绞篊节等特殊民俗所具有的唯一性，却是三峡地区重要而宝贵的旅游文化资源。开发利用这些资源是大有可为的。回顾历史就是要饮水思源，以史为鉴，在新的历史条件下，谱写新的历史篇章，开创更美好的未来，愿渝东的明天更美好。

2004年3月于万州

① （元）脱脱等修：《宋史》卷三百四十四《李周传》，上海：上海古籍出版社，1986年。

渝东盐业与古代战争

摘要：远古时代，盐泉资源只分布在少数地区。占有盐利的部族，可以吸纳、兼并、融合周围的部族，成为强势民族。而不占有盐利的部族，则要将其夺到手中，因此而引发战争。战争又影响着盐业的发展，并促进更大范围内民族的兼并与融合。成为融合民族的催生剂。渝东盐业就是沿着盐泉—战争—发展这条轨迹走过来的。本文旨在探索古代战争对渝东盐业的利弊得失。

关键词：盐业　战争　影响

盐是人体新陈代谢过程中不可缺少的物质，没有任何其他物质可以代替。但盐并非随处都有，为了生存，古人必为争夺盐泉而发生战争。本文试图就渝东盐泉所引发的战争以及战争对渝东盐业所产生的历史影响，作一些尝试性的探析。

一、融合民族的催生剂

远古人类生活在极端艰难与险恶的环境之中，全靠拼体力才能生存下来，这样的生存环境比之今人，对盐的需求就更为迫切。但盐资源只在有成盐条件的地方存在，较之适合于古人类生存的其他环境条件，如空气、水、食物及适宜温度等，其地域要小得多。而卤水又只能在盐泉露出地面之后才会被人们发现，盐泉则是盐层与地貌相结合的产物。所以，盐泉是盐资源中不需探测，仅凭肉眼就能够看到的很少的部分。因此，有盐泉出现的地方更是少之又少。人类生存缺不了盐，盐泉资源却被少数部落所占有，这样，占有盐泉资源的部族，就可凭借其盐的优势而不断发展壮大。当盐开始进入市场进行交换以后，盐又具有驾驭市场的领先地位，可以轻易地换回所需物品，过着“不绩不经，服也；不稼不穑，食也”[①]的日子。若要换回更多的物品，就得努力增加其产量和规模。随着生产规模的不断扩大，劳动力的需要就日益增多，附近的部族就会逐渐向盐泉之地转移、靠近。于是，盐泉之地最早发展成为原始的工业基地。随着盐与其他产品交换的日益频繁，盐泉之地又发展成为最早的物资集贸中心。随着工业基地和物贸中心

① 袁珂译注：《山海经全译》，贵阳：贵州人民出版社，1991年。

的形成，固定人口和流动人口的数量也不断增加，居住地亦日趋集中，盐泉之地就成了我国早期人口最密集的地区。这样，占有盐泉之利的部族在与周边部族的兼并与融合中，不断地发展、壮大，成为市场繁荣、经济发达、人丁兴旺的强势民族。不过，这还只是一种小范围的兼并与融合。

对周边以外不占有盐泉资源的部族而言，有以下几种办法可获得食盐：一是到盐泉之地去做工，直接参与盐业生产或与制盐相关行业的生产劳动，如砍制柴薪、燃料运输等；或者经营食盐运销及其他商业；或者从事饮食、客栈等服务行业。二是与产区部族联姻、结盟，建立友好睦邻关系，将自己置于产区部族的保护之下，以取得长期而稳定的食盐供给，但因此而沦为产区部族的附庸。三是用高价去购买流通到本地或附近的食盐，但在交通十分落后的远古时代，食盐能够流通的地域是非常有限的，离盐场越远，价格越昂贵。因此，这些部族必须付出高昂的代价，才能换到所需的食盐。不但价格昂贵，市场也不稳定，若遇不测，便遭断盐之苦。为解淡食之忧，周围较远部族也会进一步向产盐地的部族靠近，从而引发较大范围内兼并与融合的趋势。随着产盐区部族势力范围的不断扩大，与之相适应的管理机制亦将日趋完善，抵御外来侵略的军队也将应运而生。这样，国家的雏形就在产盐之地最早形成。

对于远离产盐区的部族来讲，获取食盐则更不容易。饱尝淡食之苦的部族，更知盐对人类生存的重要性，必定垂慕盐泉所在地优越的生存环境。丰厚盐利的诱惑，必会产生争夺盐泉的欲望。当争夺与保卫双方的矛盾，发展到不可调解的时候，战争的爆发就在所难免。这种为争夺盐泉而引发的战争，较之当今世界为争夺石油而发生的战争，更加悲壮、惨烈。战争总是要分出胜负的，不论谁胜谁负，其最终结果，总是胜利的一方兼并战败的一方。这样，就实现了更大范围内的兼并与融合。随着战争的升级和范围的扩大，民族也在连续不断的兼并与融合中日益壮大，战争进一步促进了统一民族的形成。近来，有不少学者研究认为，中华民族之所以起源于黄河中上游，就是因为黄帝部族占有山西解池的池盐之利。号称中华第一战的炎、黄阪泉之战，就是一场争夺山西解池池盐的战争，双方在阪泉（在山西解县盐池上源）大战三次。最后，黄帝收服了炎帝，炎、黄部族合并为华夏族，黄帝成为华夏族的首领。黄帝杀蚩尤的涿鹿之战，也与夺盐有关，此战不仅巩固了黄帝对盐池的占有与分配，还巩固和扩大了势力范围，使炎黄部族和蚩尤所统领的九黎族及夷、苗二族的一部分，融汇在一起，形成汉民族的基础。之后，黄帝“邑于涿鹿之阿”，尧以平阳（山西临汾）为都城，舜以蒲阪（山西永济）为都，禹以安邑（山西运城北）为都，都在盐池附近，显然都与保卫盐池重地有关[①]。足见盐在中华民族的形成、融汇、壮大、统一过程中起有催生剂的作用。

然而，由于盐是溶解物质，遇水即化，不能在淡水中保存。而埋藏在地下的制盐工

① 陈逸根：《不简单的盐：盐的文化和300个妙用》，上海：上海科学技术出版社，2004年。

具和殉葬器物，均在地表层内，长期遭受地下水的侵蚀。因此，在考古发掘中，无法在发掘物中见到盐的遗存，故盐对中华民族的催生作用长期被史学界所忽略。

二、先秦时期渝东盐泉的争夺战

春秋战国时期，齐国迅速强大，并率先称霸，凭借的即是山东半岛的海盐。同样的道理，渝东地区巴人能够建立巴国并逐渐强盛起来，依赖的则是渝东的盐泉。渝东盐业（包括渝东南）源远流长，到底始于何时，现无法考证。但从《山海经》里所记载的巫咸国和巫载国以及《后汉书·南蛮西南夷列传》关于廪君的传说中，倒是可以看到一些蛛丝马迹。从记载中我们得知：巴郡南郡蛮有巴氏、樊氏、瞫氏、相氏、郑氏五姓，他们在武落钟离山以比掷剑和乘土船的方式推举巴氏子务相为首领，是为廪君。代本曰："廪君之先故出巫诞也。"[①]巫诞是何许人也？据《山海经·大荒西经》载："有灵山，巫咸、巫即、巫朌、巫彭、巫姑、巫真、巫礼、巫抵、巫谢、巫罗十巫，从此升降，百药爰在。"《海外西经》又载："巫咸国在女丑北，右手操青蛇，左手操赤蛇。在登保山，群巫所从上下。"《海内西经》亦载："开明东有巫彭、巫抵、巫阳、巫履、巫凡、巫相、夹窫窳之尸，皆操不死之药以距之。"[②]灵山即巫山，登保山乃今巫溪盐场龙井（即白鹿盐泉）所在地之宝源山，此处盐泉至今仍涌流不绝。据任乃强教授考证，群巫中的巫朌，可能就是巴族的一个祖先，是定居于洞庭彭蠡间，巴丘、巴水部位的渔业民，称为"巴诞"。大概是因为有穷被后羿所灭，一部分诞民东流，而为后世之蜑族。一部分人西流，依附巫载，为其行盐经商，从而被称为巫诞了[③]。由是可知，廪君之先，从巫朌到巫诞，都与巫溪的盐业有关。

廪君率众"乘土船从夷水至盐阳"，此处有盐水，源出清江。"盐水有神女谓廪君曰：此地广大，鱼盐所出，愿留共居？廪君不许，盐神暮辄来取宿，旦即化为虫，与诸虫群飞，掩蔽日光，天地晦暝，积十余日，廪君思其便，因射杀之，天乃开明。"[④]这段叙述神话色彩很浓，许多学者都曾引用过，这里之所以要重复提及，是因为我们在这层神话面纱的后面，看到了诸多的历史信息。第一，廪君来到盐阳之时，这里还是母系氏族社会，盐水神女当是众多女酋长中的杰出代表。第二，"此地广大，鱼盐所出"，说明这里的鱼盐生产非此一处，而是一大片地区，鱼盐生产已具有了一定规模。第三，廪君在这里发动了一场争夺盐泉的战争，并取得了这场战争的胜利。他杀死了盐水神

① （南朝宋）范晔：《后汉书》卷一一六《南蛮西南夷传》，上海：上海古籍出版社，1986年。

② 袁珂译注：《山海经全译》，贵阳：贵州人民出版社，1991年。

③ （晋）常璩撰、任乃强校注：《华阳国志校补图注》，上海：上海古籍出版社，1987年。

④ （南朝宋）范晔：《后汉书》卷一一六《南蛮西南夷传》，上海：上海古籍出版社，1986年。

女，最终占领了盐泉。第四，战争十分激烈，达到了白热化的程度，出现了掩蔽日光，天地晦暝的悲壮景观，且久攻不下，达十余日之久。寥寥数语，将一场宏大的战争场面表述得淋漓尽致。这是我们从文字中看到最早的一场渝东南盐泉的争夺战。

以廪君为首的五姓巴人占领盐阳盐泉后，得盐业之利，经济迅速发展起来，部族实力逐渐强大，遂溯清江而上，来到伏牛山区，又占领了郁江流域之郁山盐泉。然后顺流而下，出乌江口，进入长江流域①。因巴人善舟楫，能远行，成为渝东盐的运销民族，将渝东的盐远销至长江上游及巴、涪诸水支流地带，经济实力进一步增强。周匡王二年（公元前611年），巴与楚、秦联合灭庸。楚军西出石溪、仞（在今湖北省均县与石堰市之间），秦军从西北向东南挺进，巴军则从西面向东挺进，与楚军形成东西夹击之势，最终灭庸。庸国在今湖北省竹溪县到房县的今诸水流域和南河流域一带，大致包括今湖北省房县、竹山、竹溪，重庆市巫山、巫溪等县。灭庸之后，巴国分到了巫巴山地的相当部分（原庸国的竹山、房县等地及位于三峡地区的巫溪、巫山、巴东等县），得到了宝源山盐泉，打开了巴国从长江三峡通向楚国的门户②。至此，渝东的所有盐泉，全部归巴国所有。其中包括清江的盐阳盐泉、彭水的郁山盐泉、巫山（今巫溪）的宝源山盐泉、鱼复（今奉节）江岸的碛坝盐泉、朐忍县（今云阳）的云安盐泉、开县的温汤井盐泉、万县江南的长滩井盐泉、忠县的㽏井溪和涂井溪盐泉等，垄断了全部盐的生产、销售和运输，周围几百千米皆仰给巴国之盐。

巴人靠盐业起家，以盐立国兴邦。盐业收入使巴国迅速富裕起来，成为富甲一方的强国。领土迅速扩大，不断由东向西、再由南向北扩展。都邑也逐渐向西迁徙，自故陵，至平都（今丰都），至枳（今涪陵），至江州（今重庆）。经济势力远达南安（今乐山）、苴国（今广元）等地，与秦、蜀接壤③。在鼎盛时期，疆域之辽阔，已囊括了今陕南、川东北、川北、重庆、湘西北、鄂西南、黔北等地。

战国时期，巴族主要活动在川东、鄂西、陕西汉中一带，与楚、蜀、秦为邻。随巴国强大，巴楚交恶，数相攻伐。周庄王八年（公元前689年），巴、楚激战于那处（今湖北省荆门市东南），双方相持数月，巴人不敌而归。但巴人对那次之败并不甘心，楚广文王征调巴人伐申时，巴人不服，反戈相击，占领楚地那处，进逼楚郢都；直到次年，楚军反攻，巴人方战败而返。巴、楚之战时断时续，几乎贯穿整个巴史。周敬王四十三年（公元前477年），巴出兵攻打楚国（今湖北襄樊北）。楚王派孙宁、吴由于等迎战巴军，巴军不敌，败于兹。兹之战巴人虽败，但巴兵锋所指，江北已达河南

① 刘成义主编：《重庆百科全书·历史分编·巴楚秦灭庸》，重庆：重庆出版社，1999年。

② 任乃强：《说盐》，《盐业史研究》1988年第1期。

③ 刘成义主编：《重庆百科全书·历史分编·巴人伐楚围鄾》，重庆：重庆出版社，1999年。

邓州，江南到达沅、澧二水流域，当为巴国最为强盛之时[1]。楚肃王十年（公元前371年），巴、蜀二国联军取道巴族入川的老路，由长江转乌江，经郁水达清江，突破楚在清江上的防线，打出长江，很快攻占了楚国西边重镇兹方（今湖北松滋市），并威逼楚国都城郢。楚国遭到巴、蜀联军的突然袭击而丢失大片土地。楚军迅速调集优势武装力量，对巴、蜀联军开展反击，在兹方附近打败巴、蜀联军。巴、蜀联军被迫撤军。楚人遂将击败巴、蜀联军的地方命名为巴复村[2]。

巴人对渝东地区盐泉的占领使巴国逐渐强大起来，但同时也招来邻近楚、秦两国的垂慕，成为两国觊觎与争夺的目标。战国时，巴已北徙其国邑，疏于备楚。楚人乘隙而侵夺其盐泉。最先夺得者似为郁山盐泉。其道自宜都溯清江（夷水）之谷，至郁山。楚既有此大江以南之地，以其盐利，承巴旧时商销之域，推行商业，侵略南夷部落。遂建鬻邑，置令长，称为“商于之地”[3]。周之季世，巴国受楚威胁，在楚威王时（公元前339～前329年），巴国的活动中心枳和江州（今重庆）相继失守，楚封其庶子于濮江（川江为濮族所居，故称），号铜梁侯，枳亦为楚所得，巴人退守合江、阆中。“楚得枳而亡国”，“枳”（今涪陵区、南川区一带）为巴东（今川东）盐业枢纽之地，当为秦人所必争，争之不得，则不能不出于灭楚也。故楚祸至亡国[4]。

秦、楚川东之争始于秦灭蜀、巴，秦惠文王从司马错“蜀国殷富”“水通于楚”“得蜀则得楚，楚亡则天下并”之论，遂遣兵伐蜀。灭蜀后，“因贪巴苴之富”覆灭苴、巴都，统有其时巴、蜀之地。楚于枳邑守拒秦。周赧王元年（公元前314年），秦于阆中置巴郡领巴国地；楚则于巫溪盐泉南置巫郡，于枳邑南郁山盐泉处置黔中郡，以设守尉御秦。周赧王三年（公元前312年），秦攻楚汉中，取巫黔中之北障六百里，置汉中郡（治今陕西南郑县）；张仪于此时筑城江州，巴郡治移于此。周赧王七年（公元前308年），秦率巴、蜀众10万，浮江伐楚，取商于之地为黔中郡；随之，楚夺回黔中地。周赧王十八年（公元前297年），秦复攻楚黔中，拔之；同年，楚又夺回黔中地。楚拒守黔中盐区，两失而两复之，巫郡盐泉（即巫溪盐泉）仍固守之。

秦久攻巫黔中不下，于周赧王十八年（公元前297年），诈以约盟骗楚怀王入秦，“因留楚王，要以割巫、黔中之郡”。楚怀王怒不许，逃离未遂，猝死于秦。楚人更立顷襄王拒秦，秦竟不得巫黔中，乃与楚和亲，以图盐泉。至周赧王三十四年（公元前281年）仍不可得，乃复用军事强攻。《秦本纪》载：“昭襄王二十七年（公元前280年），攻楚取郢城（在荆州江陵县），截断楚国援救巫黔中的道路，楚乃迁都于陈（今

---

① 刘成义主编：《重庆百科全书·历史分编·巴蜀联军伐楚》，重庆：重庆出版社，1999年。

② 任乃强：《说盐》，《盐业史研究》1988年第1期。

③ 汤绪泽：《战国晚期秦楚川东之争》，《巫巴史迹探微》，呼和浩特：远方出版社，2003年。

④ 汤绪泽：《战国晚期秦楚川东之争》，《巫巴史迹探微》，呼和浩特：远方出版社，2003年。

河南淮阳）。三十年（公元前277年），伐楚，取巫郡及江南为黔中郡。三十一年（公元前276年），楚人反我江南。”连续五年五次大战役，最后一役楚仍夺回江南。据《楚世家》载：“顷襄王二十二年（公元前277年），秦复拔我巫、黔中郡”“二十三年（公元前276年），襄王乃收东地兵，得十余万，复取西秦所拔我江旁十五邑以为郡，拒秦”。形成反复而激烈的“拉锯战”。嗣后又稳定了二十多年。楚顷襄王三十六年（公元前269年）卒，考烈王立，始渐失川东地区，不能复与秦争。楚考烈王十年（公元前253年），楚都东徙巨阳；二十二年（公元前241年），更东徙寿春（今安徽寿县）“以就海盐”。考烈王二十五年（公元前238年）卒，哀王立，负刍五年（公元前223年），楚为秦灭[①]。

综上所述，从远古迄至秦初，为争夺渝东盐泉，所引发的战争可说是连续不断，而且异常激烈。远古时代的渝东盐业实际上是从战争的烽烟中滚打过来的。而巴国从兴到亡的历程，实际上就是一部争夺渝东盐泉的战争史。自秦统一中国后，大规模争夺渝东盐泉的战争虽然基本结束，但每当农民战争爆发，渝东盐业又首当其冲，直接受到重大影响。

三、战争对渝东盐业的影响

战争对渝东盐业的影响，好似一把双刃剑，它既破坏渝东盐业生产，又给渝东盐业带来发展机遇。从历史经验看，这种双重性也有一定规律的。一般说来，如战争发生在当地，渝东盐业即遭受惨重破坏。但当战争发生在省外，尤其发生在长江中下游时，渝东盐业则迎来发展机遇。

明朝末年，中国发生大规模的农民起义。其中由张献忠率领的一支农民起义军，从湖北转战到四川，称为大西军，先后三次进川。兵部尚书杨嗣昌，领“剿总督师”衔，佩尚方宝剑，率十万大军追击，并将行辕迁至重庆，准备在四川消灭起义军。明崇祯七年（1634年）二月，张献忠率部转战川东，由湖北房县、竹山县入大宁，攻大宁盐场后直趋县城，杀知县高日临。崇祯十二年（1639年）八月，起义军从鹿耳坡、高竹坪（今高竹乡一带），至汤家坝（今土城乡一带），大败明军，都师何明被杀。崇祯十三年（1640年）二月，起义军向四川西部进攻，五月回师攻入大宁[②]。八月，在夔东土地椏（今奉节县草堂区）大败明军，守将张应元落荒而逃，汪云风身首异处。崇祯十四年（1641年）正月，起义军进驻开县城东五里的黄陵坡，明军总兵猛如虎追剿而至。结

① 汤绪泽：《战国晚期秦楚川东之争》，《巫巴史迹探微》，呼和浩特：远方出版社，2003年。

② 汤绪泽主编：《巫溪县志》，成都：四川辞书出版社，1993年。

果，猛如虎惨败而逃。杨嗣昌的这支主力部队被张献忠全歼，明朝官军的围剿计划被粉碎，起义军的军威则大振[①]。崇祯十六年（1643年），起义军由大宁八角场攻入，五月以后，进入涪州长江北岸一带，攻破大小寨堡[②]；十二月，张献忠率大西军由湖南经尖北再次攻入四川，准备在四川建立政权。崇祯十七年（1644年），张献忠率军第三次入川，先攻破大宁县城，知县岳农坛投泮池而死。正月破夔门，二月攻万县，后因长江水涨，屯兵忠州葫芦坝。五月，四十万起义大军从忠州溯江西上，步兵行左岸，骑兵行右岸，水军由江中押粮，前后四十里。时四川巡抚陈士奇令部将赵荣贵守梁山（今梁平县），分守道刘龄长与涪陵知州冯良谟、参将曾英守涪州，扼乌江与长江要口。六月上旬，起义军逼梁山，赵荣贵望风披靡；八日，起义军从乌江东岸突破，攻下涪州城，追敌至望州关，伤曾英头部，曾英仰身落马，后只身逃脱，刘龄长等败退川南；十一日，起义军水陆两路起程，分进重庆和南川、綦江；十七日，起义军主力抵达重庆东大门铜锣峡，因明军有重兵把守，不易突破，张献忠遂命一部继续佯攻，以牵制守军，自己则率精锐步骑，从长江南岸经大兴场急驰江津，以迅雷不及掩耳之势攻下江津，夺取船只将骑兵渡过北岸，并令沿德感坝到重庆的大道，急驰佛图关前掩蔽待命，自己率部乘船东下，于十八日出其不意地在菜园坝登陆上岸，迅速插向佛图关与重庆城之间的通道，佛图关守敌仓皇弃关向城内溃逃，隐蔽在关前的起义军骑兵，乘机夺下佛图关，卡住了重庆西出的咽喉要道。起义军顺利过峡，将重庆团团围困。于六月二十二日攻下重庆城[③]。

在此期间，渝东各盐场的盐民为躲避战乱，纷纷弃井、弃灶逃亡。井灶锐减，几近倒闭。据《云阳县盐业志》和民国《云阳县志》载："明末清初，复因战乱，灶毁人逃，直到顺治中期，灶民渐归，恢复生产，产量极微。""崇祯甲申（1644年），张献忠入蜀后，姚、黄、余、李相继为乱，士民逃亡，乙巳（1665年）仅存灶户十二"[④]。逃亡潮迅速波及全省盐业，民国《四川盐政史》云："川省盐场始于秦代而盛于唐宋，明末清初复败于张献忠之乱，几致全毁，清之中叶乃逐渐兴复，降至清末于焉大盛，竟超历代而上之。"

这里值得注意的是，张献忠入川，还对四川盐业产生了另外一个影响，据民国时期《四川盐政史》载："川盐在明以前，井灶似皆国有，招募灶丁以煎之，其煎盐之多寡，应募之手续，必有规定，惜书史未能详载，无可考焉。自张献忠屠戮后，盐灶湮废，听民开办，遂为民产。其初尚无限制……"可见这场战争之后，盐业生产始由官办改为了民办。

综上所述，正由于这场农民战争发生在当地，渝东盐业所遭受到的破坏是十分惨重

① 刘成义主编：《重庆百科全书·历史分编·张献忠大战土地桠、黄陵城》，重庆：重庆出版社，1999年。

② 汤绪泽主编：《巫溪县志》，成都：四川辞书出版社，1993年。

③ 刘成义主编：《重庆百科全书·历史分编·张献忠大战土地桠、黄陵城》，重庆：重庆出版社，1999年。

④ 汤绪泽主编：《巫溪县志》，成都：四川辞书出版社，1993年。

的。但“败于张献忠之乱”一说显然不公，因破坏是由战争双方共同造成的，而责任应在引发战争的一方。历代的农民起义都是由官逼民反而引发，所以，破坏是由官府的强征暴敛致使民不聊生所致。曾发生在巫溪境内的一场起义军与官军的战斗情景，就更能说明这一问题。清嘉庆年间，在豫、鄂、川、陕、甘五省爆发的反抗清王朝的白莲教农民起义，曾在渝东的大宁、奉节、云阳、开县、达县一带活动。嘉庆元年（1796年），湖北白莲教起义军，由房县进入大宁一碗泉、乌龙溪等地，当地民众纷纷回应。朝廷十分惊恐，急派成都将军观成督兵到大宁镇压。但不可思议的是，在起义军累遭措败、损失惨重的情况下，民众却蜂拥加入义军，充分说明官府引起的民怨已激起了民众的极大义愤，起义之举乃民心所向。

如战争发生在省外，渝东盐业则会迎来发展机遇。最为典型的事例即是发生在清咸丰年间的太平天国起义战争。

由洪秀全、杨秀清领导的太平军（清史称洪、杨之乱），于咸丰元年（1851年）12月至咸丰三年（1853年）3月，先后攻占岳州、武汉、九江、安庆、南京、镇江等长江沿岸城市，并定都南京，改称天京。当太平军占领岳州至武汉、南京、镇江一线后，淮盐运楚的通道被阻断，民苦淡食。为解楚人淡食之苦，朝廷始议借销潞盐、粤盐、川盐以济楚。但潞盐、粤盐皆山高路远，远水不解近渴，而川鄂两省则山水相连，同饮一江水，且川在上，楚在下，川盐可顺流而下，运距又短，运输较为便捷，故专以川盐济之，遂大力发展川盐。是时，湖南亦以缺盐而请借销川盐以济之。这样，支援楚人和湘人吃盐的重担就落在了川人的肩上，这就给川盐带来了一次很大的发展机遇。渝东因位于川东门户，与湘、鄂西接壤，处在唇齿相依的位置上，故支援楚人吃盐，更是义不容辞、责无旁贷。鉴于此，原已受困多时的渝东盐业亦因川盐济楚而得到了大的发展。以云阳云安盐场为例，据民国《云阳县志》载：“咸丰初，川盐济楚，灶困略伸，每年产销二十余万（包）……（时尚有井三十五）煎锅二百零三口，每口日产盐三包半，计日产七百一十包，包重六十斤（按额定包斤分装二小包），一年计盐二十五万八千余包。”从前由于引岸范围缩小，该场每年销售引额仅为171 000多包，但自咸丰初年川盐济楚始，即增至每年产销258 000余包①。若按该厂装盐小包计算，食盐产销达1548万斤，折合约7740吨。较之从前，其食盐产销量亦增长了33.7%。这实际上给陷入困境的云安盐场注入了新的活力。及至清末，该场改一锅一灶为一灶四锅，每灶日产盐0.55吨，全场日产盐35吨，年产盐达12 250吨，达到了历史上的最好水平。

纵观历史，战争对渝东盐业的影响，既有弊亦有利，既有失也有得。但得失利弊权衡相较，损失和破坏是一时的、短暂的，而发展则是长久的。从历史的、长远的角度去观察，战争对促进盐业的发展和社会的进步，都起了不可低估的作用。

---

① （清）刘贞安总纂：《云阳县志》卷十《盐法》，民国二十六年刻本。

四、战争中的盐场和盐工

在古代战争中，渝东的一些盐场，因地处战略要地，加之特殊的地理环境和适于作战的盐灶结构，在古代战争中曾发挥过不可取代的重要作用。譬如，奉节白盐碛上的盐灶。白盐碛位于奉节县城东1000米的鱼复浦上，鱼复浦正对长江三峡之瞿塘峡口——夔门，夔门是长江三峡的门户，为进出三峡的必经之路，故鱼复浦就成了一道扼守水陆交通要道的重要关口，地理位置十分重要，乃兵家必争之地。加之这里盐灶的结构特殊，适于防御作战，灶膛内可置守兵，地沟里能设伏兵，又邻近水源，石弹充足，战斗功能十分完备。被人们称之为诸葛亮的八阵图，关于这些盐灶与八阵图的内在联系，笔者在《奉节鱼复浦上的八阵图与盐灶》一文中已作过专题探讨。但这里还需作一点补充：笔者在该篇中曾提到过四锅排灶，但未作具体介绍。当初因侧重于破解台灶在防御战斗中的作用，故只重点介绍了单锅台灶的结构。其实，白盐碛上建造的盐灶，都是这种四锅排灶。因为四锅排灶节省劳力和空间，又便于操作和管理，所以人们都愿建这种排灶。所谓四锅排灶，是指并列在一起的四台单锅灶，并非串联的四锅灶。并列排灶不用改变单锅台灶的结构和工艺，犹如四个人并排站成一组，彼此间既独立又相依，基本功能与单锅台灶是一样的，但群体功能却优于单锅台灶。从生产上讲，它节省劳力和空间，便于操作和管理。从军事上讲，它的组合功能更强，单灶好比是一个单兵，而排灶则是一个战斗小组，且排灶与八阵图的结构更相一致。史料中叙述的八阵图是："聚石为八行，行八聚，聚间相去二丈许，谓之八阵图。"光绪《奉节县志》上绘制的武侯阵图为长方形石堆，四锅排灶的形状恰与长方形石堆相吻合。从数量上看，八阵图当有64个长方形石堆，即有64座排灶，每排有四台单锅灶，计有单锅台灶256座。"阵图"篇中所引用的401锅是清末民国初的数据，此乃川盐历史上的鼎盛时期。至于白盐碛当时的生产规模，现已无从考证，但可以肯定的是，当时的生产规模必定小于清末民初。因此，200多口盐锅的规模也是较为合适的。

又如巫溪大宁河上的古栈道，也曾在古代战争中发挥过很重要的作用。在大宁河沿岸的峭崖绝壁上，能看到许多方形古栈道石孔，其数量之多，规模之大，为之罕见。古栈道起始于千年盐业古镇——宁厂镇（旧时称大宁场）。宁厂古镇位于巫溪县城北15千米处的大宁河支流后溪河下游，距大宁河不到2000米，白鹿盐泉就在北岸的宝源山麓。石孔源头自白鹿盐泉，顺后溪河往东2000米与大宁河汇合，然后沿大宁河一路南下、一路北上，分为南北两段。南北两段差异很大。经考查认定，南下段为输卤栈道，北上段为运盐栈道。有关的具体情况，笔者与任桂园合写的《宁河古栈道遗址新探》一文中，已有详细论述。与本文有关的是北上段的运盐栈道，需要重复提及："北上段从宁厂古镇沿大宁河北上，转西溪河及主要支流东溪河而西进，至湖北竹溪县羊角洞、陕西镇平县大河乡母猪洞和小榆河、重庆城口县东安乡亢河一带，栈道连接山路，纵横交错，不下千里，形成了一个庞大的栈道网。”[①]巫溪县本是渝东最边远、最偏僻的地区之一，远离交通要道，与陕西、湖北接壤，境内重峦叠嶂，山高峡深，峡谷纵横，溪深湍急，且多悬崖绝壁，乃三省交界、三不管的地方，是当权者统治力量最薄弱的地区，又是最疏于防备的地方。故兵家常利用这样的地方做藏兵、设伏、诱敌或隐蔽接敌之地。但交通不便、行路艰难是军事行动的最大障碍，而宁河北上段的运盐栈道就正好解决了这一难题。我们说它是运盐栈道，是就修建时的主要目的和主要功能而言，它既然能运盐，就能走人和过兵。所以，它的军事价值仍不容低估。正是这条运盐古栈道，拓开了通往湖北竹山、竹溪，陕西镇平、岚皋，城口至川北的各条通道。利用这条通道，可从三峡地区直出中原、西北和川北，或从中原和西北直入川东、鄂西和湘西，有极其重要的军事利用价值。当年张献忠率农民起义军入川，走的就是这条通道。明崇祯七年（1634年），起义军就是由湖北房县、竹山县入大宁，攻大宁盐厂场后直趋县城，杀知县高日临的。后又数次进出大宁，说明张献忠利用这条通道可进退自如，充分显示了这条通道的军用价值。此外，清代中期白莲教起义军从湖北房县进入四川，也是走这条通道进入大宁—碗泉、乌龙溪的。不过，需要说明的是，因古栈道的时间久远，张献忠等率军所走的路线，并非昔日的原样古栈道。但这条通道是在原运盐古栈道的基础上逐步拓展、完善起来的，是运盐栈道时空上的延续。所以，它的军用价值仍源于运盐古栈道。

据史料记载，渝东地区先后发生过20余起农民起义，其中不乏盐工参加的武装起义。盐工参加武装起义，是对农民起义军的有力地支持，进一步推动了农民起义运动的发展。明正德初年，因朝廷榨取盐课数额与日俱增，盐场灶夫、工人的负担日益加重，盐工苦不聊生，民众积怨甚深。正德三年（1508年），湖广生员崔蓬头，施州卫军人张瑞、王虎等率暴动群众80多人抵达大宁，大宁盐场灶夫鄢本恕、廖惠、喻思俸与崔蓬头等联合，揭竿而起，千余名盐工立即回应。正德四年（1509年），攻入大昌（今巫山县境内），随后回攻大宁县（今巫溪县）城。战斗中，崔蓬头被俘，被大宁知县李睦斩杀。鄢本恕、廖惠率义军转移到陕西五溪镇，遇商人蓝廷瑞参加义军，同走汉中，致使起义军汇集成一支由农工商组成的武装力量。义军迅速发展至10万之众，推蓝廷瑞为主，竖“贫王天子”旗。蓝廷瑞自称顺天王，鄢本恕自称刮地王，廖惠自称扫地王，下设四十八总管，十八总旗，建立了军队组织[②]。然后沿汉水东下，在郧阳一带活动。正德五年（1510年），义军自郧阳攻入夔州（今奉节县）境内，随后义军转移进攻通江、

① 汤绪泽主编：《巫溪县志》，成都：四川辞书出版社，1993年。

② 汤绪泽主编：《巫溪县志》，成都：四川辞书出版社，1993年。

巴县等地，杀死参议黄瓒，后因遭受挫折而退入西乡山中。正德六年（1511年）四月，川南爆发了曹甫、方四起义，鄢本恕、蓝廷瑞等利用川北防务空虚的机会，再次进入大宁（守军将领向孔洙在此战中坠城而死）、竹山、通江、巴州等地。攻破营山，杀死了四川按察司佥事王源。四月，湖广永顺土司彭世麟率领士兵在陕西石泉县把义军包围，招降蓝廷瑞。六月十六日，彭设宴招抚，却暗中设伏，蓝廷瑞、鄢本恕二人赴宴中计就擒，被明军总制，川、陕、湖广军务洪钟“凌迟处死”。正德八年（1512年），廖惠战死剑州。

这次盐工起义进一步推动了当时的农民起义，很快就形成了全国性农民起义的高潮，沉重打击了明王朝的封建统治势力，促使明朝统治者在起义后，采取了一系列缓和阶级矛盾的措施。在盐业方面，加强了盐法的整治，采取了减轻盐课，放开小井，放松限制，准许灶户贩卖余盐等有利于盐业发展的措施，推动了川盐的发展，在中国农民战争史上留下了光辉的一页，具有深远的历史意义[①]。

以上事例充分说明，渝东的盐场和盐工，在古代战争中都曾发挥过重要作用。

五、结　　语

纵观古代战争与渝东盐业，除少数战争对渝东盐业产生破坏作用外，多数战争都对渝东盐业和社会进步有促进作用。综合起来有以下几点：第一，盐泉之战促进了民族的大融合，为中华民族的形成起有催生剂的作用；第二，渝东盐业在战争中成长，古代战争为渝东盐业的发展提供了机遇；第三，盐工起义迫使统治当局让步，以实行宽松的盐业政策，有利于渝东盐业的进一步发展；第四，盐场的特殊位置、特殊环境和盐灶的特殊结构，曾在古代战争中发挥过极其重要的作用。盐场成为古代战争不可分割的重要场所，可谓特殊战场。

本文的成稿得到了三峡学院任桂园教授的热忱支持和帮助，特此表示衷心感谢!

2006年2月于万州

① 唐光沛：《明正德年间四川大宁灶夫领导的起义》，《四川井盐史论丛》，成都：四川省社会科学院出版社，1985年。

在民族民主革命斗争中的渝东盐区儿女

摘要： 盐业是劳动力最密集的行业，盐场是产业工人最集中的地方，亦是商贸繁华和流动人员频顾的地区。故盐区的人口集中、经济发达。但盐区工人却生活在社会最底层，承受着双重压迫，具有坚定的革命立场，是革命的中坚力量。在中国的民族民主革命斗争中，曾以英勇顽强、不怕牺牲的大无畏革命精神，进行过不屈不挠的斗争，为中国民族民主革命的胜利做出过不可磨灭的贡献。

关键词： 民族革命　民主革命　盐区儿女

中华人民共和国建立以前，我国工业十分落后，尤其是内地的广大山区，几乎只有一些作坊式的手工业依附于农业，基本上停留在农业经济时代。而盐业则恰好是劳动力最密集的行业，盐场是产业工人最集中的地方，这里商贸繁华、流动人员频顾，场区成为经济发达的工业重镇。因此，盐场除产业工人集中外，还具有交流频繁、成员复杂、消息灵通、经济发达等特点，是各派政治力量相互较量的场所。盐工成为他们争夺的目标和对象，如白莲教、红帮、青帮等组织，都曾在各盐场发展过成员。盐区工人生活在社会的最底层，长期遭受封建统治阶级和资本家的剥削与压迫，反封建、反压迫是盐区工人的根本利益之所在。因此，盐区工人具有坚定的革命立场，并有不怕艰苦、不怕牺牲的大无畏革命精神，成为革命的中坚力量。

渝东盐业工人和盐区儿女的革命斗争，因其地理环境、历史沿革、行政区划等原因，斗争分别在渝东南、渝东、渝东北三个片区进行。其中，渝东北片区只有城口县的明通盐场，地处边远山区，远离中心城市，且规模很小，年产盐只有一两百吨，不宜作单独介绍。

一、渝东南片区的革命斗争

渝东南片区的忠县、垫江、丰都、武隆、南川、彭水、石柱等县都曾产过盐。但盐泉分布零散，生产规模很小，且时开时停。至民国时期，只有彭水县的郁山盐场尚在正常生产，年产盐仅1000多吨。忠县盐场早已进入衰竭期，大量盐工已向云阳转移，剩下的井灶年产不过几百吨盐。武隆县的盐井峡，位于乌江岸边，冬季水退，盐泉露出水面后，由附近乡民临时搭篷建灶，自煎自食，产量不足10吨，形不成产业。因此，渝东南盐工没有数量优势，担负不起领导和组织民众的重任，只能将自己融入当地民众之中。涪陵地区早在1876年5月就爆发了一场反洋教的斗争，当时清溪场洋教徒张万银，因出售假药与当地民众发生冲突，事后教徒们依仗洋人的撑腰，在当地寻衅闹事，引起民众的义愤，纷纷起来反抗，愤怒地拆毁教堂，追打教徒。6月22日，民众吴玉、吴相等枪杀教徒吴廷望等3人于长江边，极大地鼓舞了四周的民众。一场更大规模的反洋教斗争迅速在全区展开，各地民众纷纷起来拆毁教堂，驱逐洋教徒，并枪杀罪大恶极者。至10月达到高潮，反洋教斗争取得胜利，沉重地打击了洋人和洋奴们的嚣张气焰。1905年，同盟会在涪州酝酿武装起义，1907开始作起义准备，1911年四川兴起保路运动，时涪州保路协会会员已发展至3000余人。9～10月，先后在长寿、涪州发动起义，推翻了清王朝在当地的封建统治，建立起军政府和州议会。1915年，刘伯承、康云成在涪州组织起一支1000余人的讨袁起义军，与袁军激战于长寿和丰都。1923年9月5日，日本日清汽船株式会社的“宜阳丸”“云阳丸”两艘商船替吴佩孚、曹锟运载枪弹上重庆，停泊在涪州城东10千米的长江南岸黄鹄嘴。贺龙、汤子模等得知消息后，率黔军200多人，化装上船，截获“宜阳丸”，将船上130万发子弹和物资全部搬上岸，并拆下船上主机，扣押吴佩孚的军械处长张运玑（介一）等人和两个日本商人。随后汤子模以川东边防军前敌副总指挥的名义，向外发布快邮代电，声讨日本日清汽船株式会社“不顾国际公约，运载军火，助长内乱”的行径。日方不仅极力否认“助长内乱”的事实，反倒威胁汤子模等人，但汤子模等并不买账。直至1925年，日方不再傲视中国人，并赔偿损失10万元之后，两个日本商人方才被释放①。

渝东南的盐工，主要集中在彭水县的郁山镇，郁山盐场虽是一个不足轻重的小盐场，但将盐业工人与当地平民百姓和附近农民紧密地结合在一起，积极参与和支持当地的革命斗争，推动当地革命斗争的发展，成为一支不可小看的重要力量。

1927年夏，驻涪陵的国民革命军二十军军长郭汝栋，派特遣司令杨天信、旅长廖海涛驻防彭水，通令彭水县政府筹集20万元大洋（银圆）的军费。县知事沈昭沂将军费强行分摊到各区乡。驻彭水的黔军师长穆瀛洲也在郁山镇下令筹集鸦片款40万吊铜圆。当时，彭水人口不到20万，平均每人负担大洋1元以上，广大民众不堪其苦。共产党员彭济民以国民党彭水县农民部长的身份，联合县党部及社会贤达数人，成立“彭水抗捐同盟会”，发动学生罢课、商人罢市，抵抗派捐派款。在共产党员彭济民、刘伯容、龚

① 蒲国树主编：《涪陵市志》，成都：四川人民出版社，1995年。

贯之等人的组织发动下，茶园（今靛水乡）、下岩西、长滩、岩东、汉葭等乡镇的农民6000余人进城集会，游行抗议。彭济民在集会上公开宣传三民主义，传播马克思主义思想。示威群众高举“抗捐抗款”的横幅，高喊“打倒军阀”“打倒贪官污吏”“反对苛捐杂税”“誓死抗捐”等口号。县内大小军阀头目不敢出面干涉。同一天，郁山盐场的工人也在共产党员陈知宇等人的组织下，密切配合、支援全县农民的抗捐行动，全力投入到这一斗争之中，与当地的煤厂工人、街道居民、上八乡农民等结合在一起，举行集会，游行示威。慑于彭水人民的强大威力，川、黔驻彭军阀不得不让步，县政府只得下令停止派捐。此后，凡官府派捐追款，都要受到民众的抵制和反抗，保甲长派捐催款常遭农民责骂，甚至痛打。

民国时期，彭水有熊寿征等人组成的“八人团”危害百姓，无恶不作。而郁山镇亦有“五虎一豹”之害。五虎是曾氏绍阶、葆初、博之、贯一、述之五兄弟。一豹是绍阶之子伯涵。他们坏事做绝，引起极大民愤。在共产党员彭济民的领导下，彭水、郁山人民与“八人团”和“五虎一豹”展开了殊死的斗争。在这场斗争中，彭首先利用农民部长的合法身份，从熊的手中夺过税收大权，将每头猪的“肉厘”由大洋1.2元降至0.4元，又将粮食的“斗息”由10%降为4%，保护了农民的利益，斗争取得初步胜利。接着又创办《连珠炮》刊物，揭露“八人团”的暴行。时“八人团”之一的罗汝觉无辜打死家中佣人，对死者的亲人又不予理睬。《连珠炮》就专版揭露和声讨，并组织城北女中的学生，冲到罗的家中抗议。此举轰动了全城，在强大舆论的压力下，罗只得厚葬死者、抚恤家属。与此同时，郁山镇亦印发了《曾氏五虎宣言》，与“五虎一豹”开展斗争，密切配合打击“八人团”的斗争。“八人团”等十分惊恐，视彭汝觉为眼中钉，熊寿征便指使亲信暗杀彭汝觉，未果，熊寿征反被中共特支除掉。熊寿征死后，另七人以重金和鸦片贿赂官府及驻军团长，将彭汝觉逮捕杀害。为铲除“八人团”的后台——官府和驻军，特支决定组织力量，趁城内黔军力量薄弱之机，于某日下午6时，向黔军发动攻击，消灭黔军两个排，缴枪30余支，子弹数千发，打死黔军5人，活捉数十人。接着攻打县政府，知事逃窜。随后，在走马、普子坝的小股黔军部队也被打败，黔军驻郁山镇的一个营闻风而逃。此举取得重大胜利，沉重地打击了“八人团”的嚣张气焰①。

二、渝东片区的革命斗争

渝东片区的产盐县有云阳、巫溪、开县、万县、奉节等。与渝东南片区的情形相反，这里是川东盐的主产区，生产规模较大，产业工人相对集中，是工人运动频发的地

① 蔡盛炽主编：《彭水县志》，成都：四川人民出版社，1997年。

方。在这里，产业工人居其主导地位，斗争亦以云阳云安和几个盐场的所在地为中心，盐区工人是这里革命斗争的主力军。

中国共产党历来十分重视和支持盐工的革命热忱。为组织、领导盐工开展革命斗争，云阳盐厂所在地——云安镇的党组织，早在1938年就于镇上建立了5个党支部，其中两个就建在盐场工人和盐工子弟校之中，直接领导盐工工运，并在盐工中发展党员。1940年成立中国共产党云安区委，1944年，万县中心县委在云安成立特支，1947年4月，在云安成立中国共产党汤溪特别支部，11月彭咏梧、江竹筠到云阳开展武装斗争，改特支为工委。至解放时，云安这么一个小镇，公开登记的共产党员竟有121名，占到全县党员的半数之多[①]，其中多数是盐业工人和与盐有关的其他成员，说明盐工已成为这支革命队伍的主体。

1935年，在中国共产党的领导下，云阳爆发了一场工农武装起义。云阳地处下川东，西接万县，东连奉节，北邻开县，南临鄂西利川，倚七耀山脉。与川、陕、鄂毗邻的广大山区浑然一体，万里长江横贯其中，顺流可达武汉、上海，上行可达重庆。如在此地开展武装斗争，则可与湘鄂、川陕革命根据地连成一片。时云阳一批爱国学子赵唯、谭林、陶阊等，在上海、南京读书时加入了中国共产党。1932年，赵唯奉党组织的指示，由上海回到家乡开展武装斗争。此前，云阳广大的农民、盐工、煤工、船工等，在反动统治者的残酷压榨和兵匪的为害下，被置于水深火热之中，曾向地主、资本家和反动官府进行过无数次顽强的反抗。1933年10月，鉴于红二、红四方面军的前锋部队，有截断长江，在川东会师的态势。上海军委又决定派谭林等人，立即回到川东，抓住有利时机，广泛发动群众，在川军和民团中，积极开展兵运和策反工作，动员一切可以动员的力量，在敌人后方组织武装起义，给红二、红四方面军的会师创造有利条件。后来，因形势发生变化，中央改变了红二、红四方面军在川东会师的计划。面对新的形势，在谭林、赵唯、陶阊等人的精心策划下，于1935年1月19日在云阳县城发动了震动全川的工农武装起义。这次起义虽因走漏风声而失败，但却给当局的反动统治者以沉重打击，当局头目马仲云在给省“剿共总司令”刘湘的报告中称：“晚八时（19日），城外匪分道奔至，即蜂涌入会，约三十余人胸系白绳，以连枪、冲锋枪四面密射，共毙队丁五名”“……查此中主要共党，皆系公务人员，各有相当地位，尚且如此，其余平民，贫苦不识又将如何？念有复杂人心，几有令人防不胜防之虑”[②]。

起义失败后，敌人进行了疯狂的镇压。但在白色恐怖之下，各种形式的斗争仍不间断地进行着。据中国共产党云安地下党员刘云程回忆：“在党组织的领导下，我们在云

① 《云安镇志》，内部资料。

② 赵唯等：《一九三五年云阳工农武装起义》，云阳党史资料，1983年。

安盐场广泛团结工人，组织罢工斗争，于1938年建立了‘云安盐场井灶产业工会’。从此，工运发展很快，取得了一系列的胜利。抗战时期，国统区物价飞涨，工人生活十分艰难，工会就领导工人搞罢工斗争，要求增加工资。有时一个月就要搞几次罢工，一次罢工有三天、五天不等，最长的七天，不达目的不收兵，这类罢工年年都有，合计不下数十次斗争。迫使资本家不得不做出让步。与此同时，云安党组织还领导工人群众开展‘抗丁’‘抗粮’运动。”“国民党当局为了补充兵源、粮源，强拉壮丁充当炮灰，把粮运出川去打内战，使米价飞涨，群众生活更加困难。我们就发动数百名工人、群众，在工人积极分子汤友金等人的带领下，聚集在汤溪河两岸打米船。1945年，一次由江口等地运来数船军粮，早已聚集在沿河两岸的群众，吼声如雷，喊打米船。有的人跃上米船，国民党押船武装举起手枪，被盐工何文根一手把枪夺了过来，其他伪兵就不敢动了。镇公所、保厂队前来镇压，抓走工人代表汤友金，我们工人就罢工，结果，国民党政府把人放了，还赔了汤的损失。为更有效的组织斗争，我们还发动云安的工人、家属和群众，在弋家河、大码头、卖人街先后多次夺走了从伪盐渠、南溪乡公所抓送的壮丁。在广大群众的掩护下，家属们有的拉着壮丁，有的用剪刀将捆绑壮丁的绳子剪断。有的拖着乡丁，掩护壮丁转移，壮丁一跑，群众就上去把乡丁围住，壮丁跑进小巷或盐灶灶房，群众和盐工们就帮助他们安全逃走。乡丁们眼睁睁地看着壮丁被截走，却无可奈何”①。

上述打粮船、截壮丁之事，笔者儿时曾耳闻目睹。据笔者所知，两者的成功，除工人的革命精神和民众的齐心协力外，还有赖于云安盐场的特殊环境。打粮船发生在水路，截壮丁则发生在陆路。先来看水路：云安盐场位于长江北岸支流汤溪河下游，距云阳县城15千米。这里的河流之所以称为“溪河”，是因为它既是溪又是河。这是山区河流的一大特色，常言道“易涨易落山溪水”，当雨季来临，山洪暴发时，河水猛涨，波涛起伏，汹涌澎湃，它是河；到了冬季，水退之后犹如溪沟，它又是溪，故称“溪河”，如汤溪河、澎溪河、苎溪河、梅溪河、竹溪河等。汤溪河由西北至东南，流经云安至县城汇入长江。河水流入云安之前，先来到滴翠寺，此处河床平缓，水流平静、缓慢。往下，河床突然下迭，并转变方向，先转向南，再向东转，形成一个半圆弧。弧形外侧是一道长堤，长约800米至石嘴，再往下流速变缓，形成回水沱，为木船装卸码头。弧形内侧是一片碛石滩，冬季河面只有十余米宽。在这800米长的河段内，站在南岸堤上可居高临下，北岸碛石滩上的鹅卵石应有尽有，河面狭窄，可形成南北夹击之势，是袭击船只的理想场所。打粮船的成功，正是盐工巧妙利用这一特殊环境的佳作。接下来再看陆路：云安盐场的井灶均分布在场镇的中心区域，汤溪河上游各场镇通往县

① 刘云程：《回忆云安革命斗争的一些情况》，云阳党史资料，1983年。

城的主干道穿场而过，其中经过生产区由大码头至高码头的一段叫“卖人街”，它是无业人员来场出卖劳力的市场，故曰“卖人街”。此处街道十分狭窄，但却市场繁华，人潮拥挤。因为在这狭窄的街道里，既有劳动力交易，也有商品交易，场区工人还要来回搬运物料，故人流如织，摩肩接踵。街道两旁皆是井灶，井灶依地而建，其间的小巷密如蛛网，且杂乱无章，外人闯入，犹入迷宫。盐工和家属选择在这里截持壮丁，实乃天人合一之所在。对熟悉地形的人来说，只要出其不意地将人截到巷内，然后几个折转，便消失得无影无踪。况且这里人流涌动、加之有群众协助拦截、掩护和转移。真可谓天时、地利、人和样样俱全，是设伏救人的最佳场所。

1947年11月，中共重庆市委委员、川东临时工委委员兼下川东地委副书记彭咏梧（《红岩》中的彭松涛，云阳人），与爱人江竹筠（《红岩》中的江姐，自贡人）一同来到云阳，与云安地下党组织接上头后，在云安作坊沟刘子俊家召开会议，策划组织武装力量和开展武装斗争问题。随后去农坝乡成立“川东民主联军下川东纵队”（后改为川东游击纵队），赵唯任司令、彭咏梧任政委，下辖巴北、七南、奉大巫三个支队。其中，巴北支队由赵唯兼司令员，李汝为任政委，在云阳、开县一带开展斗争。七南支队由刘孟伉任司令员兼政委，在江南七耀山区开展斗争。奉大巫支队由陈太侯任司令员，彭咏梧兼政委，在奉节、大宁（巫溪）、巫山开展斗争。12月15日晚，彭咏梧在奉节县昙花乡召开奉大巫支队成立大会，决定次年1月8日在云阳云安盐场和巫溪大宁盐场同时起义，夺取两场税警队的枪支，以壮大游击队伍，开辟奉、大、巫游击根据地。但因事机不密，两地当局加强了防范，于是，彭咏梧当机立断，改为攻袭云阳商业重镇南溪和巫溪西宁乡公所。遂兵分两路，一路由卢光特、王庸带领，于1月7日拂晓攻打西宁乡公所获胜，缴获武器27件，没收地主土布300多匹。1月9日，彭咏梧率另一路攻打南溪镇。攻下8个粮铺，击溃保安分队，击毙原乡长、乡丁各1人，打伤3人，俘虏新任乡长，保安分队长、事务员各1人。缴获机枪1挺，步枪73支，手枪7支，子弹6箱，手榴弹2000枚，布匹12挑等若干物资。12日，两路人马在铜钱垭会合后，又击溃了进剿的奉节保安队。此次攻袭取得重大胜利，使当局闻风心惊胆寒。国民党九区治安司令李鸿涛急忙调集云阳、奉节保安中队与国民党军五八一团1个营，直扑奉节昙花、青莲一带，对游击队实行南北夹击。为摆脱敌人的追剿，彭咏梧将支队编成两个大队，分两路转移，一大队由彭咏梧带领，于1月15日转移到鞍子山暗洞包，16日在黑沟埫暂停就餐时，不意被人告密，突遭五八一团1个连的包围。彭咏梧为掩护队员突围而壮烈牺牲[①]。卢光特带领二大队在向云阳转移途中，先后在尖山坝、大垭神堂、大咸池被围，失去与巴北支队会合的机会，突出重围后于2月17日向巫溪红池坝转移，当游击队来到巫溪、城口

① 贾聚星主编：《云阳县志》，成都：四川人民出版社，1999年。

边界的扎鹿盘、菜子坝、朱家湾，准备出陕南与解放军部队会合时，不料三次遭到伏击，队伍只好分散活动。后于1949年11月重新组建，继续坚持斗争。

七南支队则远征江南，先后在云阳、奉节、湖北恩施一带开展斗争，于1948年12月9日袭击云阳云龙乡公所，缴获手枪2支，长枪30支，子弹数千发，手榴弹70多枚，获释壮丁20多名。1949年2月22日，袭击湖北恩施板桥场乡公所，缴获短枪4支，长枪80多支，并处决罪大恶极的乡长田西明。3月19日，在安坪一战中缴获长枪32支，短枪4支，手榴弹300多枚，子弹1万发，电话机10门，总机1部，银圆8000元，还打开粮仓分粮给农民。随后在落水洞、范家沟、沙子岭、小白岩等处与敌人展开了艰苦的反围剿斗争，于4月10日北渡长江，与巴北支队在云阳盐渠汇合。6月，一部分分散在江南的游击队员重新集结，组建成一支100多人的队伍，继续坚持斗争。10月下旬，安坪游击队粉碎了国民党一二七军某部的围剿，并活捉敌兵3人，缴枪2支。在解放军大军压境之时，吐祥游击队于11月中旬巧妙处决中统特务站长毛芳谷和反动保长陈丙恒。促使敌七曜山指挥官廖作为率3个连的兵力起义投诚。12月1日又在安坪拦截住敌清剿指挥部偷运的两船物资；2日向在尖峰山企图顽抗的新民乡乡长余明安发动政治攻势，使其带领40多名乡丁缴械投降①。

巴北支队于1948年1月16日，在云阳首战鹿子坪告捷，不费一枪一弹，缴了团总伍醉星的械，缴获短枪2支，长枪20余支。30日夜袭云、开、巫三县交界处的河堰口，拔掉了敌人的碉堡，缴获40余支长枪和一批弹药，俘敌40余人，打通了云阳至开县的游击通道。节节胜利使国民党当局惊恐万分，西南军政长官公署急令驻军五八一团和云、奉、大（宁）、巫四县保安队，以及云阳地方当局的“民众自卫中队”一起压向农坝，企图围歼巴北支队。巴北支队则利用山地与敌人巧妙周旋，2月27日激战于路阳山，不仅突破了敌人的包围圈，反以只轻伤一人的代价，取得毙、伤敌人多名的胜利，队长陈恒之即兴作《古怪歌》一首：“往年古怪少，今年古怪多，别人在过年，我们打仗火。两面一夹攻，敌人滚下坡。打得敌人哭爹娘，游击队员个个乐呀乐哈哈（呵呵）。”1949年4月15日，巴北、七南支队部分队员和开县地下党组织的突击队，一起攻打开县盐业重镇温泉镇，此战虽未达到预期目的，但仍取得了打死打伤30多名敌人，俘敌16人，缴获长短枪15支，子弹2000余发的胜利②。之后与敌人展开了艰苦的反围剿斗争。到夏秋之际，根据情况的改变，巴北支队按照上级指示，停止武装斗争，接受了“配合接管，迎接解放”的新任务。

至1949年12月初，在短短两年的时间里，川东游击纵队已发展到1870人，共进行大

① 刘方陶总编：《奉节县志》，成都：方志出版社，1995年。

② 赵唯等：《艰苦奋斗 威震巴山》，云阳党史资料，1983年。

小战斗70多次，打死打伤敌人50多名，俘敌近2000人，缴获机枪10多挺，长短枪2000多支，子弹10万余发，手榴弹近1000枚，炸药15箱，另有大批军需物资。川东游击纵队的军事斗争，沉重打击了国民党的反动统治，彻底动摇了反动政权的地方根基，使敌人十分惊恐，不得不调集重兵进行围剿。10多万国民党正规军和保安部队被游击队所牵制，有力地配合了解放军的正面战场作战，为巫山、奉节、云阳、万县、忠县等县的和平解放做出了重要贡献①。

三、盐区儿女的杰出代表

前面曾谈到，盐场既是产业工人最集中的地方，又是重要的商贸中心，是人口集中、市场繁荣、经济发达的地区。因此，盐场具有交流频繁、成员复杂、消息灵通、经济发达等特点。成为各派政治力量关注与渗透，且相互交量的场所，因此而成为人才汇聚、藏龙卧虎的地方，可谓地灵人杰之乡。这样的环境必然会造就出大批优秀人才，成为盐区儿女的杰出代表。

云阳县的刘孟伉，就是一位在这片热土中锤炼、成长起来的川中著名革命战士和学者，而且是享有盛名的书法家、诗人和篆刻家。刘孟伉（1894～1969年）名贞健，号艺叟（后改吃叟），生于1894年，云阳县人，自幼颖悟强记，从11岁开始，就学作经义、策论、古今体诗等。1921年出任万县省立第四师范国文教师，同时兼任四川陆军第二混成旅旅部书记，与时任该旅第一团团长的刘伯承相识。1923年四川内战又起，刘孟伉遂辞去教职和军籍去北京。他的书法、篆刻艺术受到在京川人赞誉，但却没有施展才能的机会，旋即回川，去开县中学任教。此时，他的诗歌充分表现了对黑暗现实的不满，以及对劳动人民的同情。他在《蜀魄》中写道：“蜀魄何冤强自申，终朝啼尽又宵分，何如当代蜀民苦，缄口于今未敢言。”他的《王绪福》一诗更将峡江人民饥寒交迫的疾苦描述得淋漓尽致：“峡边草屋王绪福，拨土力耕食未足。妻正啼饥儿索乳，忍饥仍向床头哺。我来正遇峡风急，屋随风去空峡壁。床头唯见破灶出，灶边犹存掌大席。是时风过雨如悬，我须急去君何全？君呼此际绝可怜。为言不愁难为生，但恐明朝抓壮丁。”1925年他去重庆，任郭汝栋部秘书。其间，他阅读了孙中山的著作，又受刘伯承的影响，便萌发了民主革命思想。1927年1月，刘伯承单骑赴泸州领导泸顺起义，刘孟伉是此次起义的主要政工人员之一，两人生活战斗在一起，并结下深厚的革命友谊。刘孟伉于此时加入中国共产党。后来，他在《七绝》诗中写道：“泸役归来岁几霜，当时妙友忆联床。自从独与北城（即伯承）别，直到如今气不昌。”1933年刘孟伉举家迁到

① 刘成义主编：《重庆百科全书·历史分编·近代史》，重庆：重庆出版社，1999年。

万县市定居。此时，诗人笔下的万县是："万户沈沈此醉歌，万人空港一人那。山河破碎成何许，曼衍鱼龙百戏多。"1935年云阳县工农武装起义失败，领导人之一的陶闿化装到刘孟伉家隐蔽。三天后，刘孟伉冒着生命危险亲自送陶闿离开万县赴上海向党组织汇报云阳起义情况。1938年4月，刘孟伉担任万县特支、万县县委、万县中心县委委员，先后做过党的宣传、组织和统战工作。时四川省主席兼二十一军军长刘湘的心腹肖中鼎，出任第九行政区保安副司令，掌握地方武装。刘孟伉利用肖喜欢舞文弄墨，慕名到家拜访，接触较多的机会，向肖中鼎灌输党的抗日主张，肖中鼎在刘孟伉的影响下，逐步倾向革命，后经刘孟伉介绍，参加了中国共产党。肖中鼎入党后利用职务之便，先后为去延安的40多名进步青年开通行证，同时，为派往下川东工作的同志安排落脚点。1939年2月，刘孟伉出任国华中学副董事长，刘孟伉便利用这个身份秘密为党培养干部。不久，引起当局注意，6月国华中学被查封，刘孟伉受到通缉，被迫先去重庆，后转入云阳乡下隐蔽。1941年10月，刘孟伉在病中接到三弟黎城从前线寄来的书信后感言道："萧萧木叶下枫林，愁对药炉感易深。书上乍逢阿弟面，病中恰慰老兄心。前方抗战原吾意，万里立功让汝能。遥想太行山近处，几番狂寇被生擒。"1947年6月，刘孟伉与中共重庆市委负责人之一的彭咏梧取得联系后，被派回家乡发动群众、组织武装。次年初秋，他在云阳南岸七曜山区组织武装力量，开展武装斗争。后中国共产党领导的"下川东游击纵队"成立，刘孟伉在云阳、奉节南岸组成七南支队，任司令员兼政委，同时还担任中国共产党云、奉地区区委书记。从此，刘孟伉在川、鄂边界的七曜山区打游击，取得多次胜利，直到中华人民共和国成立。1952年后，他历任四川省政府文教委员会委员，四川省人民委员会文史研究馆首任馆长，第一、二届省人民代表，政协四川省第一、二、三届委员会常务委员等职。这期间，他潜心于文史、艺术的研究和写作，成就卓著。组织馆员创作出大量诗词、书法、篆刻、绘画等艺术作品，收集整理大量文史资料。其间，他主编的《杜甫年谱》出版，受到海内外学者的重视。刘孟伉于1969年2月6日不幸逝世，享年75岁，1989年遗骨归葬于万县市太白岩"呓叟石屋"。余中九用"印诗书三绝，文武艺一家"的题联，概括了刘孟伉一生的成就①。

巫溪县的廖迪生，也许是一位名不见经传的小人物，亦无惊天动地之举，但他却默默无闻地坚守在秘密工作岗位上，圆满地完成了党交给他的各项任务。他的业绩鲜为人知，其用作掩护的公开身份亦受到误解，1952年被当作政治历史问题而判有期徒刑15年，但他襟怀坦荡，坚信冤屈终会得到澄清。1982年他的冤案终于得到纠正。平反后他在有限的余年里，仍为扩大党的爱国统一战线而积极工作，直到1987年11月9日病逝。这种默默无闻、忍辱负重的精神，正是本文选择他为优秀代表的主要缘由。廖迪生1913

---

① 贾聚星主编：《云阳县志》，成都：四川人民出版社，1999年。

年出生在巫溪盐场所在地——大宁县宁厂镇，毕业于夔州联立中学，他勤奋好学，思想活跃，向往革命。1937年抗日战争暴发，他在凤凰小学组织学生宣传队，演爱国剧，唱救亡歌。在宁厂镇开办“启宁”书店，发行进步书刊，创办刊物《谷音》，传播爱国主义思想，激励人民群众奋起抗日救亡。1939年8月，廖迪生任白赶小学校长，在县城由中国共产党共万县中心县委委员李英才介绍加入中国共产党，随后他打入敌人心脏，1942年3月，他积极支持并参与大宁盐场劳资双方要求国民党政府提高食盐出厂价格、增加工人工资的罢工斗争，取得胜利。次年，担任大宁盐场评议公所评议长，后任厂商办事处主任。他利用职务之便，为上级党组织派来县内从事革命活动的王德康等人安排工作，以作掩护。1944年廖迪生进入国民党巫溪县党部任候补执行委员。1946年被选为县参议会副参议长，其间，为减轻农民负担，他积极争取多数议员，否定了加派田赋地方附加税的议案。1947年中国共产党下川东地工委决定组织奉大巫起义，他受命隐蔽下来，以便在发生意外时，设法收拾局面。次年1月，起义游击队在鞍子山战斗失利，彭咏梧牺牲。另一负责人王庸突围后来到廖迪生处，指派他营救参加过“八一”南昌起义的奉大巫工委书记蒋仁凤。他先护送王庸安全转移回重庆，接着营救田光华出狱，在确证被捕在狱中的李大兴即是蒋仁凤的化名后，先派田光华与其接上关系，并将自己的1000斤食盐卖掉后接济他，然后利用合法身份巧妙周旋，先将蒋仁凤案由国民党驻军移交司法处审理，后又发动议员否定司法处追加囚粮的议案，建议疏散监狱，假释10年以下有期徒刑的犯人。这样，被定为“暴动嫌疑”而判刑7年的蒋仁凤终于获释。蒋仁凤出狱后，廖迪生又积极筹措路费，使其顺利到达重庆，投入新的战斗。但遗憾的是，中华人民共和国成立后廖迪生却受到了长达30年不公正的对待①。

在中华人民共和国的十位元帅中，其中有两位曾与渝东盐业有缘。

刘伯承元帅生于1892年，四川开县人（现为重庆市辖区），19岁（1911年）到万县参加了反对清朝政府的学生军，1912年考入重庆军政府将校学堂，从此步入军人生涯。刘伯承于1914年加入孙中山领导的中华革命党②。1915年冬，受孙中山派遣回川，1916年初，在涪陵新庙、大顺一带组织讨袁武装，组成一支1000余人的起义队伍“川东护国军第四支队”。3月中旬，支队自大顺场出发，经新庙、深沱、北渡长江，直取长寿，在长寿城桃花街与北洋军激战两小时，因内应（长寿警备队）生变，遂放弃长寿，东下取丰都。3月20日晨，在丰都新城击溃北洋军张朝臣营，歼敌100余名，最后攻占丰都县城，下午枪决丰都知事许石生于城内③。混战中刘伯承的右眼中弹致残，后被称为“独

① 汤绪泽主编：《巫溪县志》，成都：四川辞书出版社，1993年。

② 彭建冬编著：《十大元帅轶事·独眼战神：刘伯承》，北京：中共党史出版社，2005年。

③ 蒲国树主编：《涪陵市志》，成都：四川人民出版社，1995年。

眼战神”。1920年9月，刘伯承任广州军政府所属四川陆军第一军第五师熊克武部第二混成旅第一团团长，实际上以指挥名义统辖全旅，同年冬，刘伯承率其旅东下奉节，讨伐驻夔的北洋军。在天主宫和西坪一战，仅以两个多小时的战斗，就赶走了豫军王安南部和鄂军黎天才部，缴枪300余支，弹药200多箱，收编100余人。1922年在奉节县与四川二军杨森的一场夜战中，刘伯承仅以二三百人的兵力，就打败了杨森的七八千人，创造了二三百人战胜近万敌军的奇迹。此战缴获枪支1万余支，杨森仓皇跑到江边，只身逃往宜昌，文件行李丢失罄尽。二师师长唐式遵抓了一块门板才逃脱性命①。1926年5月刘伯承加入中国共产党，同年12月参与领导泸顺起义，任国民革命军川军各路总指挥。1927年任暂编第15军军长。同年8月参加领导南昌起义。是中国人民解放军的创始人和领导人之一。刘伯承元帅戎马一生，指挥过无数次大小战役和战斗，经历过各种艰难环境的磨炼，成为举世公认的无产阶级革命家、军事家、马克思主义军事理论家②。刘伯承元帅虽未从事过盐业生产，但他的出生、成长地开县和万县都是产盐县，与开县和万县相邻的城口、忠县、云阳，以及再相邻的巫溪、奉节均是产盐县。八个产盐县连成一大片，构成浓郁的盐区环境。刘伯承元帅的青少年时期，饱受盐区“气味”的熏陶，并由此走上革命之路，参加革命之初又驰骋于这片故土，并在这里受过伤，流过血，是盐区儿女中当之无愧的杰出代表。

贺龙元帅生于1896年，湖南桑植洪家关人。他既是湖南桑植人，何与渝东盐业有缘呢？原来桑植位于川、鄂、湘、黔四省交界处的武陵山区，北面与巫山、大巴山，西面与七曜山，西南面与贵州的大娄山脉相连，将四川盆地东部盆周山区与鄂西、湘西、黔北山区连成一片。所以，这里山峦重叠、山高路险、行路艰难，加之湖南境内不产盐，故这一带群众吃盐非常困难，山民视盐巴如珍宝。与桑植临近的永顺、龙山、保靖、澧州和湖北的鹤峰、咸丰、来凤、恩施、利川、建始、宣恩等地都是云阳盐的销区范围。桑植位于云安盐场的西南，距盐场200多千米，云阳—恩施—鹤峰—桑植正好是云阳盐运往湘、鄂的一条古盐道；大宁盐也曾由水路运至巫山，转长江到宜都，再由宜都之清江口转小河30千米，到阳渔关登陆，用人力转运到鹤峰县或恩施县。此外，在桑植西面稍远于云安的彭水县，还有一个郁山盐场，规模虽小，亦可解燃眉之急。这一带山路崎岖，运盐全靠人背马驼。贺龙从13岁起就跟着叔叔和三姐夫赶马贩运茶叶和盐巴，就奔走在这条古盐道上。这样，不论盐巴来自何场，均与渝东盐业结上了缘。

此外，贺龙元帅两把菜刀闹革命的故事可谓家喻户晓，但这两把菜刀指向何处，却少有人知。1916年3月，贺龙率乡邻20余人，用两把菜刀夺占芧屋芧溪盐税局，得了10

---

① 刘方陶总编：《奉节县志》，北京：方志出版社，1995年。

② 彭建冬编著：《十大元帅轶事·独眼战神：刘伯承》，北京：中共党史出版社，2005年。

多支枪，组织起一支农民武装，开始革命生涯[①]，并在湘鄂西、渝东南一带开展武装斗争。贺龙之所以将茅溪盐税局作为首选目标，是因为茅溪盐税局位于桑植与鹤峰的交界处，是设在盐道上的一个盐税关卡，共有武装兵警12人、12支毛瑟枪。当时的税率为见三抽一，即实物量的三分之一，达33.3 %，交不起税就扣人卡货。贺龙赶骡子做茶叶、盐巴生意时，就曾受过它的敲诈勒索。老百姓对它无不恨之入骨。加之贺龙经常路过这里，对情况了如指掌，故能夜袭成功，首战告捷。1928年11月22日，贺龙率红军150多人，来到奉节县的柏杨坝，开仓济贫，张贴标语，宣传革命[②]。1932年冬，贺龙率领中国工农红军第三军，由湖北竹溪取道巫溪经巫山南下。巫溪及大宁盐场的有钱之人，皆携带金银细软逃往巫山大昌[③]。红军在大昌镇石滚槽、蔡家沟遭到辛可坊、李非武两个团练中队的阻截，但他们却被红军迅速击溃。部分红军进驻大昌，在镇上召开群众大会，贺龙讲话，宣传红军主张，并没收镇上几家大户的财产分给贫苦农民。次日经巴东到湘、鄂西开辟革命根据地，沿途播下革命火种[④]。1934年贺龙和关向应率领红军第三军转战川鄂边各县，1月4日从利川县城出发，再次来到柏杨坝整修。红军到来，声威大震，土豪劣绅丧魂落魄。其间，红军打开范、胡、许、谭、李等八家大地主的粮仓，把粮食分给穷苦百姓。第三天往攻石柱县城。教师金树榕写诗赞誉道：“冒镝冲锋诛乱党，轻徭薄赋救良民。乡邻苦把殊恩报，我亦衣冠玉帛陈。”[⑤]5月7日贺龙、关向应、夏曦带领中国工农红军第三军3000余人，从黔江水车坪出发，经桐木溪、青蒲垭到桑子坪，将彭水县政府派去催收粮赋的张其俊和伪乡长窦敬之处决。当夜三更，冒雨出发，在猪头箐、大堰塘、三肩坡等地打败国民政府军的阻截，次日上午九时抵彭水县城。敌驻军鲜少华营从统境关败退，全营被歼，近400人被俘，营长鲜少华以木梯渡江时死亡。县长何本根慌忙中带卫队渡郁江逃跑。红军入城后，将何本根家的财产分给穷人，打开监狱，释放受害群众。刘湘非常惊恐，急忙调集重兵，三面包围彭水，企图将红三军扼杀在川黔边境。10日，红三军从南渡沱渡过乌江，到黄家坝休整。14日，从黄家坝出发，经鸡公岭、凉风垭山口，进入贵州省沿河县[⑥]。以上事实足以说明，贺龙元帅不仅与渝东盐业有缘，而且缘分匪浅。

---

① 彭建冬编著：《十大元帅轶事·胡子老总：贺龙》，北京：中共党史出版社，2005年。

② 刘方陶总编：《奉节县志·军事·战事记略》，北京：方志出版社，1995年。

③ 汤绪泽主编：《巫溪县志·县史略论》，成都：四川辞书出版社，1993年。

④ 鲁良朝主编：《巫山县志》，成都：四川人民出版社，1991年。

⑤ 刘方陶总编：《奉节县志》，北京：方志出版社，1995年。

⑥ 蔡盛炽主编：《彭水县志》，成都：四川人民出版社，1997年。

四、对抗日战争的贡献

抗日战争时期，国民政府由南京迁至重庆，重庆成为战时首都，是谓陪都。四川乃为全国抗日的大后方。渝东更踞长江三峡天险，易守难攻，日军除用飞机轰炸沿江城市外，未能打进四川。故渝东地区不能与日寇进行面对面的斗争，其抗日活动主要集中在以下两个方面。

一是送子弟上前线。古人云："国家有难，匹夫有责。"国难当头，送子弟上前线，杀敌卫国，是每个中国人的应尽之责，也是参与抗日活动最直接的行为。在抗日战争时期，渝东儿女曾轰轰烈烈地掀起参军热潮。当时究竟有多少子弟参军从戎，笔者未作全面考证，但可从云阳、万县的两个数据中可窥管其宏。据《云阳县志》记载，云阳在抗日战争中阵亡的将士有342人①。这个数字与敌占区人民牺牲的人数相比，当然是小巫见大巫，但大后方的情况与敌占区有很大区别：其一，大后方的非武装人员没有参战的机会，更无日本人烧光、杀光的事件发生。所以，阵亡将士基本上都是参战军人。其二，参战军人不可能全部阵亡，阵亡将士仅是参战军人的一部分。其三，参军人员不可能全部参战，参战军人仅是参军人员的一部分。若按阵亡将士是参战军人的四分之一，参战军人又是参军人员的四分之一进行估算，云阳的参军人数当在5000人以上，渝东地区和渝东南地区共有20余个县市，参军报国的总人数则在10万人以上。这仅是一个十分保守的估算，实际情况远非如此，万县的数据更有说服力。抗日战争时期，为向抗日前线输送兵源，仅驻万县（今重庆市万州区）的新兵补充团、补训队等就有9个之多。1938年11月，按照《非常时期征集国民兵抽签办法》规定，从12月初到1940年，万县共抽签6次，征集壮丁2160人。据统计，抗战8年中，万县应征入伍的青壮年共有69 209人。另从四川第九行政督察区（即原万县地区）的统计数字看，所辖区域内的应征入伍人员高达260 082人②。这还不包括涪陵地区和黔江地区的10余个县市。所以，实际参军人数还应当在260 082人的基础上再翻番。

二是积极支援抗日前线军民。渝东盐工急前方军民之所急，全力以赴支援前方，这里且不说人力、物力、财力方面的支援和对避难移民的关爱，单说盐巴一项。"七七事变"后，沿海产盐区先后沦入日本侵略军之手，全国盐的产量减少了一半。1937年11月，日军占领上海，12月攻占南京。1938年10月占领武汉，之后又相继占领宜昌。长江中下游的沿岸城市亦被日军占领，长江船运受控于日军，致运输不畅，湖北军民吃盐再

---

① 贾聚星主编：《云阳县志》，成都：四川人民出版社，1999年。

② 陆露峰：《抗战时期的万县》，《三峡文化研究》（第三集），汕头：汕头大学出版社，2002年。

次告急。危难之际，川盐济楚再次提上议程。渝东与湖北相毗邻，更是责无旁贷，为解前线军民缺盐之危，渝东盐业工人千方百计挖掘生产潜力，各盐场采取了一系列促使食盐增产的措施，这些措施包括：①由盐场公署贷款给井户、灶户，以启复废旧井灶；②保护盐工，缓服兵役；③统制卤水租配，禁止私自租佃或转户；④统管煤炭生产，产煤一律售给煮盐灶户，违者取消采煤权；⑤加强生产管理，各灶必须按照核定数额制盐，不得无故短产，更不准无故停产。盐工则不分白日昼夜地加紧生产，以多产盐、产好盐的实际行动来支援抗日前线军民。如彭水县的郁山盐场，抗战前年产盐仅1500吨左右，至1940年，年产量猛增至2400吨，增幅达三分之二[①]。此间，渝东盐的产量突破了历史最好水平，详见表一。

表一　万县地区1936~1949年各盐场产量　　（单位：吨）

年份＼盐场	云阳盐场	大宁盐场	开县盐场	奉节盐场	忠县盐场	万县盐场	城口盐场
1636	19 370	6684	2145	2834	508		
1637	19 109	5325	2598	2677	590		
1638	19 002	5301	2795	2561	654		
1639	24 657	9611	3126	3126	767		
1940	24 701	10 798	4136	3243	685	132	
1941	24 665	9830	4603	3937	725	483	
1942	23 712	9927	4340	2891	561	200	200
1943	24 131	8070	3215	2355	359	14	13
1944	22 650	9352	3835	3148	366	182	184
1945	22 980	7183	2658	3303	198	96	95
1946	20 589	7025	3200	3184	152	57	66
1947	19 296	6273	2937	2268	109		63
1948	18 808	5525	2751	1114	171		94
1949	17 413	4018	2707	2330	121		50

从表一中数字可以看到，1939 ~ 1945 年的产量创全区历史新高。其间又以1939 ~ 1941年为最鼎盛。在抗日战争最艰苦的1940年和1941年，渝东盐的产量分别比抗战前的1936年增长了38.5 %和40.3 %，其中大宁盐场增长了61.6 %，开县盐场增长了114.6 %，为抗日战争的胜利做出了应有贡献[②]。

---

① 任桂园：《抗战时期的三峡盐业》，《盐业史研究》2005年第3期。

② 王佑民主编：《万县地区盐业志》，成都：四川人民出版社，1991年。

五、结 语

渝东是渝盐的主产区，盐业是渝东的支柱产业。劳动力密集、产业工人集中、商贸发达、市场繁荣、流动人口多、人口密度大是传统盐业经济的主要特色。因此，这里凝聚着强大的革命力量，主要表现于：①盐业是龙头，其他产业均都围绕龙头转。所以，产区及周边地区的各行各业，其中包括商业和农业在内，或多或少都与盐业相关，其经济利益都直接、间接或再间接地的盐业相连，形成一损俱损、一荣俱荣的相互依赖的关系，故盐具有带领一方经济，吸纳、凝聚、整合盐区力量的作用。②盐区工人生活在社会最底层，承受着双重压迫。反封建、反压迫是盐区工人根本利益之所在。因此，盐区工人具有坚定不移的革命立场。③盐场是各种政治力量相互较量的场所，盐区成为各种政治矛盾的聚焦之地，盐工又是各种政治势力争夺的对象。所以，盐工始终站在革命斗争的最前列，成为革命的先锋队。④盐场的制盐设备虽然落后，但要产出盐巴，在一个灶房内，需要有多人的协作，在一个盐场内，需要有多工种的协作，在一个盐区内，需要有多行业的协作。因此，盐区工人具有高度的团结协作精神，团结就有力量。⑤盐区流动人口多、人口密度大、社会成员复杂。因此，盐区是人才汇聚之地，盐区里既能磨炼人的意志，又能增长人的才干，是培养人才的大学校。在长期艰苦、复杂的革命斗争中，造就了一大批优秀人才，这些人才又以他们的聪明才智去领导、组织、发动盐区人民进行革命斗争，使潜藏在盐区的革命力量最大限度地凝聚在一起，发挥出更强大的威力来。在中国共产党的领导下，盐工和盐区人民英勇奋斗，不怕牺牲，为中国民族民主革命的胜利做出了不可磨灭的贡献。

2006年8月于万州

渝东盐业与三峡文化

摘要：渝东地区本是山峦重叠、山高林密、沟壑纵横的贫困山区，但因盐利的吸引，大量移民涌入三峡地区，移民来自省内外的各个地区，遂将各地文化汇集于此，并相互碰撞与融合。融合不是简单地相加，而是在斗争中求统一，在碰撞中进行交融，在长期的交融中演化出新的文化内涵，为三峡文化增添了丰富多彩的内容，并使渝东地区成为人口密度最大的山区。同时，在漫长的盐业生产过程中，还为三峡地区增添了许多具有盐巴味道的本土文化，如盐业节会、盐业印记、盐业景观、盐业诗赋等。

关键词：盐业　文化　移民　交融

渝东地区位于四川盆地的东部边缘，地处盆周山区，北东南三面环山，西南开豁，由西到东逐渐升高，全区山地和深丘占总面积的77.7%。大巴山耸峙于东北边境，为渝陕、渝鄂界山，山脊呈西北至东南走向，一般海拔1500～2000米，不少山峰高达2500～2700米。巫山、七曜山北段位于东部和东南部，长江由西而东横切巫山，形成驰名中外的“三峡天险”，其间峡谷幽深，两岸悬崖峭壁，尖峰高耸入云。此外，区内还有铁锋山、精华山、观面山、方斗山、七曜山等众多大小山脉峙立于长江南北，遍布境内各地。所以，区内山峦重叠，沟壑纵横，很难看到有连片的平川地貌，西部最大的梁平坝子也只有120余平方千米，为全国18个连片贫困地区之一，是名副其实的贫穷山区。然而，在这样贫穷的大山区里，人口密度却相对较高，其中，沿长江河谷地带的人口密度，每平方千米高达600～800人①，接近成都平原的人口密度。涪陵、忠县、万县、开县、云阳、奉节等县人口均已接近或超过100万，且这一地区的饮食文化发达，人文景点众多，呈现出一种独特的文化现象。

在研究这一独特文化现象时即可发现，它的形成与渝东的古代盐业息息相关。文化是人类社会在历史发展过程中，所创造的物质财富和精神财富的总和。任何一种文化的产生，都是以当地的经济活动为基础，并融合其他要素，如地理、环境、气候、资源、出产、交通等条件，才形成丰富多彩、各具特色的灿烂文化。三峡文化当是历史上存在

---

① 四川省测绘局：《四川省地图集》，成都：成都地图出版社，1981年。

于长江三峡地区的人类社会活动的全部成果。其中，包括人类所创造的一切物质成果和精神成果。三峡文化所涵盖的区域，亦由长江三峡辐射到整个三峡库区，即古代巴国所辖之大部分区域。大致范围东至宜昌，西至重庆，北至大巴山，南至武陵山①。古代巴人靠盐而兴邦立国。因此，在研究三峡文化时，必须要首先考证其古代的支柱产业——盐巴。渝东盐业是三峡地区最古老的支柱行业，盐泉约形成于3500万年以前，且分布在10余个县的众多河流岸边，与水源长期相伴，位于古人寻找水源必经的显眼位置，容易被古人所发现。先民从旧石器时代中期就开始由本能驱使到盐泉处吸食盐水，至新石器时代便学会用陶罐煮盐。经历了陶罐煮盐、铁锅煮盐、真空制盐三个漫长的历史时期。到夏、商之时，已出现了专业化、商品化的多个盐业基地，盐业基地又是繁华的经济聚集中心。盐场遍布于十几个县境之中，历经各朝各代，一直延续、发展到现在，成为四川的几个重要产盐基地之一，是支撑三峡地区古代经济发展的主要支柱产业。学者们多称三峡古代经济为鱼盐经济，说明渝东盐业在三峡古代经济中，占有十分重要的地位。所以，在三峡文化的内涵里，随处都能看到渝东盐业的影子。渝东盐业时时都在影响着三峡文化的形成。

本文既不是三峡文化之著，也不是渝东盐文化之作，只是就渝东盐业对形成三峡文化所起的重要作用和影响，作一些尝试性的探析。以抛砖引玉，希望能够引起更多专家学者们的关注，让沉淀于三峡库区的盐业文化遗产得到更加广泛、深入的发掘和有效的保护，并唤醒沉睡的盐业旅游资源，来为发展三峡库区经济服务。

一、大量的涌入移民

古代盐业生产没有机械动力，各道工序的操作和物流搬运，全靠人力，是劳动力高度密集的行业。一个盐场就是一个重要的工业基地，又是一个经济聚集中心。一般说来，一个年产盐1000吨以上的小盐场，即可容纳就业人员万人以上。其中，盐场自身从吸卤、制盐、到各种辅助工人，需劳动力数千人；而它所带动的若干相关产业，如燃料业、木船运输业、造船业、短途搬运业、长途运输业、制桶业、编织业、制绳业、打铁业、饮食服务业等，所容纳的就业人员，远远超过制盐工人的数量。正如民国《云阳县志》所云：盐业“于县境食货，实为大宗，利之所凑，食其业者，自卤主、煎户、运商、肆伙、汲拽、都养、洎乎沿江煤窿、舟挽、驮驱、转移执事于其间者，无虑数万

① （清）丁永忠：《简论三峡文化之特征与研究意义》，《三峡文化研究》（第一集），重庆：重庆大学出版社，1997年。

人……亦为县境一大都会”[①]。其中，柴炭、船运、搬运三业所容纳的劳力最多：“往昔地饶林木，煎盐以柴，今汤溪水步，尚有‘柴湾’之名。山木既尽，乃用石炭，未审所始。自盐场上至鱼泉，下至洞上，溪岸煤洞极多，业之盛者，富至巨万。”又“上下游炭质较异，须掺和得剂，乃省火力。船运如织（时有木船400余条），业此谋生者，无虑万数”[②]。再看江岸起运者和陆上搬运者，来往穿梭如织，远处看去，犹如蚂蚁搬家似的忙忙碌碌，场景十分壮观。

此外，从各地云集到盐场的盐商，需携带脚力，艰难跋涉。从湖北恩施到云安来运盐，“其时境限夷夏，道阻穷山，担负敻艰，动淹旬日。多由新军口入山，往返半月乃达”[③]。足见来一趟非常不容易，跑单边是很不划算的。因此，来时总要带上各地的土特产品到盐场来贩卖，再用卖土特产品的钱，买盐运回当地，以实现两头盈利。这样一来，盐场所在之地又成了物资的集贸中心，致使商业红火，市场繁荣，流动人口进一步增加，饮食服务业更加兴旺发达。集贸中心又进一步带动周边地区农业、副业和手工业的发展。这样的工业重地加集贸中心，必然会吸引四周的人群到此来谋生计。

在兵荒马乱或灾荒年月，到盐场谋生者就更多了，并可形成移民之潮。因为盐税是历代财政收入的重要来源，在明清以前，川、渝两地的盐税收入占到全部税课的泰半。泰者，大也，泰半即大半。所以，要想有稳定的财税收入，就必须保证盐场的正常生产。因此，不论休养生息期间的州、县官吏，还是战乱时期的军阀头目，对盐业而言，都需要维持一个稳定的生产局面，才能保证其滚滚的财税来源。稳产则稳收，多征需多产，但稳收、多征，需要有特殊的措施来做保证。譬如，民国时期，蒋介石为镇压革命群众、消灭共产党人而长期打内战。打内战就要不断扩充军队，扩充军队则需要兵源，于是就到处抓壮丁。故在电影《抓壮丁》的插曲里，就有“生下儿子归老蒋”的唱词。在如此形势之下，盐场的工人却可免抓壮丁，这样，盐场就成为躲避抓丁的避风港。加之战乱与灾荒时期，人心惶惶、百业凋零，谋生更比平常艰难，此时，唯有盐场是最好的去处。于是，大量青壮年男子为逃避抓丁或糊口活命，便源源不断地来到盐场。所以，在战乱与灾荒之秋，反而有大量移民涌入，并形成移民之潮。

巫溪的大宁盐场，地处大巴山区，山高坡陡，距离长江100多千米，交通极不方便，往南尚可借大宁河的水道之便。但因河床落差大，河流滩多、湾大、水急，行船不易，木船全靠人力撑、拉，既费时力，又极危险。冬天要赤脚淌进冰冷刺骨的河水，夏天要冒洪水覆舟的风险而苦苦支撑。尽管如此，总算有一条便利的水道连接长江。而北

① （清）刘贞安总纂：《云阳县志》（民国二十四年编撰），重庆市云阳县地方志编纂委员会，2002年。

② （清）刘贞安总纂：《云阳县志》（民国二十四年编撰），重庆市云阳县地方志编纂委员会，2002年。

③ （清）刘贞安总纂：《云阳县志》（民国二十四年编撰），重庆市云阳县地方志编纂委员会，2002年。

面通向湖北、陕西的运输线路就更艰难了，全是栈道连山路，其艰难程度便可想而知。但令人难以置信的是，在这样封闭的大山深处，居然汇集了全国除新疆、西藏等少数边远省份之外的28个省、市的人员在此定居，说明这里移民的来源十分广泛，汇集到此的人员几乎源自于全国各地。

在云安镇的街名中，离生产区最近的几条街道分别叫江西街、黄州街、小四川等。这与当今城市用省、市名命名的街道有所不同，它是各地移民在此定居的必然产物、是省内外移民汇集盐场的有力证明。经考证，江西街和黄州街皆因江西人、湖北黄州人最先在此开店设铺，后逐渐扩展成为街道而得名。小四川则汇集着来自川内各地的人员。街名来自移民的祖籍，成为见证省内外移民在云安定居的缩影。

笔者在云阳盐厂工作期间，该厂在职和离、退休人员有2000余人，其中，老工人有一多半是忠县人。为何有如此多的人来自忠县呢？为解开这个疑团，笔者借到忠县筹建基建项目之机，终于查清了事情的来由。原来忠县亦是渝东古代盐业基地之一，后因卤淡量小，至民国初年多数井灶遭废弃，大量盐工失业，而此时云阳盐业正值兴旺时期，失业的盐工为谋生计，不得不舍弃家园而转移到云安盐场。从这一转移过程中，我们既看到了忠县因井灶废弃而产生的严重后果，又看到了云安盐场容纳移民的巨大潜力。说明盐场在正常生产情况下，接纳移民的能力是很大的。

在休养生息的稳定时期，盐场所需劳力一般由附近周边地区的移民来补充。但因盐利所致，历史上常为争夺渝东盐泉而发生战争，每次战争结束后，都会引发由占领者的故居地向三峡地区大量移民的潮流。这种潮流最初始于占领军的部分军人，随之是这些军人迁入其眷属，再由眷属引来亲朋好友，继后又由亲朋好友招来亲朋好友的亲朋好友……如此延续发展，使移民人数越来越多，范围越来越大，遂逐渐形成潮流，直到下一次占领者的更换。占领者的更换意味着新一轮移民潮的到来。所以，移民潮的出现并非偶然，形成的时间短则几十年，长的持续到百年，甚至几百年。据三峡学院的任桂园教授研究考证，三峡地区从远古到近代，共发生了六次大规模的移民潮[①]。每次移民潮的形成都与战争有关，其中，半数以上是为争夺盐泉而战。近几年在三峡库区内，已发现多处战国时期的楚墓群，墓内均有楚国兵器随葬，墓群分布以云阳的李家坝和忠县的崖脚遗址最为集中、数量亦最多。这两处恰好是长江沿岸生产规模最大的两个盐业基地，这就充分证明了史料中关于战国时期，楚、秦两国为争夺渝东盐泉而发生的楚与巴、巴与秦、秦与楚之间长达100年之久的战争，这场战争反复而持久，移民潮则量大而漫长。

大量移民不断地涌入到三峡地区，这些来自省内和省外不同地区的移民，势必将各

① 任桂园：《大巫山文化》，重庆：重庆大学出版社，2001年。

地的文化汇集到三峡地区，致使各地文化在此相互碰撞与融合。但融合不是简单地相加，而是在斗争中求统一，在碰撞中进行交融。在长期的交融中必会演化出一系列新的文化内容，为独特的三峡文化增添许多丰富多彩的新内容。

二、众多的帮派组织

各地移民汇集到三峡地区后，必然会碰到许多新的问题。首先是在利益上时有冲突发生；其次是语言和习俗上的差异会有碰撞。其中，利益冲突成为主要矛盾。汇集至此的所有人，都需要维护自己的利益，但仅靠个人能力来维护利益，其能量是十分有限的，必须组织起来才有力量。于是，各种社团、帮派组织便应运而生。形形色色的帮派组织，组合成各种各样的社会势力。至民国时期，各种民间组织已多达数十种，其性质和成员十分复杂。在形形色色的各种组织中有为维护家族利益而出现的宗族势力组织；有为维护同乡利益而出现的同乡会势力组织；有为维护行业利益而出现的行会势力组织；还有政见不同而出现的政治派别组织。其中，政治派别以帮和党的形式出现，其余组织多以宗、社、帮、会等形式出现。

在各种帮会组织中，带有政治倾向的社会势力，主要有青帮和胞哥（亦称红帮）、国民党、三青团等。这些组织并非因盐而组建，更不是盐业的专利，其组织机构已遍布全国各地。但盐场是产业工人最集中的地方，又是经济最发达的地区，各种政治力量必然会在此进行较量，并在盐工中发展各自的成员，盐工就成了他们争夺的主要对象。所以，政治派别组织在盐场的影响远远大于其他民间组织。中国共产党也非常重视盐场的工人运动，著名革命历史小说《红岩》中的彭松涛，原形就是中共重庆市委委员、川东临时工委委员兼下川东地委副书记彭咏梧，云阳人。1947年11月由爱人江竹筠（小说中的江姐，自贡人）陪同，经万县来到云阳，在农坝乡成立了“川东民主联军下川东纵队”（后改为川东游击纵队），并在云、巫两盐场的盐工中积极开展工作，秘密发展中共党员，计划于1948年1月8日在云阳云安盐场和巫溪大宁盐场同时起义。先夺取两场税警队的枪支，提取税款，后迅速解决区、乡武装，壮大游击队伍，开辟奉（节）、大（宁）、巫（溪、山）游击根据地。但因事机不密，两地当局加强了防范。于是，彭咏梧当机立断，改为攻袭云阳商业重镇南溪和巫溪西宁乡公所，此次攻袭取得重大胜利，沉重打击了蒋家王朝的地方统治，使当局闻风丧胆①。

宗族势力以当地的大姓为主，尤其是占有盐业之利的大姓（云安有陶三千、郭八百的记载），纷纷建立宗庙，名曰“宗祠”或“祠堂”。由宗主即族长统领本姓宗人，其

① 贾聚星主编：《云阳县志》，成都：四川人民出版社，1999年。

宗旨：一是续修家谱；二是祭祀祖；三是保护孤寡；四是解决族内纠纷；五是制定家规律例，以律族众①。凡遇重大事情，由长辈在族长主持的会议上做出决定，然后率全族实施，以维护本族利益，成为当地一股重要的社会势力，如云安场的陶、郭、周、林、曾、袁等姓②，忠县㽏井的李、杜、雷、吴等姓③，都建有这样的宗祠。

本地大姓以家族的宗祠组成氏族势力，而外籍人士则以同乡会的形式组成帮派。例如，云阳的江西帮、福建帮、陕西帮、湖北帮、黄州帮、忠州帮、粤帮、湘帮以及岳常澧帮、衡永保帮等；巫溪的江西帮、黄州帮、粤帮、川帮、陕西帮、湖南帮、武昌帮、蒲圻帮等④。他们大都建有同乡会馆，并定有会规。其宗旨是：维护同乡人利益、帮助谋求职业或提供住地、抗拒灾害和抵御外侮⑤。外籍人士的数量虽少，但经济实力雄厚，是一股不可小看的外来势力。

以行业为主的帮会，是人数和种类最多的民间组织，其性质和成员十分复杂，遍布全区各地，涉及各个行业，数量多达50余种，有社、帮、会几种形式。云阳有铸魂社、抗建社、胜利社、云青社、民生社、云友社、建国社、兴中社、铁血社、忠勇社、云汉社、治平社、结义社、精诚社、辅仁社、云诚社、协同社、复兴社、西云社、忠孝社、成仁社、民德学社、结义同志社、群工联谊社等以及箩筐帮、上坡帮、桡夫帮、石木帮、扁背帮等。还有友谊会、姊妹会、孝悌会、兰谱合会、自治学会等。在这些社、帮、会中，亦不乏职员、警察、士兵、伤员、学生、妇女、土匪等组成的民间组织⑥。巫溪的行会主要有王爷会、财神会、药王会、老君会、漆宝会、圣人会、鲁班会、张爷会、轩辕会、牛王会、罗祖会、萧曹会等⑦。在忠县，除有与巫溪相同名称的13种行会外，还有百花会、玄女会、雷祖会、火神会、詹王会、孙祖会等。

各行会均有自己崇拜的“神”。例如，有以萧何、曹参为典狱的崇拜之“神”、以李老君为五金业的崇拜之“神”、以百花圣母为弹花匠的崇拜之“神”、以孙思邈为中药业的崇拜之“神”、以鲁班为建筑业的崇拜之“神”、以玄女为制伞业的崇拜之“神”、以李冰为船工的崇拜之“神”、以雷祖为磨面业的崇拜之“神”、以祝融为鞭炮业的崇拜之“神”、以赵公明为商业的崇拜之“神”、以罗祖为理发业的崇拜之“神”、以詹王为厨工的崇拜之“神”、以张飞为屠宰业的崇拜之“神”、以孔子为学

---

① 刘正朴总纂：《忠县志》，成都：四川辞书出版社，1994年。

② 贾聚星主编：《云阳县志》，成都：四川人民出版社，1999年。

③ 刘正朴总纂：《忠县志》，成都：四川辞书出版社，1994年。

④ 汤绪泽主编：《巫溪县志》，成都：四川辞书出版社，1993年。

⑤ 汤绪泽主编：《巫溪县志》，成都：四川辞书出版社，1993年。

⑥ 贾聚星主编：《云阳县志》，成都：四川人民出版社，1999年。

⑦ 汤绪泽主编：《巫溪县志》，成都：四川辞书出版社，1993年。

校的崇拜之“神”、以漆宝为漆工的崇拜之“神”、以孙膑为制鞋业的崇拜之“神”、以黄帝为缝纫业的崇拜之“神”、以牛王为兽医的崇拜之“神”。

各行会都有固定的活动场所和会期，并选有会首，立有行规，以维护本行业的利益[①]。

以上各种形式的社团组织和帮派组织，组合成形形色色的社会势力，代表着各个集团的利益，并以利益为纽带，将相同利益的群体扭合在一起，构成错综复杂的社会关系网络。各集团之间的利益，随着时间的推移而变化，相互间既有相一致的部分与时候，又有相冲突的部分与时候。在错综复杂的利害关系中，各组织之间既联合又斗争，既相互利用，又明争暗斗。在利益的驱使下，常因利益冲突而引发群体斗殴事件，一些竞技活动就成了群体斗殴的导火索。因为竞赛必须分出胜负，平常积压的矛盾就会在争夺胜负及互不服气的氛围中爆发出来。例如，每年元宵节的舞龙竞赛、端午节的龙舟赛，就常常演化为“棍棒赛”。笔者曾在云安看到，每年端午节的龙舟赛前，各船上早就准备好了斗殴器械，盐工的斗殴器械多以盐井上的耳板为主。赛时，各自都使出绝招，赛后，获胜一方自然是扬眉吐气、趾高气扬。但失败的一方则愤愤不平，就借机寻衅滋事，先是口头争执，进而互相谩骂，最后就“扬桨、抡板”，甚至动起刀枪来，演化成一场恶战。到第二年，失败的一方为挽回面子，就主动向获胜方挑战。于是，争斗便年复一年地延续下去，形成恶性循环，矛盾越积越深，恩怨越结越大，端午节的斗殴便年年重演，变成名副其实的“斗殴节”。

这种恶习还影响和蔓延到青少年之中。过去，常有一些青少年搞“结把把柴”活动，“把把柴”乃生炉引火之柴，即先将木柴锯成约20厘米长的小段，再用柴刀劈成小片，然后用稻草捆成小把，曰“把把柴”。“结把把柴”是三五人或十余人，像“桃园三结义”那样结拜成团伙，像“把把柴”一样捆挪在一起。当然，参与这种活动的人多数是当游戏玩耍，但玩耍也会潜移默化，致使其中的一些人结成真正的小团伙，成为群体斗殴的新一代，长大后成长为群体斗殴的骨干分子。

三、林立的宫庙馆堂

前面已讲到，各类人员为维护各自的利益，组合成各种不同的社团和帮派组织。有组织就有聚会，有聚会就有活动，要聚会、要活动就得有场所。于是，各种宫、庙、馆、堂如雨后春笋般地修建起来。本地人要兴建祠堂，外地人则要修建宫、馆，加上各种庙宇，就出现了宫、庙、馆、堂林立的局面。仅在云安这个古镇上，就建有龙君宫、

① 刘正朴总纂：《忠县志》，成都：四川辞书出版社，1994年。

文昌宫、梓潼宫、桓侯宫、炎帝宫、仓圣宫、万寿宫、禹王宫、帝主宫、万天宫、玄天宫、三元宫以及三皇庙、三义庙、三官庙、五显宫、东岳庙、关帝庙、罗汉庙、玉皇庙、高祖庙等，还有滴翠寺、清净寺、普贤寺、大佛寺、花果寺、高峰寺及青衣奄、庐陵馆、皇经堂等三十余座建筑①， 当地人习惯上统称为九宫十八庙。再加上当地大姓所建的祠堂，数量则更多，达四十余座。这里还不包括外地人修建的同乡会馆，为便于联络，同乡会馆多建在县城里面，如云阳的天上宫、南华宫、长沙庙、陕西馆、湖北馆、岳常澧馆、衡永保馆等均建在县城里面②。渝东其余各盐场的情形，均与云安大同小异。例如，开县的温汤井，在一个只有约1平方千米的小镇上，就有各类大小庙宇十几座，仅文昌宫和关帝庙就各有两座。

林立的宫、庙、馆、堂，与移民的涌入有直接关系。一方面，外来移民要修建聚会的场所，如万寿宫是江西人聚会的场所，由江西帮修建；天上宫是福建人聚会的场所，由福建帮修建；南华宫是广东人聚会的场所，由粤帮修建；陕西馆是陕西人聚会的场所，由陕西帮修建；湖北馆是湖北人聚会的场所，由湖北帮修建；帝主宫是黄州人聚会的场所，由黄州帮修建；岳常澧馆是岳、常、澧人聚会的场所，由岳、常、澧三府之人修建；衡永保馆是衡、永、保人聚会的场所，由衡、永、保三府之人修建③。另一方面，外来移民为寻求精神上的寄托和神灵的保佑，还将各地的崇拜之神也迁移到盐场来定居，且互相攀比。于是，庙宇也就越建越多，如三国时的山西人关羽，传说死后成了佛教的护法神，称为关帝，是山西人的崇拜之神，所以，“山西帮”多在盐场修建关帝庙。又如，长沙庙和东岳庙，分别为湖南人和福建人所修建④。足见众多庙宇也与外来移民有关。

当然，众多宫、庙、馆、堂的兴建，除移民因素外，也有盐业自身的原因。盐业历史悠久，背景特殊，有许多值得纪念的人物、事件和日子，亦要修建相应的祭祀场所，如云阳云安盐场的龙君宫和高祖庙，巫溪大宁盐场的龙君庙和猎神庙，城口明通盐场为纪念陈、罗二人而修建的井祖庙，忠县㽏、涂盐场的管仲庙，以及各场为祭祀火神爷而修建的火神庙等，都是为纪念各自传说中的祖始爷与火神爷而修建。

上述宫、庙、馆、堂，不仅在盐场的数量众多，所在之各县城也有不少，并逐渐蔓延到盐场邻近的场镇。在各盐场的周边地区，亦建有类似的宫、庙、馆、堂，成为三峡地区一道靓丽的风景线。加之这些宫、庙、馆、堂的建筑风格丰富多彩，是极为珍贵的盐业文化遗产和宝贵的旅游资源。但可惜的是，大多数都已毁之殆尽。

① （清）刘贞安总纂：《云阳县志》（民国二十四年编撰），重庆市云阳县地方志编纂委员会，2002年。

② （清）刘贞安总纂：《云阳县志》（民国二十四年编撰），重庆市云阳县地方志编纂委员会，2002年。

③ （清）刘贞安总纂：《云阳县志》（民国二十四年编撰），重庆市云阳县地方志编纂委员会，2002年。

④ （清）刘贞安总纂：《云阳县志》（民国二十四年编撰），重庆市云阳县地方志编纂委员会，2002年。

四、融合的风土民俗

渝东地区在远古时为巴国之地，被夹在楚、蜀之间，位于巴、楚的结合处，东北与湘、鄂、陕相邻，西面与蜀、黔接壤，加之外地移民的大量涌入，其风土民俗有极大的包容性和交融性。因此，在渝东的风土民俗中，既有巴、楚、蜀的鲜明特征，又有秦、湘习俗的影子。

从考古发掘的成果看，外地民俗融入三峡地区，已有悠久的历史，可谓源远流长，在商代就已开始。例如，20世纪80年代初，在巫山县大昌镇蓝家寨村附近的李家滩大宁河道中，就出土了一件具有晚商特征的青铜尊，根据“尊”的时代特征，考古界称它为“商式铜尊”，“尊”是祭祀祖先神灵的礼器①，“商式铜尊”的出现，说明商代文化已在商代晚期就融进了三峡地区；1997年秋至1998年春，中国社会科学院考古研究所在巫山县大昌镇的双堰塘遗址中，出土了西周时期的镞、鱼钩等小铜器及少量铜渣、骨器、磨制石斧、玉饰片及陶器。陶器以夹砂陶为主，纹饰有绳纹、网格纹、刻划纹、压印纹、波折纹、弦纹及附加堆纹等，可辨罐、鬲、鼎、豆、灯形器等器形。发掘者认为，出土遗物以花边口沿器及尖底器、灯形器为代表，另外还有一些流行于中原或楚地的器物，如豆、鬲均有极浓的西周时期巴文化色彩②，说明此时的中原文化与三峡文化已在相互交融。另外，从前面已提到过的云阳李家坝遗址、忠县崖脚遗址以及较为集中的楚墓群里的大量楚国兵器中，亦可清楚地看到，早在战国时期，就开始了由军事占领而形成的移民潮，说明大规模的外来文化与本土文化已开始进行广泛的交融。北京大学、重庆市博物馆考古队，在忠县㽏井沟口遗址群的瓦渣地遗址处，清理了一座春秋之际的墓葬，文化堆积有新石器时代晚期、西周及稍晚时期的堆积，以西周堆积为主。发掘者认为，在春秋战国之际的墓葬中，出土的青铜柳叶形剑、三角援戈，其形态古朴，是峡江地区最早的“巴蜀文化”墓葬，对认识巴蜀文化关系提供了线索，这些说明巴蜀文化的交融在春秋战国之时就已经开始。另外，在该遗址群的崖脚遗址处，还清理了6座墓葬，其中有新莽时期土坑木椁墓1座、战国晚期巴蜀文化墓1座、楚墓4座，皆长方形竖穴土坑墓，出土遗物与江汉平原等楚国中心区域典型墓一致，未见任何巴蜀文化因素。而M4的随葬品却有礼器、兵器、仿铜、陶礼器、漆器等。陶礼器的组合为成双成对的附耳高足鼎、扁球形敦、细高顶浅盘豆等。发掘者认为，这批楚墓在已知楚墓的最西端，结合巴蜀墓葬打破楚墓的发现，对讨论巴、蜀、楚关系及其历史进程中的势力消

① 任桂园：《大巫山文化》，重庆：重庆大学出版社，2001年。

② 邹后曦：《三峡工程重庆市辖区97年度考古发掘与收获》，《巴渝文化》，重庆：重庆出版社，1999年。

长有重要价值[①]。以上数例足以证明，早在商、周至春秋战国时期，外来文化就已经和本土文化进行广泛的交融了，并有了一定的规模，为以后更频繁的融汇与交融敞开了大门、并搭好了平台。

从渝东方言的分布特点看，就像一幅移民区域分布图展示在人们的眼前。渝东方言分布的特点是：以长江为轴线，顺流差异大，两翼差异小。差异是指语音和音调上的差别，顺流各县说话，几乎是一个县一个音调，甚至有的县内也有几个音调。与两翼相比较，则形成鲜明对照，差异要小得多。在一个小区域内，竟有如此大的差异，且呈“顺大翼小”的分布格局，从现象上看，既罕见，也违背常理。因为三峡地区的地势复杂，境内大小山脉相连，全区重峦叠嶂，沟壑纵横，羊肠小道，行路艰难，互相交往非常困难。只有长江横贯其中，是历史上一条重要的水上交通，上下游之间的交往较为方便，顺流交往的频率远远高于两翼，按照一般规律，顺流差异应该小于两翼。但实际情况却恰好与此相反。为什么会出现这种逆向发展的趋势呢？笔者认为，这与早期移民的进驻有关。早期移民来到渝东地区，必先占据交通要道，即先在长江岸边的某个地方落脚、生根。然后逐渐向四周扩展，不同地区的移民，占据着长江沿岸的不同地盘。随着时间的推移和后代的不断繁衍，人数越来越多，地盘也不断地向四周扩张。在扩张过程中，因长江沿岸的地盘已被不同地区的移民所占据，顺流方向的发展空间受到限制，只能向两翼发展，结果就形成了我们现在看到的这种“顺大翼小”的差异分布格局，展示了渝东移民文化的丰富多彩。渝东方言的另一个特点是，语音差异虽大，但方言中的具体内容，如俗语、谚语、歇后语等却又基本相同。从这些俗语、谚语、歇后语的内容中，同样能看到当地的一些生活习惯和民间习俗的影子。方言内容相同，说明各地移民长期生产、生活在这里，经长时间的互通、互学、互融后，已融合成共同的习俗，才使方言的内容基本相同。所以，方言中也会留下丰富的移民文化和盐文化的信息。渝东方言属四川方言，系北方方言的次方言。清康熙、乾隆年间，由湖南、湖北迁徙者不少，方言中往往杂以楚语，从夹杂其中的外来语里，就可以看到移民文化的信息。又如过去日杂商店里卖盐，常用猪的肩胛骨当撮盐工具，故土语称肩胛骨为盐铲铲骨，这一称谓就折射了盐文化的信息[②]。从方言信息中，既可看到移民文化的多样性，又能看到融合后的同一性。

当说到风土民俗时，人们往往对少数民族的风土民俗映象深刻，当我们谈论渝东的风土民俗时，不得不说说渝东的少数民族——长江南岸的土家族。土家族居住在鄂西、湘西、渝东南交界处的武陵山区。本无族名，原被统称为“苗”、“蛮”或“土蛮”，

① 邹后曦：《三峡工程重庆市辖区97年度考古发掘与收获》，《巴渝文化》，重庆：重庆出版社，1999年。

② 贾聚星主编：《云阳县志》，成都：四川人民出版社，1999年。

1956年国家才正式定名为土家族。据载："土家族是以廪君为首的巴人后裔，起源于湖北长阳县的武落钟离山，巴人祠虎，以虎为图腾，楚人称虎为'于菟'（读乌图），疾读而为'土'，乃土家族得名之由；另有一说则认为，他们不知道祖先何时从何地迁来，也不知道自己是何民族，只知道他们是世世代代居住下来的'土著'民族，只好叫'土家'，以与外来的'客家'相区别。"[①]巴人靠盐而兴邦、立国，后又因盐而招来邻近楚、秦两国的垂慕，成为两国觊觎与争夺的目标，最后被秦国所灭亡。当秦灭巴时，居住在武陵山区的部分巴人，因远离长江水道、又居于大山深处，在"蜀道之难难于上青天"，巴道更比蜀道难的恶劣环境下，反而因祸得福，能够避开战乱，得到生存、繁衍的机会。而居住在长江沿岸的巴人，也会逃向偏僻的武陵山区，与原来居住在武陵山区的巴人相会合。经过世世代代的繁衍生息，成为现在的土家族。土家族虽现为少数民族，又身处偏僻山区，但巴人的习俗已在土家族中传承和发扬。所以，土家族的多数习俗与渝东各区、县的民间习俗都是相同的。习俗的内容十分广泛，大致可分为生产习俗、生活习俗、节令习俗、家族习俗、社会习俗、礼仪习俗、信仰习俗、恶风习俗等几个部分。但若翻开各县县志，将这几个部分的具体内容进行细致比照，就会发现，这些习俗的具体内容在各县皆基本相同。说明本地习俗和外来习俗经过漫长的交融后，早已融合成为共同的习俗了。譬如，土家族新娘哭嫁的习俗，在一般人看来，结婚是喜庆之事，在喜庆之时悲痛哭泣，似乎很不协调，是一种很特殊、很个别的习俗。其实，这一习俗并非土家族的专利，在渝东乃至川渝地区都曾普遍流行过，直到中华人民共和国成立后，随着经济的发展和社会的进步，这一习俗才逐渐消失。但至今这一带女人的哭诉仍像唱歌，所谓哭诉，是指女人在悲痛时，一边哭泣，一边诉说心中的委屈和怨气，但哭泣与诉说又不能分开，而是将诉说融入哭泣之中，这样，哭诉出来就有了板眼和旋律，犹如歌唱一般，其唱词随心而出，即兴发挥，与土家族新娘的哭嫁歌何其相似。

其他习俗就不一一列举了。

五、发达的饮食文化

各地移民来到盐场，也将各地的饮食习惯带进了盐场，这就给盐场的人们提供了一个互相交流、互相学习、互相切磋、互相兼容、共同提高的机会，促进了当地饮食文化的发展。笔者自幼在盐城长大，亲眼看见了盐场饮食文化的丰富多彩，以及烹饪技术的普及程度，是一般地区所不能比拟的，盐场工人的饮食特点可概括为"能吃、爱吃、会吃"六个字。

---

① 蔡盛炽主编：《彭水县志》，成都：四川人民出版社，1998年。

所谓“能吃”，是因为工人的劳动强度和体力消耗大，需要大量能量的补充。补充能量的唯一办法就是吃，除此，别无他法。例如，灶房（熬盐厂房）里的炭佬官这个工种，一个人要挑进该灶所需的煤炭、挑出全部炭渣，又要从河里挑来全灶工人的洗澡用水，还要挑走所产盐巴。四项劳作一肩挑，没有一点空闲时间，其劳动强度是常人难以承受的。炭佬官挑煤炭和炭渣用的撮箕，为加强型的专用工具，其状如蚌，曰蚌壳撮箕，一对撮箕的自重就达二三十斤，装满煤、渣后的重量为200斤左右。这样大的体力消耗，需要及时、大量的补充能量才能支撑。为此，就得大量地吃，所以，他们的饭量都很大，一顿饭能吃2斤多米。像这样高强度的体力劳动，并非此一工种，其他如搬运工、船工等的劳动强度，均与此不相上下。另外，在盐场还有一个特殊工种——汲卤工，云安称汲卤工为拽水工。拽水工因手足长期被盐水浸泡，且双手紧握汲绠，并上下不停地用力拉拽，时间长了，就会得一种手足皲裂的职业病。故民国《云阳县志》云：“汲夫手脚为卤水所渍，皲皱脱落，见而识之。”[①]为减缓疼痛，需要摄入大量动物油脂，故拽水工人常用猪油拌饭吃。所以，从事这一职业的人，一般都能吃肥肉。煤矿工人亦如此，过去煤矿里打“牙祭”，用筷子穿满手掌大的肥肉片一大串，发给矿工，边走边吃，毫不费劲。在超强体力劳动条件下，一人一次吃1～2斤肥肉，算是很普遍、很常见的事情。

面对上述超强劳动环境，不能吃就不能胜任其本职工作，只有多吃才能保证其再生产所需的体能。所以，在盐场劳动的人，不论从事什么工种，均都能吃。

所谓“爱吃”，是指对吃的爱好，并非嘴馋。爱好是由体内需要和外部吸引两个方面的因素所决定。体内需要已经讲过，工人靠出卖超强体能养活自己，被消耗的体能必须得到及时的补偿，才有再生产的能力，何况民以食为天。外部吸引是因为盐场既是重要的工业基地，又是经济聚集中心，市场繁荣、流动人口多，饮食服务行业自然发达。在移民汇集的场镇，各地的各类名吃应有尽有，这样的环境不光是重体力劳动者，对任何人都是有吸引力的。譬如，运输煤炭和盐巴的船工，运一趟来回需要好几天的时间，不仅劳动辛苦，且伙食单调、条件恶劣、危险性大。正如当地俗语所云：“挖煤工人埋了还没死，而撑船工人则死了还没埋。”所以，每当完成运输任务，拿到工钱后，都要到馆子里先吃上一顿。这一方面是对几天来体力消耗的补偿，另一方面也是对此次能够平安归来的一种安慰与庆贺。既是体能上的补偿，也是精神上的需要。久而久之，这一餐饭已形成惯例。另外，在盐场还能看到一种现象，即一部分没有固定职业的劳动者，只能靠“下散力”挣钱。“下散力”的大概由三部分人组成，一是附近农民，农闲时出

---

① （清）刘贞安总纂：《云阳县志》（民国二十四年编撰），重庆市云阳县地方志编纂委员会整理重印，2002年。

来挣点零花钱；二是无一技之长者，只能从事简单的重体力劳动；三是无门路选择劳动条件较好或技术含量较高的工种和行业。“下散力”最好找的活路，是从大山里的煤窑往盐场挑运煤炭。挑煤炭本是一项很辛苦的劳动，要起早摸黑，肩负100余斤重的煤担，来回一趟需翻山越岭，走70余里“鸡肠”小路，可挣到的工钱还不足一元。但不可思议的是，有的人拿着这一天的辛苦费后，却是半斤酒、二斤肉拎回家。看似不好理解，其实，有的人正是为了能让全家人打一次“牙祭”，才去辛苦这一趟的。

所谓“会吃”，是指烹饪技术在盐场的普及率比较高，并不说明盐场工人的生活水平有多高。相反，工人的劳动强度、劳动场所、居住条件、生活状况等都是很艰苦的。发达的饮食文化，所反映的只是一种社会现象：盐场是产业工人最集中的地方，总体消费水平自然高于农村；盐场是移民聚集的地方，各地的饮食文化能得以交流、融合与提高；盐场是商贾云集的地方，流动人口多，饮食服务行业自然兴旺。这些客观环境，为烹饪技术的普及提供了很好的条件，所以，烹饪技术在盐场的普及率是比较高的。这里，并不需要一一展示具体的烹饪技术和美食内容，只要通过几个生活现象，就可折射出盐场较发达的饮食文化来：在渝东，凡产盐之地的居民，不分男女，几乎都能下厨。在男人中，有80%～90%的人会烹饪，其中的一部分人且为烹饪高手。在民间，如有什么喜庆之事，需要置办酒席宴时，一般都不用请专职厨师，就近找几个亲朋好友来帮忙即可，办个十几桌、几十桌都不在话下。另外，在工人中还普遍流行一种“打平伙”的习俗，即由几个要好的伙计相约，定时聚餐，平均出钱，买来食品生料后，轮流到各家去加工制作，大家动手，各尽其能，然后互相品尝、各得其所、自得其乐，名曰“打平伙”。“打平伙”比进馆子便宜，价廉物美，又乐在其中，还可交流、切磋厨艺，使厨艺在交流中得到进一步的普及和提高。但交流要以人人会烹饪为前提，否则，交流就无法进行。从“打平伙”的习俗中，我们也能看到烹饪技术在盐场较高的普及程度。

总之，盐场的传统饮食文化较一般地区发达，且普及面广，水平较高。但随着时间的推移和形势的发展，一些小盐场相继被关闭，当地以盐业为龙头的产业结构被打破，旧的经济支柱被折断，新的产业结构尚未形成，出现了暂时的萧条景象，居民生活相对困难，成为暂时的贫困地区。但就在这样贫困的地区里，你如有机会到此作客，就会发现这里生活虽贫困，但主人端上桌的饭菜，其精工细作的技巧却是比较高的。进一步说明盐场饮食文化的牢固根基并不以一时的生活困难而动摇。

由上可知，渝东盐业吸引大量移民来到三峡地区，移民的涌入使三峡文化的内涵丰富多彩。而盐业的持续发展又使三峡文化独具特色。

六、独特的地方节会

在悠久、漫长的盐业生产过程中，渝东地区形成了一系列与盐业生产有关的节和会，形式独特，为地方所独有。其中，有为祭祀当地盐业始祖而举办的“龙君会”和祭祀盐圣的“管仲会”；有为祈求火旺而举行的“火神会”；还有巫溪大宁盐场的“绞篊节”；奉节鱼复浦上的“人日节踏碛”等。这些活动因年年举行，遂逐渐演变成独特而隆重的重大节日。关于这些节和会的具体形式与内容，笔者在《渝东盐场的民俗节》一文中，已作了较详细的专题论述，本文就不再重复了。这里只对忠县的“三月会”和开县的“元宵对骂”作个补充。

“三月会”是忠县人民为纪念巴蔓子“刎首留城”，而举行的祭祀活动。据载，周代末年，巴国将军蔓子，时遇巴国内乱，巴王请求楚国派兵帮助平息，并许以三座城池作酬谢。据说忠县为许城之一，是巴蔓子的守土之城。楚助巴平息内乱后，派使臣前往巴国要求应诺划城。接待使者的巴蔓子对其说：“借楚之灵，克弭祸乱。诚许楚王城，将吾头往谢之，城不可得也！”说罢，遂以佩剑自刎。楚王得知此事后，很感慨，叹道：“使吾得臣若巴蔓子，用城何为！”即以上卿礼将巴蔓子的头国葬于楚国地。巴国也以上卿礼埋葬巴蔓子的身子。为纪念巴蔓子“刎首留城”，旧时每年农历三月初四，县城皆举办一次纪念活动，曰“三月会”。活动十分隆重，头一天要举行大扫除仪式，在全城清除街道的一切污秽邪魔，以示虔诚。是日，从清早到中午，先由身穿“兵勇”披挂的人，按照俗成的规矩，到巴夫人的娘家去报信三次，称“三道报子”。下午才举行盛大的游行活动，游行队伍多达数千人。由“开路队”、“二十八宿”队、木制“平台队”和“彩亭队”、一座座用各种彩绸彩缎饰成的天盖凉棚队（棚里有节目演出）、仿明轿子队、“鼎马”队、“彩龙”队、“仪仗”队等组成。其中，开路队里有一幅长长的白绸会标，上面写着“巴国土主刎首留城纪念”和两面风火旗、四面写有“回避”“肃静”大字的道牌和写着“杀身成仁”“舍生取义”的高脚木牌。二十八宿由锡铸成。轿子里坐着有钱人家的小姐装扮成的古装姑娘或时髦女郎。鼎马由红绿绸缎装饰马头和马身，骑马的则是有钱人家的男孩打扮成的文官武将。彩龙队由青龙、黄龙、白龙组成，边走边舞。仪仗队里有由古装亲兵队护送的土主娘娘（蔓子夫人）和土主爷（巴蔓子）蜡像，像高二米。数千人的游行队伍，浩浩荡荡、锣鼓喧天、鞭炮齐鸣、乐师则细吹细打、场面十分壮观。届时，看热闹的人，除城里人外，还有从农村赶来的农民。邻近的梁平、垫江、丰都、石柱等县的人也来参加。全城人山人海，街道旁、楼房、窗台到处都是看热闹的人。明代有“旗帜塞道，金鼓鸣街，彩亭锦棚，相望于道”、“环游城阛，三日乃止”的记载。后来这一祭祀活动还扩大到了云阳、合川、铜梁等县[①]，其场面更胜过本地。三月会一直延续到抗日战争爆发乃止。

“三月会”看似与盐业无直接关系。其实，故事毕竟发生在产盐之地，时盐业之利系忠县最大利益之所在。忠县是巴蔓子将军的守土之城，又是三座许城之一，维护盐业利益不受侵犯，当是巴蔓子将军的首要任务。从这个意义上讲，巴蔓子将军乃实为保护盐利而献头。“三月会”亦当是盐业的一大盛会。

在渝东最有趣的节日，当数开县温汤井的“元宵对骂”。开县温汤井位于温汤峡谷中，清江由北至南，盐泉分布于清江两岸河边，人们便沿江筑房，分东西两岸，每年正月初九开始，天天晚上都要玩龙灯，直至元宵夜。元宵节本是全国共同的节日，但这里却与众不同。玩灯以河东、河西各为一方，互相由竞赛、攀比到攻击、戏弄。譬如，河西戏弄河东，就扎出一灯戏，由一个披红挂绿的新郎，带着一乘花轿，曰“东吴招亲”。河东则马上回敬一出，由一个罗锅牵着一位妙龄女郎，曰“驼子回门”。元宵之夜，玩罢龙灯后，东西两岸的人群，各自提着灯笼、火炉、凳子和衣被，鱼贯而行，来到各自的后山。先燃灯、发亮，漫山遍野，灯火辉煌。这时，人群围坐在一个显眼的山头上，先设案秉烛，恭陈香茗烟糖。祭拜仪式过后，公推几位嗓子洪亮的男女，领头痛骂对方。并指名道姓，轮流对骂，互不插嘴、打岔，都静静地听。骂完一桩后，群众便鼓掌吼叫，燃放爆竹，借以助威。被骂的人一般都是平时横行乡里的豪绅恶霸，对骂时只骂他们的恶行，不骂脏话，谓之“盘底”。任何人不得阻止或事后报复。一直骂到翌日拂晓，方才欢声雷动，散场回家。这一夜，是盐工和民众最舒心、最欢畅的一夜。这一习俗一直延续到中华人民共和国成立前夕。对骂有助于约束人们的不良行为，对建立和谐环境、保持纯朴民风，有着十分显著的作用，效果非常明显。一些平日作恶多端的人，自知要挨骂，每到这晚，就规规矩矩地躲在家中，闭门静听，悔过自新[②]。

七、遍“地”的盐业印记

盐业留下的印记在渝东比比皆是，上述各项内容均属盐业印记的范畴。但要说明的是，这里所称遍地之“地”，乃地名之“地”，遍地盐业印记，是指到处都有因盐而出现的地名，这些地名将在人们的记忆中永存，成为永远也抹不去的历史印记。在这些因盐而出现的地名中，有县名、镇名、乡名、村名、街道名、码头名，还有溪河名、水沱名、山名、坡名、地坝名等，真可谓无所不在、无所不有。

其中，与盐有关的县名就有不少，从史料中得知，几个主要产盐县，均因产盐而得

---

① 刘正朴总纂：《忠县志》，成都：四川辞书出版社，1994年。

② 李萱华：《温泉是个好地方》，内部资料，2000年12月修改于北碚虚白斋。

其县名，如北井县。巫溪县和巫山县，古时本是一个县，唐尧时属巫咸国，此时国名中就有了咸盐之味，可解读为巫山中的产盐之国。虞、夏时属巫载国，任乃强著《华阳国志校补图注》称：“当虞、夏之际，巫载国以盐业兴。”指出了巫载与盐业的关系。春秋，属巴国鱼邑。战国，鱼邑并于楚，属巫郡地。秦昭襄王三十年（公元前277年），县境属黔中郡巫县。建安十五年（210年），分巫县北境立北井县。据《水经注·江水·巫溪水》载：“水南有盐井，井在县北，故县名北井。”[①]宋置大宁监，元为大宁州，明称大宁县。皆因大宁盐场而得名，盐场位于大宁河畔，曰大宁场，驻地现名宁厂镇。足见县名从巫咸、巫载、巫县到大宁县，都与大宁场的盐业有关[②]。

奉节县春秋时为庸国之鱼邑，属楚。秦为鱼复县，属巴郡。汉为鱼复治，设都尉，汉末徙治白帝，为巴东郡治。蜀汉改永安县。晋仍为鱼复县。西魏改为人复，属信州。后又改为阳口县。唐贞观中为奉节县。鱼复为奉节县城东1千米、白帝城西5千米处，临长江左岸的一块长2500米、宽800米的碛石沙滩，状如鱼复，曰鱼复浦。夏季被洪水淹没，冬季露出水面。像这样的碛石沙滩，在长江上游随处可见，为什么独此用它作县名呢？原来这碛上有盐泉数眼，奉节从古产盐，鱼族依之建国，是渝东地区古盐业的发源地之一。可见鱼复县的得名，乃源于产盐之地的鱼复浦。白帝城的得名也同样与盐业有关。据载：“东汉初年，公孙述据蜀称王，因鱼复城白鹤井白气腾空，被说成是白龙飞升，预兆皇帝出世，公孙述于是自称‘白帝’，并将鱼复县改名白帝城。”[③]其实，在有盐泉分布的地方，卤水藏于地下，流出地面的水温常在40℃左右，卤水在地下的温度则更高，会产生蒸气，并形成压力，然后向四周扩散，从泉眼或裂隙处窜出地面。所以，白气腾空为盐井常见的一般征兆。鱼复城有盐泉分布，出现白气腾空的景象是很自然的事情，白鹤井虽不是盐井，但在一定条件作用下，卤水蒸气窜入其井的可能性是完全存在的，故白气腾空实乃卤水的热气所致。若如此，白帝城的得名亦源自于盐水蒸气的升腾。

云阳县治原在万户驿，为便于盐政管理，后迁到云安盐场至长江的汇合处——汤溪河口。云阳县名的由来，说法有二，一说县治位于盐业重镇云安之南，南面为阳，故曰云阳；另一说法是，云阳所辖地，古有阳口县治，故取云安县和阳口县之首音，名曰云阳县。“三代”时为荆、梁二州之域，其地旧名“朐忍”。秦时朐忍县属巴郡。至后周，乃改县曰“云安”。唐改隶夔州，后又隶云安郡。宋于夔州路置云安军以县入之，

① （北魏）郦道元：《水经注》第三十三卷，杭州：浙江古籍出版社，2001年。

② 汤绪泽主编：《巫溪县志》，成都：四川辞书出版社，1993年。

③ 刘方陶、李向东主编：《奉节县志》，北京：方志出版社，1995年。

又析盐产置安义县，旋废。元初袭军名，后升为云阳州，明因之，复改为县[①]。朐忍乃蚯蚓也，蚯蚓随处都有，为何以此为县名，有学者考证，“《汉志》县名中，有齐郡临朐，东莱郡临朐，东海郡有朐县，亦近海，产盐。东莱郡临朐有‘海水祠’，东海朐县有‘秦始皇立东门阙’。凡县名有朐字者，皆产盐之地”[②]。笔者认为，云安是渝东最大的盐场，早先河床很低，盐泉可涌出地面，且泉眼众多，乳白色的盐水弯弯曲曲流向溪河，犹如遍地蚯蚓向前蠕动，故得名朐忍。由此看来，该县的县名，从朐忍到云安，再由云安到云阳的变更，以及县治的迁徙，都与云安场的盐业有关。

忠县在西汉时，置临江县。王莽建立新朝后，改临江为监江，东汉复名临江。洪武时期，并临江县入忠州，州县合一。民国二年（1913年）废忠州，名忠县[③]。古时繁体临、监、盐三字通假，常混用，据任乃强教授考证，此县在巴与秦，本曰盐江。汉作临江，非因其临江岸。《汉志》县名，凡汉县称临而王莽改称监者，皆产盐之地，无例外[④]。由此看来，忠县古县名与盐业的关系更加直接。

郁山盐场位于彭水县的郁山镇，盐泉分布在郁江支流、伏牛山麓的后灶河与中井河一带。商至春秋，县境属巴，治今郁山镇。战国属楚黔中郡。西汉建元元年（公元前140年）置涪陵县，治今郁山镇。元始二年（2年）治所已移至今汉葭镇。始建国元年（9年），更名巴亭。东汉建武元年（25年）复涪陵县。建安六年（201年），析涪陵县地置涪陵、永宁（今贵州省东北部）、丹兴（今黔江）、汉葭县（治今郁山镇）。隋开皇十三年（593年），置彭水县，治今郁山镇，属黔安郡。今郁江时称彭水，县以江得名，故曰彭水县[⑤]。县名、县治虽几经变更，但始终都以郁山盐场为核心。

开县的温泉镇，并没有温泉，却只有盐泉。温泉镇位于长江北岸支流彭溪河上游的温汤峡谷之中，在河流岸边有盐泉20眼，为隔离河水，盐泉四周用石、泥砌筑成井。据《夔州府志》载：“温汤有井，冬夏常温。”盐泉常年水温40～42℃，故曰温汤井。温泉即温热之盐泉，温泉镇即因此而得名，镇名来自于盐井之名。

除以上县、镇名外，因盐而得名，带有盐、咸、井、灶字的小地名更遍地皆是。诸如，盐店、盐店巷、盐码头巷、盐局街、盐二沱、盐坝、白盐、白盐山、白盐碛、盐东、盐渠、盐渠滩、臭盐碛、盐井、盐井沟、盐井溪、盐井峡、盐井村、盐井坡、东井、东井沟、东大井、东大井街、车桥井、八角井、潽井、潽井溪、涂井、涂井溪、天井、龙井、小井溪、臭水溪、中井河、中井坝、后井街、后灶河、大咸、咸丰、咸池、

① 贾聚星主编：《云阳县志》，成都：四川人民出版社，1999年。

② 任乃强：《华阳国志校补图注》，上海：上海古籍出版社，1987年。

③ 刘正朴总纂：《忠县志》，成都：四川辞书出版社，1994年。

④ 任乃强：《华阳国志校补图注》，上海：上海古籍出版社，1987年。

⑤ 蔡盛炽主编：《彭水县志》，成都：四川人民出版社，1998年。

咸池沟、咸池坝、咸池垭口、咸山峡、龙池沟等[①]。这些有咸盐味的地名，在不同地方且多有相同的名称，甚至在一个县内也有重名存在，成为永远都抹不去的盐业印记。

八、珍贵的盐业景观

凡是到过大小三峡的人都不会忘记，三峡里有三大千古之谜。这三大千古之谜是：巫溪宁河右岸悬崖上的古栈道、奉节鱼复浦上的八阵图、瞿塘峡和荆竹峡里的悬棺。其中，古栈道之谜，谜在栈道之长，长为何用？八阵图之谜，谜在构成八阵图的石堆群，年年夏水所没，冬季水退，何以依然如故？激流为什么冲不走这些石堆？悬棺之谜，谜在古人是用什么办法将棺材抬上悬崖绝壁的？经考证，这三大景观都与渝东的盐业有关，多数谜底都能在盐业中找到答案。它们分布在大、小三峡之中，为雄伟、险峻、秀丽的大、小三峡增添了几分姿色，与峡中其他盐业景观如白鹿盐泉、宁厂古镇、大昌古镇等相映衬，构成一幅绚丽多彩的盐业景观，是三峡库区不可多得的一大旅游资源。

宁河古栈道起自巫溪县大宁盐场的白鹿盐泉，一路顺大宁河南下，至巫山县的龙门峡口，全程80千米（旧称270里），岩壁上现存架木石孔6800余个，呈水平排列。石孔的形状、大小、深度、间距基本一致，十分整齐。另一路由大宁盐场顺大宁河北上，转西溪河及主要支流东溪河而西进，至湖北竹溪县羊角洞、陕西镇平县大河乡母猪洞和小榆河、重庆城口县东安乡亢河一带，栈道连接山路，纵横交错，不下千里，形成一个庞大的栈道网[②]。其石孔的形状、大小、深度、间距、水平的排列等，与南下段恰好相反，栈道石孔的排列有高有低、孔距或远或近、孔径若大若小、孔眼亦浅亦深，既不统一，又不整齐。经考证，北上段为运盐栈道，南下段为输卤管道。关于古栈道的功能问题，笔者与三峡学院任桂园教授合写的《宁河古栈道遗址新探》一文中，已作过专题研究，研究成果表明，宁河古栈道确系古代盐业生产留下的景观。

八阵图是位于奉节县城东1千米，长江北岸一片碛石滩上的石堆群，传说三国时，诸葛亮入川，在此聚石为堆，布成阵势，曰八阵图，能顶十万大军。十年后，刘备为关羽报仇，亲率七十万大军讨伐孙权，不料反遭东吴都督陆逊火攻连营七百里，刘备败退至白帝城，陆逊引得胜之兵，向西追袭，至鱼复浦被困于八阵图中，幸被诸葛亮的岳父黄承颜引出，方才下令班师。后来，八阵图越传越神奇，神奇到滚滚长江东逝水、滔滔激流浪淘尽，却淘不走这些石堆群，且年复一年，竟依然如故。使不少文人为之诗兴大

① 四川省云阳县地名领导小组编：《四川省云阳县地名录》，四川省云阳县地名领导小组，1986年。

② 汤绪泽主编：《巫溪县志》，成都：四川辞书出版社，1993年。

发，于是就留下许多有关八阵图的诗词、歌赋。倒如，宋人苏轼，在《八阵碛》里就有“平沙何茫茫，仿佛见石蕝。纵横满江上，岁岁沙水啮。孔明死已久，谁复辨行列？神明非学到，自古不留诀”的诗句。宋人刘昉的《八阵图记》里，亦有“鱼复阵碛，创自武侯。江流莫移，若有神护”的词语[①]将八阵图描述得神乎其神，八阵图似乎真有神奇莫测之功。其实，诸葛亮入川和刘备败退白帝城，均在秋初时节，鱼复浦正淹没于滔滔长江之中，两次都没有聚石为堆的客观条件。构成八阵图的石堆群，乃是历代白盐碛上煮盐留下的盐灶。八阵图确系盐灶被改造后用于军事防御的产物。所以，八阵图乃是盐业与战争相互作用而留下的景观。遗憾的是鱼复浦现已沉入三峡库底，人们再也无缘见到它的“庐山真面目”了，但它丰富的文化内涵却是永存的。关于八阵图与盐灶的关系问题，笔者在《奉节鱼复浦上的八阵图与盐灶》一文里，已有专题研究。

悬棺或岩棺，是在悬崖绝壁上置放棺材。置棺方法有三：一是打桩架棺；二是凿穴置棺；三是利用天然洞穴和天然岩墩搁棺[②]。在大三峡和小三峡都能见到。大三峡里有瞿塘峡悬棺，瞿塘峡悬棺位于瞿塘峡北岸风箱峡陡峭的山崖和南岸岩壁上，悬棺现存7具，在江北风箱峡，海拔120米处有5具，江南岸140米处有2具。另外，在奉节境内的荆竹乡椅子村西北2500米的峭壁上有悬棺4具；在梅魁乡曾家村7组棺材岩上，有悬棺6具，距地面500米[③]。在小三峡里，巫溪、巫山境内均有悬棺分布。其中，巫溪县境内，现存岩棺43具，岩棺穴274处，大多分布在大宁河沿岸的悬崖绝壁上。县城至荆竹峡段有岩棺36具，其中的24具集中在荆竹峡，是川、渝岩棺时代最久、保存数量较多的地区之一。另外，在大宁河上游支流东溪河西岸、县城南门湾处亦有岩棺分布[④]。巫山县境内的岩棺，分别在龙门峡溶洞、巴雾峡北口、滴翠峡飞云洞口、马渡河的岩壁上，各有悬棺1具[⑤]。关于悬棺问题，笔者未曾考证研究，不敢妄加议论。不过，从悬棺的形状和位置的分布上来分析，却可从中受到一些启发：其一，悬棺分布的位置均在河流两岸的悬崖绝壁上，而且多数都分布在能行船的河流两岸的悬岩上；其二，部分悬棺的棺材为船形，也叫船棺，说明实行悬葬习俗的民族多是从事鱼盐生产的民族。但并不是这个民族的所有人都能享受这份待遇的，能够享受悬葬待遇的人毕竟是少数，只有那些有权势、有地位、有财力、有威望的人才有可能实行悬葬。远古时期，鱼和盐在三峡地区密不可分，渔业离不开盐业，且又促进盐业的发展。一方面渔民需要盐为鱼保鲜，另

---

① （清）曾秀翘主纂、杨德坤撰：《奉节县志》，四川省奉节县志编纂委员会，1985年。

② 汤绪泽主编：《巫溪县志》，成都：四川辞书出版社，1993年。

③ 刘方陶、李向东主编：《奉节县志》，北京：方志出版社，1995年。

④ 汤绪泽主编：《巫溪县志》，成都：四川辞书出版社，1993年。

⑤ 鲁良朝主编：《巫山县志》，成都：四川人民出版社，1991年。

一方面渔民拥有船只，可从事盐业的运输和销售，扩大盐的销售区域，促进盐业生产的发展。所以，在鱼和盐之间，只有既从事打鱼，又从事盐业运销的人，才会有雄厚的经济实力，死后才有可能享受悬葬待遇。足见悬葬亦当是古代鱼盐留下的景观。

除以上三大谜景外，渝东还留下了三座保存完好的盐业古镇。这三座古镇分别是巫溪县的宁厂镇、巫山县的大昌镇、开县的温泉镇。这些古镇都在千年以上，均历尽沧桑，但又各具特色。

宁厂镇位于巫溪县城北15千米的后溪河南岸，后溪河由西向东，经宁厂镇后再向东2千米，与大宁河相汇合。北岸是宝源山，即《山海经》中的登葆山。白鹿盐泉就出自宝源山麓，盐泉旁原有龙君庙和猎神庙，龙君庙创自汉代，与宝源寺相邻。相传猎者见白鹿而逐之，始庙祀焉。原庙为正殿5间，中为龙君殿，左一为观音殿，左二为火神殿，右一为文昌殿，右二为山神殿。殿两端各一楼房，左为酒楼，上书“观今”，右有戏楼，书有“鉴古”。石崖上分别刻有“白鹿盐泉”“黄金玉洞”“宝源天产”的题词。镇东南半山腰有女儿寨遗迹。相传为清初农民义军贺珍率部据险固守，坚持抗清所建。寨为石木结构，依山建筑三层，底层围墙设有炮台，中层为坡地，顶层为哨所住地[①]。宁厂镇因地势狭窄，房子于南岸依山呈一字形排开修建，拉得很长，号称十里半边长街。随着盐业的关停，青壮年多向县城转移，人气逐渐下降，街市萧条。但也因此而保全了古镇原貌，吊脚楼房立于水边，河水清澈见底，倒也十分幽静。古盐井、古盐灶尚存，古朴民风犹在，不失为城里人休闲的好去处。

大昌古镇位于巫山县城北约35千米的大宁河东岸，曾是巫县县治。秦汉之际，通过宁河古栈道，以竹枧引大宁盐泉至大昌熬制，唐肃宗年间，刘晏为盐铁使，立大昌监以收盐课。大昌古城南北尚存，3座城门均用长0.8米、宽0.3米条石砌成，基本完整。建筑群以温家大院（南北街）为典型，建于清初，坐西朝东，建筑面积320平方米。门厅：木结构重檐硬山式屋顶，抬梁式梁架，3柱11架梁，面扩3间11.8米，进深3间6.92米，通高6米。正厅：木结构重檐硬山式屋顶，抬梁式梁架，4柱13架梁，面扩3间12.6米，进深2间8.4米，通高6.73米。后厅：木结构重檐硬山式屋顶，穿斗式梁架，5柱13架梁，面扩3间12.8米，进深4间8.4米，通高6.96米。各檐、厅有漏木雕花窗。山墙多用梯级式，高出屋面，顶端用砖作简单线条；呈人字形，并施以小砖瓦，瓦脊饰以泥塑茑萝或几何线条，江浙风格浓郁[②]。大昌古镇在三峡库区三期水位线之内，但庆幸的是，巫山县人民政府将对它作整体还原搬迁，古镇将在新的位置笑迎游人光临。

开县的温泉镇，既是一个千年盐业古镇，更是一个旅游胜地。温泉镇地处大巴山麓

① 汤绪泽主编：《巫溪县志》，成都：四川辞书出版社，1993年。

② 鲁良朝主编：《巫山县志》，成都：四川人民出版社，1991年。

清江中游的温汤峡谷之中，峡长不过2.5千米，且大峡套小峡。这里地形奇特，山崖险峻，峡口由青狮山与白象山两相对峙，远远看去，犹如一头雄狮和一只巨象守护着峡门，威武雄壮，引人入胜。近看万丈悬崖，高不可攀。这里有“三泉争奇”，即热泉、凉泉和臭泉；这里还是“溶洞之乡”，计有仙女洞、罗汉洞、祖师洞、老龙洞、双龙洞、总兵洞、莲花洞、观音洞、白玉洞、白云洞、三官洞、九皇洞、羊子洞、猴子洞、野猫洞、母猪洞、四方洞、太阳洞、谭家洞、周家洞、火烧洞、灰堡洞、硝洞子、北洞子、砂洞子、牛洞子等近30个溶洞；这里古寨林立，为防土匪，在周围不到10平方千米的范围内，建有数十座古寨，如太平寨、黄家寨、胥谷寨、狮子寨、云盘寨、全兴寨、高峰寨、新里寨、包谷寨、新城寨、肥猪寨、天星寨、三清寨、向阳寨、平安寨、双寨子、猫儿寨、鹿子寨、银子包寨等；这里古刹众多，在不到2平方千米的范围内，竟有大小庙宇十多座，其中，文昌宫和关帝庙就各有2座，即河东各1座、河西各1座①。在一个小古镇上，有如此多的景、洞、寨、庙，为全国少有，不失为休闲、旅游的好去处。

另外，渝东还保存有不同时期、不同类型的古盐井。其中，有最原始的自然盐泉、有最原始的人工井和具有人工井初始形态的雏形井：忠县涂井溪有各种类型的雏形井。开县的温汤井则用泥石围筑盐泉四周，既是泉又是井，称过渡井。云阳县的云安镇有各种不同口径、不同大小的人工井。不过，最特殊的当数郁山镇后灶河畔的岐井，此井为自然盐泉，但泉眼却在溶洞之中，卤水从马岍洞里流出，既特殊又罕见，渝东也仅此一处，为盐业景观之绝景。但需要一提的是，白鹿盐泉本是最原始的自然盐泉，白兔井亦是最早的人工井，为全国之最，应属国家级保护单位。但因种种原因，两井还只挂着县级文保单位的牌子。且白兔井在三峡工程三期水位以下，在没有任何保护、迁移措施的情况下，于今年被填埋，实在令人痛心。

以上景观，有极高的文物价值，亦是三峡库区的旅游亮点，如能合理开发利用，古老的盐业遗产必将在库区旅游业中焕发出新的活力，为振兴库区经济做出新的贡献。

九、不朽的盐业诗篇

悠久的盐业史引来不少文人墨客，留下许多不朽诗作。其中，纪念和颂扬井神（当地传说中的盐泉发现人，称井祖或龙君）的诗篇最多。

如巫溪的大宁盐场，传说昔猎者追逐白鹿，至宝源山麓引出盐泉。另据史载：宋淳化三年（992年），知监雷说创龙池，外侧拦木板，木板上凿大小一样的方孔，外接竹

① 李萱华：《温泉是个好地方》，内部资料，2000年12月修改于北碚虚白斋。

管，将卤水分引各灶，很好地解决了卤水纷争，为后人所敬仰，诗人常以此人为题作诗。其中，清人王步瀛的《盐泉寄题》：“闻说大昌县，飞岩泻卤泉。利分秦楚域，泽沛汉唐年。白鹿留仙迹，青山煮晚烟。雷公遗政在，应让使君贤。”清人陈镇的《大宁八景·白鹿盐泉》：“盐井平分万灶烟，引从白鹿记当年。行郊曾应随车雨，逐野欣逢涌地泉。天遣霜蹄通滟滪，人从云麓觅清涟。出山已备和羹用，玉液功名鼎鼐先。”陈杏昌的《观龙池作》：“避难奔西蜀，巉岩峭壁簇。计程近二千，始入大宁谷。此处本深山，如何多竞逐。佥称地有灵，盐泉出其麓。昔日杳茫茫，引之自白鹿。猎人系出袁，但未详明目。转谒龙君祠，果然千丈瀑。不分雨已晴，有伸长无缩。商贾爱其泉，洞门遮以屋。池中铁分孔，远近通虚竹。白雪喷千茎，乌金融万斛。不徒和野羹，更可调公餗。裕国又便民，生涯遍水陆。培源保久长，自是万家福。”①

又如云安盐场，流传刘邦同将军樊哙，曾到朐忍招募板楯族当兵，遇扶嘉于洞口。嘉劝刘邦早定三秦，完成大业。刘邦以嘉志在扶翼，赐嘉姓扶，官至廷尉，食邑朐忍。又传樊哙在此射猎，跟踪白兔而发现卤水，嘉使民在盐泉周围以土石围筑，建成云安第一口盐井，曰白兔井。并嘱其女：“三牛对马岭，不出贵人出盐井。”后人视扶嘉为井祖，故诗人多以扶嘉为题作诗，其中，清人杨塀的《龙君祠》：“乱世能潜草莽中，叩关容易庆遭逢。三秦早劝高皇定，百里先叨采邑封。似与中原同逐鹿，偏于大泽一占龙，至今汲绠分余润，市井鱼盐又一宗。”清人谭仁职的《龙君宫》：“劝定三秦策最选，淮阴所见略然同。归休朐忍驯龙日，胜似咸阳烹狗年。扶汉情殷姓氏传，官高廷尉岂徒然。功名炫烂归平淡，太史何须注简编。”清人熊宇栋的《清代云阳八景题咏·扶嘉盐井》：“合沓三牛峙，周遭马岭斜。辘轳喧万井，烟火杂千家。才定和羹依，功宁煎海夸。汉王台上立，遗范缅扶嘉。”②

在大量诗词、歌赋中，反映盐业工人艰苦与辛酸的作品亦有不少，尤其是写女人艰辛的作品更有特色，其中，宋代诗人范成大的《夔州竹枝词八首》其中，第二首曰：“新城果园连瀼西（今奉节县城），枇杷压枝杏子肥。半青半黄朝出卖，日午买盐沽酒归。”第七首：“滟滪如朴瞿塘深，鱼复阵图江水心。大昌盐船出巫峡，十日溯流无音信。”③杜甫的《十二月一日三首》中的第二首：“寒轻市上山烟碧，日满楼前江雾黄。负盐出井此溪（云安汤溪河）女，打鼓发船何君郎。新亭举目风景切，茂陵着书消渴长。春花不愁不烂漫，楚客唯听棹将相。”④杜甫的《负薪行》：“夔州处女发半华，四十五十无夫家。更遭丧乱嫁不售，一生抱恨堪咨嗟。土风坐男使女立，男当门户

① （清）高维岳总修：《大宁县志》卷八《艺文》。

② 贾聚星主编：《云阳县志》，成都：四川人民出版社，1999年。

③ （清）曾秀翘主纂、杨德坤撰：《奉节县志》，四川省奉节县志编纂委员会，1985年。

④ 贾聚星主编：《云阳县志》，成都：四川人民出版社，1999年。

女出入。十犹八九负薪妇，卖薪得钱应供给。至老双鬟只垂颈，野花山叶银钗并。筋力登危集市门，死生射利兼盐井。面妆首饰杂啼痕，地褊衣寒困石根。若道巫山女粗丑，何得此有昭君村。”明人王廷相的《巴人枝竹词》：“白盐生井火烧畲，女子行商男在家。橦布红衫来换米，满头都插杜鹃花。”①

在云安盐场，还流行一首民谣，诉说汲卤工人的艰辛，形象生动：“头顶千斤耳板，脚踏万丈深渊。热天汗如雨下，冬天冷如冰山。”②

此外，云安人普遍相信“三牛对马岭，不出贵人出盐井”的传说，因而重利轻学，宋人王日翚，针对这一短视行为，写了一首较长的《云安监劝学诗》，以勉励人们勤学：“云安古汤溪，风脉环沙滨。无时不盐烟，无民不樵薪。士子独希少，锥刀事艰难。我因捧檄来，暇日聊咨询。溪山秀且清，湛碧高嶙峋。衣冠杳不报，敢问夫何因？盛言汉廷尉，有语诒乡邻。三牛对马岭，有井无贵人。斯言既笃信，诗礼不复闻。我闻为咨嗟，此语深非人。儒风一旦扫，有甚遭烧焚。因言廷尉者，其生岂不神。既禀神灵姿，宁非圣贤人。安得鄙俚语？千载愚斯文。既禀神灵姿，宁非圣贤伦。唐皇上柱国，伪蜀掌丝伦。遗诰尚可考，苗裔亦诜诜。后生宜可畏，况逢尧舜辰。如何三百年，自弃甘煨尘。前贤不知慕，俚语常书绅。不知非格言，野老相因循。为言听我语，蜀民初顽嚚。文翁有益州，化蜀与维新。英才出王马，继世杨子云。词章蔼当世，至今耀清芬。自尔吾蜀上，文学多彬彬。乃知汤溪上，未必无国珍。琢磨始成器，匪即为荆榛。公侯宁有种，自致惟斯文。蜀学乃孤陋，师友须隆亲。又当听我言，既学须能勤。不勤如不学，勤学始成身。穷兮世巨儒，达兮圔名臣。唯恐学不至，学必无沉沦。如不学为民，不如复前熏。十室有忠信，见者希能遵。会观集岁后，俊造来闾阎。一成诗礼乡，举充观国宾。”③

在渝东盐业诗篇中，亦不乏鞭挞时弊之作，如民国时期冯笏轩的《盐船哀》，就揭露了一起官府封盐船的悲惨事件，控诉忠县官府不顾百姓缺盐的疾苦和船民的死活，无端贴封盐船三年：“早秧河上两船泊，马门一纸封条贴。坐商负债债控官，苦累行商行不得。盐船运盐自有权，盐商欠钱应还钱。如何不追债主业，朱笔封条似铁坚。官盐本以济民食，忠丰（忠县、丰都县）需盐望至极。三载牵连不放船，盐已化泉乌有质。水气蒸盐盐自败，盐气浸船船亦坏。他日纵使放船行，大江波浪乌能耐。两船连岁伏菰蒲，不计船中盐有无。可怜船主泪痕枯，官犹日日作追逋。”④

---

① （清）曾秀翘主纂、杨德坤撰：《奉节县志》，四川省奉节县志编纂委员会，1985年。

② 官箴九主编：《云阳县盐业志》，四川省云阳盐厂，1995年。

③ 贾聚星主编：《云阳县志》，成都：四川人民出版社，1999年。

④ 刘正朴总纂：《忠县志》，成都：四川辞书出版社出版，1994年。

在盐业诗篇中，写景抒情的诗亦占有相当比例，如杜甫诗中就有“忠州三峡内，井邑聚云根”之句。白居易的诗中亦有“隐隐煮盐火，漠漠烧畲烟”之词。

除此还有魏光烈的《盐场晚眺》：“一涧走巫溪，风光到眼齐。层阴通蟹火，残翠锁鱼溪。渚静云皆暗，山空鸟不啼。未应嫌冷落，人在画桥西。宝源山下泉，泉深望渺然。喷流千丈雪，香满一溪烟。碧嶂连村湿，红炉彻晓煎。黄金走万里，待看往来船。”闵文钊的《游白鹿咸泉》：“谁驱白鹿引咸泉，古穴深井一线穿。岩脚石龙云喷雨，山头文豹雾藏烟。千竿匀溜竹成涧，万灶勤烧水作田。此地灵踪原有伴，状元洞里访神仙。”宋永孚的《题盐泉》：“一泉流白玉，万里走黄金。人事有因革，宝源无古今。”[①]清人黄之骥的《忠州古迹六咏·羊子岩》：“冠雀衔鱼瑞应台，关西岳降济川才（指东汉关西夫子杨公伯起）。山从三峡云边去，从自长安日下来。太素肯教蝇迹点，夕阳悲听鸟声哀。盐泉万井遗清白，补阙谁思史笔裁。”[②]支香荪的《题东岩草堂八景·后井暝烟》：“斜阳昼欲昏，雾起天将明。疑是出岭云，暮烟生后井。”[③]

有的诗词、歌赋还把渝东盐场描绘成人间仙境，如《山海经·大荒南经》中的：“巫戴民朌姓，食谷，不绩不经服也，不稼不穑食也；爰有歌舞之鸟、鸾鸟自歌、凤鸟自舞，爰有百兽、相群爰处。百谷所聚”[④]之语，就把巫戴国描绘成吃穿不愁、歌舞升平的极乐世界。

邓希明的《云安场记》，也用相同的笔调，对云安的奇特山水和盐业之利，作了生动的描述，其中一段曰：“总之，地静俗和，抚绥得人，生聚自易，虽沧桑易变，代不乏人。有客从旁议之曰：子之所纪者事，而未详山水之由。如荆、吴、徐、越，水胜也，不以水为奇，必得山而奇；秦、蜀、滇、黔，山胜也，不以山为奇，必得水而奇。此山发脉于秦岭，绕铁山，剑阁而东之，崴嵬山囊曲，似水为山阻，至此独开一面，让水从容放达，周旋云场，此山之奇也。此水源出万顷池，绕桃花洞、雪泡山而南下，左右碨硃沮洳，似水为山速，至此独缓潴数十里，俾舟得载薪、运盐，以活居民，此水之奇也。凡卜居此者，不知种稑而食，不暇蚕织而衣，治可聊生，乱可避寇，高士可以养廉，小民得以食力，山水之奇，谁有过于此者乎？”[⑤]

---

① （清）高维岳总修：《大宁县志》卷八《艺文》。

② 刘正朴总纂：《忠县志》，成都：四川辞书出版社，1994年。

③ 蔡盛炽主编：《彭水县志》，成都：四川人民出版社，1998年。

④ 袁珂译注：《山海经全译·大荒南经》，贵阳：贵州人民出版社，1991年。

⑤ （清）刘贞安总纂：《云阳县志》（民国二十四年编撰），重庆市云阳县地方志编纂委员会，2002年。

十、结　语

渝东盐业一直影响着三峡文化的形成，其影响面是十分广泛的，但综合起来，主要有以下四个方面。第一，盐业一直是渝东地区历史上的主要支柱产业，支撑和主宰着渝东地区的经济命脉。可称为盐业经济，盐业经济对当地的财源结构、机构设置、行政管理、成员构成、社会关系以及个人的收入来源、工作选择、生活内容、生活方式、生活习惯、人际关系等，都将产生广泛而深远的影响，为三峡文化的形成起有导向性的作用。第二，悠久的制盐业，在漫长的生产过程中，形成了一系列独具行业特色的、地方特点突出的、咸盐味道十足的渝东盐业文化。例如，盐场的某些祭祀活动、某些节与会、某些习俗等，均为盐场或地方所独有，并影响着人们各种习惯及习俗的形成，使三峡文化带有浓厚的盐文化色彩。第三，制盐需要大量劳动力，盐场又是商贾云集之地，吸引着各地的移民和商人，使之大量涌入到三峡地区，移民和商人来到三峡地区后，必将各地的文化也随之带进三峡地区，并融入三峡文化之中，给独特的本土文化增加了许多外来文化的新内容，致使三峡文化的内涵更加丰富多彩。第四，因盐利使然，历史上这里曾发生过多次争夺盐泉的战争。战争招致战乱，战后必为强者所占领。占领者为维护其利益、巩固其地位，遂将自己的意志强加给被占领者。这样，原来所形成的各种文化，被迫一次又一次地受到占领者的冲击，使某些方面不得不随占领者的意志而改变，从而进行新的组合，实现新的改组与交融。与此同时，战争中出现的暴力、械斗、计谋、恃强凌弱等概念，也随之潜入人们的头脑，影响着人们的意识和习惯，使三峡文化在本土文化与外来文化相交融的基础上，又融入了军事文化的成分。

以上四个方面，足以影响三峡文化的方方面面。因此，可以概括地讲：“渝东盐业是形成三峡文化的基础，三峡文化包含着盐文化的许多丰富内容。”渝东盐业与三峡文化，自古就结下了不解之缘，如果没有渝东盐业，三峡文化肯定不是现在所看到的这个样子。如能充分发掘沉淀于三峡库区的盐文化资源，必为三峡地区的旅游业增添新的亮点，古老的盐业遗产将为振兴库区经济而焕发出新的活力。

2005年4月于万州

渝东古盐泉奇景探秘

摘要： 渝东古盐泉（井）数量多、分布面广，地质复杂、地貌差异大，因而盐井（泉）形态呈多样性，在一些特殊地段上更有奇特景观出现。本文在原已列举的四大类型、五种形态的基础上，又推出了在特殊地段上出现的八大奇特景观，并揭示了部分景观的成因，定名为“奇景探秘”。

关键词： 盐泉　环境　奇景　探秘

笔者出生于盐业古镇，长期从事盐业工作，对渝东盐泉（井）有较多的接触，看到了各种不同形态的盐泉和盐井。看多了，脑海中就生出许多疑问来，如盐泉是如何形成的？又是如何演变成盐井的？盐泉何以千姿百态？各地盐井何以千差万别？它们之间有何内在联系，等等。这些问题长期不得其解，又挥之不去。退休之后，有了充裕的时间，经过潜心研究才终于发现：它们与当地的水文、地质、地理、气象等环境有着密切的联系，于是便写成了《试论渝东古盐泉向人工井的演进》等文。了却了多年的夙愿。文中曾说道：渝东盐泉系由山上的雨水顺地层裂隙灌入盐层，熔融岩盐后又从山麓裂隙窜出地面，形成盐泉，属岩盐淋滤型表层卤。所以，渝东盐泉均分布在河流岸边，并多集中于峡谷地带，成为渝东盐泉分布的一般规律；但各地地貌特征和裂隙的发育是有差异的，因而，盐泉露头的位置有高低之分、地势有陡缓之别，致使其形态各具特色。在一些特殊地段上，便有奇特景观出现，十分有趣。笔者早就想把这些盐泉奇观奉献出来，因虑及学术价值不大，故而没有勇气动笔。但时下留存下来的实物却越来越少，现已所剩无几，如保护不好，将会永绝于人世；若不成文，恐将被人们所遗忘。这种危急之感又常困扰着笔者，思来想去，还是觉得该整理成文，才能传扬下去，这才决心动笔，写下此文。

本文在原已列举的四大类型、五种形态盐井（泉）的基础上，又推出了在特殊地段上出现的八大奇特景观，并揭示了部分景观的成因，故定名为“奇景探秘”。以献给关心渝东盐业的各位同仁志士，它的学术含量虽然不高，却可当茶余饭后的逸闻趣事去欣赏，亦可作资料献存。

一、石壁飞泉

郁山盐场位于彭水县的郁山镇，在武陵山区的乌江上游。乌江发源于贵州省西北部乌蒙山东麓，在善感乡周家寨进入彭水县境，经武隆县，至涪陵凉塘汇入长江。乌江在彭水境内流长64千米，其支流有郁江、诸佛江、芙蓉江、长溪河、木棕河及九条长4千米以上的小溪河。彭水县城位于乌江与郁江的交汇处。郁江发源于湖北利川的汪家营佛宝山蜂子岩和黄泥塘两处，汇于凉雾寺，由北东流向南西，在边湖乡多家村进入县境，经联合、三连等乡，至郁山镇折向西南，再经芦塘等12个乡镇，在县城北端庙咀汇入乌江，全长170千米，境内长83千米。郁江在郁山镇以上称后江河，郁山镇就坐落在后江河与中井河、后灶河三条支流的交汇处，距县城约40千米。中井河与后灶河环绕着伏牛山脉的西北脚，卤源出自伏牛山脉，据《隋唐史志》载："伏牛山下有盐泉。"这里分布着各种形态的盐泉20余眼。在中井河北岸的石壁上，高14～16米处，有一个直径约1.5米的圆形岩洞，卤水从洞中涌出，飞瀑河中，景象奇特，成为一道靓丽的风景线，名曰飞水井，日产卤水约350立方米，现已列为彭水县的古遗址。但更为奇特的是，在卤水飞瀑河面的河床处，还有一股盐泉从河底向上涌出，两股盐泉在此相聚，形成一道从空中到水下、从岩上到河底间相互映衬的独特景观，故此井又名公母井，岩上为公，河底为母。飞水井乃天然盐泉，为上古时期西南地区两处天然盐泉之一，开发时间当不晚于汉代，至今仍飞水不断。不过，现在看到的飞水井已非昔日的模样，笔者于现场看到在岩洞的左下方，距岩洞5～6米处的岩壁上，有几个因崩岩形成的梯形台阶，人们利用这些台阶，构筑了几个梯形卤池，在卤池两侧的岩壁上，还有输卤栈道的石孔分布，显然是将卤水从岩洞被直接引到卤池，再由卤池用竹枧输送到上下游的盐灶去煎煮成盐。该井1915年因岩壁跨蹋致淡水渗入而废弃，现仍能看到卤水从卤池的排水孔流入河中的景观（图版七，1）。

城口县明通盐场的斑鸠井，也位于相似的地理环境中。城口属大巴山区，北面与陕西省毗邻，境内群山环绕、岗峦重叠、峡谷纵横、溪深湍急，这里交通闭塞，经济文化落后，从古代到近代几乎与世隔绝。城口制盐历史悠久，但因地处偏僻，历代匪患频繁，加之盐灶又时煎时停，历史资料严重失缺，只有明清以及现代的零星片段，故难以考究其开发时间。明通盐场位于前河上游，前河发源于境内的光头山，自西南流向东北，经明中、桃园，至了子折向西南，经明通入宣汉，至达州改称州河。在渠县的三汇与巴河汇合为渠江，经渠县、广安，至合川与涪江一起汇入嘉陵江，再经北碚至重庆注入长江。据《城口厅志》载："斑鸠井在八保明通井岩畔，其卤源自穴中流出，相传有陈、罗二人捕猎到此，见白斑鸠飞入岩穴，有白水流出，尝之味咸，遂煎成盐，故名斑鸠井。”明通以古盐井中的“明井”和“通井”而得名。明通有井16眼，分布在前河两岸，它们有的紧贴河边，有的在台阶之上，有的在石壁之穴，有的与绝壁为伴（图版七，2）。在南岸距水面约8米高的一处石壁上有一个岩洞，斑鸠井的卤水就从这洞中流出。历史上斑鸠井曾屡次坍塌，又屡塌屡开，1987年修筑城开公路时，原有地貌被改变，斑鸠井被填埋，紧挨上游2米处就是一座公路桥，致使这里成为桥头堡，于是便有人在此修建小楼（图版七，3），从此，人们再也见不到它的庐山真面目了。

以上盐泉均出自岩洞，并在河流岸边的绝壁处露头，其成因与下面的景观大致相同。

二、走出深闺

在距郁山镇3千米左右的后灶河南岸，有一溶洞——马岍洞。马岍洞位置较低，曾被洪水淹没过。据传：“三国时，张飞来涪陵（时涪陵郡治在今彭水县城）探望庞统之子太守庞宏时，曾在此纳凉，将马拴于洞口，故而得名马岍洞。”据《彭水风物》载：“马岍洞洞口高宽各约20米（图版七，4），洞口榕树根株盘结，入洞，有石室，可设10余席。再入，四围石溜泉纹，青苔碧藓。清风徐来，天光映射，暗石生辉。续入，尤宽敞，洞底平滑无水痕，点点钟乳高悬入繁星，可容数百人歌舞。前行五百米许，有石案，上竖小石，酷似神仙。稍前，忽闻水声哗哗，下有暗河自西而东，白浪翻飞，阴风习习。再前，洞底陡起，步履维艰，未有穷其源者。沿暗河下，水流渐缓，洞亦渐狭，匍匐犬行，可见河中鱼群。其鱼，色黑鳞细，体成圆柱形，口有吸盘，头生细密肉角，性堕贪食。水急则散栖于礁石间，吸盘附石，激浪不动；水缓即出而游弋觅食，不择精粗。乡人知其特性，常持火烛入洞捕之。每尾重三五斤不等，肉多味美。因其为暗河中之特产，不需饲养而手到擒来，故俗称‘家鱼子’。暗河续下，极狭不可通人。”河水于进洞口的下游入后灶河。其景观有诗曰：“丹壑停云处，天开一洞幽。风清苔壁出，水看郁江流。景胜今犹昔，凉生夏亦秋。乡人饶逸兴，杖策尽勾留。”

奇巧的是，洞内既有暗河，又有盐泉，暗河曲折迂回，至出洞口流入后灶河。而卤水则自洞中350米左右的深处，逆向从进洞口流出，犹如一位纤纤淑女走出深闺。关于洞中盐泉的开发利用，《彭水风物》亦有记载：“抗战时期，适隆昌喻昌歧氏寓居郁山镇，因常到此处游息，1938年5月，喻氏父子一次在暗河中发现一天然冒水盐泉。喻氏几经思索，即以无底大木桶围住盐泉劈开河水冲击，在桶外以石台固定为井台；上以吸筒插入卤水中，吸筒附碓嘴，用两人轮换不断脚踩碓尾，卤水亦不断被提至枧盆中，即由竹枧输出洞外煎制。其法费省效宏，后经当时省盐务主管机关批准，并以喻氏之名而名之曰‘岐井’。歧井质量均佳，日产卤水能煎制食盐3200余斤，可供10万人食用。”

在渝东，卤水出自岩洞的倒还有几处，但从溶洞中流出来的却仅见此处，极为罕见。这一景观的出现，与当地特殊的地质环境密切相关，是盐泉矿地层与溶洞地层相重叠的结果。众所周知，溶洞出现于易溶蚀的石灰石岩层，石灰石岩层被雨水溶蚀后形成溶洞，洞中的饱和溶液结晶后又堆积成钟乳石，演变成钟乳石溶洞，形成喀斯特地貌。彭水县境内的石灰石以寒武系、三叠系分布面最广，二叠系次之，石灰石的厚度达几百米。而寒武系地层就集中分布在乌江、郁江沿岸，相间平行呈条状展布。巧的是，郁山的盐泉矿产自于下奥陶系宜昌石灰岩、白云岩及白云灰岩之中，偶尔也出露于中奥陶系宝塔灰岩中，卤水从郁山背斜北、西两翼之断裂带中流出。后灶河与中井河在太平桥相汇成环形，河谷狭窄，地形陡峻，呈断岩峭壁，盐泉就沿此环形河边分布。这就清楚的显示：盐泉岩层与溶洞地层恰好重叠在同一区域之内，且含盐层的奥陶系在溶洞地层寒武系之上，与寒武系上下重叠、紧密相连，为两者的合二为一提供了地质依据。当盐泉矿层的裂隙贯通到溶洞时，盐泉就会在溶洞里露头，形成卤水从溶洞里流出的奇观。此外，在本区寒武系或震旦系上统，还有固体盐（钾）矿床沉积，也就是说，在当地溶洞地层的上下左右都有盐矿资源赋存。这样，“泉”洞合一的概率就更大，溶洞里涌盐泉就不足为奇了。

前面讲到的飞水井和斑鸠井的景观，卤水都是从岩洞里涌出来的，其成因当和岐井是一样的，都是“泉”洞合一的产物，只是洞口位置较高，又位于陡峭的岩壁之上，才呈现出卤水飞瀑河中的景观。

三、玄蛇飞瀑

巫溪盐场的白鹿井（泉），亦称龙井（泉），是我们最熟悉的一口盐井，许多盐史论文里都曾提到过它。但今非昔比，它已几易其容，人们现在见到的，并非昔日的模样，它原来的真实面貌已鲜为人知。龙井（泉）原称白鹿井（泉），因传说中的白鹿引泉而得名，后来，人们在盐泉的出口处安上了石雕龙头，卤水从龙嘴流到龙池，这才改叫龙井（泉）。为均匀分配卤水，人们又在龙池前的木板（后改成铁板）上凿成大小一样的方孔，孔外用竹枧将卤水输入各盐灶煎制。该井的卤水浓度每年呈周期性变化，即冬季浓，夏季淡，且变幅较大，雨季浓度降至1波美度以下，无法维持生产，不得不停产半年，因此，每年只有半年的生产时间。卤水浓度降低是由雨水渗透所致。中华人民共和国成立后，盐厂的干部、工人为提高卤水浓度、增加产量、欲改季节生产为全年生产，决定在盐泉的上方凿进一个洞，将淡水截住、分隔于井外，不料打通了卤脉，致使卤水从新开的洞穴直接涌出，如瀑布般泻入龙池，就变成了我们现在看到的这个样子

（图版七，5），昔日的真面目也就远离我们而去。

20多年前，我第一次到宁厂现场考察，现以作古的冉厂长告诉笔者："早先盐泉是从宝源山的半山腰流下来的，后因地震，致使泉脉改道，盐水才从现在的位置流出来。"当时笔者只听他口说，并不见文字。后来笔者在清人王步瀛的《盐泉寄题》一诗中看到有"闻说大昌县，飞岩泻卤泉。利分秦楚域，泽沛汉唐年"的描述。魏光烈的《盐场晚眺》中有："宝源山下泉，泉深望渺然，喷流千丈雪，香满一溪烟。"又在蒲圻贡生陈杏昌的《观龙池作》一诗里看到有"佥称地有灵，盐泉出其麓。昔日杳茫茫，引之自白鹿。猎人系出袁，但未详明目。转谒龙君祠，果然千丈瀑"的诗句。从"飞岩泻卤泉"到"香满一溪烟"，再到"果然千丈瀑"的描述中，我们可以想见得到：昔日卤水从半山腰流出，顺着山势，弯弯曲曲，奔泻而下，犹如长蛇出洞，悬空飞舞之情形，故《山海经·大荒南经·巫山黄鸟》中"有巫山者，西有黄鸟。帝药，八斋。黄鸟于巫山，司此玄蛇"之说。这或许就是昔日白鹿泉的样子了。如果是，冉厂长的说法就得到了证实。再细品卤水从龙嘴里流出来的样子，怎么也不会有"飞岩泻卤泉"和"果然千丈瀑"的景观出现。另外，从"盐泉出其麓、但未详明目、转谒龙君祠、果然千丈瀑"几句诗文里，可以清楚地看到：诗人当时见到的也是后来的"盐泉出其麓"，并未看到昔日的真面目，"但未详明目"一句即表达了此意，是转过身来拜读龙君祠的叙述后，才得知千丈瀑的景观，说明龙君祠里有此记载。在《盐场宝源寺碑记》里，果然有"而宝山后峙，碧水前流，万壑千崖，旋岚可掬，盐泉不竭，居民辐辏，所谓地灵人杰，又惟此为足观者"的记载。大明《一统志·山川》上说得更清楚："宝源山在县北三十里，旧名宝山，气象盘蔚，大宁诸山，此独雄峻。上有牡丹、芍药、兰蕙，山半有石穴，出泉如瀑，咸泉也。"至此，白鹿泉昔日"玄蛇飞瀑"的壮观美景得以展现，可惜龙君祠已毁于1958年。

四、三泉争奇

开县的温泉镇，既是一个千年盐业古镇，更是一个旅游胜地。温泉镇地处大巴山麓清江中游的温汤峡谷之中，峡长不过2.5千米，且大峡套小峡。这里地形奇特，山崖险峻，峡口由青狮山与白象山两相对峙，远远看去，犹如一头雄狮和一只巨象守护着峡门，威武雄壮，引人入胜。峡内溶洞密布，古刹众多，古寨林立，其中的"三泉争奇"，可算峡中一绝。家居重庆市的李萱华先生，就出生于温泉镇这片热土，他非常热爱自己的故乡，著有《温泉是个好地方》一文，赞颂了家乡的美，并大声疾呼："要保护好家乡的优美环境，以造福子孙后代。"本文就多处引录了这篇文章的相关部分，下面不妨读一读文章中的"三泉争奇"——热泉、凉泉和臭泉，从上至下分别是：

凉泉，又称冷泉，俗名凉水。温汤峡里从观音滩到檀溪段，四方洞、莲花洞下之江滨和檀溪口，有五眼凉泉。流水潺潺，四季常清，终年不断。此泉纯净清亮，甘甜清凉，水温明显低于江水，一年四季都冰冷刺骨。即便是在三伏天，仍然手摸冰手，入口刺牙。当你在炎热难熬时，喝上一口这里的凉水，会顿觉身爽神清，暑气全消。过去当地人常以此水沤豆瓣酱、拍醪糟、冻凉虾、洗冰粉……质优味美。

热泉通称为盐泉，其实卤淡盐微，含量不过百分之一二，但它却独具特色。在温汤峡谷中，从檀溪到龙门滩之间的河段里，盐水自河床或江滨岩缝中涌出。每到冬天，江水静流，澄清的清江河底，一串串乳白色水泡，形成汹涌澎湃的气流，横亘江心，有如白龙过江，别具佳趣。

臭泉，人们听到"臭"字就恶心，但是当你看到这股臭泉，未必你就不想探个究竟？臭泉，色泽淡黄带白，在温汤峡口东岸的青狮山下，从江边洞中流出，直至江中，流量不大，但从不断流，奇臭难闻。俗称臭水孔，上端是一条人行大道，到此，路人无不掩鼻而过。但过后都得回过头来，伫目探望，看看究竟是怎么回事？传说这是王莽追刘秀时，一头雄狮扑来，王莽一箭射中狮脚，从此，狮子脚烂了，千百年来不断流出臭水。至今还流传着"好个狮子烂了脚"的民谚。

温汤峡三泉争奇，还奇在同一峡中，凉泉在上段，温泉在中游，臭泉在下流。有凉泉的地带，无热泉、臭泉；有热泉的地带，无臭泉、凉泉；有臭泉的地带，无凉泉、热泉。三者各有各的地盘，互不相干。

三种泉集中分布在短短一段峡谷之中，世所罕见，成为一大奇特景观。笔者认为，这一景观的出现，与该处地层走向垂直于河水流向及其陡峭的地层产状有关。笔者现场用肉眼观察到，两岸岩层近乎直立，倾角约75°（图版七，6），这样，不同的岩层就对应于不同的河段。当雨水进入岩层裂隙后，分别渗入到不同的矿物层，溶蚀不同的矿物质，并夹带少量杂质分别从各自相对应的河段岸边窜出来，就会出现不同河段流出不同泉水的景观。至于温汤峡谷中的三泉争奇，是否出于此因，笔者不敢妄做定论，只有搜集到详细的地质资料及其他相关资料，并对现场进行细致的综合考证后，才能做出明确的判断。

五、沐浴之汤

从上节得知，温泉镇只有凉泉和盐泉，并无温泉，温泉即盐泉。据《夔州府志》

载："温汤有井，冬夏常温。"盐泉常年水温40～42℃，故曰温汤井，温泉镇因此而得名。温汤井位于长江北岸大巴山麓清江中游的温汤峡谷中。清江乃长江支流澎溪河上游106千米长的发源段。澎溪河发源于开县白泉乡钟鼓村天生桥，由北向南，在县城与由西南而来，并在镇安与桃溪河相汇合的南河相遇，然后折向东南，纳浦里河水后，经云阳县境，在双江镇侧注入长江，河流全长177.5千米。温汤井距源头约70千米，坐落在不到2千米的峡谷之间，江水由北至南，江面狭窄，两岸相距不过50～60米，盐井分布在东西两岸河边，为隔离淡水和阻挡洪水，人们便在盐泉四周用石料砌筑成高5米、厚1～5米的斜坡形方井，犹如地堡一般卧于江岸。其中，河西10井，河东9井。这里要说的是河西岸的玉泉井，据当地人介绍，它是峡谷中出卤量最大的一口井，日流量约150立方米，常年水温40℃，浓度3波美度左右。水温和浓度正好适合于人体沐浴，且卤水中的氯化钠、碘和硫化物等矿物质可舒筋活血，亦可治疗皮肤病，是镇上一大资源。中华人民共和国成立后盐场停办，人们将玉泉井炸开一个洞，形成一个约2米直径的坑室（图版八，1），成为镇上居民的一个天然露天温泉浴池。有趣的是，居民至此沐浴，没有人管理，也没什么规章制度和公约，自然形成每日下午七时前，为男士沐浴时间，七时后为女士沐浴时间，长期以来从不紊乱，故人们又称它为"阴阳泉"。

前不久，笔者随中央电视台《探索·发现》栏目组，再次去温泉镇录制电视片《咸说历史》时看到，原炸开的缺口已被堵上，然后用一截水管将热水引出井外。外面正好有两个相连的长方形石坑，深约0.5米，大的近4平方米，小的约2平方米，形成两个天然浴池（图版八，2），正好适于成人坐浴。之所以要将卤水从隐蔽的井内，引到暴露的井外，可能是出于安全考虑，因为外面的空气新鲜，流动性好，有害气体容易扩散，不会危害人体健康，更不会发生意外情况。故井外更安全、敞亮。随时都有人前来这里沐浴，成为温泉镇的一大特色旅游资源，加之其他众多景观，乃是不可多得的旅游胜地，极具开发价值。

在彭水县旧县城遗址县坝下面的郁江岸边，有一眼盐泉喷出，见方2米，江水可渗入其中，名曰县坝温泉，中心点水温高达74℃，边缘部分仍有57℃，也是沐浴的好去处，此泉冬出夏没，每到枯水季节，前往沐浴者络绎不绝，据《彭水风物》上讲，一外地旅客来此作温泉浴后，曾兴致勃勃地作诗寄给友人："彭城江边一温泉，有幸来游不花钱。哪怕大雪纷纷下，稳坐泉中笑开颜。涤尘除病精神好，干起四化劲亦添。好山好水人争羡，且寄一纸荐君前。"表达了沐浴其中的舒畅心情。更绝的是，温泉对岸有一山，名曰桂岭，往昔岭上林木葱茂，采樵者常集体而歌，此起彼和，悠扬远播。清代岭上建有文风白塔一座，九重密檐式，巍峨壮丽。沐浴者不仅享受到涤尘除病的乐趣，还能听到悠扬的"桂岭樵歌"，又可观赏其绿水、青山、红日、白塔的美景，真可谓是有声有色。如今，岭上的柑橘已成片成林，金秋时节来此，可饱览到橙黄橘红的丰收景色，体验更多水乡风情，人浸泡在温热的泉水之中，与眼前红红火火的景色融为一体，火辣辣的滋味油然而生，使人陶醉在有滋有味的美好前景之中，不觉心旷神怡，流连忘返。

六、卧龙潜水

卧龙潜水是指那些泉眼位置较低，紧贴江边，或在丰水线以下，经常被水淹没的盐泉。其实，这类盐泉的数量很多，几乎遍布全区各地，可以说，凡有盐泉分布的河段，都有这种卧龙的存在。例如，万县的长滩井，据《四川盐政史》载："万县长滩井始于清，旧有八角井，在江之内，水退乃现。卤量极富，相传此为云阳场井之祖脉，若开则云井必枯，人民惑于风水之说，曾请由官厅封禁之，但无书卷可考，不可为据耳。"又如武隆县的白马盐泉，据《涪陵地区盐业志》载："南宋王象之《舆地纪胜》称：'涪州辖武隆县白马津东三十余里江岸有咸泉。初康定间，有程运使舟次鹊岸，闻江上有硫磺气袭人，谓此必有盐泉，驻舟，召工开之，果得咸脉。是时两岸山水相接，薪蒸赡足，民未知烹煎之法，乃于忠州迁灶户十余家，教以煮盐之法。未几，有四百余灶，由是两山林木芟薙悉成童山。'直至解放（1949年10月）前，历代取卤煮盐从未间断。自康定后，在羊角碛置白马寨、白马津设盐官。大观四年（1110年）白马寨废，同时撤白马津盐官。此后，凡乌江冬水枯，咸泉露或遇灾年战乱，外地盐少、价高，则有羊角、土坎、木根、白马、车盘等数乡农民多达四五百人，就河岸搭棚垒灶或就近挑卤回家煎制，昼夜不停。一个冬季每户少者30～50斤，多则100余斤，自食为主或送亲友，少量出售。"《涪陵地区盐业志》又载："在武隆县的江口镇附近乌江边，地名'咸山峡'产盐，因其地临江，易淹没，且石壁狭窄，无处煎熬，已废积时。"

除此之外，忠县涂井溪各种形态的盐泉、开县温汤井和城口明通井位于江边的诸多盐泉，以及奉节县的臭盐碛等，都是这种夏没冬出的潜水之龙，只是后来有的在四周加筑石围后，盐泉才免遭洪水的侵袭。

总之，这种卧龙潜水的景观在渝东可谓无处不在。也正因为它们常被河水淹没，为抗御洪水的袭击，才逐渐演变、发展成后来的人工井。因此，它们既是最原始的人工井，又是原始井的活化石。那么，这些活化石为什么一直没有再进化呢？答案有三：一是量小、分散，形不成生产规模；二是卤淡，能耗大，成本高，效益差，产品无竞争力；三是虽有规模和效益，但人力不可违。例如，奉节鱼复浦上的臭盐碛，就因无法抗拒长江的巨大洪流而放任自流、任其自生自灭。正是这些不利因素的存在，盐泉的原始状态才得以保留至今，为我们研究盐井的早期演变提供了宝贵的实物资料。

七、白龙献瑞

凡去奉节白帝城参观过的游客都会记得，白帝城位于奉节县白帝山上，山上有座白帝庙，白帝庙前殿现为托孤堂，1985年新增刘备托孤大型彩塑一组，21尊2米多高的蜀国君巨彩塑栩栩如生。在庙前的庭院里，有两个六边形的水池，池中各有雕塑一尊，分别是“白鹤出井”及“白龙献瑞”（图版八，3；图版八，4），水池边各竖有中英文简介石碑一块。其中，白龙献瑞碑上写道：“传说此井有白气升腾，状如白龙。新莽时期，公孙述据蜀，在此设防，因见白气升腾如龙，认为是祥瑞之兆，于公元25年自称‘白帝’，筑白帝城，白帝城由此得名”。而“白鹤出井”处则无实井，石碑上清楚地写道：“传说白帝城有一井，井水甘甜清冽。泡茶不仅清香四溢，片片茶叶，直立杯中，犹如白鹤展翅升天。”讲的是井中的水可泡好茶，但却不知井在何处，似与白气升腾无关，显然是为与“白龙献瑞”相对称而虚设的景点，并非井址。其实，这传说中的井就是“白龙献瑞”，而井名却叫“白鹤井”。据《四川省情》称：东汉初年，“公孙述据蜀为王，因鱼复城‘白鹤井’白气腾空，被说成是白龙飞升，预兆皇帝出世，公孙述于是自称‘白帝’，并将鱼复县改名白帝城”。说的就是白鹤井的白气腾空，状如白龙，由此看来，“白鹤出井”与“白龙献瑞”两景本为一井，乃一物二用，妙哉。

笔者以为，这“白龙出井”其实与盐泉有关，因为在有盐泉分布的地方，卤水藏于地下，流出地面的水温常在40℃以上，卤水在地下的温度更高，必有蒸气伴生，凡有盐泉出露的地方，都能见到白气升腾的景观。渝东盐泉来自于三叠系地层中。中三叠统、下三叠统嘉陵江组和巴东组是本区主要含盐层，除已溶滤破坏者外，目前残留盐体残存资源总量近7000亿吨。含盐系各碳酸盐夹层尚含有卤水，上三叠统须家河组和下侏罗统香溪组亦为本区重要含卤层。而三叠系岩层在奉节境内的出露非常广泛，面积约占境内岩层的一半，并集中出露于长江谷地、江南乡以下长江南岸各区、草堂区各乡，以及木垭背斜和红岩之南冀，下、中、上统齐全。下统层为嘉陵江组，中统层见于巴东组，上统层为须家河组。长江北岸除三叠系外，几乎全属侏罗系。由此可知，地处草堂区内的白帝城，山上有含卤层，山下有白盐碛的卤水流出。据民国《四川盐政史》卷二《场产》载：“碛坝在江之北（指白盐碛在长江北岸），修大井一眼，小井二眼，卤脉直冲过南，故南岸亦开一井，灶户公共取汲，并无费用，水枯之际见白色如虹，横江而过，俗谓之‘白龙过江’。汉公孙述据夔起兵，认为祥瑞，即此卤脉也。”公孙述借白龙起兵，再借白气称帝，皆与卤脉相关。山上白气与江中白龙的遥相呼应，正好说明卤脉在白鹤井地下附近经过，当卤脉与水脉裂隙串通时，蒸气就会从井口窜出，呈现白气腾空的景观。再说具体一点，就是盐泉卤脉与白鹤井水脉相重叠，即卤脉在下，水脉在上，当地层裂隙贯通卤脉与井壁时，就形成一个天然气水分离器，即卤水往下流到白盐渍，蒸气往上蹿出白鹤井，呈现“白龙出井”的奇观。

此事笔者曾与多位学者进行过探讨，他们亦都持有相同看法。

八、笑迎“156”

2006年9月20日22时，三峡水库开始从135.5米向156米蓄水，至10月27日9时50分，提前一年实现了156米蓄水的目标。9月29日，万州《三峡都市报》记者杨增、徐志全在A8版上报道了一则题为《云安老盐井又出盐了》的消息。消息称：“已经废弃了好几年的云安老盐井上演最后绝唱，在156米水位水临城下之际又重新‘出盐’。目前，在云安老盐厂作坊遗址现场，洁白无瑕的盐精（晶）布满了作坊地板以及四周墙壁（图版八，5），大面积的一片白与淡黄的江水形成鲜明的对比，煞是好看。”“据60多岁当地老制盐人严新奎介绍，这种没有经过任何加工而直接出盐的奇特情况，他还是第一次见到。经严老鉴定，目前出现的这些盐巴，程度已达到精盐的级别”。这不煎自来的洁白盐巴和人们的惊喜笑容，构成了一幅笑迎“156米”的动人场景。

随后，笔者赶到现场对此景观进行了综合考察。后经考证发现，它是由三个因素综合作用的结果，且缺一不可。

首先，从井的结构和使用情况看，该井曰白兔井，与浣泉井相邻。白兔井井口海拔163.4米，深58米，地下分为土壤层和岩石层，下部28米是硬岩层，上部30米是土壤层。硬岩层为裸眼井，土壤层由方木框架护壁，方木厚10厘米，里外两层，中间用三合土填充，呈八边形，由下而上，一圈一圈护壁至井口，井口直径3.7米。1979年3月，云阳盐厂改造云二井（机械井）成功，日产卤量增至1400立方米，浓度高于白兔井，白兔井即停止使用。至“156米”蓄水之时，已停用了27年，在这27年里，卤水停留在一个静液面上，液面以上的木框护壁得不到卤水的浸泡而长期干枯、收缩，致使方木之间形成裂缝，并有少量方木开始脱落。夹层中虽有三合土充填，但长期在盐水的腐蚀和热胀冷缩作用下，同样会有裂缝形成。事实上，该井从1957年改人工吸卤为机械吸卤之时起，上部方木就已经处于干枯状态，前后已有50个年头，其干裂状态便可想而知（图版八，6）。

其次，“156米”蓄水是一个缓慢升高的过程。白兔井井底海拔105.4米，低于河面30余米。三峡水库起蓄水位135.5米，历时37天，水位升至156米，提高了20.5米，平均每天提高0.55米。但因河床下窄上宽，前5天，水位就提高到139.39米，每天提高约0.8米。在井内木框护壁干裂的特殊条件下，裂缝起着自控阀门的作用，对井内外的水位进行自动调节：当卤液面高于河水面时，卤液面高度不变；当卤液面低于河水面时，河水通过裂缝灌入井内，使井内外水位保持平衡。但在特大、持续干旱情况下，随着地面和地下水量的减少，河水面和卤液面会同时下降，而卤水浓度却相应升高。水位下降后，新露出的木框护壁又会形成新的裂缝。云安正常年分的枯水位是138.3米，高于起始水位，但当水位下降2～3米后，就恰好与135.5米的起始水位相接近，这是三个巧合之中的又一巧合，乃巧中之巧。蓄水开始后，河水很快就会漫过卤水液面，从新裂缝灌入井内，使卤液面升高，卤水升高后从裂缝扩散到四周土壤之中，再由土壤浸吸至地面，经日晒蒸发、结晶成盐。所以，地面上就出现了一大片白盐。

最后，卤水能够浸吸至地面的时间是短暂的，因为随着河水水位的不断上升，井内卤水会被逐渐淡化，土壤中的卤水将被河水完全取代。此时，如果被浸吸至地面的卤水不能及时结晶成盐，就会被后来的河水再冲淡。如果没有天气的密切配合，就不可能有地面出盐的奇观。恰在此时，重庆市遭遇百年不遇的特大干旱，持续高温、干旱达数月之久，是1891年有气象记录以来最严重的一次。从7月1日至8月27日，重庆市大部分地区35℃以上高温天气超过35天，37℃以上高温天气超过23天。有30个区县出现了40℃以上的高温，綦江以44.5℃的最高温度创出历史新高，地表最高温度接近70℃。持续的高温烈日致使大量花草树木枯死，就连江中的鱼儿也未能幸免，截至8月29日，共有2100万人、2000万亩农田受灾，三分之二的乡镇、街道的795万人、735万头牲畜出现饮水困难。三分之二的溪河断流，275座水库处于死水，300多座水库裂口，口深1米多，云阳干旱高温还引发旱滑坡，干旱高温造成的经济损失超过64亿元人民币。干旱一直持续到“156米”开始蓄水之后，至《三峡都市报》记者发稿前的9月27日，此时已进入深秋时节，但气温仍居高不下，云阳的气温仍在34℃以上。这种极端酷热的天气，为白兔井四周地面卤水的蒸发提供了最佳条件，使浸至地面的卤水迅速蒸发结晶。而地面卤水的快速蒸发，又促进地下卤水补给速度的加快，使之在有限的时段内形成良性循环，抢在土壤被河水和雨水淡化之前有更多的卤水结晶成盐。

直到9月28日至30日才喜降三天大雨，从5月开始的旱情终于得到缓解。所以，这千年一现的奇特景观，实际上是重庆人用极其高昂的代价换来的，乃珍贵至极。

老井出盐是三个因素的巧妙结合，但这种巧合在云安几千年的历史上，可能是仅有的一次，今后更不会有第二次了。如果9月28日的大雨提前几天下，这难得一现的奇特景观就将擦肩而过，正是这持续到最后几天的干旱，才使这奇特景观得以显现，这绝无仅有的一次景观出现在我们面前，亦是眼福不浅。

九、结　　语

渝东地区位于四川盆地的东部边缘，地处盆周山区，北、东、南三面环山。大巴山耸峙于东北边境，为渝陕、渝鄂界山。巫山、七跃山、武陵山位于东部和东南部，与湘、鄂、黔接壤。区内山峦重叠，沟壑纵横，铁峰山与方斗山又对峙于长江两岸，长江由西而东横切巫山，形成驰名中外的“三峡天险”，其间峡谷幽深，两岸悬崖峭壁，尖峰高耸入云。全区地质构造复杂，地理环境差异很大。盐泉分布于长江及各支流的河岸附近，彼此相距甚远，出现许多奇特景观。这些景观既有自身的观赏价值，更有其丰富的文化内涵，亦是历史的见证物。可惜遗存下来的已寥寥无几，因此，保护好这些历史文化遗产，乃当务之急，应责无旁贷，若能纳入各地旅游规划，保护、利用好这些资源，必将为发展地方经济、造福子孙发挥其不可代替的作用 。

2007年8月于万州

渝东盐业存文史料赏析（上篇：赏阅）

渝东盐业，从原始状态起步，一直延续至今，悠悠数千年，创造了辉煌灿烂的历史和独具特色的盐文化，文化沉淀极其丰富。

但是，由于这里的盐卤资源为岩盐淋滤型表层卤，卤源的流程较短，呈现出面广、水丰、卤淡，并随雨季的来去而呈周期性变化的基本特征。故生产能耗大、成本高，产品缺乏竞争力，是为先天性的不足。而在交通闭塞、运输困难、市场相对封闭、隔绝的历史条件下，尚能随行就市，加之生产规模并不很大，尚有相应的生存空间。但随着全国产量的大幅度提高和交通运输条件的不断改善，渝东盐业的劣势逐渐显现出来，至民国初年，一些小盐场相继被淘汰出局。中华人民共和国成立后，全国实行统一盐价，使渝东盐业的生存空间陡降至零，余下的几个盐场先后出现亏损，且日趋严重。为保地方安定而勉强维持，企业在艰难中度日，支撑不住时就随即倒闭，全区盐业陷于绝境。

在盐业极不景气的环境下，其地位自然下降，盐业历史文化遗产得不到应有保护，也提不到各级政府部门的工作日程，在几个产盐县的新编县志上对盐业只有二三百字的简单叙述，有的则只字不提。盐史研究更无人问津，致使该地区一度成为盐业史研究的空白地带。悠久的盐业历史几乎被人们所遗忘，文史资料和实物资料严重散失。如此下去，这些文化遗产难免会被后人所遗忘，故现存文史资料尤显珍贵。由此，笔者特在区内搜集了相关的庙碑、墓志、碑文、游记、族谱、讣闻、契约、宣言、代电等十余篇资料，以为关注渝东盐史的同仁和读者们提供一些较为宝贵的原始资料。

本文分为上下两篇，上篇赏阅存文，为对渝东盐史感兴趣的读者们提供相关原始资料；下篇将介绍这些存文史料的历史背景，以及笔者对这些存文的考证结果和个人对这些存文的粗浅看法，并对部分存文内容作了必要的细节上的补充。

《龙君庙碑记》[①]

龙君庙创自汉代，相传猎者见一白鹿而逐之，遂得盐泉，始庙祀焉。所谓

① 汤绪泽主编:《巫溪县志》，《文存・碑记》，成都：四川辞书出版社，1993年。

龙君者，几（凡）五位，号褒懿，不可得而稽考。大概国家财赋之所出，民生食用之所利，自有为之主宰者。在昔井灶殷繁，商贾辐辏，春秋粢盛，丰洁倍恒。慨沐猴之会，渊宾邛夷，泉源虚掷，祠典废弛。自岐侯贺公建节兹土，招来抚集，百堵皆作。籍什一之赋而民租减，革盐法之弊而税课蠲。诸如虑民之病涉也，则造揉以济之；惧神之遗祀也，则捐赀以享之。出则以勤王灭虏为事，入则以课农练兵为本。犹谓盐泉为储备所基，庙祀不丰，而旁多秽杂，乃远其居民，焕建牌坊。越辛丑，复增其旧制，创阁于前，俾禋祀馨香，为宁场游览之胜。宜神之降福遐远，开导时恢廓之地。盖公之心，视天下如一家，视朝廷如一身。故保黔首如赤子，奉神明如父母。所谓成民不致力于神者，公之谓也。昔管子治齐，谨盐荚之数以致富；攘夷尊周，桓公因霸。公效而则之，扩而充之，旦暮遇之矣。予嘉公之行事，遂镌石以传不朽。

《盐场宝源寺碑记》①

宝源寺不知创自何代，大抵盐泉既出，寺即兴焉。父老传云建自先朝正德间，无碑记可考，要亦不过重修耳。然而栋宇宏廓，佛像森严，规模壮丽，固足为川东古刹之冠；而宝山后峙，碧水常流，万壑千崖，旋岚可掬，盐泉不竭，居民辐辏，所谓地灵人杰，又惟此为足观者。历来父母廑念民依，罔不憩息此间，有逸人韵士亦喜登此而留连焉。历年既久，木植渐摧，场民以兵燹之遗，元气未复，虽欲增修而未能。辛巳岁，北直胡公来宰奉邑，缘大宁归并，按视兹土，见庙貌倾颓，即慨然有更新之念。越明年，随任汤子国龙捐金输力，与二三耆老仰体贤侯德意，手胼足胝，重修前殿，工未竟而后殿复圮其半。邑侯胡公复给多金，而汤子国龙更倾私囊，拣募众姓，共襄厥事，昼夜弗息，七十日而工成，虽丹臒未增而高敞严密，依然旧观矣。场中父老欢汴舞蹈，感斯盛遇，属余为记。余惟废兴之事，因乎时而系乎人，后之人能慷慨挥金，有如今日稍摧残即嗣而葺之，何忧此寺之不悠久哉！爰悉书之，以勒诸石。

---

① （清）高维岳：《大宁县志》卷八《艺文》，巫溪县志编纂委员会，1985年。

《高侯忠烈碑》[①]

先是壬申岁，高侯擢令夔宁，余因通刺识荆焉。谂其标格，渊凝岳峙，窃为河润邻封庆也。无何，侯捧檄西莅宁阳，几周匝岁，诸所次第设施，若庖刃新硎，中《经首》而合《桑林》；又如泰豆调玉，管六辔而驰康庄，猗欤都哉！亦既士若民，喁喁向化，舆诵腾碑，刊载成录，行报政成，迁异秩矣。不谓东南流寇肆毒中原，暴骸枕藉，毁舍焦原，由襄邓抵郧西，破房破竹，径为入川大举。大宁虽岩邑，实为全蜀咽喉。是春初旬，寇直犯宁盐厂，侯早缮乡兵，拒险隘，设奇发伏，果获奸细，数酋前冲授首，宵夜运筹，几呕心血。无奈贼势益獗，侯方请救请饷，仅得民兵百余，不知贼且屠井场，而前驱抵县矣。侯激励兵壮，期为背城一举，而蜂屯蚁集之虏，府县兵胥皆骇瞩先遁，独侯以对垒被执。威胁狰狞，罔知慑慑，砺齿唾骂，遂触咆哮，磔尸祸惨，旋与官舍同烬。嗟乎！孤臣力竭，丑类枭张，被兵霜而冲阵云，甘刀镬而撼天地，忠烈如侯，岂易得哉！惟侯乡先正文山，当身世风萍零丁惶恐之际，能留取丹心照汗青。至今百世之下俨有生气；再如万里江公凿止水亭于芝山之阳，彼见贼势披猖，遂投尸其中而死节，枌榆称说，声口犹馨。今侯抚字宁邑，一旦突罹兵危，萱堂垂白，脊原分影，直以书词遥诀；而属语荆室，遗授昆男，茹蘖悬鱼，于此益信。至如饮青锋，悬白日，又真视沮洳场为安乐国者也，不与文山、江公交挺豫章哉？谓以庐山瀑布濯侯忠肝，彭蠡秋涛壮侯义胆，直骑箕尾而跨银汉可也。宿殒郎星，功环赤社，宁人何爱鸡犦束牲，永远修觞以享答耶！侯讳日临，号二阳，饶州鄱阳人，自明经起家，以壬申夏莅宁，卒于甲戌之春。生徒向子任以余素知侯，请旌始末。余悼且喜，缀数言镌石端，应无减岘山片碣云。

《汉高祖庙碑记》[②]

自古帝王庙，统建京师，其余或帝乡，或旧部，或侧微之所经，或巡幸之所历。居其土者，觐耿光而仰盛烈，往往建庙装像，以崇禋祀。有举莫废，遂

---

① （清）高维岳：《大宁县志》卷八《艺文》，巫溪县志编纂委员会，1985年。

② （清）刘贞安：《云阳县志》卷四十三《杂文》，民国二十六年刻本。

延之千万世而无穷者，此亦事理之常，外此则罕有闻者。云邑北十五里，地名洞（硐）村，独有汉高祖庙像，巍然在焉。夫高帝发祥于丰乡，定鼎于长安，何有蜀之一隅？所谓遐陬僻壤者也。且汉初及今，几二千年矣！而帝王之尊，又非草芥下民所得而俎豆者，然则此土之建有汉高祖庙也，殆必有自矣。故老相传，或云扶嘉先生，隐居汉城，汉王访之。先生劝定三秦，王喜，谓“扶持汉室，其志可嘉”，因以赐姓名焉。后拜延尉，食邑朐忍，所自来也。惜汉史邑乘，悉多阙略。而邑乘兵燹火烟，仅得抄本。予昔戊子阅之，稍识其概，此本后为杜令君携去，予更无所考矣。或云帝王汉中时，安车、路阳二村，为将军樊哙屯田地。又厂之盐井，创自汉初。或云今所祀三庑之神，即舞阳侯像，之二说者，予未信之。惟是此地泝流而上，台也以汉王名，碑也以汉王名，山也亦以汉成名，且相距不数十里。迤逦庙祠者，所在而是，岂其无因而至此哉。苟非经营过化之区，必其井养前民之利，兹土之建此庙也，必当有由矣。庙址颇狭，其势耸峻，雄峙一方。周遭阶砌，犹自完整，而碑碣苔封，字迹湮灭，不可复辨。正殿三楹，宏厂巨丽，已是百年间物。圣像庄严，如睹当年豁达之概，第历年已久，色泽黰黯，有爽明威。军民府宪杨公，往来对越之下，怒焉伤之，爰输清俸，倡率衿者，重加丹雘，今已金碧满堂，气象万千矣。住持僧人续愿，丐记于余，勒之贞珉。余因纪其盛，并叙巅末，用为继此踵事增华者之一劝焉。是为记。

乾隆二十二年丁丑立碑

《续修高祖庙记》[①]

《记》云：“有功德于民者则祀之。”夫能利赖斯民，捍卫一方，或旱涝祈祷立应，此坊廓之祀。岁时祭赛，礼也，非是则僭，神且不享。昔狄梁公抚吴，悉毁淫祠，仅建三庙，非特惩俗，所以重祀典也。吾乡之有西汉高帝庙，其由来旧矣。帝初王汉中，与夔接壤，其征调供赋，皆封内所及，除苛政、约法三章，籍虽暴兴，终被荡灭，而归豁达宽仁之主，此非德泽在人，数千载之后，莫之能忘者哉。而《志》载汉王谴舞阳开河屯田，事皆无考；又称龙女开井，尤荒诞；或因访扶嘉，而附会其说耳。按，嘉生于邑之汤溪侧，本巫姓，受汉王聘，与张、韩等比肩事主，劝定三秦，有勋烈，独恨史遗其名。夫位廷尉，则有其爵矣；食封朐忍，则有其地矣；赐姓名，则有其人矣。奈何逸之？

① （清）刘贞安：《云阳县志》卷四十三《杂文》，民国二十六年刻本。

今盐厂以龙名宫，而祀嘉其中，以舞阳侯哙附其旁，而祀高帝于此村，幼闻故老相传，甚显灵异。乾隆二年夏五四日午刻，暴雨蛟起，至庙后忽他徙，从左蜿蜒而去，岂非神之为灵，昭昭在人耳目间者哉。所谓“闾阎儿女换歌舞”，岁时新，不亦宜乎。今庙貌庄严，像设惟旧。里人等捐金，装金像、金身，傍修四像，皆绘五彩，金碧耀然，大改旧规，而妥神栖。两旁四像三杰，益以扶公，配食庙廷。于祀为称，又为歌以享曰：“嬴秦煽虐肆坑焚，鹿逐中原何纷纷。反戈倾洞黩朝听，喑呀叱咤重瞳君。力拔山岳倒育贲，入关违约强封分。泗亭龙准会风云，手提三尺烛星纹。扫荡群雄吞八垠，为骓不逝八千军。垓下歌哀豪泪沄，群策群力皆超群。拔鳞附骥烂功勋，原庙普建自孝文。朐忍由来肃苾芬，十余世祀续炎氛。”

《云安场记》[①]

去云阳县北十五里，渡小河，又进五里至洞（硐）口，洞（硐）口之形势，两岸犍崒，不类三峡、五丁之巉立，鲜生趣。中有一线水，可造舟。挽之，进十五里，始达云安场。余尝架一叶往来其间，值昭暕暹山，则旭光夺目；芬茀映水，则碧色亲人；欸乃空谷传声，鸣鸟啼猿应答。云安得卤泉者二，创自汉高祖屯褒中时。汉高之来云，因访扶嘉，扶嘉昔居汉城山，在场之左。汉高次宿营基，名汉王台，在场之右。云民思汉高开井利民，建庙洞（硐）口，血食至今。宋时有处士邵尧夫，自河南入蜀，演《易》于场左之小山，名曰演易台，仁宗三征不就。有明三百年，科第尤迈前朝。至崇祯之甲申岁（1644年），绿林蜂起。张献忠入蜀之后，姚、黄乱于江后，余、李乱于江前，群贼互相出没，士民逃亡殆尽。乙巳年（1665年）之春，余解绶归里，仅存灶民一十二家。余筑室于邵公演易台下，日与之游，越一十三年。丁巳岁（1677年），逃徙者渐归，凿井者益众，除文、武、绅、衿，灶民二十二家。总之，地静俗和，抚绥得人，生聚自易，虽沧桑易变，代不乏人。有客从旁议之曰：“子之所纪者事，而未详山水之由。如荆、吴、徐、越，水胜也，不以水为奇，必得山而奇；秦、蜀、滇、黔，山胜也，不以山为奇，必得水而奇。此山发脉于秦岭，绕铁山，剑阁而东之，崴嵬山囊曲，似水为山阻，至此独开一面，让水从容放达，周旋云场，此山之奇也。此水源出万顷池，绕桃花洞、

---

① （清）刘贞安：《云阳县志》卷四十三《杂文》，民国二十六年刻本。

雪浥山而南下，左右碨磥沮洳，似水为山速，至此独缓潴数十里，俾舟得载薪、运盐，以活居民，此水之奇也。凡卜居此者，不知种稑而食，不暇蚕织而衣，治可聊生，乱可避寇，高士可以养廉，小民得以食力，山水之奇，孰有过于此者乎？不经道破，若遇春雨秋霖，瀑水骤盈，动经旬日，洞（硐）口云安，无能飞渡，游人倦厌，不几作水穷山尽观耶。”余曰：“子之言是矣。昔日邵康节先生所居之处，即名为安乐窝，此或其一乎。”时邑宰邹君，名应泗，字东桥，循良有声，民乐其治。因而并记。

《修云安场文昌宫碑》[1]

云安场，古云安监。有泉焉，可煮以为盐，居民食其利者且数千家，朝廷设大使董之。道光中，我先伯祖小谢公莅官于此。与都人士，创建文昌宫于汤溪水上，民和而神降之福。其庭中所植桂树，今已合抱，秋时花开，香闻数里，父老以比召伯之棠，迄今六十余年矣。丹青剥落，寠窳倾颓，上雨旁风，灌莽极目。予以光绪十有九年（1893年），承乏其后，感神明之降鉴，抚先人之手泽，爰捐薄俸，并募商民，凡欹者、缺者、漶漫者，皆理而新之，此固官司之责，抑亦继志者之所有事者也。昔昌黎《滕王阁记》曰：“无侈前人，无废后观。”其于江山之好，登望之乐。犹惓惓若此，而况神灵式凭，垂诸祀典者哉。夫地有时而裂，山有时而崩，日月甚长，土木无不朽之寿，修废举坠，是又在后之人矣。工既讫功。予亦将南归，故记其事于右。光绪二十有四年（1898年）春正月即望。司云厂盐场事，杭州王寿桐记。

《云安场风土记》[2]

云安盐井，古有二十八，今存强半。其最大者为白兔井。其汲水用绠，绠施辘轳，两头各系一桶。桶之出入，任人之，上下其手。其引卤入灶，以竹为枧，或远或近，其支分派别者，皆厘然不紊。每灶拽水之人，轮流递更，昼夜共三十六轮。轮以尺香为限。香尽则鸣金而止。汤溪水滨，有大码头、高码头、火码头，各崇高二丈许，广亦如之，皆灶煤余灰积累而成者。其中有火，

---

① （清）刘贞安：《云阳县志》卷二十二《金石》，民国二十六年刻本。

② （清）刘贞安：《云阳县志》卷十《盐法》，民国二十六年刻本。

四时不息。每隆冬盛寒，穷乞多坐卧其上，且因其热以作食。至五六月雨集，河水暴涨，为水冲击，砰然有声，如雷闻数里。穷檐妇孺，以拾煤为生计，蓬首垢面，终日坐于涂炭，不自知期苦。

长滩井族谱摘选①

《张氏族谱》载："始迁祖张妙宗，原藉（籍）湖广省黄州府麻城县孝感乡张家村，明洪武二年（1369年）入川，落业梁山县永安里丰胜乡千担坝，置业六十九石，其次子张文显，分到万县长滩溪南井挖丁水。买草山基址，修理灶基，煎办万邑盐务。"（族谱所记之溪南井，并无此井名，当指长滩河东场的磨刀溪之南，现在茅嘴至枫香树一带的盐井）。张氏祖墓也葬在这一带山边。据张氏后裔讲：先祖来长滩熬盐，用的是八角井的卤水，20世纪50年代当地农民也在此一带担过卤水熬私盐。

《王氏族谱》载："始迁祖王思纲，于明洪武四年辛亥岁（1371年），从湖北麻城县奉旨入川，移居万邑市郭里五甲枫相坪（现万州区太安镇天峰村），知长滩有卤水，至小十甲长滩井，以煎盐为业，历数传，以盐荚起家，子孙百数十人。"据《王氏遗书传后》记载："明洪武十二年（1379年）己未岁，王思纲下长滩，占王家嘴屋基、草山、丁水、古灶，灶基6眼，老屋基，其有山场、屋基、丁水，四至边界：东至河心；南至有常叔和尚灶，跟梁直上山查溪岩仑勒扁，直过二道沟为界；西至万家塘大岩仑、王厢坪、大石岩仑，直过塘凸为界；又直下转包沟，齐甘溪沟河心为界；街漂灶基抵河心，还灶三眼（以上王氏始祖挽草为业的边界，比现在的整个长滩村的范围还要宽）。当年开拦溪井三丁半。洪武十七年甲子岁（1384年），开修新井六丁（可能是指后来的新开井），己巳年即洪武二十二年（1389年），开修楠木井三丁，共修十五丁水，水主由王思纲管业。永乐三十年（永乐仅有二十二年，这里应是宣德七年即1432年），其长滩井灶基、丁水、草山、屋基，分与其长子王大忠管业，由其子孙熬煮不绝。"

《秦氏族谱》载："入川始迁祖秦谷龙、秦谷宝于洪武二年（1369年）由楚入川，爰卜居忠县玉溪，延瑞祖于成化五年（1469年）移居河东井古之乡，生男三、女一后，来万县南岸市郭里小十甲长滩堡，置河东业（地址在河东场街脚坝处），更名秦家坎居住，煮盐为业（来长滩的时间在成化二十年即1484年前后），为南浦之望族焉。"

《严氏族谱》载："先祖于明洪武二年（1369年）奉旨入川，同成、黄三姓约期二月初六从麻城县起程，四月初十日至开县奔倒溪住三载，于洪武五年壬子岁（1372年），迁移南浦龙驹坝祖坟岭下业，经八世（在明万历初年约1573年）。一世祖守法，

① 谭文金：《万县长滩镇盐业简史》，1999年。

迁市郭里长滩井河东严家沟，办理盐务，煮盐为业，家计始富，里之盐务及大小事件多所裁定。二世祖逢春［大约出生于明万历三十九年（1611年）前］，初在长滩井开井熬盐，请引纳课，里、甲二十五姓推为首人，盐务之事厥功不小。后因闯、献二‘贼’入川，应募起义兵，平‘贼’有功，例赠五德将军，实授成都府。三世祖严珍，始弃盐务，自长滩井移居龙嘴沱（时间大约是明末），得买杜姓业，子孙逐居焉。”

《杜氏族谱》载：“崇祯七年甲戌年（1634年）干旱，黎民荒乱，大兵四起，干戈不息。鸿春祖随入天生城谭侯府营中操习安身。后至乙酉（1645年），老王驾崩，四川大乱，贼兵齐起。姚、黄、张献忠兵威甚炽，更有十四土司、蛮王作乱。领兵数千余人，扎营于桑园子（现长滩镇白岩村四组）杜家洞，围困三月有余，水米不通。先祖凌云令人至天生城搬兵求救，得恩祖鸿春，年方少壮，独人单枪，星夜来至杜家洞，放吊绳入洞计议，次日过江假作降兵，杀了蛮王，放火烧尽贼兵，剿除殷王父子，救出龚、阚、徐、赵、马、刘、杨、杜八姓家下男女共计五百四十二人。”该谱又载：“顺治二年（1645年）及戊子即顺治五年（1648年），年连饥荒。李占春、董子全有万县涪滩之战……先祖鸿春除贼救民有功，加封总兵职，即委小江接战……”

《长滩井刘缙的讣闻与哀启》[①]

民国十八年（1929年），长滩井下街砚溪山房的刘缙病故后，所发的讣闻与哀启中有如下记载：

> 哀启者：先严讳缙，字笏之，世居万邑南岸长滩井，赋性赣直敏慧，平生好义，不畏强暴。前清光绪六年（1880年），川督丁葆祯改革盐务，废岸销为官运。先严以民生问题关系匪轻，率众反对。谓我井盐务，历系本境灶户自熬自售，以济民食，改为官运誓不承认[②]，于是尽量力争。卒将长滩井盐业仍归地方自熬发卖，除原有课银年纳外，规定抽收厘税，由先严包纳。迨光绪十一年（1885年），井地被淹灶停，因课税而无着落，累及先严迭年赔缴，不堪其扰。二十四年（1898年），县令王世钧任内，先严以课税为累，民众生活所系，乃请示招商恢复井灶，以期课税有着，民众可济，不料示悬数月，竟无问津者。二十五年（1899年）纳课期又届，兼井地数百家奄奄灾黎，流离失所。先严睹此惨状，垂怜万分，喟然叹曰：“课税累余尚不足惜，惟四乡居民赖井

① 谭文金：《万县长滩镇盐业简史》，1999年。

② 从前段的内容可说明光绪前的同治、咸丰时期，长滩一直熬盐未断。

营生者，长此失业，情何以堪，少壮者散之四方，老弱者坐以待毙，咎将谁归。”无已拉借距金，是年修复井灶，租与灶户煎熬，居民乃复旧业，人众称快。该井停摆数年，一旦修复，井水之咸，产盐之旺，销场之畅，于斯为盛。讵井盐畅销，官运疲滞，官商“德丰裕”等出争销岸，运动县局出示，勒令长滩井盐行销附近各场，不准远销，计图箍买，冀获垄断之利。先严愈报不平，知县局均受贿赂，不可抵制，亲身晋省上诉，经大宪批饬：县令会同局委、官运、井商妥筹办法，以期兼顾。嗣后，县委会商妥协，派员到地坐收厘税，数年无异。突宣统二年（1910年），税司勾通族人，寻先严讦诉，税司受盐号重贿，暗串局委，蒙蔽县令陈佐卿。乘族人争执，逐令封塌，派警队数十人，焚灶塌井，演成荒郊，烧毁数日，损失万金，适警队将盐区殆尽。川东道、夔州府两府饬县：略谓该地之井，既系报部定案，年纳课税，该县令何得指为私井封闭，候令县委会同查复。盖因先严早控于川东道、夔州两署矣。宣统三年（公元1911年）正月，先严令不肖分赴成都上诉，盐运使暨总督均饬令县查案恢复。宕延数月，新任县令吴庆熙，始将陈前任不应封井，控词蒙禀，奉上峰明令，井灶销岸归还权利，仍旧各情始行宣布。斯时，先严以引岸复原，重见天日，已无愧于乡人，乘假教子课孙，备极殷勤。

棘人：　刘声翰、刘声镛、刘声昶 泣启

《张品中出卖卤水股权契约》[①]

立出卖卤水字人张品中，情因移业就业，只得弟兄夫妻同堂商议，甘愿将祖遗受分恩锡井编轮十六架合共卤水二百二十四股内，分占一股三分三厘三兹三毫出卖。请凭族中张中海、张中喜等四路觅主，先尽家族，无人承手，只得再三说合，出卖与唐炳山名下永远管业。当日凭证面议时值实价大钱共二百七十五串六百文正。其钱现交清楚，卖主亲手领足，并无下欠分文。其水自卖之后，任凭买主煎租自便，卖主不得异言称说。恐异日望井卤旺，添轮增股，不与卖主相涉。倘卖主亲疏人等，已到未到，一并由卖主承耽。今恐人心不古，特立卖约交与买主，永远存照为据。

在场人：张中海　张中喜　冉富臣

陈子民　郭伯良

代　笔：蔡振三

光绪二十三年十月二十八日　张中品 面立

① 官箴九主编：《云阳县盐业志》，四川省云阳盐厂，1995年。

《云阳盐场盐工请愿团宣言》①

窃沿海盐厂，采取于潮，用之不竭，转输尤便，以故成本特低。川省凿井汲卤，端耐火力煮制，除自贡利用天然井火及牛力，机械力外，余场多以薪炭为燃料，以人工任力役。而吾云井深卤淡，炭远运艰，食盐一粒，何非劳工血汗，故成本较重。国家为食盐平价计，乃确定等差税率，以资调剂。划分销岸，以泯争端，故能各安其业，各遂其身。有清迄今，行之数百年而无变者，赖有此也。民国肇兴，盐法屡易，徒滋纷扰，卒复旧制。二十年来，川乱频仍，人民之气未苏，盐业凋敝尤甚。即以现况言之，每担盐税增至一元五角，已属力不能胜，徒以国步艰难，不得不忍痛一时。今值新盐法施行之说甚嚣尘上，川盐日在破产恐慌之中，各厂大声疾呼，冀邀缓行，不图于今年三月一日，云阳盐税局布告称："奉重庆之所感电，'奉经理兼运使廖密令，转奉财政部令，准自三月一日起，川东引票盐税一律加至每担二元，云云'"，似此以行破岸均税之初步，而遂其扶强抑弱之逆施，不惟川中小厂，行将天然淘汰，日后海盐充斥，即川南大厂，亦必同归于尽，吾云盐业尤为首受加税之害。谨申言之，缘吾云销区，原为十五厅州县，湖北施南五属，因系富荣并销，早被垄断独登，而万县、梁山、开江、向属云盐专岸，亦被富荣所侵，反客为主。经济压迫，有产无销，纵不加税，犹虑朝不保夕；若复名加实均，奚啻为渊驱鱼，商困政危，可立而待，故在三月一日以前，云盐每百担价洋三百三十元，尚能保持血本，自加税以来，以购销疲滞，即跌价二百八十元，折阅血本至五十元之巨，是每担所加五角之税，名为征之于食户，实则完全侵取灶户血本。小厂资本有限，讵堪长此朘削，倘因此而精疲力竭，灶户倒闭，盐厂停顿，直接间接恃盐以为生活之劳工，何止十数万众，一旦失业无归，地方治安何以维持？处此不景气之环境，重税即无力负担，下情更无由上达，倒悬不解，生计何求？除分电层峰，吁恳转令收回加税成令，并联合川中各厂一致请愿外，为此披肝沥胆，郑重之言，嗷嗷哀鸿，誓争生存！尚望各界人士扶持正谊，予以同情，并盼各场盐业同人，一致团结呼吁，俾得达到解除加税的目的，苟延一线生机，盐场幸甚；川民幸甚！

---

① 官箴九主编：《云阳县盐业志》，四川省云阳盐厂，1995年。

“云阳盐场制盐业同业公会、盐业工会反对增加盐税的快邮代电”[①]

制盐业盐业公会7月23日的快邮代电

奉部令自即日起，每担（50公斤）盐税由九角增至五元六角，建设费二角，绥靖费六角，合共六元四角。查场价近售二元六角，依盐税征税条例，从价征百分之三十。原税九角，已觉过高，中途停顿者曾达半数。今复征巨税，全部停顿指日可期。盐场倒闭，借此生活之盐工。直接间接数以十万计，一旦失业，恐增政府后顾之忧，再征税高于售价二倍，非食盐人民所能负担，亦影响税收。电恳钧署念劳工生计、地方治安、国家税收，转电层峰，收回成命，维持原税，不胜迫切待命之至！

制盐业同业公会7月24日的快邮代电

此次加税后，岸价极为不振，云阳县城岸价售五元六角，各项税缴须七元二角，盐本不计，仅税缴亦不能售出。查抗战前税率最高不过一元二角。场价通常三元左右，改行金圆券时，以二元合银圆一元，税率虽改为五元六角，但当时场价尚售七元，嗣金圆券不断贬值，故不久即不感觉税重，生产仍照常维持。现政府恢复过去银圆本位制，场价因之亦恢复三元左右。兹调整税率为五元六角，不仅较抗战前为重，即较之改行金圆券时亦加重一倍，产品不能销售，正当产商势必被迫停顿，不肖产商则乘机走私，如斯演变，政府征税之意恐难达到。再电恳请钧署转恳层峰，对于所加之税予以豁免，维持正常生产。

盐业工会7月25日的快邮代电

本场盐税，顷公布由九角增至六元四角，查本场盐价每包（50公斤）近售二元六角，而盐税高出二倍有余。此项税率而因遽增食盐人民负担，直接影响生产，危及生计。关系社会秩序者更大，均属惶惶不安，请层峰重加考虑税率，俯顺民情！

2008年4月于万州

① 官箴九主编：《云阳县盐业志》，四川省云阳盐厂，1995年。

渝东盐业存文史料赏析（下篇：读析）

本篇是对上篇存文史料的解读，其中，包括个人对原文的理解和一些不成熟的看法，并据手中的一手资料对部分存文内容的细节作了必要的补充。但如依文逐一解读，必然出现零散、重复和杂乱无章的现象，其条理性和逻辑性亦必差。为避免这种情况，防止过于杂乱、零散及重复，特将存文内容进行了合并、撤分，归类为：存文的历史背景、关于白鹿井和白兔井的传说、关于九龙女的传说、张献忠入川与渝东盐业、湖广填四川与盐场移民、长滩井的天灾与人祸、文昌宫与盐场的教育事业、云安盐场的拽水工、云安场的拾炭妇与石灰窑、清代云安盐井的投资行情、民国时期国民政府对盐场的盘剥，共十一个专题。

一、存文的历史背景

（一）《龙君庙碑记》

由钦命提督湖北兼川东、兴汉、南阳等处地方各路恢剿兵马部左侍郎兼都察院右佥都御史孱恭则毛登寿撰写；由钦命提督川陕楚豫恢剿兵马行招讨事、挂震虏将军印、中军都督府左都督、太子少师岐侯贺珍立。

据《大宁县志》载："龙君庙，旧《志》：创自汉代。前明末年，建牌坊，增旧制，创阁于前，为宁厂（巫溪盐场）游览之胜。相沿至今，屡加修葺。道光二十四年（1844年）建乐楼，同治八年（1869年）被水冲毁。"光绪十一年（1885年）后修复，1958年折毁[①]。

（二）《盐场宝源寺碑记》

由邑贡生谭谦吉撰写。宝源寺与龙君庙彼此相邻，《盐场宝源寺碑记》曰："然而栋宇宏廓，佛像森严，规模壮丽，固足为川东古刹之冠；而宝山后峙，碧水常流，万壑

---

① 汤绪泽：《巫溪县志》第二十六卷《文物古迹》，成都：四川辞书出版社，1993年。

千崖，旋岚可掬，盐泉不竭，居民辐辏，所谓地灵人杰，又惟此为足观者。”描述了宁场镇盐泉如瀑、庙宇宏廓、香火旺盛、人才汇聚、人气鼎盛的壮丽景观。

（三）《高侯忠烈碑》

明吏部郎中杨伸为高侯撰写的墓志。高侯乃大宁知县高日临，号二阳，饶州鄱阳人，自明经起家，壬申（1632年）夏莅宁，卒于甲戌（1634年）之春。

明崇祯七年（1634年），张献忠领导的农民起义军由湖北房县、竹山县入大宁，攻下大宁盐场后直趋县城，知县高日临遂被农民起义军所杀①。

（四）《汉高祖庙碑记》

立于乾隆二十二年丁丑（1757年），由清人袁闻性撰写。汉高祖即刘邦，高祖庙距云阳县城7.5千米，位于云安盐场附近的洞（硐）村村口。此外，云安还有汉王台、汉王碑，汉城山、子房沟等与汉王有关的遗址和地名。

（五）《续修高祖庙记》

由袁汪枢撰写。《续修高祖庙记》与《汉高祖庙碑记》的笔调截然不同，作者用唯物历史观去观察“樊哙射猎、扶嘉掘井”的传说，不人云亦云，指出：“而《志》载汉王遣舞阳开河屯田，事皆无考”“龙女开井，尤荒诞，或因访扶嘉，而附会其说耳”。

作者还以讽刺的语气曰：幼小的时候，听老人相传，高帝庙特显灵异。但在“乾隆二年（1737年）夏五四日午刻，暴雨蛟起，至庙后忽他徙，从左蜿蜒而去，岂非神之为灵，昭昭在人耳目间者哉”。说的是高祖庙既显灵异，何以自身不保，被洪水冲走，这明明是人们亲耳所闻，亲眼所见到的事实，那有什么神之为灵。

（六）《云安场记》

邓希明写的一篇游记，邓自谓在云安“筑室于邵公演易台下，日与之游，越一十三年”。演易台位于云安汤溪河南岸西侧的一座小山包上，“宋时有处士邵尧夫，自河南入蜀，演《易》于场左之小山，名曰演易台，仁宗三征不就”。邓就住在这小山包之下。

---

① 汤绪泽：《巫溪县志》第二十二卷《张献忠屡战大宁》，成都：四川辞书出版社，1993年。

（七）《修云安场文昌宫碑》

是光绪二十四年（1898年）正月重新修缮时，由王寿桐撰写，故加“修”字于前。王寿桐，字季琴，杭州人，司云厂盐场事，官盐场大使。其先伯祖小谢公亦曾在道光中莅官于此，说明祖孙皆与云场有缘。文昌宫位于云安汤溪河北岸，建于明代，由云安盐商集资修建，为三进四合院、宫殿式、砖林结构。后用庙产购买石头井股权一股，股利用于宫内日常开销。

（八）《云安场风土记》

由陶寿朋撰写，主要讲述云安盐井的汲卤过程和炭渣码头上的景况，真实地再现了汲卤工人的艰辛、穷檐妇孺、蓬首垢面、捡拾煤炭和隆冬盛寒，穷乞坐卧于石灰窑上取暖作食的情景。

（九）长滩井族谱摘选

由重庆市万州区长滩镇已退休的人大常委会主任谭文金收集整理，并著有《万县长滩镇盐业简史》一文，尚未发表，属内部资料。

（十）《长滩井刘缙的讣闻与哀启》

选自谭文金的《万县长滩镇盐业简史》一文，讣闻系民国十八年（1929年），长滩井刘缙死后发布的讣闻和哀启。旧时，将死者的死亡祭奠、埋葬时间、地点等发送给亲友的文书叫讣闻。附在讣闻后面，将死者的生前事略和逝世经过写成的文字叫哀启。相当于现在的讣告和悼词。死了父母的人，在服丧期间自称棘人。

据考，刘缙的先祖刘光第，字冠三，邑增生。生于乾隆三十六年（1771年），死于道光十年（1830年），死后有“托隐鱼盐，均利同井，修复盐源，前光久迪，风亘长滩”的赞词[①]。可谓德高望重，说明刘家的显赫地位，已在长滩井延续了一百多年。

（十一）《张品中出卖卤水股权契约》

云安盐场的张品中，于光绪二十三年（1897年）十月二十八日移就他业时，将卤井股权出卖给唐炳山而立的契约，从中可以了解一百多年前云安卤井资产的价值行情。

① 谭文金：《万县长滩镇盐业简史》，1999年。

（十二）《云阳盐场盐工请愿团宣言》

云阳盐场井灶劳工为反对加征盐税，于1936年4月，联合向上峰请愿时，由请愿团发表的宣言，原载于民国二十五年（1936年）四月，《四川月报》第8卷第4期上。

（十三）“云阳盐场制盐业同业公会、盐业工会反对增加盐税的快邮代电”

1949年7月，为反对国民党政府大幅度提高盐税，云阳盐场制盐业同业公会，于23日以总字第36号、24日以总字第48号，连续向云阳盐业公署发出的快邮代电。接着，云阳盐场盐业工会也于25日以总字第066号，向云阳盐业公署发出快邮代电，请求层转上峰，收回成命，以便维持正常生产。

二、关于白鹿井和白兔井的传说

《龙君庙碑记》云：“龙君庙创自汉代，相传猎者见一白鹿而逐之，遂得盐泉，始庙祀焉。”龙君庙位于巫溪宁厂镇北岸之宝源山麓，在今巫溪盐厂的龙井旁边，与宝源寺相邻[①]。宝源山乃山海经中所称之登葆山，汤绪泽先生在考证巫咸国名时提出：“《海外西经》说：‘巫咸国……在登葆山，群巫所从上下。’而宝源山上有芍药等珍贵药材，山半有天然盐泉，得无不是群巫常登之宝山呼！疑登葆山即巫溪盐场所在地的宝源山。”[②]宝源山乃龙泉之本，龙泉出于宝源山，盐场称井祖为卤神，龙管其水，故称卤神为龙君。这一寺一庙，彼此相邻，二庙合一，规模壮丽，成为川东古刹之冠。庙内供奉着同一神灵，立有“白鹿引泉”的塑像，即白鹿在洞口张皇欲逃，回头惊看，猎犬腾空追逐，猎人手挽火绳，持枪欲射，彼此相距咫尺[③]。

对于白鹿引泉的传说，笔者认为既可信，亦不可全信。可信者，动物舔盐乃本能所致，动物的觅食习惯得以优先于人类找到盐泉，符合常理，故而可信。但人类向动物学习是非常遥远的事情，凡是与后来的某人在某时的某个事件联系在一起而编撰的传说，均属牵强附会，故不可全信，理由有四：

其一，查阅叙述其事的所有文史资料，均有相传二字，说明不是实际记录，是没有文字以前的口头传说，时间当非常遥远，故这种传说只能做参考，不能当证据。

---

① 汤绪泽：《巫溪县志》第二十六卷《文物古迹》，成都：四川辞书出版社，1993年。

② 汤绪泽编著：《巫巴史迹探微》，《文化研究》，呼和浩特：远方出版社，2003年。

③ 汤绪泽：《巫溪县志》第二十六卷《文物古迹》，成都：四川辞书出版社，1993年。

其二，《山海经》中巫咸国的“群巫所从上下”和“灵山十巫，从此升降”之处，“山半有石穴，出泉如瀑，咸泉也”。既然若大一股盐泉，毫不掩饰地出自于半山，如瀑布般飞写，群巫又从此升降，发现此泉应不费吹灰之力。所以，这股盐泉并不需要动物的引见，即可轻而易举地被人类所发现。

其三，这里的盐泉在人类发现前已流淌了三千多万年，人类在这里也活动了200余万年。在长达200余万年的时间里，古人绝对不会视而不见，何必要等到秦灭巴之后才来开发利用呢?

其四，早在黄帝时期，这里就称巫咸国，说明古人已在这里开辟了盐的事业。随后建成的巫臷国，盐业已使这里成了“不绩不经，服也，不稼不穑，食也”及“鸾鸟自歌，凤鸟自舞，爰有百兽，相群爰处，百谷所聚”的富裕之国。另外，从巴人的祖先廪君率众“乘土船从夷水至盐阳”，“盐水有神女谓廪君曰：此地广大，鱼盐所出，愿留共居”的对话看，都证实这里的盐业生产远远早于流传中的公元前316年。

关于云安白兔井的传说，据传：昔汉王刘邦于公元前206年，同将军樊哙一起来到云安，于洞（硐）口遇见扶嘉，嘉劝刘邦早定三秦，完成大业。又传：樊哙在云安射猎，追逐白兔而发现卤水，便告知刘邦，刘邦命扶嘉开井采卤制盐，嘉遂修筑大井，曰白兔井，民便拥嘉为井主。云阳人民为纪念刘邦、扶嘉开井利民之功，便建高祖庙于洞（硐）口，以祀刘邦，并在云安修建龙君宫祀扶嘉，樊哙附祀于旁[①]。

《汉高祖庙碑记》云：自古帝王之庙，都是建在京城，其余则建在帝王之乡、或旧部及身边工作人员所经管的地方，或巡视之地，这是事理之常，除此此外，则罕有闻者。高帝发祥于丰乡，定鼎于长安，为何在蜀之一隅的云阳县城北7.5千米的洞（硐）村这个僻壤之地，有汉高祖庙像呢? 况汉初及今，已有二千余年，出于帝王的尊严，祭祀的用具亦非草芥下民所能得到。

那么，是什么原因让汉高祖庙落户在云安洞（硐）口呢?《汉高祖庙碑记》云，据故老相传：“扶嘉先生，隐居汉城，汉王访之。先生劝定三秦，王喜。”谓“扶持汉室，其志可嘉”，因以赐姓名扶嘉。后拜廷尉，食邑朐忍，这便是在此建高祖庙的由来。

另外，由此溯流而上，台、碑、山均以汉王名之，这是指在云安不到5千米的范围内，有汉王台、汉王碑、汉城山。除此，云安还有一处叫子房沟的地方，子房乃张子房，即张良。据当地老人相传，刘邦的军队当年就驻扎在铁擎山上，张良则住在山下之溪沟边，后来这两处就被称为汉城山和子房沟。

《汉高祖庙碑记》还指出：“或云帝王汉中时，安车、路阳二村，为将军樊哙屯田地。又厂之盐井，创自汉初。或云今所祀三庑（即刘邦、扶嘉、樊哙）之神，即舞阳侯

① 周广礼编：《云阳县志》，成都：四川人民出版社，1999年。

像，之二说者，予未信之。”这“之二说者，予未信之”指的就是樊哙屯田、射猎，发现盐泉之说不可信。

《续修高祖庙记》亦云：“而《志》载汉王遣舞阳开河屯田，事皆无考。”有按曰：“嘉生于邑之汤溪侧，本巫姓，受汉王聘，与张、韩等比肩事主，戡定三秦，有勋烈，独恨史遗其名。夫位廷尉，则有其爵矣；食封朐忍，则有其地矣；赐姓名，则有其人矣。奈何逸之？”即为什么“今盐厂以龙名宫，而祀嘉其中，以舞阳侯哙附其旁，又祀高帝于此村”呢?

笔者认为，从史料和实物看，刘邦、樊哙确曾来过云安，并对推动云安盐业生产的发展，起到过重要作用、产生过重大影响，是云安盐业史上的一个重大事件，值得后人铭记，但这绝不是云安盐业之始，云安场是渝东生产规模最大的一个盐场，有许多独特之处，具体讲：

其一，传说樊哙打猎，骑马射中白兔，追逐至茅草丛中，不见了白兔，却发现有卤水从草丛中流出。这说明卤水能够流出地面，何必再往下挖，且井深达58米，看来传说与实情并不相符，且自相矛盾，足见传说并不可信。

其二，云阳县古名曰“朐忍”，民国《云阳县志》引《通志·朐忍考》：“朐忍，虫名，借以名地。汉中有朐忍县，地多此虫，因以为名。”又刘禹锡《嘉话录》：“朐忍，夔州地名，音屈忍，蚯蚓也。土多此虫，常至江畔，出身半跳于空中而鸣，其状屈忍。”蚯蚓者，各地都有，且遍地皆是，为何独此以虫名县。笔者以为，此处以虫名县，或许与当地的盐泉有关。这里卤源丰富，卤井甚多。已知盐井就多达195口，为全区之冠，历史最高年产达2.47万吨，每年按300天计，日产盐82.3吨，卤水含盐量为34.256 6克/升，利用率为90%，吨盐耗卤32.44立方米，日需卤2669.4立方米，年需卤800 819立方米，说明这里卤源丰富，盐泉众多，分布面广。早先河床很低，盐泉分布于汤溪河两岸，像蚯蚓一样往河边蠕动，故借以名地，便曰之朐忍。

其三，云安是受洪水威胁最大的地方，盐场位于汤溪河畔，河水流域面积达1810.8平方千米，多年平均流量为44.4立方米/秒，是其他盐场河水流量的2～4倍。且渝东各场多位于河流上游，水位涨幅较小，而云安则地处下游，水位涨幅达14米以上，倘遇特大洪水，涨幅更高。加之河床落差大、河水流速急，洪水汹涌澎湃，滔滔洪流势不可挡。但盐井却安然无恙，因盐井全部在洪水线以上，洪水对盐泉的威胁已被彻底征服，说明盐井的出现，已将云安的制盐业推进到了新的历史阶段，并非盐业的开始。

其四，渝东各地盐井，大多为就泉掏坑筑围成井，围筒最高不过5米，不少只有几十厘米，呈现亦泉亦井，或半泉半井的过渡状态。唯云安盐井全部由人工于洪水线以上深挖43.33～73.33米，试想，如果井位不能准确对正卤脉，就不可能打出盐水来。足见当时的凿井技术及汲卤工艺均已达到先进、成熟、完善的程度，进一步说明这里的井盐业已发展到一个崭新的历史时期。

其五，白兔井是云安场最大的一口人工井，可容二十余人同时拽水。就事物发展的一般规律而言，都是由小到大、由浅到深地向前发展，因此，第一口井不可能是最大、最完备的盐井，发展到此种程度，要经历一个漫长的历史过程。说明云安盐业的起始年代，远在刘邦到来之前，其源头距此还非常遥远。

总之，白兔井的出现，说明大口井已建在了洪水线以上，标志着先民们在与洪水长期拼搏的斗争中，已取得决定性的胜利，并将井矿盐的历史推进到了一个新的时期，具有划时代的意义。所以，白兔井并不是云安的盐业之始，而是新时期的开头。

既如此，云安人为何视扶嘉为井祖，并建庙祀之呢？对此，笔者大胆猜想：刘邦到云安后，十分关注云安的盐业，遂与扶嘉商定如何扩大盐井规模，在刘邦的重视、支持与鼓励下，扶嘉率众攻克大口井的技术难关，在总结前人经验的基础上终于获得成功。其中，白兔井可架设滚轮20架，先后陆续开凿的浣泉井、浣沙井、石龙井、石头井、子井、小井、恩锡井等，滚轮均在8～20架。从此，云安盐业上了一个新台阶，刘邦、扶嘉成为人们值得纪念的重要人物，此前的事情，因无文字记载而被后人所遗忘，于是，扶嘉就成了云安盐业的祖师爷。

三、关于九龙女的传说

《续修高祖庙记》云："龙女开井，尤荒诞，或因访扶嘉，而附会其说耳。""龙女开井"是指扶嘉识卤脉，首开大井。扶嘉临终前，将卤脉之事告知女儿，并言："三牛对马岭，不出贵人出盐井。"扶嘉死后，嘉女依嘱掘井，增至九口：上温井、下温井、东井、南井、西井、北井、石渠井、浣沙井、土窝井。功莫大焉，云阳人民怀念扶嘉父女，便奉扶嘉为龙君，奉女儿为九龙女①。

九龙女的另一传说，则出自于汤溪河的通航状况。汤溪河发源于巫溪县龙台乡钟南村，全长126千米，由北东向南西流经沙沱后，折向南东，经江口、云安，至云阳县城东侧汇入长江，境内长90千米，通航河段约60千米。长江上游支流均源自山区，故河道上游落差极大，下游则较平缓，越接近长江越趋平坦。但汤溪河下游却与此相反，由硐村至县城的7.5千米河道，因河面窄、落差大、水流急，滩险而不能通航。云安的盐只好先用木船水运至硐村，然后由人背、马驼，将盐转运到县城，再由长江运往各地。每日运盐队伍人潮如流、往来如梭，杜甫诗中的"负盐出井此溪女，打鼓发船何君郎"所描写的，就是这段船载人背的运盐情景。针对这一特殊景象，就有了"翟乾祐结坛，檄群龙至，谕令平之。一夕，风雷震击，尽为平潭。有一龙不至，复敕追之。三日，一女

① 《云安镇志稿》第四篇《盐业》，内部资料。

子来，言欲留滩险以赡佣负，乾祐善之，命皆复故。复大风雷，顷刻如旧”的传说[①]。又传汤溪有九龙，每龙各管7.5千米，管最后一段的女子，就是九龙女，九龙女为使人背、马驼者免遭失业之危而抗命不至，并力洓乾祐，才保住了他们手中的饭碗。并由此而形成前60千米通航，后7.5千米断航的航道格局。

四、张献忠入川与渝东盐业

张献忠于明崇祯七年（1634年），率领农民起义军由湖北入川，对渝东盐业产生了巨大影响，存文的多处都谈及过此事，综合起来有以下四点：

第一，起义军杀官府受到当地民众的拥护。《高侯忠烈碑》上说：“不谓东南流寇肆毒中原，暴骸枕藉，毁舍焦原，由襄邓抵郧西，破房破竹，径为入川大举。”此乃明崇祯七年（1634年），张献忠领导的农民起义军，先攻破湖北的房县、竹山县，后攻下大宁盐场，然后直趋县城，知县高日临就在这时被农民起义军所杀[②]。

《高侯忠烈碑》是明吏部郎中杨伸为高日临撰写的墓志，碑文以浓墨重彩的笔调，歌颂了高侯在县城被起义军围攻时“激励兵壮，期为背城一举”，在“府县兵胥皆骇瞩先遁”的紧要关头，高侯仍独自一人与敌对垒，被执时还“砺齿唾骂，遂触咆哮”，最后“磔尸祸惨，旋与官舍同烬”的悲壮之举。

碑文虽充满赞美之词，但细读起来，仍能看到当时的人心所向是在起义军一边。从“不知贼且屠井场，而前驱抵县矣”一句看，当起义军攻下大宁盐场后，前锋已到县城之时，官府对其发生在眼皮底下的这场战争竟毫不知情，说明在军情紧急关头，没有人给官府通风报信，致使官府耳目闭塞。相反，起义军隐秘军事行动的成功，说明老百姓在为其封锁消息。更有甚者，当“贼势益獗”，兵临城下的危急时刻，“侯方请救请饷，仅得民兵百余”说明在危难之际，老百姓并不买官府的账，足见官民关系已到了何等地步。由此我们可以窥见起义军攻城杀官府时受到当地民众热烈拥护的情形。

第二，宁场古盐道为起义军提供了便捷、隐秘的进出通道。《高侯忠烈碑》曰：“大宁虽岩邑，实为全蜀咽喉。”大宁盐场地处大巴山东段南侧，四周崇山峻岭，在其深山老林之中，何为全蜀咽喉呢？原来，这里有先民们所发掘的古盐道，古盐道自宁场沿大宁河北上，由宁河栈道连接山道，纵横交错，延绵千里，形成一个庞大的古道网，将大宁盐场的盐运往湖北、陕西和川北；往南又有大宁河水道直达长江，成为川东进出中原的一条唯一通道。且因其深居在崇山峻岭之中，便于隐蔽其军事行动，是一条理想

① （清）刘贞安总纂：《云阳县志》卷三十九《翟乾祐》，民国二十六年刻本。

② 汤绪泽：《巫溪县志》第二十二卷《张献忠屡战大宁》，成都：四川辞书出版社，1993年。

的秘密通道；这里是川、陕、鄂三省交界之处，官府的统治力量薄弱，因而，它又是一条疏于防备、有机可乘的交通要道；常言道："兵马未动，粮草先行"，说的是后勤给养对保证战争取得胜利的重要性。宁厂镇经济发达、市场繁荣、物质丰富，攻下大宁盐场，就可得到充足的后勤补给，因此，它又是一处理想的后勤给养补给基地。当年张献忠率农民起义军从湖北房县、竹山数次进出四川，清代中期白莲教起义军从湖北房县进入四川，走的都是这条通道。且都是先攻下大宁盐场，得到补充后再直趋县城，节节取胜，进退自如，充分显示了这条古盐道在军事上的重要价值。

第三，张献忠入川后，当地土匪、土司、蛮王趁机作乱，为害乡邻。从长滩井几个姓氏的《族谱》里得知，他们的先祖曾经历、见证了张献忠率领农民起义军进入四川后，当地土匪、土司、蛮王乘机作乱所引发的动乱。据长滩《张氏族谱》载："明崇祯甲申（1644年）至壬寅（康熙元年，1662年）年间，姚、黄'贼子'入川，喊（砍）杀生灵，其我张氏家园，舍而外流以散耳。"《杜氏族谱》曰："崇祯七年甲戌年（1634年）干旱，黎民荒乱，大兵四起，干戈不息。鸿春祖随入天生城谭侯府营中操习安身。后至乙酉（1645年），老王驾崩，四川大乱，贼兵齐起。姚、黄、张献忠兵威甚炽，更有十四土司、蛮王作乱。领兵数千余人，扎营于桑园子（现长滩镇白岩村四组）杜家洞，围困三月有余，水米不通。先祖凌云令人至天生城搬兵求救，得恩祖鸿春，年方少壮，独人单枪，星夜来至杜家洞，放吊绳入洞计议，次日过江假作降兵，杀了蛮王，放火烧尽贼兵，剿除殷王父子，救出龚、阚、徐、赵、马、刘、杨、杜八姓家下男女共计五百四十二人。先祖鸿春除贼救民有功，加封总兵职，即委小江接战……"《严氏族谱》云："（严家）二世祖逢春，初在长滩井开井熬盐，请引纳课，里、甲二十五姓推为首人，盐务之事厥功不小。后因闯、献二'贼'入川，应募起兵，平'贼'有功，例赠五德将军，实授成都府。"①

第四，渝东盐业曾遭到空前破坏。《云安场记》云："崇祯之甲申岁（1644年），绿林蜂起。张献忠入蜀之后，姚、黄乱于江后，余、李乱于江前，群贼互相出没，士民逃亡殆尽。乙巳年（1665年）之春，余解绶归里，仅存灶民一十二家。"据民国《云阳县志》载："明末清初，复因战乱，灶毁人逃，直到顺治中期，灶民渐归，恢复生产，产量极微。"渝东各盐场的盐民为躲避战乱，纷纷弃井、弃灶逃亡。井灶锐减，几近倒闭。

这场战争造成的破坏是巨大的，但时间较短，至"丁巳岁（1677年），逃徙者渐归，凿井者益众，除文、武、绅、衿，灶民二十二家。"到"清之中叶乃逐渐兴复，降至清末于焉大盛，竟超历代而上之"②。

---

① 谭文金：《万县长滩镇盐业简史》，1999年。

② 吴炜辑：《四川盐政史》卷二《场产》，民国二十一年铅印本。

笔者在《渝东盐业与古代战争》一文中曾说过：战争对渝东盐业的影响，好似一把双刃剑，它既破坏渝东的盐业生产，又给渝东盐业带来发展机遇。当战争发生在当地时，渝东盐业即遭受惨重破坏；而战争发生在省外，尤其发生在长江中下游时，渝东盐业则迎来发展机遇。这场战争发生在当地，给渝东盐业造成的破坏是不言而喻的。

任何事物都是一分为二的，用辩证的观点看待历史上的战争：第一，渝东地区发生类似战争的概率很小；第二，战争造成的破坏是短暂和有限的；第三，战争迫使统治当局，不得不在战后采取一系列有利于盐业发展的政策和措施，从而，进一步促进了盐业的恢复和发展；第四，在现代战争史上，军队的给养需要有稳定的财源，若能控制盐场，财源就会滚滚而来。为此，占领者必须维护好盐场的生产秩序，滚滚财源才有保证，盐场因此而受到保护。加之省外长江中下游发生战争时所带来的发展机遇，故战争对渝东盐业所产生的影响，利要大于弊。

五、湖广填四川与盐场移民

从长滩井几个姓氏的族谱里看到，他们的始迁祖均于明洪武年间，由湖广奉旨来到四川，在长滩井煮盐为业。但长滩井熬盐的历史却鲜为人知，几乎被人们所遗忘。长滩镇位于万县市东南，距城区25千米处的磨刀溪畔。磨刀溪属长江南岸一级支流，发源于湖北省利川县武陵山北麓天主保，上游名建南河，自万县关上乡石板滩入境，名四步河，经走马、谷雨、双河至赶场。另一条发源于湖北省利川县谋道，自万县马头乡入境，名龙驹河，经龙驹至赶场，与四步河汇合后始称磨刀溪。由南向北流经长滩后，折向东北，经云阳县的外郎、龙角，至新津口汇入长江，全长170多千米。长滩井因古人在长长的河滩两岸，掘有72口盐井，且每口盐井还伴有一口淡水井而得名，长滩镇又随长滩井而得名。东汉建安二十一年（216年）为羊渠县县治，亦即万县建县之始，后为南浦县县治①。长滩盐业起始年代不祥，但万县的初始县治设在偏僻的长滩镇，说明这里早就因盐而形成了聚落中心。由此推测，至少在万县建县之前，长滩井就已经发展成渝东的盐业基地之一了。

长滩镇的住民中，有先祖于洪武年间，由湖广麻城奉旨入川，见证了明初由湖广填四川所形成的移民潮。据考，湖广填四川始于元末，至正十七年（1357年），湖北浠水、黄冈地区的红巾军将领明玉珍（湖广省随州人，本姓旻，因崇信明教而改姓明），率领湖北乡勇入川，先后占领夔州、万县、重庆、泸州等地。至正二十三年（1363年）正月，明玉珍在重庆自称皇帝，立国号“夏”，改元“天统”，以重庆为国都，正式建

① 四川省万县地名领导小组编：《四川省万县地名录》，四川省万县地名领导小组，1988年。

立起大夏政权，开创了湖广填四川之始。随后便有湖广人陆续迁来四川，逐渐形成潮流。例如，云阳的向、何、谭、孙等大姓，石柱的谭、杨等姓氏，均于洪武初年由湖广麻城迁来四川，而石柱的何氏、陈氏迁来的时间则更早。从至正二十三年（1363年）正月开始，到雍正五年（1727年）发布禁迁令时止，移民之潮已先后延续了364年[①]。其间，明太祖时移民最多，到清康熙末年移民已近尾声。

这些移民来到渝东后，一部分人得知渝东有盐泉，便纷纷涌向盐泉之地，从事盐业生产，经过艰苦创业，逐步走上以盐致富的道路。例如，王氏祖先"以煎盐为业，历数传，以盐荚起家"。秦氏祖先以"煮盐为业，成为南浦（即万县）之望族"。严氏祖先以"煮盐为业，家计始富，里之盐务及大小事件多所裁定"。昔日万县划分为三正、大周、市郭三个里，相当于此前的龙宝、天城、五桥三个区，长滩镇属市郭里（五桥区大部地区），里内的盐务及大小事件都由严家的一世祖裁定，足见严家地位之显赫。

另外，在张氏和王氏族普里，经常出现"丁"和"丁水"这个名词，需要解释一下。旧时长滩井将每口盐井的产权划分为六等分，每一等分称为"一丁"，或"一丁水"，若按每月30天计，一丁水有5天的采卤权。

六、长滩井的天灾与人祸

在《长滩井刘缙的讣闻与哀启》里，我们看到了清光绪年间，发生在万县长滩井的天灾与人祸。讣闻讲述了刘缙生前所经历的几件事情：

第一件：光绪十一年（1885年），"井地被淹灶停，因课税而无着落，累及先严（刘缙）迭年赔缴，不堪其扰"。在"少壮者散之四方，老弱者坐以待毙""井地数百家奄奄灾黎"，场民面临流离失所之际，刘缙不惜拉借距金，于二十五年（1899年）"修复井灶，租与灶户煎熬，居民乃复旧业，人众称快"，为全镇办了一件灾后自救、恢复生产的大事。刘缙由此成为长滩井的大老总，其实从"因课税而无着落，累及先严（刘缙）迭年赔缴"一句看，刘缙早就是长滩井的大老总了。

第二件：天灾刚过，人祸又至。当生产和销售恢复正常后，官商"德丰裕"为争销岸而运动县局，用重金贿赂知县局，计图簻买，冀获垄断之利。知县局均受贿赂，不可抵制。无奈，刘缙只好亲身晋省上诉。后经大宪批饬，县委会商妥协，派员到地坐收厘税，数年无异。突宣统二年（1910年），"税司受盐号重贿，暗串局委，蒙蔽县令陈佐卿""乘族人争执，逐令封塌，派警队数十人，焚灶塌井，演成荒郊，烧毁数日，损失万金，适警队将盐区殆尽"演成一场毁灭性的人祸。刘缙对此愤愤不平，奋起与之抗

① 冯庆豪：《重庆湖广会馆调查及初步研究》，《巴渝文化》（第四辑），重庆：重庆出版社，1999年。

争，亲到东川道、夔州府两署控告，并令其子赶赴成都，上诉盐运使暨总督。最后，终于得到上峰明令："井灶销岸归还权利，仍旧各情始行宣布。"

此外，为维护当地利益，刘缙还率众与上峰抗争。光绪六年（1880年），川督丁葆祯改革盐务，废岸销为官运。刘缙率众反对。谓："我井盐务，历系本境灶户自熬自售，以济民食，改为官运誓不承认。"经尽量力争，终"将长滩井盐业仍归地方自熬发卖，除原有课银年纳外，规定抽收厘税，由先严（刘缙）包纳"。本来，丁葆祯改革四川盐务，是有利于国计民生的事情，为何在此却遭到强烈反对呢？原来，这里产量很低，如抗战时期，川盐济楚为四川盐业迎来了第二次大发展的机遇，是川盐生产的黄金时期。在此期间，长滩井产量亦随之大增，但从1937～1946年的产量看，也不过3116吨，平均年产才300余吨，正常年景只有一二百吨，有时只有几十吨，甚至十几吨。加之卤淡成本高，地处偏僻，运输不便，全赖就地自产自销得以生存，若废岸销为官运、统纳均税，必无生存空间，故而尽力反对。

七、文昌宫与盐场的教育事业

文昌宫在渝东盐场十分普及，随处可见，仅在开县小小的温泉镇上就建有两座文昌宫，河东河西各一座。云安的文昌宫位于汤溪河北岸，建于明代，由云安盐商集资修建，为三进四合院、宫殿式、砖林结构。

文昌宫供奉的是文昌帝君，据传，文昌帝君是道教福、禄、寿"三福"星中的禄星，主宰"功、名、利、禄"，是读书人的主宰神，更是学子心中的必敬之神。故文昌宫历来就是教学之地，被辟为云安盐工子弟校，光绪三十一年（1905年）为初级小学堂，民国三十二年（1943年）成为辅成中学的一部分，中华人民共和国成立后改建为云安中学[①]。三峡水库蓄水至156米时，迁至云阳新县城，现为外国语学校。

《修云安场文昌宫碑》留下的主要盐业信息，是云安煮盐人对教育事业的重视和对教育事业的贡献。文昌帝君是学子的敬仰之神，建宫之举就在于树文人之神、立教学之威、兴读书之风、行育人之事，乃"民和而神降之福"也。文昌宫自开辟成学堂至今，已有一百余年的历史，在这一百多年的时间里，为中国的民族民主革命和社会主义建设培养了大量有用人才，其中，高级干部和高级人才亦不乏其人。由此可以见到渝东盐场重视教育事业之一斑。

① 《云安镇志稿》，内部资料。

八、云安盐场的拽水工

《云安场风土记》曰："云安盐井，古有二十八，今存强半。其最大者为白兔井。其汲水用绠，绠施辘轳，两头各系一桶。桶之出入，任人之，上下其手。其引卤入灶，以竹为杆，或远或近，其支分派别者，皆厘然不紊。每灶拽水之人，轮流递更，昼夜共三十六轮。轮以尺香为限。香尽则鸣金而止。"这里讲了云安盐井的汲卤过程、汲卤工具、汲卤方法、输卤方法，以及在没有钟表时期的计时方法等，言简意赅，但需补充几个细节：

其一，汲水用的绠，系粗棕绳，棕绳不怕盐水浸渍，但粗糙磨手，必须用细麻绳缠绕。细麻绳被盐水浸泡，又与汲夫两手发生摩擦，致使汲夫手脚皲皱脱落，麻绳被汲夫双手摩擦而易损坏，须及时修补。故绳索的消耗量极大。因此，打绳、补绳也就成了盐场的一个小行业。

其二，云安盐井的深度为43.33～73.33米，汲卤用木桶，于头顶架设滚轮，滚轮安装在头顶的木架上，木架呈八卦形，称为云盘。每架滚轮有长约1米，宽约0.14米的两块杂木板，垂直向下固定于云盘上，犹如垂吊在女人头上的两只耳环，故称这两块木板为"耳板"。两块耳板的下端各凿有一个小圆孔，滚轮中心有一铁轴，铁轴两端插入耳板的两个小圆孔内。铁轴要承受汲卤设备及卤水的全部重量，起四两拨千斤之效，故称铁轴为"千斤"。轮上挂绠绳，绳的两端各拴一木桶，每桶可汲卤水5～6千克。滚轮架数的多少，视井口的大小和卤水的丰歉而定，多的有20架，少的只1架。

其三，汲卤时，因盐水溅身，刺激皮肤，故不能穿衣，汲卤工只能裸身站于龙口，即井口，腰系保险索，双手握绳，一上一下，反复提汲，谓之"拽水"。挽汲剧苦，劳动强度大，必番休以节其劳。初以"炷香"计时，后改"滴漏"，到时鸣钲，进行交换，交换一次为一轮班，每昼夜36轮，每轮约40分钟，一人汲6轮支付一日工资[①]。井场夏天闷热，冬天寒风刺骨，故工人中流行这样一首歌谣："头顶千斤耳板，脚踏万丈深渊。热天汗如雨下，冬天冷如冰山。"道出了旧时盐井工人劳动的艰辛。

九、云安场的拾炭妇与石灰窑

在《云安风土记》里，有一段描述炭渣码头上的情景："汤溪水滨，有大码头、高码头、火码头，各崇高二丈许，广亦如之，皆灶煤余灰积累而成者。其中有火，四时不

① （清）刘贞安总纂：《云阳县志》卷十《拽汲》，民国二十六年刻本。

息。每隆冬盛寒，穷乞多坐卧其上，且因其热以作食。至五六月雨集，河水暴涨，为水冲击，砰然有声，如雷闻数里。穷檐妇孺，以拾煤为生计，蓬首垢面，终日坐于涂炭，不自知期苦。”这段话讲的都是实情，但有遗漏，对“其中有火，四时不息……”等情景不易理解，须予补正。

从盐灶出炉的煤炭渣里，还有部分未燃尽的煤囫，可第二次进炉燃烧，故称之为“二炉炭”。二炉炭近似于焦炭，烟少且便宜，深受当地群众的欢迎。捡拾二炉炭谓之“捡炭花”，或“捡煤炭花”。炭渣未运出灶房之前，要按炭花的大、中、小分拣三遍，第一遍捡大个炭花的，为“以拾煤为生计”者，为之拾主。拾主须与灶主达成协议，获得灶主许可后，按协议规定每月固定捡拾若干天；第二遍捡中个炭花的，须征得拾主的同意，并负责将炭渣从灶膛底下搬运出来，俗称“撮渣子”；第三遍捡小个炭花的，要干些打零杂的活。经三遍捡拾后，才由“炭佬倌”将炭渣挑运到河边倾倒，堆积成大码头、高码头、火码头，在码头上还有人捡拾第四遍。这就是“穷檐妇孺，以拾煤为生计，蓬首垢面，终日坐于涂炭，不自知期苦”的全部过程。

以上四遍捡拾者，除第一遍“以拾煤为生计”者外，余皆自用或出卖，不论自用与出卖，均以所拾炭花来补贴家庭收入之不足，成为家庭收入来源中不可缺少的一部分。

炭渣经四遍捡拾后，再由烧石灰的人，用九齿丁耙将粗渣梳掉，除去灰粉，余下含有细小颗粒炭花的细渣，这时我们该倒过来称它为渣炭，即连渣带炭一起挑进石灰窑里烧制石灰。这就是“其中有火，四时不息”的缘故。至此，我们看到了云安人对煤炭资源的充分利用，炭渣里的余炭已全部用尽，真正做到了颗粒归“仓”。

这里烧石灰也与众不同，所有原、燃、材料全部就地取材，不用花钱购买。石灰石就在河边的碛石滩上捡拾，洪水年年送来，取之不尽，用之不竭；燃料用渣炭，由各盐灶源源不断地免费送来；窑体用烧结成团块的炭渣垒砌。于是，就出现了一种独特窑型——炭渣堆窑。堆窑用炭渣块砌筑窑体，底部置木柴，木柴上先铺一层渣炭，渣炭上面铺一层石灰石，如此一层又一层地往上铺到顶，顶部再覆盖厚厚一层炭渣，这便是冬季“穷乞多坐卧其上，且因其热以作食”之处。它方便了穷乞的取暖和煮食，却也无情地吞食了一些穷乞的生命，每到寒冬季节，常有乞丐在窑上因一氧化碳中毒而亡。

夏季洪水袭来，正燃烧的石灰窑被河水突然浇灭，产生大量蒸气、发出剧烈声响；窑内的生石灰水化生热，体积急剧膨胀而致爆炸。二声合一，就出现了“砰然有声，如雷闻数里”的壮丽景观。

十、清代云安盐井的投资行情

《张品中出卖卤水股权契约》称：“立出卖卤水字人张品中，情因移业就业……甘愿将祖遗受分恩锡井编轮十六架合共卤水二百二十四股内，分占一股三分三厘三兹三毫出卖。请凭族中张中海、张中喜等四路觅主，先尽家族，无人承手，只得再三说合，出卖与唐炳山名下永远管业。当日凭证面议时值实价大钱共二百七十五串六百文正。”从中可以了解一百多年前云安卤井资产的价值行情。

上节讲到云安的汲卤工挽汲剧苦，必番休以节其劳。初以“炷香”计时，后改“滴漏”，到时鸣钲，进行交换，交换一次为一轮班，每昼夜36轮，每轮约40分钟。

查阅云安盐场的历史档案，人工凿井投资较大，上等井需投入银圆66 100元，中等井需投入银圆8680元，下等井需投入银圆1430元。故独力难支，大多为合资开凿，其卤权视每井卤水的丰歉和咸淡、滚轮架数的多少而定，以每井总架数、总股数、总投资数，由出资人议摊其股分数，并将股分数固定分摊在每架滚轮上①。

已知“张品中将恩锡井编轮十六架合共卤水二百二十四股内，分占一股三分三厘三兹三毫”出卖给唐炳山。“时值实价大钱共二百七十五串六百文正。”由此可以推算：

（1）恩锡井有编轮十六架，共有卤水二百二十四股，每架滚轮含14股，每月按30天计，每股每月有一架滚轮2天另5个轮班的采卤权。张品中所出卖的股份是一股三分三厘三兹三毫，故唐炳山买到了每月一架滚轮2天另31个轮班的采卤权。

（2）查古币制，一串、一吊、一贯、一缗，均等于铜钱1000文，1000文又等银圆1元。张品中出卖股权一股三分三厘三兹三毫，即1.333 3股，价值大钱二百七十五串六百文正，折银圆275.6元。由此算出每股资产为206.7052元，恩锡井共有卤水二百二十四股，总价值为46 302元，属上等井。

十一、民国时期国民政府对盐场的盘剥

《云阳盐场盐工请愿团宣言》中讲到，云盐“井深卤淡，炭远运艰，食盐一粒，何非劳工血汗”。川东各小盐场的生存，全赖于国家实行“等差税率，以资调剂。划分销岸，以泯争端，故能各安其业，各遂其身。有清迄今，行之数百年而无变者，赖有此也”。民国初，这一行之有效的办法几经变更，遂滋生出了许多纷扰，不得不又重新恢复其原有制度。

---

① 官箴九主编：《云阳县盐业志》，四川省云阳盐厂，1995年。

不料，1936年3月1日国民政府推行“破岸均税”法，将税率增加至每担两元。《云阳盐工请愿团宣言》指出：在此次增加税率之前，“每担盐税增至一元五角，已属力不能胜，徒以国步艰难，不得不忍痛一时”。而自三月一日起，“川东引票盐税一律加至每担二元”。即每百担增加税洋五十元，“三月一日以前，云盐每百担价洋三百三十元，尚能保持血本。自加税以来，以购销疲滞，即跌价二百八十元，折阅血本至五十元之巨”。由此可知，每百担盐加税50元，又跌价50元，正负相加，亏损100元，小厂已被逼到走投无路的地步。不得不向上峰请愿。

《云阳盐工请愿团宣言》还着重陈述了“破岸均税”的严重后果：“若复名加实均，奚啻为渊驱鱼，商困政危，可立而待。”“似此以行‘破岸均税’之初步，而遂其扶强抑弱之逆施，不惟川中小厂，行将天然淘汰。日后海盐充斥，即川南大厂，亦必同归于尽”。“小厂资本有限，讵堪长此朘削，倘因此而精疲力竭，灶户倒闭，盐厂停顿，直接间接恃盐以为生活之劳工，何止十数万众，一旦失业无归，地方治安何以维持？处此不景气之环境，重税即无力负担，下情更无由上达，倒悬不解，生计何求？”

至1949年，国民党在大陆临近垮台之时，对盐场的盘剥更是达到空前绝后的程度。例如，《快邮代电》里讲道：“奉部令自即日起，每担（50公斤）盐税由九角增至五元六角，建设费二角，绥靖费六角，合共六元四角，查场价近售二元六角。”这里，列出了五元六角、六元四角、二元六角三个数字。在这三个简单的数字里面，透露了一个惊人的事实。即每担盐的场销价才二元六角，而税费则高达六元四角，税费是出场价的2.46倍，这种本末倒置的比例，简直是触目惊心，闻所未闻；再从数字后面的背景上看，时中国人民解放军已解放了南京和上海，国民党蒋介石的统治区域只剩下西南一隅，中国人民解放军第二野战军正在作进军大西南的准备。蒋介石为挽回其彻底覆灭的扼运，企图负隅顽抗以作最后挣扎，不惜拼命搜刮民脂民膏。长期以来，蒋介石为镇压人民革命，消灭中国共产党人，连年发动内战。为满足战争所需，不惜转嫁负担于人民大众，民众的油脂已被消耗殆尽，国民经济已全面崩溃，税费多如牛毛，物价飞涨，民不聊生。盐税及缴费高到盐价2.46倍的怪异现象，就是这种特定历史条件下的必然产物。

2008年4月于万州

从渝东盐市场看私盐问题与盐价双轨制

摘要：私盐问题历代有之，私盐泛滥，不仅使国家财税受损、市场秩序遭到破坏，还危害人民群众的身体健康。从历史上看，私盐问题是政府不合理食盐专卖制度的直接产物。中华人民共和国成立后的私盐泛滥，主要集中在1952年以前和1989年以后的两个时段。而近年来所出现的私盐泛滥，是盐市场供大于求与盐价双轨制共同作用的结果。要消除盐的违法贩私活动，就必须从产销平衡和价格管理体制两方面入手。在这两个方面要么管住，要么放开。

关键词：私盐问题　供大于求　双轨制　放开盐价

一、危　害

私盐问题历代有之，《盐政辞典》相关条目云："盐由官销，或给引商以券，令其运销，谓之官盐；其人民私自贩运盐者谓之私盐，为法所禁止。而私之中，又有场私、商私、船私、邻私、官私、军私、肩私、担私、包私、帮私、滩私等名目，于是，官立之法，有缉私之事。而流弊所及，放私、护私又层出不穷矣。"①"盐法请引行盐之专商，均有指定口岸，谓之引地。或曰引岸。专商因引地而占有专卖之权"。"其甲引地之盐，阑入乙引地销售者，谓之占销，罪与私盐相等"②。

现在的私盐问题，是指未取得制盐许可证而擅自生产以氯化钠为主要成分的各类盐产品；未经当地盐业管理部门准许而私购、私运、私销的盐产品；违反盐业管理法规、用以串换物资或送礼的盐产品；在食用盐市场上销售不符合食用盐卫生标准的原盐、加工盐及土盐、硝盐，或用工业废渣、废液制成的盐。

贩卖私盐是为牟取暴利，主要手段是偷税漏税、以次充好、以劣充优。因此，私盐泛滥，不仅使国家财税受损、市场秩序遭到破坏，还危害到人民群众的身体健康。私盐大多是粗盐、平锅盐，即未经加工处理的井矿盐，其质量达不到国家规定的标准，有害

---

① 林振翰：《盐政辞典》，《私盐》，郑州：中州古籍出版社，1988年。

② 林振翰：《盐政辞典》，《引地·引权·引盐》，郑州：中州古籍出版社，1988年。

杂质多，食用对人体健康有害。例如，井盐中的氯化钡，食用后会引起四肢麻木，导致肌肉和关节疾病；镁和钙元素含量过高，食后可致人胃肠不适、腹痛、腹泻；食用含亚硝酸的盐，会引起中毒，轻者头痛、头晕、无力、胸闷、气短、心悸、恶心、呕吐、腹痛、腹泻及口唇、指甲、全身皮肤、黏膜发绀等，严重者出现烦躁不安、精神萎靡、反应迟钝、意识丧失、惊厥、昏迷、呼吸衰竭甚至死亡。另外，私盐一般都以不加碘的工业盐冒充食盐，缺碘会导致地方性甲状腺肿、地方性克汀病、地方性亚临床型克汀病，表现为甲状腺肿大、克汀病、聋、哑、瘫痪，以及影响生育而出现的不育症、早产儿、死产、先畸形儿等，其中，最主要的危害是影响胎儿的脑发育，导致儿童智力和体格发育障碍，造成碘缺乏地区人口的智能损害。

二、成　因

从历史上看，私盐问题是政府不合理食盐专卖制度的直接产物。例如，民国时期，实行官办运销。万县地区的盐税，1941年按食盐实际成本的30%计征。为每担盐征法币50元。后随附加税的增加，1943年增至每担法币110元，1945年增至每担法币410元，1946年增至每担法币7410元[①]。其中，各种名目的附加更是多得惊人：有民国四年（1915年）开征的经费；民国七年（1918年）十月开征的滇军军费；民国九年（1910年）五月开征的豫、鄂军军费和护商费；民国二十一年（1932年）由国民政府征收的外债磅亏，以后又开征剿赤费、整理费、养护厂兵经费等；民国二十六年（1937年），抗日战争爆发，又开征了保甲经费、壮丁训练费、区警费、不敷费、壮丁巡查队费、冬防费、代工金等；民国三十年（1941年）又开征了公益费、整理费、建设专款、外债附加款等。以后又开征了防空捐、营运偿本费、战时附税、公益费。民国三十七年（1948年）八月九日，又开征了建设费、偿本费；还有民国三十八年（1949年）七月一日开征的川、鄂边区绥靖公署绥靖费等[②]。致使税率不断提高，达到每担7410元法币，导致盐价飞涨、私盐泛滥。为应对私盐泛滥局面，当局便强化税警队伍，企图以武力来控制市场。1940年7月，在川东各盐场建立起一等区部1个，二等区部3个，一等分区部3个，押运警队24队，驻场查产警队11队。为此投入的官兵多达1737人，最高长官授上校军衔[③]。然而，因利益所使，尽管投入了巨大警力，其结果却适得其反，贩私活动不仅没有禁绝，反而愈演愈烈。其

① 王佑民主编：《万县地区盐业志》，成都：四川人民出版社，1991年。

② 贾聚星主编：《云阳县志》，成都：四川人民出版社，1999年。

③ 王佑民主编：《万县地区盐业志》，成都：四川人民出版社，1991年。

原因就在于：税费越多，利润空间就越大，觊觎的人就越多。1941～1946年，才短短5年时间，税费就上涨到148.2倍，其吸引力便可想而知。在利益驱使下，贩私者与缉私者必会串通一气，贩私者将千方百计用重金贿赂缉私者，缉私者暗中放私、护私，成为贩私者的保护神，故而愈演愈烈，真乃“流弊所及，放私、护私又层出不穷矣”。

回顾中华人民共和国成立以后盐业管理所走过的历程，便不难发现问题的症结之所在。从万县地区的情况看：1949年12月8日，中国人民解放军解放万县，15日接管盐务机构。人民政府接管盐局时，盐仓基本无存盐，加之部分私商联手抢购，哄抬盐价，造成盐价多次上涨。为稳定市场，保障供给，满足人民群众的需要，按照中共中央、政务院1950年4月颁布的《食盐运商管理规则》精神，统一由各地盐业公司经营管理，实行统购统销政策，迅速稳定了盐价①。同时，由人民政府组建的盐警队也开赴各盐场，执行查产、缉私任务，打击不法盐商。盐警队与场区人民政府组成的群众缉私小组相配合，充分发动群众，采取以组织群众缉私为主，武装机动缉私为辅；以教育说服为主，处罚为辅的方针，重在断绝私源、堵断私路，私盐案件逐渐减少。经过两年多的工作，到1952年初，两千多年遗留下来的走私漏税现象，基本敛迹②，缉私盐警遂调离盐场。缉私工作纳入盐业管理部门的日常工作，在往后近40年的时间里，很少有违法贩私案件发生。

1987年，因工业用盐大量增加和海盐减产，全国一度出现盐的抢购风潮，媒体称为“白色风暴”。各地趁此扩大盐的生产规模。到1989年，全国开始出现产大于销的局面。至1993年，万县地区盐的生产能力就达到55万余吨，翻了四番，产销矛盾日渐突出。

此时，在盐业管理体制的决策上，又面临着从未有过的两难境地：

一方面，生产企业要为自己多余的盐产品寻找销路而去抢占市场，此时又正逢全国从计划经济向市场经济过渡，包括粮油在内的许多统购统销商品都已逐步放开，盐业在产大于销的形势下，需要放开搞活；另一方面，我国是世界上碘缺乏危害最严重的国家之一，原病区人口达4.25亿，约占世界病区人口的40%，亚洲病区人口的60%。目前，我国仍有700万地方性甲状腺肿病人和19万克汀病人，14岁以下的智力残疾儿童有539万人③。1990年联合国召开的“世界儿童问题71国首脑会议”上，通过了《儿童生存、保

① 王佑民主编：《万县地区盐业志》，成都：四川人民出版社，1991年。

② 官箴九主编：《云阳县盐业志》，四川省云阳县盐厂，1995年。

③ 《全国碘缺乏病日的来源》https://baike.baidu.com/item/全国碘缺乏病日/2990599?fr=aladdin。2006年10月14日。

护和发展世界宣言》及其《行动计划》。明确提出要在2000年，在全世界消除碘缺乏病的目标。时任国务院总理李鹏代表我国政府在文件上签了字，并承诺在2000年实现消除碘缺乏病的目标。为此，国家采取了长期供应加碘食盐为主的综合防治措施，优先保证缺碘地区居民的碘盐供应，并逐步实施向全民供应碘盐。要使碘盐供应落到实处，就须要有强制性的管理措施来做保证。

这样，盐业市场就面临既要放开搞活，又要强化食盐管理的双重选择。在这种形势下，不得不实行工业盐放开，食用盐专营的双轨制。

双轨制出笼后，就有了食用盐与工业盐价格上的悬殊。一些不法分子便有了可乘之机，违法贩私活动陡然猖獗起来，盐市场出现了新的混乱，大量私盐冲击食盐市场。万县地区食盐的销量由1989年的93 681吨迅速降至1993年的37 000吨，盐税流失过半，且冲突骤起，仅1991～1993年的三年中，销区内就发生武力对抗、群体围攻、库内抢盐等事件10余起，成为全国私盐泛滥的重灾区。

由上可知，中华人民共和国成立后的私盐泛滥，主要集中在1952年以前和1989年以后的两个时段。1952年以前，中华人民共和国刚刚建立，人民政权尚未巩固，一些不法商人利用当时物资紧缺之机，进行违法贩私活动，是特殊历史条件下的必然产物。而1989年以后，贩私活动猖獗的背景则是盐市场供大于求和“盐价双轨制”。在供大于求和工业盐放开的状况下，生产企业为占领市场，不得不降价销售，而买方又趁此压价，压来压去，价格降至最低。工业盐价格越低，与食盐价格的悬殊就越大。悬殊越大，对不法商人的吸引力就越大，贩私活动也就越猖獗。反之，如盐市场供不应求，则卖方提价，致使工业盐价格升高，与食盐价格的价差缩小。价差越小，对不法商人的吸引力也就越小。吸引力越小，贩私活动也就越少。

在1952～1989年的近40年里，工业盐和食用盐也有价格上的差异，但因国家对盐实行了统购统销政策，在统购统销政策管理下，不法商贩没有涉足的机会，违法贩私案件自然很少发生。这就足以证明，统购统销政策是抑制贩私活动的有效法宝。近年所出现的私盐泛滥，正是在这种既统又放，即统而不全，放而不开的局势下，让投机商贩有了可乘之机，盐市场的供大于求与“盐价双轨制”为投机商贩提供了滋生的土壤和温床。

三、现　　状

历史上万县地区盐的正常年销量只有6万～8万吨，最多也只有9万余吨，而1993年的生产能力却达到了55万吨，产大于销6～8倍。到2005年又翻了一番，达到100万吨。因此，产销矛盾突出，私盐泛滥成灾，市场极度混乱。仅1998年全区就查获违章贩私案件766件，查缴私盐2861.85吨。其中，位于三峡水路要道的巫山、奉节、云阳三县，就查获了2030吨私盐。私盐倾销达到公开化、白热化的程度。1992年4月2日下午5时，发生在万开路5千米和24千米处，有50余人殴打盐政稽查人员，造成3人受伤、执勤器材被抢、汽车被砸的恶性事件中，便可窥见食盐市场秩序已混乱到何种程度。

为整顿市场秩序、保证碘盐供应、维护国家利益。根据国务院1990年3月2日发布的《盐业管理条例》和1991年6月6日轻工业部2号令发布的《盐业行政执法办法》以及1992年5月22日四川省29号政府令发布的《四川省盐业管理实施办法》的相关规定。行署领导组织相关部门，制定措施、发布通告。于1992年7月11日成立盐政市场稽查处。并在各县成立盐政稽查队，持轻工部制发的稽查证，开始执行盐业稽查任务。

1992年12月，国务院下文撤销万县地区建制，设立万县地级市，辖3区8县。市经委于1993年4月29日首先发布《关于加强市内盐业市场管理的意见》。同年8月26日，市政府召集盐业产销负责人专题协调会，于9月5日发布《关于盐业市场整顿协调会议纪要》。9月29日，市府召开工商、物价、税务、公安、技监、地防、卫生、盐政、供销、商业、盐业十一部门负责人会议，研究贯彻落实《关于盐业市场整顿协调会议纪要》的具体办法，于10月4日发布《关于贯彻市政府盐业市场整顿协调会议纪要的联合通知》。

1994年4月28日，万县市政府领导与四川省盐务局共同协商，决定成立盐业管理协调领导小组，专项整顿万县盐业市场，并发布《进一步依法加强万县市盐业市场管理协调会议纪要》和《关于依法加强盐业市场管理的通告》。

同年8月23日，国务院发布《食盐加碘消除碘缺乏危害管理条例》。10月22日，四川省政府发布《四川省行政执法规定》。全区盐政执法人员，于1995年初换发四川省政府印制的行政执法证，各区、县盐政市场稽查队更名为盐政管理所。

1996年5月27日，国务院颁发《食盐专营办法》。

1997年重庆直辖，1998年国务院撤销万县市及所辖龙宝、天城、五桥3个区，设立重庆市万县区，旋即更名为重庆市万州区，所辖8县划归重庆直管。但盐业管理范围仍然不变，在重庆市盐政法规未出台之前的过渡期，仍执行四川省的各项盐政法规。

为贯彻落实国务院《食盐加碘消除碘缺乏危害管理条例》和《食盐专营办法》，四川省政府于1998年12月18日同时发布《四川省盐业管理条例》和《四川省盐政执法行政处罚实施细则》。区政府亦再次发布《关于进一步加强盐业市场管理的通告》。

《重庆市盐业管理条例》于1999年3月26日在重庆市第一届人民代表大会常务委员会第十五次会议上通过。从5月5日起，正式执行重庆市的盐政法规。万县市盐政市场稽查处更名为重庆市盐务管理局万州盐务处，各县盐政管理所更名为盐务分局。至2005年，全区共有盐政执法人员116名。

在区政府的直接领导下，经各有关部门的共同努力，在当地公安、税务、卫生、工商等行政执法部门的支持与配合下，经过十几年的整顿，先后共查获盐业违法案件3270余件，查获私盐17 643.54吨，处罚没款102.63万元，其中受到刑事处罚的有4人，有效地阻止了盐业违法犯罪活动，市场秩序逐渐恢复正常，加碘盐得以安全供应，盐税征收逐年增加，盐业执法取得很大成绩。但随着缉、贩双方的长期较量，贩私者的手段则更加隐秘，打击难度也更大。

缉私工作虽取得很大成绩，但用辩证的观点来看这些成绩，缉查到的数量越多，说明贩私活动越猖獗。处罚乃“死后验尸”，治标不治本，虽然贩私案件大幅下降，但在加强打击力度的同时，贩私者并未就此罢休，却在用更隐秘的手法继续贩私，缉、贩双方都在研究对策，形成更隐秘的持久战。

四、对　　策

要从根本上消除盐的违法贩私活动，就必须从产销平衡和价格管理体制两个方面入手，其解决办法要么全统，要么全放。全统已被实践证明是行之有效的管理手段。在实行统购统销的时段里，没有专门的缉私队伍，却很少有违法贩私案件发生，就是最有力的例证。但它与放开搞活的市场经济相悖，不合历史潮流，已不合时宜。而全放则与时俱进，要适应当前市场经济大潮流的新变化，就只有放开盐价这一条路可走了。

全面放开盐价，有人会担心市场秩序是否出现混乱、合格加碘食用盐的供应有无保证等问题。而笔者想说的是，盐价放开后，可能会有一些未预料的新问题要出现，但可以想见得到的有以下几点：

第一，会使产销逐渐趋于平衡。因为盐价放开后，会出现激烈的竞争局面，在激烈的竞争过程中，按照优胜劣汰的自然法则，一些设备陈旧、工艺落后，生产成本高、产品质量差的生产企业将被淘汰出局；而工艺、设备、管理先进的企业则会得到相应的发展。经过市场的不断筛选，多余部分的产能将逐渐淘汰。在价值规律作用下，供需将维持在一个相对均衡的水准上，达到产销的相对平衡。产销平衡后，盐价也就进入到一个相对稳定的阶段。

第二，工业盐和食用盐的价格会逐渐趋于一致。因为市场放开后，价格受市场支配，食用盐没有了保护价，工业盐也没有了优惠价，盐价自然会趋平。加之现行盐税征收改为资源税和增值税后，两种盐价均在同一起跑线上。何况产销平衡后，盐价相对平稳，为合理的价格体系提供了稳定的市场环境。价格平衡了，就从根本上消除了滋生违法贩私的土壤。

第三，能从根本上解决盐行业政企不分的问题。长期以来，盐行业一直沿袭政企合一的管理体制。盐的生产、销售、执法等，均由盐行业自行管理，成为既当“运动员”，又当“裁判员”的特殊行业和部门。盐价放开后，盐行业只承担为市场提供合格加碘食用盐和达标工业盐的义务，行政职能将转移给政府的相关行政管理部门。至于盐价放开后，市场上的加碘盐是否合格，市场上有无假冒伪劣食盐，那是工商行政管理部门和技术监督部门的事。有人担心食盐放开后，合格加碘盐的供应将无法保证。这实属多虑，道理很简单，有权威的行政执法部门监管市场，其力度比盐行业自己管理市场要大得多。其他食用商品不是都管得很好吗？所以，要相信这些部门会有一套科学、有力的监管办法，像管其他食品一样管好食盐市场。

第四，放开盐价并不排斥必要的行政措施。盐价放开后的初期，一些没有预料到的矛盾会逐渐暴露出来，可能会不同程度地出现一些混乱。当这些矛盾充分暴露出来之后，市场管理部门就会制定出更有针对性的行政措施，这是由乱到治的必经过程。在这个过程中，需要强有力的行政干预。所以，盐价放开后，不但不排斥必要的行政措施，反而需要更加有力的行政干预，才能顺利实现由乱到治的过渡。过渡期后，仍须保留被实践证明是不可缺少的某些行政措施，以确保盐市场健康、稳步地发展。

如果盐价一时难以全部放开，也应该通过宏观调控手段，来压缩多余的生产能力，实现产销的基本平衡。让供需维持在一个相对平稳的水平上，用市场机制来缩小两种盐的价差。两种盐的价格差距缩小了，违法贩私活动虽不能禁绝，但至少会有大幅度的下降。

五、措　　施

要全面放开盐价，并保持盐市场的稳定，需要做好以下几件事情：

第一，加强宏观调控，实现全国盐的产销基本平衡。产销平衡是稳定盐价的基本保证。产销不平衡，盐价必然波动：当供大于求时，买方压价；反之，供不应求时则卖方抬价。盐价不稳，则市场混乱，投机商亦可乘机操控市场，致使市场秩序更趋恶化。2007年全国产盐6300万吨，销售6200万吨，已呈现出产销基本平衡略有库存的局面，为盐价的放开提供了良好的市场环境。

第二，建立国家盐的“储放”调节制度。实现产销基本平衡之后，其格局不会一成不变、更不会一劳永逸。不同年分会有丰歉，不同季节会有消长，不同地域会有此消彼长或彼消此长等变化。这些变化随时都会影响到盐价和市场秩序的稳定。为避免此类现象的发生，国家有必要将丰产年多余的盐储备起来，欠产时再拿出来调节供需，做到以丰补歉，让市场一直维持着产销相对平衡的状态，使盐价得到平抑、市场秩序保持稳定。

第三，工业盐、食用盐实行统一税率。两种盐的税率统一了，价格才能接近或持平，两种盐的价格接近或持平了，投机商钻空子的机会就少了或没了。对某些需要减免税的用盐行业，应在税后返还，而不应在流通环节中减免。否则，将有价差出现，有价差存在，就会滋生投机行为。

第四，实行政企分离，强化盐市场质量监管。盐价放开后，会出现一些难以预料的新问题，需要增强盐市场的监管力度。如何保证市场上合格加碘盐的供应，也需要增强盐市场的监管力度。这种监管只能由政府的职能部门来施行才有力度。现有既管运销，又管市场的体制已不合时宜，实行政企分离已是势在必行，以政府职能部门的身份出面监管，才能管好盐业市场。

第五，加快现代信息技术的应用，提高对市场的快速反应能力。我国幅员辽阔，地域广大，各地产销极不平衡。加之地区差别、季节变化、灾情危害等动态因素的影响，会造成各地市场情况的千差万别，行情亦瞬息万变。只有加快现代信息技术的应用，提高对市场的快速反应能力，才能从宏观到微观进行及时有效的调控，确保盐价和盐市场的稳定。

总之，私盐泛滥只是一个表象，它是产销矛盾、价格体系、管理制度等诸多因素综合作用的产物。在不同的历史条件下，有不同的表现形式，反映着不同的社会矛盾。但从本质上来看，都是被利益驱动所使然。

“盐价双轨制”是在既要放开盐业市场，又要强化食盐市场管理的特定历史背景下所出现的权宜之计，它是历史发展到一定阶段的必然产物。它既保证了加碘食盐的正常供应，又搞活了工业盐市场，其历史功劳不可磨灭。但它也为违法贩私活动提供了可乘之机，因此，它并非是长远之计，终将要在历史上消失。在产大于销的市场环境下，“盐价双轨制”的存在，就为违法贩私活动的生存提供了滋生的土壤，因此，只有彻底改革两种盐价的管理体制，实现产销基本平衡，才能从根本上消除盐市场的违法贩私活动。

2009年6月3日于万州

四川盆地东部盆周大山中的古盐道

摘要：在四川盆地东部，川、陕、渝、鄂、湘、黔六省、市边区的茫茫大山里，先民们在崇山峻岭之中，艰难地开拓出条条崎岖的古盐通道，每天有数万脚力挑夫跋山涉水，将食盐送到大山中的千家万户。这支庞大的运输队伍，不仅满足了山民对食盐的需要，还促成了沿途城乡物资和文化的交流，促进了山区经济的发展，加快了沿途城镇化的进程。

关键词：大山区　古盐道　艰难险阻　肩挑背负　文化元素　城镇化

渝东位于四川盆地东部边缘的盆周山区，北、东、南三面环山，由西到东逐渐升高。大巴山耸峙于东北边境，为川、陕、渝、鄂界山；巫山、七曜山北段位于东部和东南部，与湖北接壤；武陵山位于南部，与湘、鄂接界，从北、东、南三面环绕其外；境内的挖断山、观面山、精华山、铁峰山、七曜山、方斗山等，峙立于长江两岸。武陵山又与贵州的大娄山相连。这样，川、陕、渝、鄂、湘、黔六省、市边区的大小山脉就连成了一大片。这些山的海拔一般在1500～2000米，不少山峰高达2500～2700米。

长江由西而东横切巫山，形成驰名中外的“三峡天险”。两岸悬崖峭壁，尖峰高耸入云。众多山脉遍布边区全境，无论区内还是区外，处处是崇山峻岭、沟壑纵横、山峦重叠、峡谷幽深之地。且地质构造复杂，地理环境差异很大。盐泉分布于长江及各支流的河流岸边，盐场遍布全区十余县境，销区遍及六省、市边区的广大山区。食盐从产区运到销区，路途遥远、山路崎岖、既要翻山越岭，又要跋山涉水。渝东先民就是在这样恶劣的环境条件下，艰难地开拓出一条条运盐通道，这些盐道纵横交错，交织成一幅壮丽的图画。

一、产、销区域

渝东各盐场因卤水出量悬殊，生产规模大小不一，销售范围和渠道亦有很大差异：

（1）规模最小的盐场，如武隆县的盐井峡和咸山峡、丰都县的盐井沟、石柱县的盐井村等，都曾产过盐（其中，盐井峡最盛时曾有四百余灶，后来停办）。这里的盐泉都临近江边，枯水季节才露出水面。此时便有附近农民到场煎煮，每户可产盐15～25千克，多则50多千克，自食为主或送亲友，只有极少量的盐可以出售。

（2）规模稍大一点的盐场，如奉节县的臭盐碛盐场、忠县的涂井溪和涂井溪盐场、万县的长滩盐场、城口县的明通盐场等，主要行销本县，少量流销邻界区县。

（3）规模再大一点的盐场，如开县的温汤井盐场和彭水县的郁山盐场，除供应本地外，还可销往到邻近区、县。开县温汤井盐场除销售本县外，还销售达县、开江、宣汉、万源、城口、梁平的部分地区；彭水县的郁山盐场除行销本县外，还行销酉阳、黔江、秀山三个县。

上述盐场主要供应本地或本县，少量销往邻近区、县，大范围的销售区域主要由云阳、大宁两场所开辟。

宋以前，云阳盐主要销往本县和万州、梁山、开州。据民国《云阳县志》载："则施州一道，自宋以前，即食县场之盐。地近事便，情势宜然，其来旧矣。迄今四县一厅仍行云盐，民习难革，千戴同贯。"说明宋代以前，恩施一带一直都在食用云阳盐，且"其来旧矣""民习难革，千戴同贯"。

宋咸平五年（1002年）朝廷诏准云阳盐销往施州（今湖北省恩施地区）。

宋熙宁九年（1076年），西川停止官运解盐，成都府（今成都市）食盐供应紧张，朝廷乃调大宁监、云安监食盐济销成都。

至明朝中期，云阳盐仍遍行重庆府、成都府地区，并一度销往到叠溪（今四川省松潘县辖地）。

清康熙二十五年（1686年），恢复元朝"盐引制"，确定销区，以减少销岸争执矛盾。

雍正七年（1729年）二月，实行"计口授食"，推行分岸分场"引岸制"，规定盐销本省为"计岸"，销外省为"边岸"，销两湖为"楚岸"。次年朝廷规定云阳盐"计岸"有：云阳、奉节、开县、新宁（开江）、梁山（梁平）、万县、巫山、达县、东乡（宣汉）、太平（万源）、建始共11个州县。

乾隆元年（1736年），经乾隆皇帝批准："四川建始县改隶湖北，照例行销川盐。"湖北恩施地区各县划为川盐行销"计岸"：鹤峰、来凤、建始、宣恩、利川、长阳、咸丰、长乐八县配食大宁盐和云阳盐。次年，又准巴东、兴山、归州（秭归）、长阳四州县准食云阳盐。

乾隆三年（1738年），乾隆皇帝题准："鹤峰等七州县就近美食川盐。"又经四川巡抚划定：恩施、宣恩、来凤、咸丰四县食云阳盐，其余县食郁山盐和大宁盐。

乾隆三十六年（1771年），云阳盐固定"销岸"15个：云阳、奉节、开县、新宁

（开江）、梁山（梁平）、万县、巫山、达县、东乡（宣汉）、石柱、恩施、宣恩、来凤、咸丰、建始。

嘉庆年间，大宁盐配销大宁、巫山、鹤峰、长乐、宣恩5州县。

湖北本为淮盐销区，咸丰年间，太平天国农民运动兴起，长江水运告阻，淮盐不能上达，楚、湘食盐告急，仰赖川盐接济，形成“济楚岸”。1915年“济楚岸”达28县，另有湘西6县。

太平天国平息后，淮盐欲恢复楚岸，川盐又不愿退出楚岸，为此，朝廷上下争论不休，同治八年（1869年），户部议令恢复淮盐旧岸，经川楚两省督抚反复争议，始划定湖北安陆、襄阳、郧阳、荆州、宜昌、荆门五府一州及湖南澧州行销川盐，其余销淮盐。至此，云阳盐销岸扩展至顶峰。

民国时期，各盐场的销售区域，因产量、区位的不同而各异。

云阳盐场，供应本区云阳、开县、奉节、梁平、城口等县。同时还供应湖北利川、恩施、建始、宣恩、鹤峰、长乐、咸丰、来凤等县。

大宁盐场，供应巫溪、巫山外，还供应湖北、陕西的部分地区。

民国四年（1915年），复行引岸，在大宁场创办四川盐运公司，专销水运盐斤，专销区为湖北秭归、兴山、巴东、长阳4县；合销区为巫山、长乐、鹤峰、宣恩4县。票盐销区省内有巫溪、巫山；省外有湖北的竹山、竹溪、房县和陕西兴安府属9县。

民国二十九年（1940年），大宁盐场配运销区扩大为“巫楚楚计岸”，销湖北宣恩、鹤峰；“巫楚川计岸”，销巫山；“票岸”，销巫溪、巫山、湖北的竹溪、竹山、房县，陕西的安康、平利、镇坪；“巴东岸”，销湖北的巴东、秭归、兴山；“潜郡鄌岸”，销湖北省的郧县、郧西、均县、光化、谷城、保康。同时还与富荣、犍为、云阳盐场之盐并销长乐等县，并远销至陕西兴安府属的安康、平利、镇坪、汉阴、旬阳、白河、紫阳、石泉、凤县等县。

抗日战争爆发后，上述“计楚岸”12县、“济楚岸”28县统一划为川东区盐务管理局销售区域。负责组织原盐，供应川东、鄂西、鄂北、湘西等地。1943年，供应区域共计52县。其中川东10县，陕南2县，鄂西、鄂北40县。1946年前后一度流销湖北宜昌、沙市一带。抗日战争胜利后，“济楚岸”渐次解体。

彭水县的郁山盐场，清乾隆年间定销区为酉阳、秀山、黔江、彭水4县，抗日战争期间，郁山盐场除销酉阳、秀山、黔江、彭水4县外，还销往川、黔、湘、鄂4省毗邻29县的部分地区。

开县的温汤井盐场，抗战时期，外来温汤井盐场采购食盐者，不仅有开江、梁平、宣汉、城口、万源、达县等地盐商，且有少数陕西南部、贵州北部等与川东毗邻地区的远道客商。

清至民国，全区盐除供本区各县外，销往川东北的开江、宣汉、达县、新宁、东乡（宣汉）、太平（万源）、梁山（梁平）、石柱等10余县；湖北的建始、恩施、宣恩、来凤、咸丰、鹤峰、利川、长乐、巴东、秭归、长阳、兴山、竹山、竹溪、房县、郧县、郧西、均县、光化、谷城、保康、襄樊等县；陕西的镇平、平利、安康、白河、岚皋、紫阳、旬阳等县；湖南的永顺、龙山、桑植、保靖、澧州等州县及滇、黔边岸的8州县。

综上所述，全区食盐从产区到销区，跨越了川、陕、鄂、湘四个省的六七十个山区县和滇、黔两省边岸的8州县。还不包括远运到沙市、荆州、重庆、成都、茂县及松潘县境的叠溪。其运线之遥远、行程之艰难便可想而知。

二、主要线路

中华人民共和国成立前，大宁盐和云阳盐，行销于川、陕、鄂、湘、黔5个省的崇山峻岭之中，为将食盐运到千家万户，先民们开辟出了数千里的山道和水道，两盐场的运输路线分述如下。

大宁盐场地处下川东，与陕、鄂两省接界，巫溪古盐道便在川、陕、鄂三省边区的大巴山中延伸开来，盐道纵横交错2000多千米。其销往两省的票盐全靠人力肩挑背负，据《道路考》说："大宁盐道东连房竹，北接汉兴，崇山巨壑，鸟道旁通""山中路路相通，飞鸟不到，人可渡越"。主要线路有8条：大宁场西北线，经谭家墩、两河口、神鹿坪、徐家坝、苦草坝、铜罐沟、鸡心岭、瓦子坪（交陕西平利县界）、镇平、石砦河、谢家湾、白土岭、白珠峡、牛头店、琉璃垭、曾家坝、秋山塘、八角店、八里关，至陕西平利县，共307.5千米；大宁场北线，经徐家坝、牛石硿、肖家坡（交湖北竹溪县界）、界岭、马鬃岭、招风岩、老叶顶、茨溪沟、马家坝、丰溪镇、红铜山、唐家坪、撰河塘、双竹园、义渡口、龙王垭、漫应沟，至湖北竹溪县，共219千米；大宁场东北线1，经神鹿坪、土地塘、高家坡、大禾田、偏岩子、大水沟（湖北竹溪县属）、向家坝（河东交竹山县，河西交竹溪县）、柳林店、公子河（湖北竹山县属）、白河山、平河口、松树岭、官渡河、田家坝，至湖北竹山县，共276.5千米；大宁场东北线2，接"大宁场东线"，至青龙坡、交湖北竹山县界路线，经长坡坝、麦地垭、象鼻岭、崩磊沟（交湖北房县界）、九道梁、安坝、学堂坪、举人坪、老莺岩、白沙园、干沟子、七里碥、高桥河（交湖北兴山县界）、南阳河、丰玉坪、大花坪，至兴山县，共352.5千米；大宁场东线1，经梯子口、关口山（交湖北竹溪县界）、张公桥、青龙坡（交湖北竹山县界）、长城坡、梨树岭、红坪（交湖北房县界）、白梨树垭、上龛场、南坪、下店子，至房县，共260千米；大宁场东线2，经大宁县水口（交巫山县界）、大昌、后溪河、小坪、茅山岭、溪坝、八宝山、平阳坝、龚家桥、龙潭坪，至湖北兴山县，共202.5千米；大宁场东南线1，接“大宁场东线2”，至平阳坝路线，经曾家坝、东瀼口，至湖北巴东县，共157.5千米；大宁场东南线2，接“大宁场东线2”，至大昌路线，经羊溪河、港圳子、八树坪、凉水井、黄草坪（与巫山、巴东、房县交界）、阴条岭、大九湖、小九湖、劳水河、麻线坪、下鼓坪、白林岩、青龙寨、源头河、手爬岩、平阳坪，至湖北巴东县，共287.5千米。

尤需一提的是，从宁场往东、北、西三个方向的各条古盐道，常常遇到悬崖峭壁，形成断头路。连接这些断头路的，便是大宁河上的古栈道。古栈道的源头始于宁场古镇，沿大宁河南下北上，在北上段的峡谷深山中，古栈道出现在悬崖峭壁间，与断头的山路相连接，纵横交错，延展200多千米，构成一个庞大的古盐道网络。

大宁场行销的水引盐，有2条线路：大宁—鄂北线，分南水、北陆两线段，其南水线从宁场用木船装载，顺大宁河下行105千米至巫山，转长江下运100千米至巴东，155千米至秭归、香溪，往北沿香溪河上45千米至兴山县，再由北陆线运至鄂北各地；大宁—鄂西线，由大宁河经巫山转长江，到秭归县至宜都，再转清江，溯流而上100千米到长阳县，或由清江口转小河30千米，在阳渔关登陆，到鹤峰县或恩施县，再由恩施陆路到宣恩县。

两条下行水路线的具体里程是：大宁场至巫山105千米，至巴东205千米，至秭归260千米，至兴山345千米，至长阳555千米，至鹤峰352.5千米，至恩施322.5千米，至宣恩370千米，至长乐转运3次、620千米。

云阳盐场位居渝东中部，其线路分为县内、县外、省外三个部分。

县内盐运线以长江为分界线，分南北两片。北片以云安盐场为中心，以南溪、渠马河、江口、沙沱、高阳、关市为集散地。主要线路有：云安船运北行水市口、至南溪线；云安水运水市口，上行5千米至盐渠滩，又15千米至江口，又7.5千米至鱼泉，又7.5千米至沙沱线；云安船运北行水市，驮运22.5千米至高阳线。南片以云阳县城为中心，食盐由云安水运硐村，转陆运至云阳县城，以县内长江流域的盘石、小江，故陵、东洋子、新津口为集散地。主要线路有：云阳县城、盘石（或马岭）、至二磴（凤鸣）线；云阳县城、新津口、马鞍山（普安）、坳口场（龙角），至泥溪口（太平）线；云阳县城、新津口、马鞍山（普安）、蕈草、火埠塘、至清水塘线；云阳县城、水磨、新场（朝阳）、至坳口场线；云阳县城、东洋子、至故陵等线。

县外的主要线路有：云安—达县线，食盐由云安水运至水市口登陆，驮运22.5千米至高阳，复船运45千米至开县，又30千米至临江市，复由陆路经新宁（开江）、梁山（梁平）、到达县，其中，部分销往东乡（宣汉）、太平（万源）等县；云安—万县线，食盐由云安南行水运7.5千米至硐村，登陆，驮运及背负7.5千米至县城，交官盐提拨卡，由提拨卡装船，上运至万县，计岸分销，又由万县转运梁山（梁平）、新宁（开江）分销，再以万县为集散地运至大溪口，或继续水运至石柱、重庆、成都，甚至到茂县、叠溪等地；云安—奉节线，食盐由云安水运7.5千米至硐村，又陆运7.5千米至云阳县城，然后水运50千米至奉节。

省外主要运线有：云阳—利川线，由云阳县城水运上行到万县，再由万县转陆运，南行15千米至沸滩，又15千米至大溪口，又25千米至走马岭，又30千米至马头场，又30千米至磨刀溪，又50千米至利川；云阳—鹤峰线，由县东7.5千米至新军口，入山30千米至蕈草场，又25千米至清水塘，又30千米至奉节属之白杨坝，又40千米利川县，以达建始、鹤峰。

当食盐从云阳县城水运至新津口后，如遇枯水季节，盐即起岸，由担子客沿马鞍山、蕈草、清水塘等地进入施鹤七属；洪水季节，则船抵马鞍山或坳口场，再经担子客运至恩施、鹤峰。附线从张桓侯庙经水磨、新场到坳口场，再至恩施、鹤峰地区。

云阳—宣恩线，由云阳县城水运下行到巫山，由巫山提拨卡，水运30千米至青石，又45千米至官渡口，又25千米至巴东，又35千米至建始县，又30千米至新滩，又30千米至曲溪，又40千米至鹤峰州，又30千米至宣恩县。

也可从云阳县城装船沿长江至巴东县，转陆路至鹤峰县；或从云阳县城船运至代溪口或巫山、上洋坪，再陆运至建始县，或恩施县、宣恩县。

济楚运线，济楚5州县线，由云阳提拨卡，民商舟运15千米至庙矶子，又35千米至夔州府，运判换票，又15千米至大溪口，又30千米至庙耳漕，又10千米至巫山县，又45千米至建始县，又55千米至恩施县，又45千米至宣恩县；清咸丰年间济楚运线，食盐从云阳县城船运直下宜昌、沙市一带，再由该地转销各地。

抗日战争时期，川盐济楚，又新辟运线两条：一条从云阳县城船运至湖北窑湾溪、茅坪、三斗坪等地，再转运至鄂西、湘西地区；另一条是从云阳县城装船下行至湖北香溪，转运至兴山、马桥口、寺坪、谷城、老河口、襄樊等地。

开县温汤井盐场的运盐道有7条：①从温汤井河东出七里潭，过东坝溪（今温泉镇东兴村小场，名“老榨房”），经岩水坝、口泉子、羊角岩、秀才口、里二坝、白马泉、石关门、铧头嘴、一字梁，抵城口县蒙蒙溪（今属明通乡）。全长90千米。另一路，自铧头嘴分路，翻雪泡山（今名雪宝山），进入城口县咸吉寺（今城口县咸宜乡）长30千米。②从温汤井河西出黄葛卡，走县坝（今温泉镇县坝村），过马家沟（今温泉镇乐园村街场），经和谦梓（今开县和谦镇街场）、谭家坝（今开县谭家镇街场）、榨井坝（今开县大进镇街场），红花园（今开县红园乡）、马扎营（今开县满月乡），翻笔架山，过流水沟后进入城口县境。全长60千米。另一条在榨井坝分路，上关口坪

（今开县关平乡）、越狗儿坪（今开县满月乡）、翻灵官庙、过马家坳、下莫家坡，进入城口境内的燕子河。再过城口县的明通井、蓼子口到城口县城。温汤井至明通井57.5千米。此外在民国时期乃至更早以前，还曾经过城口县往北，运至陕西东南地区的安康、西乡、岚皋、镇平等地。③从温汤井河西出黄葛卡，经和谦梓（今开县和谦镇政府驻地）、谭家坝（今开县谭家镇政府驻地）、榨井坝（今开县大进镇政府驻地）、关口坪（今开县大进镇关坪村），至宣汉县漆树沟到樊哙，再到宣汉县城。亦有在榨井坝分路，向左走梓潼观（今开县大进镇梓潼村）至宣汉县漆碑乡（这一条路因避开榨井坝直上关口坪的7.5千米路的陡坡，路较平缓），两条道路均在65千米左右。④从温汤井河西出黄葛卡走县坝（今开县温泉镇县坝村），经马家沟（今温泉镇乐园村）、官厅寺（今属开县水田乡）、紫水坝（今开县紫水乡政府驻地）、大店子（今属于开县敦好镇）、高桥关（今属于开县敦好镇），在进入宣汉县境后再到该县南坝场。还有一条至宣汉县的盐运道路，从温汤井往南，经长店坊（今开县郭家镇老场）、石板梁、羊子岭、板桥子、分水岭、横冲子、灯草坝（今开县敦好镇街场），到紫水坝后再往宣汉县。⑤从温汤井南下过开县县城（此段为清江水运航段），经临江镇、三汇口，出杨柳关至宣汉县梅家场。⑥过开县县城，经临江镇、南雅场、窦山关（今南雅镇书香村）进入开江县广福乡或任市（开江县重要物资集散地和与开县的交通枢纽），再到开江县城。⑦经临江市（今开县临江镇政府驻地）、铁锁桥（今开县铁桥镇政府驻地）、巫山坎（今属开县巫山乡，为开县与四川省开江县连界地），进入开江县广福寺，过任市到开江县城（今开江县广福乡）。

郁盐的运输线路有3条：郁山镇—彭水县城，由郁江水运90千米，再以人力运53千米到彭水县城；郁山镇—秀山县，由人力背运100千米至黔江、250千米至酉阳、310千米至秀山；郁山镇—来凤城，先由人力背运至黔江，再转132.5千米至湖北咸丰，186千米到来凤。

利川市“龙船调户外俱乐部”的一行驴友，于2012年9月7日，由利川出发，专程探访了利川至云阳的古盐道遗址，《三峡都市报》记者唐旭一路随行，并于9月23日进行了报道。现摘录几段，好一起去感受这条古盐道上昔日繁华的壮丽景观和挑夫们的艰辛：

> 9日中午，驴友一行坐车抵达白杨镇梅子水，只见一条清澈小河缓缓流淌，岸边有一个村庄，这就是传说中的梅子水老街了，据当地上了年纪的老人介绍，梅子水是古盐道的重要结点，这里分上大路和下大路。一条走地堡滩，经龙角，到云阳；另一条走清水塘、过马鞍山到云阳。挑夫们将药材、生漆、桐油等运到云阳，换成食盐、布匹等物资运回本地销售，一个来回要走七天。

“路上人不断，锅里不熄火”这是过去梅子水繁华的真实写照。

告别梅子水，沿着蜿蜒的山路爬行，七曜山北麓，便是穿心店遗址。该遗址保存较完好，当年的榨子门、寨墙、店子清晰可见……当地村民介绍，过去穿心店人来人往，生意十分红火，穿心店两边为店，中间为街，两头设有“榨子门”，晚上将“榨子门”一关，街上就不能通行，由此防御匪患。而在离穿心店几公里的地方，就有一个名叫“野人孔”的岩洞，过去常有“捧老二（土匪）出没，专门抢劫行人”所以，盐夫们都选择在穿心店歇脚。

离开穿心店，来到七曜山顶，凉风习习，神清气爽。抬眼处，一个界碑映入眼帘，原来前面就是重庆云阳境内。沿着盘山公路而下，经过龙缸景区，山脚下就是清水集镇。……坐车继续前行抵达蒖草集镇。在向导赵明启带领下，大家来到位于集镇旁边的老街，这里还保存着老房子，青石板路……在老街后面的缙城山头，还保留着一个古寨，塞上古城墙绵延5千米长。山顶由数个相似峰峦组成，峰峦由西向东延伸，山的四面均是悬崖峭壁，东西各有双峰，南北群山簇拥。这是当地的实力派家族，为抵御土匪攻城抢地，保卫家族妇孺以及财产所修建的防御工事。

晚上到达长江边的新津乡……川盐济楚时，这里是大多数盐夫挑盐的渡口。明嘉靖《云阳县志》中就有“新军镇”的记载，新津口因运盐而成为长江沿岸重要的水陆码头之一。从新津口经马鞍山至坳口场的盐道旁，食宿店随处可见。

9月8日上午，驴友一行挥手道别新津口，朝普安乡马鞍山方向进发，向导赵明启说：“马鞍山是此行非去不可的地方，它是古盐道的重要结点，同时也与利川大水井庄园有着千丝万缕的联系……”马鞍山渡口也是挑盐的地方，这里的老街保存较为完好，100多年的黄葛树见证老街历史，石板路、屠夫凳、商铺等演绎老街社会的变迁，上坡下坎的石梯记录着人民的辛酸与勤劳。街头老人讲述，数十年前，这条老街川流不息，各种铺子一应俱全，“挑二哥来挑二哥，上磨肩膀下磨脚，脚板磨得像锅铲，肩膀磨得像龟壳”。这是流行在当地的顺口溜。时过境迁，当年挑盐的大哥都已渐渐作古，当年云盐的骡马队已渐行渐远，那一串串马蹄声，消失在长江岸边的大山深处。

回想这一路探访古盐道行程，令人感受颇深。利川至云阳的古盐道，是一条资源富集的景观大道，一条历史厚重的人文大道，一条风情浓郁的民俗大道，一条川盐济楚的交通大道。如今，这条盐道即将消失在人们的视线中，但古盐道挑夫们的精神，将世代传承，生生不息。

三、运输工具及包装

大宁场陆运票岸，历来靠人力肩挑背负，由大宁场至竹山、竹溪、镇坪、房县的山路，全由人力背运。

大宁、开县、奉节的票盐，即近场州、县行票引之盐，行山中小道。为方便山区背运，即以篾箩、背篼作为装运工具。奉节产有少量巴盐（块状盐），则用篾纹极稀的篾筐，即篾勘盛装。

云阳盐陆运靠畜力和人力，畜力运输主要是骡马驮运，云阳全县有骡马500余匹，每匹一次可驮盐两包（100千克），行走在硐村至云阳县城、水市至南溪、水市至高阳的线路上。在其他各条难行的山路上，也有不少骡马驮运，但没有云安附近集中。

人力运输用箩篼和背篼，箩篼一人肩挑两个，适用短途运输；背篼一人背负，适用长途运输。背篼用竹片编成，上大中细下小，又称扁背，适于走山路。民国至新中国成立初年，从硐村至云阳城的公路上，有靠运盐为生的苦力工人200多人，用扁背运盐，一天可往返两次，每次背盐一至两包，少数力大者可背3包。

计岸水运引盐，大宁场至巫山的运盐船为辰驳船，载盐25包（每包装50千克，下同），载重1.25吨；在巫山接运至巴东、秭归的运盐船为桡拐子船，装盐200包，载重10吨。

至鄂西各岸则先用木船，再转人力，其中，至长乐620千米。需转运三次。

云阳盐水运工具用木船，其中，长江运盐船为篷船，大小不等，装盐100～1800包，载重5～90吨，多以云阳县城沙湾河坝为集中地，最盛时达50余艘。

汤溪河运盐船有两种，云安下游为船型狭长，头尾扁窄的冬瓜小船，形如泥鳅，名曰鳅船，可装盐40包，载重2吨，最盛时达80多只；云安上游为首尾高翘，柔木为底的小篷船，可装盐60包，载重3吨。

开县澎溪河的运盐船为橹船，可装盐80包，载重4吨。

城口盐至宣汉水运，用小木船，与开县橹船相仿，较橹船为小。

中华人民共和国成立前，大宗盐的包装全部都用篾包。

大宁盐场1942年改垅灶为田灶后，盐质较前干燥、色白、松散，原有50千克装篾包已容纳不下，于是重定篾包规格为：包底宽（斜对角）1.25尺，包高1.2尺（齐包口），口上有四角（巫溪称掩子，云阳称包耳），三个三角形，一个方形，方形边长0.7尺，每包盐重50千克，用两条捆篾将包捆牢，以便搬运，减少抛撒。并规定捆篾长1.25丈，尖端宽2分，尾端宽2.5分。

云阳盐场于1942年对历来使用过的篾包加以改进，并统一规格为：50千克装篾包高

2尺2寸，包耳高9寸，底宽（斜对角）1尺1寸，用32根篾条编制，内加青篾条12根，绞于包口交叉处，以加强勒力，避免漏盐。后来，又在两边各加青篾条一根，由包底穿出，加系盐包，穿至包口，绞成包耳，便于起运时铁钩钩挂。

篾包一直沿用到1978年2月，1978年2月后才逐渐改用麻袋和塑料袋。

为确保盐质，防止在装运过程中灰渣的浸入和盐的抛撒，包装改为双层，即在麻袋或塑编袋内加一层塑膜袋。

供应加碘盐后，为避免碘的挥发和流失，便采用小袋包装，初用单膜袋，后改用覆膜袋和铝膜袋。

四、集散地与城镇化

盐场不能把食盐直接送到山民手中，得由大小盐商层层批转到零售店，山民才能就近买到食盐。因此，大的盐商首先要选择交通便捷的地方来建立初级集散地，初级集散地是整个销售网络中的重要结点。盐运到集散地之后，还不能直接卖给山民，需批转给附近的小盐商，形成次级集散地。小盐商再批转给各个零售店，最后才由零售店销售给家家户户。这样，就形成了一个星罗棋布的网络体系。这个体系不仅将食盐送到了山民手中，还在一些重要的集结点上，催生出一批小集镇来，并促使这些小集镇不断地发展壮大，最后由小集镇变为大城镇。

下面就试着来探讨这些集散地是怎样催生出小集镇来，又是如何促使这些小集镇变为大城镇的：

第一，重要的集散地定设在交通要道处，这就占据了地利之便。有了地利之便，就可吸纳各行各业的人到此置业，有置业者就有集市贸易，有集市贸易就能会聚更多的人前来落户，这是任何一个城镇生成与发展必不可少的基本要素。这一点在现实生活中也能得到证实。例如，某些原来十分偏僻的地方，后新建的公路或铁路由此经过而设站点，这里很快就有商店出现在新路两边，随之便有附近农民前来定居，并招来外地生意人到此开店，房屋越建越多，很快形成街市，若干年后，一个新的城镇就出现在眼前，这就是最好的例证。

第二，运输业首先在集散地上发展起来，为集镇的形成招来人气。在蜀道难，难于上青天的时代里，运输业是一个劳动力高度集中的行业，在没有机动车船的条件下，运输大军是一支十分庞大的队伍。它的庞大是我们现代人难以想象的，现在，我们用简略计算的办法，来复原这支大军繁忙的运输场景：从本文第二节中得知，渝东古盐道上的运输线路，除各盐场供应本地的只有百十里外，一般线路均在三四百里至七八百里之间，远的有一两千里乃至数千里，如平均运距按500里计，每人每次背盐50千克，一吨盐1000千克，需20个人背运，每天行程按80里计，往返行程需12.5天，即每吨盐运到集散地需要250个工日。现以1940年的产量为例，全区年产盐43 695吨（不包括郁山盐场的产量和其他小盐场自食自销的部分，所以，这是一个十分保守的数字），按360天算，平均日产盐121.4吨。这个数量现在看来，确是微不足道的小数字，可当时却需要有30 350个工日才能将其运到各个集散点上；这还不是古盐道上的全部人数，因为它只把盐运到初级集散地，从初级集散地到零售店，还得转运两次以上，每50千克盐按两个工日算，运到零售店还需4856个工日，合计为35 206个工日，再加因故途中滞留的人数，运盐人数将突破4万；除此外之外，还要加上运输盐场所需原燃材料的队伍，以及运送农副产品、矿产品、生产资料和生活用品的人员，至少还需2万余人，其总人数就有6万之多。在新增的2万余人中，仅运煤一项就多达1万余人，其依据是：平均日产盐121.4吨，吨盐耗煤5吨，每人运煤50千克，行程按往返一日计算，$1000 \times 121.4 \times 5 \div 50 =$ 12 140人。这里还要说清楚的是，吨盐耗煤5吨，是以解放初的灶形为据，在炉灶落后、以柴作燃料的时期，所需人力更多。

每天有这样多的人行走在各条古盐道上，其繁忙景况便可想而知。利川至云阳古盐道上梅子水老街的“路上人不断，锅里不熄火”、穿心店老街的“人来人往，生意十分红火”、马鞍山的“这条老街川流不息，各种铺子一应俱全”的景象，就是当年这些集散点上的真实写照。

以上人数是按平均日产计算出来的，但实际情况并非如此。巫溪和一些小盐场的卤水，有季节性的变化，雨季卤水浓度降至1波美度左右，不得不停产；有的要到枯水季盐泉才露出水面，这些场的生产只能在旱季进行，出现季节上的不平衡，一年之内，有半年淡季，半年旺季。所以，旺季和淡季的实际人数，应有增有减，其增减弧度当在2万人左右，这样，旺季古盐道上的总人数就有8万之众，其繁忙景况更可想而知了。

还要说明一点，即古道运线有水路和陆路两部分。其中，水路的效率较陆路高，用人也少，理当作适当减除，但实际情况比较复杂，水陆运输相互交错，且要多次转运，每转运一次，就要发生一次装载和卸载，还有一次进仓和出仓。例如，云安盐场的盐，运往县城仅15千米路，得先从盐场仓库里搬运至汤溪河上载，水运7.5千米到硐村，在硐村下载起坡后，再由人力和骡马陆运7.5千米到县城，到县城后又要进仓和出仓，然后再装载上船，转长江水运。还未起程就折腾了好几次，运到目的地还得转运多次，再者，各地造船和修船亦有相当运输量，这些因素加在一起就抵消了不少船运节省的人力，具体能抵消多少，暂时无法细算，只好留点水分，故未作减除。

第三，因路途遥远，山高路险，且山路崎岖，既要翻山越岭，又要跋山涉水。正如民国《云阳县志》所云：“但其时境限夷夏，道阻穷山，担负复艰，动淹旬日。……今施（恩施）属盐贩，来县购盐者，多由新军口（今新津口）入山，往返半月乃达。”所以，盐商不会空手返程、只跑单边。而是先将当地的土特产运到盐场贩卖，然后再买盐运回本地，生意两头做，就不会跑空路。但在时间安排上，却不能等到把土特产收齐了再出发去盐场，到盐场把土特产卖完后再去买盐，回来把盐卖完后再去收购土特产，这样就得耗费大量时间。做生意讲究的是资金周转要快，要提高资金的周转率，就要尽可能地缩短物流时间，要缩短物流时间，就得安排专人在两头从事收购和销售，生意不会脱节，效益才会更好。这样一来，集散地就成了商贸中心，有了商贸中心，就能会聚更多的人气，集镇亦会进一步发展壮大。

第四，随着运输业和商贸中心的形成，人口和产业亦随之增多，经济得到进一步发展。

新增人口有流动和常住两部分，流动人口增多直接带动饮食服务业，而常住人口要长期生存，就必须在此创业和消费。创业者增多，经济增量，消费增大则市场活跃，两者既相互依存，又相互拉动。创业可满足消费需求，而消费则为创业提供机会，如为解决进住者的住房需求，一些有建筑技能的人就选择建筑业，建筑业能带动建材业，建材业又带动加工业的发展。

运输业可带动三个方面的相关产业，即靠人力肩挑背负的，可带动生产运输工具和包装器材的手工业，手工业所需材料可使竹木市场繁盛，并带动竹木加工业的发展；搞骡马运输的，需要骡马和饲料，购买骡马和饲料则催生出骡马和饲料两个市场，骡马市场由骡马贩子供货，骡马贩子得从骡马养殖户手中购买，由此便培养出一批骡马专业养殖户，骡马所需粮食和草料则由农民提供，由此农业经济得到相应的发展；搞木船运输的，所能带动的产业和产业工人更多，因为搞木船运输得首先发展造船业，造船所需木材、铁钉、铁器及配套设备，得由伐木业、木材加工业、运输业、铁器等行业提供，从伐木到造出船来并配套齐全，需要更多人的参与才能实现。

上述各产业之间，在相互依存、相互拉动的过程中，人口亦逐渐增多。人口增多后，又会出现新的需求，新的需求又催生出新的产业，新产业又增加新的人口……如此循环滚动，集镇如滚雪球，越滚越大。

第五，资源的开发利用，为集散地提供了新的发展动力。由于集散地的基础条件好，当本地或附近有某种资源时，不论地面还是地下资源，都能及时得以开发利用，至少要先于偏僻地区。因为集散地地处交通要道，基础条件好，具有需求大、销路好、开发易、运输成本低等优势，加之产业的增多，对开发资源的需求远比偏僻地区紧迫，故能先于其他地方得到开发。在具有相同资源的情况下，先开发的地方，自然要比晚开发和不开发的地方发展得快，所以，资源能够得以及早开发，为城镇的发展壮大增添了新的动力和后劲。

在上述五种要素的相互作用下，一些重要的集散地，逐渐由小集镇发展成小城镇，再由小城镇发展为大城镇。本文第一节里提到的几十个销区县的县城，都曾是古盐道上的重要集散地，这就有力地证实了盐的集散对城镇化有着催生和促进的作用。但并不是所有城镇都是由盐的集散而成，因为各地的历史状况和自然条件是千差万别的，其城镇的形成和发展路径也就各不相同，由盐的集散而形成的城镇，只不过是其中的一部分。但由盐的集散而催生，进而发展为城镇的现象，却是不可否认的客观事实。

在盐的集散地向城镇化迈进的过程中，也并非齐头并进，发展是不平衡的，一般来说，在单纯转运食盐的结点上，因功能单一，其命运就与盐的状况合为一体。尽管也有一时的繁荣昌盛，而一旦交通运输条件发生变化，或盐场不景气时，便会终止其发展，并迅速倒退。例如，云阳县的硐村，原名硐上，地处云安盐场与县城之间，距云安和县城各7.5千米，汤溪河流经至此，落差加大，水流湍急，加之河床渗漏，水量大减，由山上冲入河中的石块，形成坎坷不平的礁石群，成为急流浅滩，不能行船。故水运至此，转为骡马驮运和人力肩挑背负。硐村是云安盐通往长江，运抵湖北恩施地区的必经之路，所以，这里十分繁华、热闹，每天行人川流不息，杜甫曾有“负盐出井此溪女，打鼓发船何君郎”的诗句，描绘的就是这里由船运转陆运的盛况。1958年云巫（云阳到巫溪）公路修通，汽车代替了人力，背运工人只得另谋生路，或远走他乡，繁忙的饮食服务业即刻瘫痪，街上行人稀少，市场冷冷清清，呈现一派萧条景象，由一个繁华的转运地，倒退成了农业村，三峡库区蓄水后，又被沉入库底，现已彻底消失在人们的视线之中。

又如，酉阳县的龚滩镇，龚滩镇具有1700余年的历史，位于重庆市酉阳西部阿蓬江与乌江交汇处的凤凰山麓，地处川、黔、湘、鄂交界处。在万仞峭壁之下，全镇只有一条弯弯曲曲的石板小街，鳞次栉比的吊脚楼群临江而立，吊脚楼全系木料支撑、穿斗而成的梁架结构，屋高三五丈许，二至三层。楼下堆货，楼上住人，铺设走廊，是典型的土家族建筑。清末民国时期，酉阳县食盐多从自贡、云阳、犍为等地调入，途经重庆、涪陵，沿乌江至龚滩，然后用人力背负运达各区乡。光绪三年（1877年），龚滩设四川盐务总局。抗战时期，长江中下游航运中断，龚滩成为湘、鄂、川、黔边区食盐转运中心。此时，贵州、湖北、湖南等省以及川康盐务局先后在龚滩、龙潭设置转运处，办理经销、转运事宜。陕西帮、涪渝帮便纷纷云集，设庄立号，经销食盐。陕西商人张朋九在龚滩首设“西秦会馆”。至清末时有“天字号”“利字号”“祥发号”等；民国至中华人民共和国成立前有“裕大”“德兴祥”“三义祥”“大业”“同益”等商号。于是，川、黔、湘、秦的商贾、脚力、纤夫云集于此，互运土特产，江面上船只如梭，商贸集市繁忙，市场呈现一派繁荣昌盛的景象，成为乌江连接重庆的黄金口岸。现存杨家行“大业盐号”是龚滩代表性的民居建筑老屋，整幢楼房所有构件全部凿挖活扣连接，可装可拆。中华人民共和国成立后，随着交通运输条件的改变，转运功能即刻消失，昔日的风光不再，原有从业人员只好改从他业或另谋生路。笔者到现场考查时见到的是一派萧条景象，与云阳硐村的情况十分相似。不过，幸运的是这里的古街民宅保存完好，成为新的旅游胜地，这才避免了云阳硐村的那种厄运，古镇由此重获新生。

还有，本文第二节里所见到的利川至云阳的古盐道遗址中，梅子水、穿心店、马鞍山、新津口等地的萧条情境，也与硐村的情况十分相似。

与硐村等地情况相反，在具有多项要素的集散地，情况就大不相同了，不管交通运输条件怎样变化，也不论盐场如何兴衰，都能不断地发展壮大。例如，云阳县的江口镇，江口镇位于云阳县东北部，地处川东平行岭谷区，距云安盐场不到30千米，其方位与硐村相反，在云安的北西方向，位于团滩河与汤溪河的会合处，是云阳、开县、巫溪三县的交通枢纽。是云安盐运往北面山区的必经之路。与硐村处在同一条河流，中华人民共和国成立后又同在一条新建的公路线上，且一个面向县城，一个面向山区，故早先的繁华程度远不及硐村，但因江口的基础条件和其他要素优于硐村，其中最明显的差别：一是位居团滩河与汤溪河的会合处，是云阳、开县、巫溪三县的交通枢纽；二是附近有向阳和鱼泉的煤矿资源得以开发利用，在遭遇相同的历史变迁后，不仅没有走向萧条，反而踏上了新的起点，新的公路使硐村走上萧条之路，但却在江口变为发展动力，成为“要想富，先修路”这句口号的先行者，城镇人口现已达到2.1万人，是为云阳县政治、经济、文化、信息、交通、工业、商贸的副中心，上升为云阳县的第二大城镇。1995年被国家建设部命名为“全国小城镇建设试点镇”，1998年分别获重庆市、云阳县的“市级小城镇建设试点镇”和“县非公有制经济试验小区”。预计8～10年后，可发展为城镇人口达5万人的大城镇。

五、文化元素在古盐道上的衍生与传播

文化元素在古盐道上的衍生与传播，主要体现在两个方面：一是随着盐商、挑夫和船工们在空间上的移动和时间上的延续，渝东各盐场所形成的各种文化元素，被逐渐传播到广大销区，并将销区文化传回到产区；二是庞大的运输大军在运盐过程中，又衍生出一些新的元素和内容。具体表现在：

1. 朴实直白的民歌、民谣

在古盐道上的数万挑夫和船工，为倾诉路途的艰辛和艰险，或表达对亲人的思念，或描诉途中的所见所闻等，为民歌、民谣的产生提供了丰富的内容，各种民歌、民谣便应运而生。例如，诉说挑夫路途艰辛的有前面说的“挑二哥来挑二哥，上磨肩膀下磨

脚，脚板磨得像锅铲，肩膀磨得像龟壳”以及“肩挑一百八，被子打疙瘩，要想疙瘩拆，还得背三百”；诉说挑夫路途艰险的有“雾从人面起，云自马头生”；诉说船工路途艰辛的有“一根纤绳九丈三，父子代代肩上栓，踏穿岩石无人问，谁知纤夫心里寒。脚蹬石头手爬沙，八根纤绳肩上拉，打霜落雪天下雨，一年四季滩头爬。周身骨头拉散架，爬岩翻坡眼睛花，拉船的人如牛马，不够吃来难养家”；诉说船工路途艰险的有长江三峡的“凶滩恶水船打烂，船工淹死喂鱼虾、丢下父母妻儿女，受饥挨饿泪如麻”和“青滩泄滩不算滩，崆岭才是鬼门关”以及乌江龚滩的“如龟双石偎何中，阻断乌江水北流。狂浪击岸雪花涌，怒涛震耳雷声轰。河滩搬货成蛇阵，老街灯火闪长虹。水陆码头犹潮拥，千年古镇赖汝功”；诉说爱情的有“情妹住在夹板溪，相交一个背盐的，郎在外面打杵响，今晚上又要吃咸的”以及城口民谣“六月太阳歪又恶，妹在家中缠小脚，脚在布中层层裹，心随郎哥跑江河。太阳出来一把火，晒得郎哥蔫妥妥，细麦草帽给郎戴，十个太阳来晒我”；诉说爱情悲剧的有“为了年节吃饱饭，兔儿井旁去背盐，熬盐妹妹好漂色，背盐哥哥把她缠。哥送妹妹两件衣，妹送哥哥一背盐，俩人送礼把心换，约定明年结婚缘。背盐背到高岩坎，土匪强人抢走盐，人捆树上冻饿死，哥哥永远不回还”。

清人高维岳在巫溪县马镇坡茶店子曾留下一副匾联，再现了挑夫们在高山之巅歇息、饮水的情景，匾联云：“仰之弥高，于此聊息肩，弛尔负担；渴者甘饮，会当凌绝顶，备我行程。”

巫山的一首《挑二歌》，更是把挑夫们的艰辛、亲人的惦念与嘱托、恋爱等表述得一清二楚：“桑树扁担鸡蛋肩，上挑茶叶下挑盐。山又高来路又远，一天难挣几个钱。造孽没得郎造孽，一块汗帕也没得。一对衣袖揩烂了，揩了许多桐子叶。扁担挑起鹤丰走，阳尘苞谷是对头。要想吃顿白米饭，要等八月过中秋。阳尘苞谷推得粗，只要情妹蒸得熟。粗茶淡饭吃得饱，不饿肚子是享福。爬坡下沟路又弯，翻过一山又一山。脚板磨破几层皮，又饥又渴几艰难。凉水凉来凉水凉，凉水生在半岩上。热了切莫喝急水，谨防得病在身上。小乖乖来小乖乖，扁担挑起走四外。挣下钱来莫嫖赌，要给妹妹带回来。上坡容易下坡难，恋姐容易丢姐难。恋姐只要几句话，丢姐犹如割心肝。新开店子望客来，老板娘子是招牌。人好茶好饭菜好，山遥路远赶起来。”

在一路人多时，为振奋精神，增加情趣，统一步伐，往往要喊着号子一起走，一溜小跑，气势高昂，笔者曾亲历其中。在人群中，须有一人领喊或领唱，领唱者没有固定的词句，见啥唱啥，即兴发挥。《黄杨扁担》这首民歌，就是挑夫们用古盐道上的见闻编成的号子词，经不断传播、加工、逐渐演变成为一首家喻户晓的民歌。对此，笔者专访了重庆经贸校原党委书记胡现铭，胡系酉阳桃花源人，他对发生在家乡的事情十分了解，据他回忆：“1936年，川湘公路经过酉阳县城，承载抗日物资运输大任。期间，位于小坝乡的东泥口村，到县城走公路为30华里，走小路只有十几华里。因此，这里就成了一个人工物资转运站。一日，挑夫们在酉阳县城一家门前，看见三个女孩在梳头，十多岁的大姐将头发梳好，盘在头顶，插上簪子；七八岁的二姐将头发一绺一绺地梳好后，编成一根辫子垂于身后；当时只有四五岁的小妹不会梳，看到大姐，二姐梳头，觉得好奇、有趣，也想试一试，但又不会梳，头上被她用梳子弄得蓬松杂乱，更加难看。挑夫们看了觉得好笑，心想，就算梳了个‘狮子滚绣球’吧。后来，他们把三姐妹梳头的事编进了号子词中，‘化香扁担嘛，咳咋咳咋，软溜溜哇，咳咋咳咋。挑担板栗嘛，咳咋咳咋，到酉州哇，咳咋咳咋。人说酉州嘛，咳咋咳咋，姑娘好哇，咳咋咳咋。酉州的姑娘嘛，咳咋咳咋，会梳头哇，咳咋咳咋。大姐梳个嘛，咳咋咳咋，盘龙卷啦，咳咋咳咋。二姐梳个嘛，咳咋咳咋，插花绺哟，咳咋咳咋。只有三姐嘛，咳咋咳咋，梳得巧哟，咳咋咳咋。梳一个狮子嘛，咳咋咳咋，滚绣球哇，咳咋咳咋’。后来，这里的搬运量小了，挑夫们就到酉阳与秀山交界的一个水银矿当矿工，或运水银到湖南，就把这首歌传到了秀山一带，在秀山城又被人加工处理，于过年过节划龙船及跳花灯时演唱。1953年全国花灯会演，秀山队将这首歌带到北京演唱。当时，有人将这首歌记录下来，编到《花灯歌曲集》里，记录时错将酉州记为柳州，将化香扁担记为黄杨扁担（黄杨木质地细密，硬而脆，适于精细雕刻，但不能做扁担），将板栗记成了白米，《花灯歌曲集》出版时，将这首歌署名为秀山民歌。”

2. 大众化的美食文化

这里要说的美食并非名贵佳肴，而是指价廉物美的大众餐饮。在遥远、崎岖的古盐道上，每天有数万人往返奔波于大山之中，途中行人川流不息，他们的第一需求便是吃喝，为满足数万人的吃喝，沿途开设了许多食店，且生意红火。但这些食店的服务对象是劳苦大众，饮食必须得价廉物美，便宜实惠。笔者曾于中华人民共和国成立初在古盐道上就过餐，5～8分钱一餐，饭管饱，菜以炒咸菜为主，还有一碗清汤。虽算不上什么美食，可也吃够喝足，几分钱解决了基本问题，可以有足够的体力继续前行。除此之外，各类廉价小吃也应有尽有，仅面条就有韭香面、麻花面、长寿面、鲫鱼青菠面、铺盖面、挞挞面、海螺面、麻辣小面、素条面、燃面、豆花面、素三鲜面、冬菇鸡汁面、过桥稀卤面、甜水面、怪味面、牛肉面、红烧牛肉面、棋子面、酸菜块面、盐菜尖荞面、担担面、炸酱面等。米粉亦有蹄花米粉、猪肺米粉、炖鸡银丝粉、泡菜砂锅米粉、绿豆粉、肥肠粉、扶欢巷内米粉等。此外，重庆火锅、丰都辣子鸡块、忠县豆腐乳、万州格格、巫山翡翠凉粉、三峡苕酥、峡口豆花、云安的豆折、麻花豆腐元子、湖北恩施土家的公婆饼、云阳大斧头的碗碗糕等，都深受顾客的喜爱。总之，在这大山之中的古盐道上，廉价小吃的品种繁多，就不一一列举了，重点说说重庆火锅的由来。查阅相关资料，关于重庆火锅的由来有多种多样的说法，但有一点是一致的，即重庆火锅起源于船工的吃法，至于重庆火锅是由谁、什么时候、怎么样由船上搬到岸上，又是如何改进、发展成现在的重庆火锅，这不是本文要探讨的重点，可以忽略不计。这里要探讨的是，重庆火锅为什么会源于船工，笔者认为，重庆火锅之所以源于船工，是由三个要素所决定。这三个要素是低廉的食材、条件的制约、寒湿的环境。首先，猪牛羊的内脏在过去是不值钱的，5角钱一副完整的内脏，即一笼下水还没人要，船工贵的买不起，内脏便宜，加之船行水上，河边翻洗方便，自然成了船工的首选；其次，船上条件有限，不可能像岸上那样地进行煎炒蒸炸，在船上既无条件，也没时间，只能在船靠岸后，在河边用三个石头支锅，边煮边吃；最后，川渝地区气候潮湿，船工又长期浸泡在水里，为驱湿除寒，不得不选择麻辣烫的口味。这三个要素结合在一起，就成了船工的必然选择，也确定了重庆火锅的基本吃法。

3. 重要集结点上的帮会组织

帮会是指旧社会民间的秘密组织，如青帮、洪帮、哥老会等。而行帮则是由同一行业的人结成的小团体。行会是指同行业的手工业者或商人的联合组织。

在各种帮会组织中，本地人群多以家族的宗祠组成宗族势力，宗族势力以当地的大姓为主，尤其是以大盐商或大地主为首的大姓，纷纷建立宗庙，名曰“宗祠”或“祠堂”。笔者在《渝东盐业与三峡文化》一文中曾提到以行业为纽带组成行帮和行会，是人数和种类最多的民间组织，其性质和成员十分复杂，遍布全区各盐产地，涉及各个行业，数量多达50余种：有社、帮、会几种形式。其社有铸魂社、抗建社、胜利社、云青社、民生社、云友社、建国社、兴中社、铁血社、忠勇社、云汉社、治平社、结义社、精诚社、辅仁社、云诚社、协同社、复兴社、西云社、忠孝社、成仁社、民德学社、结义同志社、群工联谊社等。帮有箩筐帮、上坡帮、桡夫帮、石木运帮、扁背帮等。会有友谊会、姊妹会、孝悌会、兰谱合会、自治学会等。在这些社、帮、会中，亦不乏职员、警察、士兵、伤员、学生、妇女、土匪等组成的民间组织。

外籍人士则以同乡会的形式组成帮派，如云阳有江西帮、福建帮、陕西帮、湖北帮、黄州帮、忠州帮、粤帮、湘帮，以及岳常澧帮、衡永保帮等。巫溪有江西帮、黄州帮、粤帮、川帮、陕西帮、湖南帮、武昌帮、蒲圻帮等。他们大都建有同乡会馆，并定有会规。其宗旨是：维护同乡人利益、帮助谋求职业或提供住地、抗拒灾害和抵御外侮。外籍人士的数量虽少，但经济实力雄厚，是一股不可小看的外来势力。

这些帮会组织，随着实力的增强，势力范围会逐渐向四周扩展、辐射至古盐道上人口聚集的重要场镇，或在这些地方设立分支机构。不过，这些场镇人员的构成没有盐场复杂，加之人员的流动性大，且数量小，故帮会的数量和种类要少得多，本地人以行帮、行会和宗祠居多，外来商贾则组成同乡会。

在广大的销区，以行业组成的行会有轩辕会（缝纫业）、鲁班会（建筑业）、老君会（五金业）、药王会（中药业）、张爷会（屠宰业）、詹王会（厨工业）、罗祖会（理发业）、杜康会（酿酒业）、机仙会（织布业）、百花会（弹花匠）、玄女会（制伞业）、雷祖会（磨面业）、火神会（鞭炮业）、孙祖会（制鞋业）、梅葛会（染布业）、财神会（商业）、诸葛会（烟叶业）、云师会（轿夫业）、玉皇会（行医、阉割等业）、七星会（丝绸业）、牛王会（兽医）、山王会（打猎、赶鸭、开矿、烧炭等业）、王爷会（船工）、漆宝会（漆匠）等。

以上行会的名称，均以各行业崇奉的始祖命名，组织行帮的目的在于谋求同行业发达昌盛和不受外人欺侮。在行帮中，行有“行头”，帮置“帮首”，每个行帮都有行规、帮约。每年由帮首定期办会焚献、议事、聚餐。会内纠纷由行会自行解决。各行帮及宗族要聚会就得有场所，于是便纷纷修建祠堂、宫庙和会馆，故在各条古盐道上都能见到这些祠堂、宫庙、会馆的遗址。

酉阳县的龚滩镇，现存有夏家院子和董氏祠堂等建筑。在当地流传有“陈家湾烟雾沉沉，郑家门前鲤鱼跳龙门，黄桷树上出妖怪，夏家院子出美人”这样的民谣。其中，夏家院子出美人指的是，夏家以前也是一个经营盐业的盐商，女眷都衣着鲜丽、落落大方，进而得到了美人的称号。董氏祠堂是董氏宗族合资修建的一所祠堂。从老街上几层石梯，迈进很高的石门槛，里面为四合天井，正对面为正殿，均为古老木质框架。董家祠堂以前是董氏家族最高权威的凝聚地。

石柱县的西沱镇，自古为川东商贸要镇，各地来此经商定居的人都有，各会馆均定期办会。在古镇的胜利街有一座禹王宫，禹王是湖广人的崇拜神，因湖广地处长江中游，汉江以南的广大地域，地势低平，历来洪灾不断。传说大禹成功治水，是造福于人的英雄楷模。因此，湖广人就以祭拜大禹来祈求风调雨顺，舟楫平安。足见禹王宫是由湖广人所建，是湖广人会聚的场所。现存禹王宫建筑坐西面东，合院式。前部原戏台外有一约4米宽的平台，下为陡坡。于平台上可眺望长江。左侧正殿处开有侧门，门前石铺通道，约8米长，可通往云梯街，其余两侧均为民房。现仅正殿为原物，两侧厢楼，前部戏台均改建为灰砖楼。

还有宣恩县晓关镇老街，曾建有万寿宫乃江西人的会馆、武圣宫乃山西人的会馆、川主宫乃四川人的会馆；在恩施市六角亭老街，有始建于南宋的武圣宫（清乾隆重修）；在利川市忠路镇木坝河村有清光绪十七年（1891年）重修的造型优美的三元堂；在恩施市盛家坝乡中街有万寿宫，当地人亦称之为江西庙等。

上述各类遗址，在整个销区范围内，可算比比皆是，举不胜举，充分显示了重要集结点上帮会组织的存在。

4. 大盐商的豪华宅院

在一些较大的集散地，如巫山的大昌镇、石柱的西沱镇、酉阳的龚滩镇、位于竹溪县和竹山县交界的上庸镇等，都曾是盐的重要集散地，也是大盐商的发家之地或官吏的居住地。在这些镇上，或多或少都有一些古镇遗迹得以保存，如巫山县的大昌古镇，至今仍保留着东西、南北两条古街道：两排临街老房飞檐翘壁，张扬着昔日的繁华景象，中间是狭长的青石古道。小镇只有两条主要街道，南北街长150多米，东西街长240多米，占地面积不足0.1平方千米。镇里有37幢古翘角飞檐的明清古民居建筑，有完整的古城墙。房屋大都是明末清初时建的，青砖黛瓦、双筒屋檐、飞檐翘角、雕梁画栋、木质门面，显现着一种朴实的华美。其中的温家大院是古镇上规模最大，保存最为完好的建筑。这座始建于清朝初年的建筑，坐西向东，占地320多平方米。大院由门厅、正厅、后厅三部分组成，均以掾木作为房梁屋顶，共有12柱37架梁。窗棂镂木雕花，工艺考究。整个建筑为穿斗式结构，从正门进入，可以从后门出。其实，温家大院只是大昌这座千年古镇的一个缩影。

规模最大者，当数王三盛庄园，据湖北竹溪县新洲乡人民政府2012年5月10日在网上发布的信息：在大宁盐运往湖北竹溪县的古盐道上，在位于竹溪县新洲乡和竹山县上庸镇（原田家坝镇）交界的泗河与堵河交汇处，有一座建于清末同治年间的王三盛庄园，俗称三盛院，三盛即指人盛、财盛、粮盛。三盛院院主王应魁，1805年肩挑一副铜匠担子，由四川来到竹山县城，落户南关街，制作小件铜器卖，兼卖豆腐，由于他很勤奋，又懂经商，慢慢积攒了一些财富，开始转向食盐生意，没几年便收购了大半条街的店铺，靠盐发家建起这座庄园。该庄园坐北朝南，占地面积约8000平方米，房屋建筑结构为同式三幢并列，一进八重48个天井，计千余间。是鄂西北一座规模宏大的清代庄园，院内木雕石刻中的人物、花鸟虫草、飞禽走兽形象栩栩如生，具有很高的艺术价值。现在的三盛院东西各归竹山、竹溪两县管辖，中间仅一墙为县界，慈禧太后为其赐名“三盛”。1985年，三盛院被竹山县列为重点文物保护单位（三盛院因处于竹山潘口水电站水库淹没区，2008年10月，竹山县政府将其搬迁至上庸镇，新集镇古建筑在复建区内保存）。

5. 险要路段上的防匪碉楼

碉楼，亦称箭楼、也叫寨子，用条石砌成，远处看去犹如现在的烤烟房，但比烤烟房高大厚实得多。建高楼是为防土匪袭击，用条石则可防土匪烧楼。大山中的古盐道，因山路崎岖，在一些前不着村后不着店，或喊天天不应叫地地不灵的死角路段和险要路段，常有土匪出没。为防止土匪抢劫，在一些险要路段上，或在一些大盐商、大地主的住宅附近，往往建有碉楼，其数量之多，为平川地区所少见，前些年乘车外出，随处都能见到这些高耸的碉楼。

在重庆巴南区的丰盛镇，因地处巴南、涪陵、南川交界处，山高林密，环境优美，物产丰富，成为富绅安居乐业的理想之地，也成了强人侵袭的目标，于是不少富人纷纷修造碉楼以保平安。据重庆晚报2009年07月28日01：42在网上发布的消息称：这些碉楼高3～6层，每层面积80～150平方米，都有瞭望洞和射击孔。楼内上下由梯道连接，用深埋于地下的竹筒管道运送食物和饮用水。若遭遇围困，可在碉楼内坚守数月。目前丰盛保存完好的此类碉楼就达13座。

在开县温汤井周围不到10平方千米的范围内，建有数十座古寨。其中有太平寨、黄家寨、膏谷寨、狮子寨、云盘寨、全兴寨、高峰寨、新里寨、苞谷寨、新城寨、肥猪寨、天星寨、三清寨、向阳寨、平安寨、双寨子、猫儿寨、麂子寨、银子包寨等。

在石柱县的石寨坪有一座碉楼，距今大约有400年历史。这座碉楼长12米，宽8米，高6楼有余，在碉楼的四角上方有4个向外凸出的雉堞（也称暗堡）。每个小暗堡可容纳3个人，每个暗堡上有近10个朝下的射击石孔，可供火药枪或箭射击用，石孔外小内大，有石模活塞，观察射击时取下，平时塞实避风避弹，暗堡脚下还有活动石板，拉开可向下砸石头，以袭击接近碉楼的土匪。为方便碉楼内人员的生活，当地的土家地主在碉楼内储备月余的水、粮，即使被围困也可坚持较长时间。

一般碉楼只有防守功能，而石柱县悦来镇新场的一座碉楼，既能防守，又能逃生。这座碉楼大约有150年历史，长12米，宽9米，高近20米。碉楼上方不仅有4个暗堡用于抵御进攻，而且楼内修有一处延伸到楼外的地道。该地道修在3层楼处，地道洞宽1.4米，洞顶离地面大约3米，然后水平延伸到大约60米开外的一口水井中。被困住在碉楼里的人，既可通过地道取水，还可利用地道逃生。这里共有上百年历史的古碉楼10多处。

尤需一提的是云阳县清水乡的一座碉楼。据重庆日报2013年03月28日08：52网上介绍：在云阳县清水土家族乡境内，龙缸景区绝壁的一处险峰危岩上耸立着一座古碉楼，它三面临崖，仅有狭小山脊上的一条小路能够通达。像一艘乘风破雾的帆船，昂首翘望群峰，任云遮雾起、山风凛冽，岿然不动。碉楼全部由石灰岩建成，石块呈长条形，大的每块重约半吨，小的也有100多千克，石条之间没有使用任何黏合剂。碉楼的大门原为两扇古老而沉重的石门，石门高2.1米、宽1.2米、厚0.6米，重约1.6吨。可惜，两扇石门先后被毁。石壁上刻画着一些符号，如“十”“⊧”“⊑”等，在原来的两扇石门上这些符号更多，现已无从考证其符号的寓意。这座碉楼在山风凛冽的绝壁上屹立了两千多年。

这里还出土有钲、戈、钺、箭镞、编钟、土陶等器物。通过对周围出土文物和碉楼旁賨人打虎楼遗址等的考证得知，早在西周之前这里就有人生存，是古代巴人的一支板楯蛮（后来的賨人）的世袭领地，初步判断老寨子为距今两千多年前的汉代所建，甚至还可追溯到更久远的年代。但它仅用裸石垒砌，存世已超两千多年而不倒，至今依然是个谜。

在古盐道上，除上述林立的碉楼外，在各盐场进出的水陆通道上，以及某些重要的交通要道处，还有官方设置的关口和津卡，负责缉纳私盐。

6. 永不磨灭的印记

这主要包括三个方面：一是前人流传下来与盐有关的诗赋、民歌、民谣、民风、民俗、饮食文化以及地方独有的相关节会等；二是古盐道上的各种遗址、遗存；三是以盐命名的各种地名和街名。这些都是磨不去的印记。

关于第一部分，笔者在《渝东盐业与三峡文化》一文中已有专题论述（详见《盐文化研究论丛 · 第二辑》，四川出版社集团巴蜀书社，2008年），本文前面也有部分谈及，这里就不再重复了。

第二部分也在本文里谈了一些，这里只略作一点补充，现仅以神农架古盐道为例：沿途留下的重点遗迹遗物就多达44处，其中湖北41处，重庆3处。神农架林区是川鄂盐道文化密集区，古盐道遗迹遗物达到33处，其中古遗址10处，古墓葬5处，古建筑11处，石窟寺、近现代重要史迹及代表性建筑4处，其他类3处。2008年4月3日，湖北省人民政府公布川鄂古盐道神农架段为省级文物保护单位，现已列入第五批省级文物保护单位名录，正在申报国家级文物保护单位。主要文物点有：猴子石古盐道驿站遗址，三道街驿站，红举村弯杨树妓院遗址，红举村项家台古盐道盐税卡，三道街古盐道关帝庙遗址，红举村石板溪古盐道观音庙遗址，红举村古盐道避风躲风歇脚处母洞寨，红举村石板溪古盐道风雨桥遗址，官封村兰英寨古盐道，官封村兰英寨古盐道上背盐人留下的打杵窝，红举村木垭子古盐道修桥碑，红举村三道街古盐道修桥培路碑，南天门古盐道，阳日镇薄磨街南河水码头遗址等。从这一条线路上的遗存数量，即可窥见整个面上情形。

关于以盐命名的各种地名和街名，可用密如繁星来形容，带有盐、咸、井、灶字的小地名遍地皆是：诸如盐店、盐店巷、盐码头、盐码头巷、盐局街、盐二沱、盐坝、白盐、白盐山、白盐碛、盐东、盐渠、盐渠滩、臭盐碛、盐井、盐井沟、盐井溪、盐井峡、盐井村、盐井坡、东井、东井沟、东大井、东大井街、车桥井、八角井、涂井、涂井溪、涂井、涂井溪、天井、龙井、小井溪、臭水溪、中井河、中井坝、后井街、后灶河、大咸、咸丰、咸池、咸池沟、咸池坝、咸池垭口、咸山峡、龙池沟等。这些有咸盐味的地名，在不同地方且多有相同的名称，甚至在一个县内也有重名存在，成为永远都抹不去的盐业印记。

六、结　语

渝东盐业的产区和销区，遍布川、陕、渝、鄂、湘、黔六省、市边区的广大山区，先民们不拒艰难险阻，面对崇山峻岭、沟壑纵横，山峦重叠、峡谷幽深的险恶环境，在连飞鸟都很难到的地方，不辞辛劳地开拓出数十条总长达数千里的运盐古道，硬是用一对肩膀和一双脚板将食盐送到大山中的千家万户，开创了世界运盐史上的一大壮举。如果没有这个壮举，这连片的广大的山区，可能还是一片人烟稀少、荒凉寂寞的待开发之地。正是有这漫漫数千里运盐古道，和古盐道上由数万人构成的庞大运输队伍，才使这茫茫大山中的山民们免遭缺盐之苦。并促进了城乡物资、文化交流。活跃了山区经济。催生了一批大、中、小城镇的形成和成长。现在，这些古盐道和古盐道上的挑夫和船工们，已渐渐消失在人们的视线中，但古盐道的历史功绩、挑夫和船工们的顽强意志，却给我们留下了一笔宝贵的精神财富，它将世代传承，生生不息。

2014年7月14日成稿，11月7日增修于万州

参考书目

（清）刘贞安总纂：《云阳县志》卷十《盐法》，重庆市云阳县地方志编纂委员会，2002年。

傅华明总纂：《城口县志》卷三十《附录·民歌选》，成都：四川人民出版社，1995年。

官箴九主编：《云阳县盐业志》第三章《运输储税》，成都：四川省云阳县盐厂，1995年。

贾聚星主编：《云阳县志》第九篇《盐业》，成都：四川人民出版社出版，1999年。

李萱华：《温泉是个好地方》，内部资料，2000年12月修改于北碚虚白斋。

刘正朴总纂：《忠县志》第二十一篇《风俗》，成都：四川辞书出版社，1994年。

鲁良朝主编：《巫山县志》卷三十二《风俗·民歌民谣》，成都：四川人民出版社，1991年。

蒲祖政总编：《黔江县志》社会篇《行会》，北京：中国社会出版社，1994年。

沈英士主笔：《涪陵地区盐业志》第二篇《生产》、第三篇《运销》，成都：四川人民出版社，1991年。

四川省测绘局：《四川省地图集》（万县地区），成都：成都地图出版社，1981年。

唐旭：《寻访远去的巴盐古道》，《三峡都市报·平湖周刊》2012年9月23日。

汤绪泽：《巫巴史迹探微》第一编《文化研究》，呼和浩特：远方出版社，2003年。

汤绪泽主编：《巫溪县志》第八卷《工业》，成都：四川辞书出版社，1993年。

王佑民主编：《万县地区盐业志》第三篇《运销》，成都：四川人民出版社，1991年。

巫溪县盐厂编：《巫溪县盐厂志》第七章《产销管理》，四川省巫溪县盐厂，1989年。
杨胜华总编：《秀山县志》第二十六篇《社会风俗》，北京：中华书局，2001年。
曾汉轩主编：《酉阳县志》第十一篇《商业》，重庆：重庆出版社，2002年。

论渝东盐业的兴与衰[①]

摘要： 渝东盐泉分布面广，又与水源相伴，易为古人所发现，成为我国井矿盐的发源之地。但资源过于分散，卤水浓度过低，又制约着渝东盐业的发展，成为发展最缓慢的地区。渝东盐场的生产条件十分艰难，产品运往销区更有行路难，谓之难上加难。而大范围的行路难又恰巧为渝东盐业提供了生存与发展的空间，致其延续至今而不间断。战争的破坏使渝东盐业雪上加霜，但战争又为渝东盐业提供了难得的发展机遇。岩盐资源的发现与开发，最终让渝东盐业起死回生，并由此步入到高速发展的新时期。

关键词： 发源地　艰难　缓慢　战争　发展

渝东位于四川盆地东部的盆周山区，岩盐矿赋存于三叠系地层中部的嘉陵江组和巴东组，沉积于20000万～22000万年前。卤水的分离和汇聚大约在距今15000万年。渝东地区构造变形，始于6500万年前的喜马拉雅造山运动。盐泉的出现则在3500万年以前。各高背斜核部盐矿体的大量溶蚀在1000万～2000万年前。而地表的出露层位，除外围高山地区的城口、巫溪和渝东南的彭水等县地层较老，分别有震旦系、寒武系、奥陶系、志留系、泥盆系、石炭系、二叠系层位出露地表外，其余平坝及浅丘地区的出露层为侏罗系，而长江两岸的高山，如铁峰山、方斗山、七曜山等背斜，则出露为三叠系。这样，三叠系的含盐层位就被抬升到了山上，雨水从裂隙进入盐层，淋滤作用溶蚀石盐后，又从各地山麓的河流岸边流出，形成盐泉，并多分布于峡谷地带，因为峡谷地带的河岸，是由河水切割两岸山体岩层所至，裂隙容易在此露头，故峡谷地带的盐泉较为集中。在整个渝东地区，盐泉的数量之多，分布之广为全国之冠。在长江两岸的南川、彭水、武隆、丰都、石柱、忠县、宣汉、城口、开县、万县、云阳、奉节、巫溪、秭归、巴东等十几个县内的河流岸边，均有盐泉分布，已知名的盐井就有400余眼。这还未算仅有一山之隔，相邻湖北清江流域的盐泉。加上则数量更多、分布范围更广。此外，长寿、垫江境内亦有自然盐卤分布。

---

① 本文部分内容摘自笔者过去已发表的文章，原文对引用文献均有引注，此次新引文献直接写进了文中，故未再另加引注。

在这种特殊的地理环境下，盐泉分布于全区各地，且与水源相伴，极易被古人所发现，故渝东盐业当从古人接触盐泉之时起步，从最原始状态开始，经过漫漫历程，才步入到今天，成为我国井矿盐的发源之地。但渝东盐业的资源过于分散，不易形成规模，加之表层卤源的浓度低、能耗高、产品缺乏竞争力，是为先天性的不足。在不足之中还要遭受夏季雨水的浸灌和洪水的袭击。再加历代战争的破坏，曾几近全毁，可谓历经磨难。所以，渝东盐业虽然起源最早，但发展却十分缓慢。尤其是中华人民共和国成立后，随着运输条件的改善，全省、全国大市场的形成和价格的统一，致渝东盐业的弱势立即凸现出来，企业严重亏损，全靠行业和财政补贴才勉强维持，企业在生死线上苦苦挣扎，职工在艰难中度日，几乎全军覆没。直到20世纪80年代末，发现并开发出地下岩盐资源后，才起死回生，并迎来一个大发展的新时期。

一、历史悠久

先来探讨历史悠久。从传统史料上看，渝东盐业均始于秦末汉初及其之后。但实际情况并非史料所载，只要对史料和现场进行仔细研究，就能找到这里是我国井矿盐起源地的依据，有许多文字、实物资料都可以佐证。

譬如，四川由古代巴、蜀组成，称为巴蜀之地，四川人自称巴蜀儿女，这已是众所周知的事实。而巴人正是靠渝东的盐业起家发迹，才建立起强大的巴国，后又因盐而亡。所以，巴人从兴到亡的全部历史，就是一部早期的渝东盐业史，但又是一部不完整的早期盐业史。因为在巴人涉足渝东盐业之前，这里就已经在从事大范围的盐业生产了。传说巴人的祖先是为廪君，廪君率五姓巴人从夷水（今清江）来至盐阳，在盐水（今建始河）遇到盐水神女。据《后汉书·南蛮西南夷》（卷一一六）载："盐水有神女谓廪君曰，此地广大，鱼盐所出，愿留共居？廪君不许。"遂将盐水神女射杀于盐水的阳石之上，并占领了清江的盐水盐泉，从此，巴人开始涉足渝东盐业，以后逐渐控制了渝东的全部盐泉。从盐水神女与廪君的对话中，可以看到在巴人到来之前，这片广大的峡江流域，已有鱼和盐的生产了，其产盐范围已遍及全区各地，并具有了一定的规模。由此可知，渝东的盐业史，不仅要从传统史料的起始时间，加上巴国的全部历史，还要加上从原始起步到"此地广大，鱼盐所出"的漫长历程。

又如，巫溪的大宁盐场，原有史料记载：始于公元前316年，由白鹿引见而发现。其实，这里的盐泉根本不需要动物的引见，古人就能轻而易举地发现它。因为盐泉早先是从半山腰飞瀑而下，并非现在看到的这个样子。原来的样子，可以让史料来显现。清人王步瀛在《盐泉寄题》一诗中，有"闻说大昌县，飞岩泻卤泉。利分秦楚域，泽沛汉唐年”的描述；蒲圻贡生陈杏昌在《观龙池作》一诗里有“佥称地有灵，盐泉出其麓。昔日杳茫茫，引之自白鹿。猎人系出袁，但未详明目。转谒龙君祠，果然千丈瀑”的诗句；而在《盐场宝源寺碑记》里，更有这样细致的描述“宝山后峙，碧水前流，万壑千崖，旋岚可掬，盐泉不竭，居民辐辏，所谓地灵人杰，又惟此为足观者”；大明《一统志·山川》上又说：“宝源山在县北三十里，旧名宝山，气象盘蔚，大宁诸山，此独雄峻。上有牡丹、芍药、兰蕙，山半有石穴，出泉如瀑，咸泉也。”以上几段文字，显现了盐泉从半山飞瀑而下的壮丽景观，盐泉在飞瀑而下的过程中，必有许多细小水沫像雾一样飘浮在空中，缓缓下降，人们只要从此经过，张嘴就能尝到咸卤的味道，鼻子亦能闻到卤水散发出的特有气味，“万壑千崖，旋岚可掬”就是这一景观的真实写照。所以，这里的盐泉很容易被古人所发现，况《山海经》里还有“巫咸国在女丑北……在登保山，群巫所从上下”和“有灵山，巫咸、巫即、巫肦、巫彭、巫姑、巫真、巫礼、巫抵、巫谢、巫罗十巫，从此升降，百药爰在”的描述，既有群巫所从上下和十巫从此升降，发现此泉的概率就更大。何况《山海经》中的巫咸国和巫载国，都与巫溪的早期盐业有关。这些事实用公元前316年是涵盖不了的。

再如，云阳的云安盐场，云安盐场位于云阳县城北16千米的云安镇，旧时称云安场，云阳县城则在云安的南面，南面称阳，即云安之阳，谓之云阳。据载：“公元前206年，汉王刘邦同将军樊哙到朐忍（今云阳）招募板楯族当兵，屯军于路阳坝，刘邦由樊哙陪同再前行至云安，驻跸元天宫（玄天宫），遇扶嘉于洞口（可能是后人称谓的后城洞），嘉劝刘邦早定三秦，完成大业，刘邦以嘉志在扶翼，赐姓扶嘉，官至廷尉，食邑朐忍。”又“传说樊哙打猎，在云安见一白兔，拔箭射之，白兔受伤，向荒山逃去，跟踪至今大井附近，白兔钻入茅草中失踪，拔茅草寻找，发现岩缝中有水缓缓流出，尝之味咸。樊哙将此发现告知刘邦，刘邦遂命扶嘉开井采卤制盐”。从这段文字看，云阳的盐业当始于公元前206年，且由樊哙打猎时偶然发现盐泉。除此，似无新的资料可将历史向前推进。其实，只要将云安的195口盐井（其中185口分布在云安镇汤溪河两岸，大多数盐井又集中在汤溪河南岸，且全部在洪水线以上，井深达43.33～73.33米），和云安独特的地理环境，与各盐场的环境相对照，并将古县名联系起来，进行综合考证，就能看到隐藏于史料背后的真实面目，进而发现这里有历史断层的存在：

其一，纵观全区盐泉，多分布于长江各支流的中上游，洪水涨幅很小。忠县的㽘井，虽地处㽘井溪的下游，但流域面积小，比降也小，洪水涨幅只有3米左右，主要危害来自长江洪水的倒灌，正常年份，倒灌洪水高达11米，特大洪水可达20米左右，倒灌水虽高达10米以上，但冲击力很小，危害虽大却破坏力小。唯云安不仅地处长江一级支流汤溪河的下游，且流域面积较大，洪水涨幅高达14多米。而附近的河道又曲折弯多，两岸是悬崖峭壁，河床比降很大，急滩众多，洪水袭来时，汹涌澎湃，如万马奔腾，对盐井的破坏力很大。但这里盐井的井口全都在洪水线以上，卤源又在井下43.33～73.33米处，为全区所独有。在这洪水破坏力最大的地方，无论洪水的来势有多汹涌，盐井却安然无恙，生产丝毫不受影响。这就足以证明，云安已彻底战胜了洪水的危害，完成了从自然盐泉到人工井的全部演进过程，开凿成为全区最彻底、最完善、最标准的人工井。传说中的白兔井，即公元前206年的第一眼井，就是这种标准的人工井。说明公元前的206年，并不是云安盐业的源头，而是新时期的开始。从自然盐泉演进到完整的人工井，没有一个十分漫长的历程，是不可能实现的。

其二，这里的195口盐井，大多集中分布于汤溪河南岸，历年最高年产盐24 701吨，日产卤2609立方米之多，为全区之首，是四川四大产盐重镇之一。这里之所以用历史最高产盐量和出卤量来说事，是要表明这里每天拥有2609立方米之多的卤水产出，与之前的产盐多少无关。由此得知，这里的盐泉众多，再联想到古县名曰“朐忍”，朐忍是为何物，乃蚯蚓也，别名曲蟮。而蚯蚓在各处皆遍地都是，何独此以它名县。笔者以为，这里早先河床很低，众多盐泉涌出地面，由岸边向河里弯弯曲曲地流动，远处看去，犹如遍地蚯蚓向前蠕动，故以此名之。由此，映衬出云安在没有掘井之前的远古时期，有自然盐泉的存在和盐业生产的事实。

其三，任乃强教授所著《华阳国志校补图注》卷一《巴志》“十三·注释”中云：“此县（指朐忍）特点，在溪水中涌起盐泉。查《汉志》县名，有齐郡临朐，东莱郡临朐，两县皆无朐水，而近海。东海郡有朐县，亦近海，产盐。东莱郡临朐‘有海水祠’。东海朐县有‘秦始皇立石海上，以为东门阙’。凡汉县称临而王莽改称监者，皆产盐之地，无例外。则所谓朐者，齐语海水之义，亦即谓煎盐之水也。忍者，腾突而不外著之意。是谓溪中盐泉潜涌之状耳。盖齐人所命名也。”这段注释，既印证了云安盐泉在洪水期被淹没潜涌的情境，又揭示了云安在自然盐泉条件下煎盐的历史事实，说明云安与其他盐场一样，并没有逾越自然盐泉这个历史阶段，所以，公元前的206年并不是云安盐场的起头。

最典型、最具说服力的证据，莫过于忠县的㽏井溪盐场，据《忠县志》载：“旧有盐井溪，相传东汉关西夫子杨公伯起（即杨震），见白兔饮泉，因而掘井，俗称㽏、涂两井。”民国《四川盐政史》载：“忠县㽏、涂两井始于汉，相传杨震凿井取卤，教民煎盐，故至今以杨震为井主，卤长久无变，但亦甚薄，又有小井八眼，系民间公共产业。”按此记载，忠县的盐业当始于东汉，比巫溪和云阳要晚三四百年。但实际情况却截然相反。1990～2002年，由四川省文物考古研究所、北京大学三峡考古队、重庆市文物局三峡办、忠县文物保护管理所、北京大学考古文博学院、美国加州大学洛杉矶分校等单位，在忠县㽏井溪的中坝、哨棚嘴、瓦渣地遗址发掘中，发现有大量制盐用具的堆积层，堆层之厚、数量之多均属罕见，经权威鉴定，为4500年前的制盐遗存物，这一结论将忠县的盐业史向前推进了2600年。但这个结论只证实在4500年前，中坝这里有盐业生产的存在，并未揭示出盐业生产的源头，从堆积厚度看，这时已是专业化、商品化的盐业生产基地和经济集聚区，之前的历程仍是有待探讨的未知数。

民国《四川盐政史》上有段话很有趣，说的是各盐场的井、枧、灶三大设备，在井与灶之间，用竹枧引卤至灶房。当“枧杆经过他人之地段，则议给租值，惟云阳、大宁两场因产盐而始成镇市，以井必设灶，灶必通枧，为应有之权，虽经过他人之业，亦不给租，习惯之久，人亦安之”。好一个“习惯之久，人亦安之”，说明这是从古时一代一代传承下来的特有之权，而能享有这一特权的又只有云阳、大宁两场。由此亦能见证其两场历史的悠久。

以上事实足以说明，渝东盐业起始于古人对自然盐泉的利用，否定了始于秦末汉初的传统说法，至于渝东盐业的源头，笔者在《渝东古盐业探源》一文中，已有专题探讨。

二、发展缓慢

接下来探讨发展缓慢。渝东盐泉虽多，但面广分散，且浓度低。有的量少，形不成规模；有的在洪水线以下，生产时开时停；有的雨季浓度下降，只能半年生产，半年歇业；有的地处狭沟，地势狭窄，周围环境恶劣，不宜立灶设场。总之，盐泉虽多，制约因素亦多，故发展十分缓慢。

譬如，武隆县的盐井峡和咸山峡、丰都县的盐井沟、石柱县的盐井村等，都曾产过盐（其中，武隆县的盐井峡最盛时曾有400余灶，但时间很短暂）。这些盐泉都临近江边，枯水季节才露出水面，这时，便有附近农民到场煎煮，每户可产盐15～25千克，多则50多千克，自食为主或送亲友，只有极少量的盐可以出售，形不成规模，处于自生自灭的状态。

又如城口县的明通盐场，年产盐最多时达到200吨，少时只有十几吨；忠县的㽏井溪和涂井溪盐场、万县的长滩盐场，年产也只有几百吨，且时开时停，同样形不成规模。

再如奉节县的臭盐碛盐场、开县的温汤井盐场、彭水县的郁山盐场，年产可上千吨，但也只有2000～4000吨而已，规模极小。

能成规模的，只有大宁场和云安场，两个盐场的出卤量相差无几，但巫溪盐卤周期性变化大，雨季浓度降至1波美度，不得不停产，每年只有半年的生产时间，抗战前年产不到1万吨；在万吨以上规模的，只有云安盐场，1940年的产量曾达到24 701吨。

宋代以前，两个盐场的规模和产量无资料可查。宋至清，偶有零星数据，下面将分别介绍大宁和云安两场的情况。

据民国《四川盐政史》载：大宁盐井始于汉，卤脉出自宝源山麓，地属袁氏，相传猎者见白鹿往来山间，逐之入洞，不见踪迹，饮泉而咸，取以制盐，因名白鹿泉。另据《巫溪县志》载：清代以前，大宁盐产大多缺载，仅宋清时偶有零星数据。《中国历代食货志·盐法》：宋太祖建隆二年（961年），大宁监1井，产盐195万斤。《四川盐法志》：熙宁中（1068～1077年）大宁监岁额400余万斤，绍兴中（1131～1162年），以240万斤为额，闰年250万斤。光绪《大宁县志》：自雍正八年（1730年）起，额配水引463张，陆引1195张，按《四川盐政史》载，水引每张配盐50包，陆引4包，按包重110斤的标准计算，计销花盐351.2万斤。《川陕鄂边防记》：道光二年（1822年），大宁盐厂额设灶201座，每灶煎锅3口，配水引1904张，陆引2391张，计配销花盐1152.4万斤。

民国时期，盐产量多受政局影响，防区制时期（1917～1934年），大宁盐场为军阀纷争之地。生产停滞衰败，年平均产盐5450吨，川政统一到抗日战争的11年间，因地处抗战大后方，盐业一度兴旺，年平均产盐7900吨，民国三十五年（1946年）至民国三十八年（1949年）政局不稳，生产萎缩，平均年产盐5700吨，民国三十八年仅产盐4000余吨。

云安场的卤水产量与大宁场相当，但因卤水取自井下43.33～73.33米处，淡水浸入较少，浓度相对稳定，且井口又在洪水线以上，不遭洪水袭击，能常年连续生产，故产盐量是大宁场的两倍。据民国《四川盐政史》载：云阳盐井始于汉初，仅汤溪南岸有之，区域甚狭。至清则北岸亦开盐灶，南岸复扩而充之，周围约及十里。当清初之时，只有井十眼，岁产盐七八十万斤而已。雍乾时增百三十三眼，烧灶三百五十七座。其后卤脉渐衰，井多湮废，鞠为茂草或成居室，今地上或见遗痕，或闻空声，可知为旧日之井灶也。清末汲煎之井，共三十有五，灶六十四座而已，日可产盐七万斤。民国初年亦如之，民国九年（1920年）因地震关系，有井名白兔，卤汁忽浓，毗连诸井，卤亦增涨，水淡而深者多废之，只存二十井，烧灶六十一户。旧时每灶一锅，今日每灶六锅八锅，日约产盐十万余斤，井灶虽减而锅多盐旺，附近之奉节、开县、大宁等厂销岸遂不免受其侵灌也。另据《云阳县志》载：宋朝云安监产量为每年407吨，为全国重点产盐县之一。

明洪武年间（1368～1398年），云安五井，岁办盐1062吨，弘治年间（1488～1505年），岁办盐1249吨，比宋代增加2倍多。明嘉靖十一年（1532年）后，主要因薪贵柴缺，每每停煎，产量严重萎缩，开灶120座，全场年产课盐仅67 200斤。明末清初，复因战乱，灶毁人逃，停止生产，直到顺治中期，灶民渐归，恢复生产，产量极微。

清顺治十七年（1660年），准许私人开井设灶，再加上逐渐以煤煮盐，产量遂逐渐增多，至乾隆三十六年（1771年），凿井、固井的技术又有所革新，井灶大增，产盐约6500吨。与富顺、犍为、乐山、南部、射洪、三台并称，从此跃入全省有名盐场。此后，因天灾、战乱、瘟疫和改配、倾销等因素的影响，产量有所下降。咸丰三年（1853年），太平军兴，淮盐运楚道阻，云盐济楚，产量回升，到同治年间，楚运减少，产量又下降。清末改一锅一灶为一灶多锅，每灶日产盐0.55吨，全场日产35吨，年产盐达12 250吨，占全省产盐量的3.42%，为历史最好水平。宣统三年（1911年）至民国二十四年（1935年），平均年产1.57万吨。其中，民国九年（1920年）云安地震，盐井卤水变丰，年产提高10%左右，占全省产盐量的4.88%，名列第六。

民国时期，云阳盐场共产盐657 806吨，平均年产盐17 310.68吨。其间，民国二十六年（1937年），抗日战争爆发，国民政府决定第二次川盐济楚。民国二十九年（1940年）产盐2.47万吨，创当时历史最高纪录，抗日战争结束，产量回落到2万吨以下。

民国初期的十余年间，渝东产盐按平均数计，各场年产盐量为：云阳场15 658.2吨，大宁场6703.5吨，彭水场2099.55吨，奉节场1705吨，开县场1451.3吨，忠县场253.7吨，万县场20吨，合计27 891.25吨，还不到全省总产量的9%。时川省盐场共分六个等级，除云阳场列为二等外，大宁场列为三等，彭水、奉节、开县三场列为四等，忠县场列为五等，万县场列为全省唯一的一个六等，城口县的明通盐场未能上等。

从上述史料看，渝东盐业起步虽早，发展却十分缓慢，到宋代全区年产量才1000多吨，明代还不到4000吨，清末也只不过2万多吨，最好的1941年也只有46 643吨。

三、浓度低与行路难

渝东盐卤来自山上的雨水顺裂隙灌入盐层，淋滤石盐后又顺裂隙从河边山麓流出，形成盐泉，为淋滤型表层卤。其主要特点：一是溶液流程短，卤水成分相对单一，除氯化钠外，其他化学成分如钙、镁、钾等含量很少，溴、碘、锂等含量更微；二是浓度低，因卤源路径短，溶蚀量少，加之山地落差大，溶液流速快，而且在溶液流出盐层后，地表淡水亦渗入其中，本来就不浓的溶液被清水再次冲淡，到露出地面时，浓度只有3波美度稍多一点，最高时也只有4波美度。此外，渝东盐泉的卤水还有周期性变化，即旱季浓度高，雨季浓度低，最低时降至1波美度以下，此时只好停产。另有部分盐泉出露位置低，卤水从河床涌出，枯水季节才露出地面，只能维持季节性的、零散式的生产。

过去没有波镁表，也没有立方米的计量单位，衡量浓度的高低只能凭借其经验，按100斤卤水能出多少斤盐，或产100斤盐需多少斤卤水来衡量。下面就用这样的数据，来和自贡的卤水作一番比较，便知渝东盐卤淡到何等程度。

从民国《四川盐政史》上所载之民国时期的统计数据显示：自贡的富荣场，每100斤盐只需卤水二担三分之一，煤炭一百余斤，成本每担盐二元五角（其中的盐岩卤只需一担半，且用井火者不用炭，每火圈月租仅九元，成本更低，不可比）。而渝东的云阳场则需卤三十担，煤炭五百斤，成本四元六角；大宁场需卤二十余担，煤炭五百斤，成本四元八角；彭水场需卤二十余担，煤炭七八百斤，成本八元四角。开县场需卤三十余担，煤炭五百斤，成本六元；奉节场需卤五六十担，煤炭三厢（每厢约一百七八十斤），成本五元六角；忠县场需卤三十余担，柴草七八百斤，成本七元。万县场需卤六十余担，煤炭六七百斤，成本七元（大宁、彭水、奉节三场的耗卤量可能有出入）。

从这些数据中不难发现：渝东盐场与自贡富荣场相比较，其差距不是百分之多少，而是多少倍的问题。譬如，担盐耗卤相差十三倍以上，担盐耗煤相差5～8倍，成本高出1.84～3.36倍；其中，担盐耗煤高达500～800斤，用今天的话来讲，就是要用5～8吨煤才换得来1吨盐。其成本之高、经营之艰难，便可想而知。笔者在撰写《试论渝东古盐泉向人工井的演进》一文时，在四川省盐务管理局1973～1974年对全省卤水进行普查分析的报告表中查到了云阳巫溪三口井的分析数据。现摘录于下，以资参照（表一）。

表一　云阳、巫溪卤水化学成分表

项目 / 井名	波美度/°Bé	温度/℃	pH	氯/克/升	钠/克/升	钙/克/升	镁/克/升	钾/克/升	硫酸根/克/升	锂/克/升	溴/克/升	碘/克/升	总硼酸/克/升	固体物/克/升
云阳浣泉井	3.8	26	6.9	21.33	13.73	1.33	0.29	0.23	4.45	0.0034	0.028	0.0016	0.056	42.25
云阳云二井	4.6	26	6.95	26.32	21.32	1.45	0.3	0.27	4.73	0.0037	0.029	0.0018	0.075	50.86
巫溪龙泉井	4.1	29	7.33	27.31	17.56	0.67	0.11	0.12	1.87	0.002	0.020	微	微	47.11

这里需要说明的是，因受地面雨水浸入的影响，卤水浓度并非一成不变，随时都在波动，云阳浣泉井卤水常年浓度只有3.2波美度。云二井是中华人民共和国成立后地质部门打的钻探井，不代表老井的卤水浓度，渝东正常年份的正常月份，卤水浓度只有3.2波美度，天干久旱之年可到4波美度。其不同浓度卤水的含盐量和含水量，笔者曾在《浅论渝东古盐灶向现代真空制盐技术的演进》一文里，列过一个表，现摘录于下（表二）：

表二　渝东卤水含盐、水比例对照表　　（单位：千克/立方米）

波美度/°Bé	3	4	5	6	7	8	9	10	11	12
含盐量/千克/立方米	32.08	43.08	54.23	65.54	77.02	88.67	100.5	112.5	124.6	137.0
含水量/千克/立方米	988.2	984.2	980.1	976.0	971.8	967.5	963.1	958.7	954.3	949.7
水盐比	30.81	22.85	18.07	14.89	12.62	10.91	9.585	8.524	7.656	6.933

续表

波美度/°Bé	13	14	15	16	17	18	19	20	21	22
含盐量/千克/立方米	149.5	162.3	175.2	188.3	201.7	215.2	229.0	243.0	257.2	271.6
含水量/千克/立方米	945.1	940.5	935.7	930.9	926.0	921.1	916.0	910.9	905.7	900.4
水盐比	6.320	5.796	5.341	4.943	4.592	4.280	4.001	3.749	3.552	3.315

用表二对照，3～4波美度卤水浓度的盐与水的比值为22.85～30.81，平均26.83，加上1份盐，为27.83，这是理论数据，实际耗卤需增加5%～10%，为29.22～30.61，与上面的担盐耗卤三十担相吻合。

以上数据充分展现了渝东盐业的艰难，而更艰难的还有行路难。渝东盐业虽然规模不大，但在没有工业用盐的时代，和人口稀少的广大山区，产品的销售区域却是很大的，仅云安、大宁两场，就先后开辟出几十条运盐古道。全靠挑夫们肩挑背负，既要翻过崇山峻岭，又要越过大小河川。凭借两个肩膀和一双脚板，将盐巴送到千里之外，与川东相邻的陕西、湖北、湖南、贵州省之六七十个县的边民手中。这六七十个县，均地处四川盆地东部的大巴山、巫山、武陵山、大娄山及长江两岸的铁峰山、七曜山、方斗山等山之中。区域内山山相连，处处是崇山峻岭、沟壑纵横、山峦重叠、峡谷幽深之地。有些连鸟都飞不到的地方，人却要翻越，遇到悬崖峭壁也要开凿栈道通过。既有栈道连山道，亦有山路接水路，真可谓逢山开路，遇水架桥，足见地势之险要，行路之艰难。

渝东盐业的生产环境十分艰难，再加上行路难，可谓难上加难。在此环境下，渝东盐业似乎已无生存空间，更不用说发展了。但用辩证的观点看问题，任何事物都有两重性，事物之间是可以相互转换的，在一定条件下，好事可以变坏事，坏事也可以变好事。渝东盐业的难上加难就如同敌人的敌人是朋友一样，行路难恰巧给渝东盐业提供了生存的空间。因为在“蜀道难，难于上青天”的特定历史条件下，全省乃至全国的交通都很闭塞，何况我们又身居大山之中。在此特定环境下，市场相对封闭，且相互隔绝，成本低的盐巴，因路途遥远，运到此地，比当地成本高的盐还贵。现在就来算一算，如果将自贡盐从水路运到渝东各产区的县城，看是什么状态：自贡至涪陵的运距为1134里，至彭水1402里，至忠县1372里，至万县1548里，至云阳1658里，至开县1858里，至奉节1786里，至巫山1856里，至巫溪2002里；途中还要多次转运，盐在自贡装船后，先由滏溪河运至滏溪口入沱江，由沱江运至泸州进入长江，再由长江运抵各江岸县城。其中，彭水、开县、巫溪三县，还要溯乌江、澎溪河、大宁河上行100余里，才能到达县城。其中，开县到城口还有300多里陆路。

一路上，不仅路途遥远，且路途艰辛，其中的滏溪河段，因流量小、河道窄、落差大而水浅滩多，不便行船，需筑堰以提升水位。不同河段构筑不同形式的河堰，具体筑什么样的堰，要视河床的具体情形而定：有的河段可沿航道滩碛处，筑砂埝提蓄水位；有的河段则用木桩和圆木做成堰栏，并在堰口凿槽，待水位升高后开栏放船；有的河滩为基岩石，需在滩岩石上开凿槽口，供上下船只单边通行；有的河段则筑成梯级堰闸，让船只在堰闸控制下逐级通行。在筑堰之前，重载船至碛石滩坝不能通过，只好将货物卸下，船工用力使空船过滩，再用人工将货物搬运至滩上或滩下，然后重新装载，费时费力，其艰难程度便可想而知。

现查到巫溪大宁盐厂民国三十年（1941年）十二月的水运价格表，可借作参照：大宁场至巫山240里，运费8元/担，平均0.0333元/担里；装卸费0.7元/担，平均0.0029元/担里。两项费用相加，为0.0363元/担里。除此之外，途中还要多次转运，各项费用至少还需增加10%（这是最保守的估算），实际费用为0.0399元/担里。以此为基数，算出自贡盐运到各场区的费用为：至涪陵45.22元/担 ，至彭水55.91元/担，至忠县54.71元/担，至万县61.73元/担，至云阳67.19元/担，至开县74.09元/担 ，至奉节71.22元/担，至巫山74.01元/担，至巫溪79.83元/担，至城口的运价更是难以想象。又查阅相关史料得知，此时的物价与上面所列成本时期的物价，正好上涨了10倍。因此只要将运费减少10倍，便可与当地成本价相比较了，比较后的结果是：比彭水低2.81元/担，比忠县低1.53元/担，比万县低0.83元/担，比开县高1.41元/担，比奉节高1.52元/担，比云阳高2.11元/担，比巫溪高2.61元/担。

从数据看，运到西边三个场的费用略低于当地盐的成本价，但这恰好是渝东成本最高（分别高于云、宁两场均价的48.94%和78.72%）、距自贡又最近的三个场，产量只占全区的8.5%。余皆高于盐的成本价，渝东盐的主产区都在东边，所以，从总体看，豆腐还真就盘成了肉价钱。水运如此，陆运就更不可想象了。在这样的历史条件下，本地盐就有了生存和发展的空间，价格也可以随行就市、水涨船高。因此，渝东盐业尽管在艰难的环境中苦苦支撑，但仍能越过悠悠历史长河而不间断，正得益于这长时期、大范围的行路难。

四、毁于战争又兴于战争

为争夺渝东盐泉而发生的战争，笔者在《渝东盐业与古代战争》一文中曾经提到：先秦时期的战争，主要围绕争夺渝东盐泉而展开，先是廪君率五姓巴人在盐阳战胜盐水神女，占领了清江的盐水盐泉后，溯清江而上，来到伏牛山区，继而占领郁江流域之郁山盐泉，然后顺流而下，出乌江口，进入长江流域。周匡王二年（公元前611年），巴与楚、秦联合发动了灭庸之战。庸灭后，巴分到了巫巴山地的相当部分，至此，渝东的所有盐泉，全部归巴人所有。从此，巴人以盐立国兴邦，盐业收入使巴国迅速富裕起来，成为富甲一方的强国，因此招来邻近楚、秦两国的垂慕，成为两国觊觎与争夺的目标。周庄王八年（公元前689年），巴、楚激战于那处（今湖北省荆门市东南），巴人不敌而归；周敬王四十三年（公元前477年），巴出兵攻打楚国，巴军不敌，败于兹；楚肃王十年（公元前371年），巴、蜀二国联军攻占楚国西边重镇兹方（今湖北松滋市），楚军迅速调集优势武装力量，对巴、蜀联军开展反击，在兹方附近打败巴、蜀联军，巴、蜀联军被迫撤军；周赧王三年（公元前312年），秦攻楚汉中；周赧王七年（公元前308年），秦率巴、蜀众十万，浮江伐楚，取商于之地为黔中郡。随之，楚夺回黔中地。周赧王十八年（公元前297年），秦复攻楚黔中，拔之；同年，楚又夺回黔中地，楚拒守黔中盐区，两失而两复之；周赧王十八年（公元前297年），秦诈以约盟，骗楚怀王入秦，“因留楚王，要以割巫、黔中之郡”，楚怀王怒不许，逃离未遂，猝死于秦；楚人更立顷襄王拒秦，秦竟不得巫、黔中，乃与楚和亲，以图盐泉；至周赧王三十四年（公元前281年）仍不可得，乃复用军事强攻；秦昭襄王二十七年（公元前280年），攻楚取郢城（在荆州江陵县）；秦昭襄王三十年（公元前277年），伐楚，取巫郡及江南为黔中郡；秦昭襄王三十一年（公元前276年），楚国反攻，连续五年五次大战役，最后一役楚仍夺回江南。据《楚世家》载：“顷襄王二十二年（公元前277年），秦复拔我巫、黔中郡。”“二十三年（公元前276年），襄王乃收东地兵，得十余万，复取西秦所拔我江旁十五邑以为郡，拒秦”。形成反复而激烈的“拉锯战”。此后又稳定了二十多年。楚顷襄王三十六年（公元前269年）卒，考烈王立，始渐失川东地区，不能复与秦争。楚考烈王十年（公元前253年），楚都东徙巨阳；楚考烈王二十二年（公元前241年），更东徙寿春（今安徽寿县）“以就海盐”。考烈王二十五年（公元前238年）卒，哀王立。负刍五年（公元前223年），楚为秦灭。

以上为争夺盐泉而爆发的战争，对渝东盐业有何影响，不得而知，笔者以为，既为争夺盐泉而战，对渝东盐业应不会有太大影响。

自秦统一中国后，大规模争夺渝东盐泉的战争基本结束，但后来爆发的农民战争，却使渝东盐业遭到重大损失。明朝末年，由张献忠率领的一支农民起义军，从湖北转战到四川，称为大西军，先后三次进川。明崇祯七年（1634年）二月，张献忠率部转战川东，由湖北房县、竹山县入大宁，攻大宁盐场后直趋县城，杀知县高日临。崇祯十二年（1639年）八月，起义军从鹿耳坡、高竹坪（今高竹乡一带），至汤家坝（今土城乡一带），大败明军，都师何明被杀。崇祯十三年（1640年）二月，起义军向四川西部进攻，五月回师攻入大宁，八月，在夔东土地桠，（今奉节县草堂区）大败明军，守将张应元落荒而逃，汪云风身首异处。崇祯十四年（1641年）正月，起义军进驻开县城东五里的黄陵坡，明军总兵猛如虎追剿而至，结果，猛如虎惨败而逃。崇祯十六年（1643

年），起义军由大宁八角场攻入，五月以后，进入涪州长江北岸一带，攻破大小寨堡；十二月，张献忠率大西军由湖南经尖北再次攻入四川，准备在四川建立政权。崇祯十七年（1644年），张献忠率军第三次入川，先攻破大宁县城，知县岳农坛投泮池而死；正月破夔门，二月攻万县，五月，四十万起义大军从忠州溯江西上，于六月二十二日攻下重庆城。

在此期间，渝东各盐场的盐民为躲避战乱，纷纷弃井、弃灶逃亡。井灶锐减，几近倒闭。据《云阳县盐业志》和民国《云阳县志》载："北周末年，因战乱，有过短暂停顿。明朝末年，发生大规模战乱，云安盐场盐工大部分逃亡，生产停止，卤井停用。""明末清初，复因战乱，灶毁人逃，直到顺治中期，灶民渐归，恢复生产，产量极微"。"崇祯甲申（1644年），张献忠入蜀后，姚、黄、余、李相继为乱，士民逃亡，乙巳（1665年）仅存灶户十二"。逃亡潮迅速波及全省盐业，民国《四川盐政史》云："川省盐场始于秦代而盛于唐宋，明末清初复败于张献忠之乱，几致全毁，清之中叶乃逐渐兴复，降至清末于焉大盛，竟超历代而上之。"前面曾提到，巫溪在民国时期，盐产多受政局影响，防区制时期，大宁盐场为军阀纷争之地，生产停滞衰败，平均年产5450吨，最低年份为民国十七年（1928年）的940吨。

战乱时期，不仅生产遭到破坏，兵匪亦趁火打劫。例如，民国《四川盐政史》所载："川省自民国成立以来，战事连连，地方多故，盐场为税源之地，不仅军队注意，匪徒亦复垂涎，遇隙即乘，所经变乱，更仆难数，兹就具报运署者，分别列表于下，仅得十分之一二而已。云阳场：民国五年五月二十五日，匪首张春霖率匪徒百余，执枪抢劫场署税局及井灶，损失一万八千余元。十年八月二十二日，因防军开行，匪徒乘虚抢税局，损失二千六百余元。大宁场：九年十一月十八日，豫军第二路司令陈金祥纵兵焚夺乾元、宁泰两垣，损失二千余元。十年六月二十三日，第一军张旅排长张敬之，同变兵抢劫场署税局，损失八千余元。十三年十二月二日，驻宁兵变，抢劫税局，损失四千余元。十六年十一月十二日，神匪占据该场，杀毙场署人员及缉私连长、士兵共十六员，计一年之久始行克复，损失无从计数。彭水场：五年二月十八日，匪徒多人入署抢劫，并掳去场官施永树多日始放，损失七千余元。开县场：一年七月十二日，匪百余名，称护国军，抢去银四千余元，经县知事带兵夺回一千余元，损失二千五百余元。九年十月十三日，巨匪陈辅之率队来井盘踞，于十二月十五日始去，抢劫税局，损失四千余元。"其余小额损失，就不一一列举了。

以上战乱曾对渝东盐业造成巨大伤害，几近全毁。但战争是一把双刃剑，它既破坏渝东盐业生产，又给渝东盐业带来发展机遇。当战争发生在省外，尤其发生在长江中下游时，渝东盐业则迎来发展机遇。例如，清咸丰年间爆发的太平天国起义，由洪秀全、杨秀清领导的太平军，于咸丰元年（1851年）十二月至咸丰三年（1853年）三月，先后攻占岳州、武汉、九江、安庆、南京、镇江等长江沿岸城市，并定都南京，改称天京。当太平军占领岳州至武汉、南京、镇江一线后，淮盐运楚的通道被阻断，民苦淡食。为解楚人淡食之苦，朝廷始议借销潞盐、粤盐、川盐以济楚。但潞盐、粤盐皆山高路远，远水不解近渴，而川鄂两省则山水相连，同饮一江水，且川在上，楚在下，川盐可顺流而下，运距又短，运输较为便捷，故专以川盐济之，遂大力发展川盐。是时，湖南亦以缺盐而请借销川盐以济之。这样，支援楚人和湘人吃盐的重担就落在了川人的肩上，这就给川盐带来了一次发展机遇。渝东位于川东门户，与湘、鄂西接壤，处在唇齿相依的位置上，支援楚人吃盐，更是义不容辞，责无旁贷。鉴于此，原已受困多时的渝东盐业亦因川盐济楚而得到了大的发展。以云阳云安盐场为例，据民国《云阳县志》载："咸丰初，川盐济楚，灶困略伸，每年产销二十余万（包）……时尚有井三十五，煎锅二百零三口，每口日产盐三包半，计日产七百一十包，包重六十斤（按额定包斤分装二小包），一年计盐二十五万八千余包。"从前由于引岸范围缩小，该场每年销售引额仅为171 000多包，但自咸丰初年川盐济楚始，即增至每年产销258 000余包。若按该厂装盐小包计算，食盐产销达1548万斤，折合约7740吨。较之从前，其食盐产销量亦增长了33.7%。这实际上给陷入困境的云安盐场注入了新的活力。及至清末，该场改一锅一灶为一灶多锅，每灶日产盐0.55吨，全场日产盐35吨，年产盐达12 250吨，达到了历史上的最好水平。

抗日战争期间，日军于1937年11月占领上海，12月攻占南京，1938年10月占领武汉，之后又相继占领宜昌。长江中下游的沿岸城市亦被日军占领，长江船运受控于日军，致运输不畅，湖北军民吃盐再次告急。危难之际，川盐济楚再次提上议程。渝东与湖北相毗邻，为解前线军民缺盐之危，渝东盐业工人千方百计挖掘生产潜力，各盐场采取了一系列促使食盐增产的措施，这些措施包括：①由盐场公署贷款给井户、灶户，以启复废旧井灶；②保护盐工，缓服兵役；③统制卤水租配，禁止私自租佃或转户；④统管煤炭生产，产煤一律售给煮盐灶户，违者取消采煤权；⑤加强生产管理，各灶必须按照核定数额制盐，不得无故短产，更不准无故停产。盐工则不分白日昼夜地加紧生产，以多产盐、产好盐的实际行动来支援抗日前线军民。产量大幅上升，如彭水县的郁山盐场，抗战前年产盐仅1500吨左右，至1940年年产量猛增至2400吨。增幅达60%。云安盐场年产达 24 701吨，大宁盐场年产达10 798吨，开县盐场年产达4603吨，奉节盐场年产达3937吨，忠县场达767吨，万县场达483吨，城口场达200吨。均创历史新高，全区包括郁山盐场，最高年产为1941年的46 643吨，渝东盐业再次突破历史最好水平。

五、起死回生致空前发展

中华人民共和国成立后，渝东盐业发生了翻天覆地的变化，经历了由极衰到极盛的过程。交通运输条件发生了根本性的改变，由原来的肩挑背负和小木船运输，换成了轮船、汽车、火车运输，运输成本大大降低，市场不再封闭，行路难给予的生存空间已不复存在。随之，全国实现了统一盐价，不再有水涨船高的价格机制。渝东盐业的弱势便凸现出来，一些小厂（中华人民共和国成立后盐场改称盐厂）相继关闭，最后只剩下巫溪、云阳两个厂。两厂均因卤水浓度低，能耗、成本高而出现亏损；在价格不动，人员工资、原燃材料不断上涨的情况下，更是雪上加霜。成本逐年增高，亏损逐年加大，产量逐年萎缩，渐渐陷入困境。本该被关闭淘汰，但为了维持地方安定，只得靠行业和财政的补贴而苦苦支撑，年产量萎缩至3万吨以下。

1967年，四川省石油局在巫溪田坝乡打了一口探井，钻出了有20波美度左右的黑卤，巫溪县于1970年在此新建一厂，命名为田坝盐厂，于1975年5月建成投产，运行15年，13年盈利，2年亏损，盈亏相抵，平均每年盈利仅2万余元，于大局无补。

为摆脱困难局面，渝东盐业人想了很多办法，具体得从云阳盐厂的变化说起。云阳盐厂为扭转亏损，在20世纪七八十年代，连续采取了三大措施。一是改造云二井。云二井是地质部门在云安钻的第二号井，故曰云二井。井深1363米，浓度4.6波美度，比老井高1.4波美度。但由于井太深，卤水在上升时压力损耗大，故出卤量少，不能满足全厂之需，为增大流量，有人提出改在压力较大的深部位置取卤，于是就在该井旁向下挖一大口井，在井口以下30米处开洞接泵。之后出卤量果然大增，原有老井从此全部停用，为此，该厂还付出了生命代价。二是新建高密枝条架。卤水进锅前经过枝条架，利用太阳能和风能，可提高浓度1～2波美度。因原有枝条架面积小，只能浓缩部分卤水，为增大自然能源的浓卤面积，决定新建高密枝条架，使自然蒸发面积约增加到原来的6倍。三是1976～1979年，先后拆除8座平锅灶，投资111万元，建成2座年产6000吨盐的简易真空灶。简易真空灶的主体设备与标准真空灶是一样的，不同处在于没有锅炉，用封闭的球型大锅浓卤、产气。球型大锅状如南瓜，俗称南瓜锅，利用南瓜锅浓卤时所产生的蒸汽来代替锅炉送汽。这三大措施虽有一定成效，但不解决根本问题。后来又建了一座年产2万吨盐带1500千瓦发电机组的真空灶，即节能技改工程，淘汰了简易真空灶和全部平锅灶。但由于浓度太低，加热室管壁结垢严重，设备检修频率高，非生产时间多，生产周期短，仍无法摆脱亏损局面。此时，省内各厂均已改用岩卤资源，浓度已接近饱和，为防止卤水在输送过程中，因浓度过高而结晶堵管，有时还要掺入适量清水以控之。与4波美度的卤水相比较，犹如天壤之别，4波美度的卤水已无利用价值。所以，渝东盐业的根本出路在矿山。于是，云阳盐厂派出专人，到地质、石油部门搜集相关矿产资料，首先获得东16井（川东16号井，位于万县市高峰乡）、长2井（长滩2号井，位于万县长滩镇）均钻出岩盐的信息。随后又搜集到四川省盐体分布综合资料。得知万县有一盐体构造，该盐体属海相泻湖蒸发沉积矿床，遍布于整个万县复向斜之中，大致呈南西至北东向，沿长江两岸展布，南西端起于忠县永丰场附近，北东端至云阳城西，长约100千米，宽约37千米，展布面积约3700平方千米，远景储量约2860亿吨。岩盐赋存于三叠系中部的嘉陵江组和巴东组，共六个含盐层位，最大矿层厚度达127.58米，矿物成分简单，主要成分为石盐，共生矿主要有硬石膏，次为少量白云石、菱镁矿、天青石及泥质物等，与各井的卤水成分相吻合，属海相硬石膏——盐岩矿床，为四川除南充盐体以外的第二大盐体。1986年经国家批准立项，开始利用岩盐资源，渝东盐业从此得以起死回生。先是云阳盐厂将原来2万吨真空制盐设备，改用高峰的高浓度岩卤后，先将产量由2万吨提高到6万吨，再由6万吨提高到10万吨，简称2改6、6改10节能技改工程。与此同时，万县行署在万县市观音岩组建川东盐厂，后改索特盐厂，新建年产30万吨真空灶一座。随后原万县小市亦新建年产5万吨真空灶一座。忠县石宝、巫溪田坝各建年产1万吨真空灶一座。至此，除巫溪盐厂仍用旧井旧灶，田坝盐厂用黑卤改真空灶外，其余全部改用岩卤资源和真空灶。到20世纪90年代初，全区产能已达47万吨，加上合川新建的10万吨，共达57万吨。随着工业用盐的不断增加，盐的需求亦越来越大，为满足市场需求，从20世纪末到21世纪初，几套小真空制盐设备和平锅灶相继淘汰，万州索特盐厂由年产30万吨改建为100万吨，现由宜化集团经营；合川盐厂由年产10万吨改建为60万吨；云阳盐厂被三峡库区淹没后，由重庆市盐业集团接手，在双江稻场新建年产60万吨真空灶一座。三套设备的总产能为220万吨，相当于70～100年产量的总和。而各盐厂的实际产量均超设计能力，超幅达20%左右，渝东盐业由此得到突飞猛进的发展，步入到高速发展的新时期。

六、结　　语

综上所述，渝东盐业漫长而曲折、坎坷而艰难的历程，可归纳为以下几点：

第一，特殊的地理环境使渝东地区成为我国井矿盐的发源之地，突破了始于秦末汉初的传统观点，实际历史远比传统史料悠久。

第二，资源零散、卤淡能耗高、成本高等不利因素，制约着渝东盐业的发展，因而，历程艰难，发展十分缓慢。

第三，长期以来，行路难的大环境，既增加了渝东盐业的艰难度，又为渝东盐业提供了生存空间，致使渝东盐业能够从源头延续至今而不中断。

第四，战争曾毁灭性地破坏过渝东盐业，战争又为渝东盐业提供了难得的发展机遇。一般而论，当战争发生在当地，盐业即遭受破坏；当战争发生在省外，尤其发生在长江中下游时，渝东盐业则迎来发展机遇。

第五，岩盐资源的发现与利用，使渝东盐业得以起死回生，并由此步入到高速发展的新时期。

2015年4月14日成稿于万州

奇巧的长滩井

摘要：万县的长滩井盐场，因规模小而鲜为人知，但这里却有许多奇巧的物和事，主要有：距县城很近却又偏僻；历史很短却又悠久；这里有渝东独一无二的伴生井；还有天人合一的历史事件。这些奇巧的物和事，构成了一副绚丽多姿的历史画卷，是渝东古盐井万花筒中的一朵奇葩。

关键词：奇巧　地理　历史　伴生井　事件

万县的长滩井盐场，因产量低、规模小，且时开时停而鲜有人知，笔者曾多次到现场考查，发现这里有许多奇巧的物和事，这些物和事的学术价值虽然不是太大，但也是渝东古盐井这个万花筒中的一朵奇葩，弃之实在可惜，如不写出来，恐今后再也无人知晓，故思来想去，还是把它写出来，以免被人们所遗忘，现择其重点，叙述于下。

一、近而偏僻的地理位置

长滩井位于万县城东南方向的长滩镇，距城区25.8千米的（旧称50里）磨刀溪畔。磨刀溪属长江南岸一级支流，发源于湖北省利川市武陵山北麓天主保，上游名建南河，自万县关上乡石板滩入境，名四步河，经走马、谷雨、双河至赶场。另一条发源于湖北省利川市谋道，自万县马头乡入境，名龙驹河，经龙驹至赶场，与四步河汇合后始称磨刀溪。磨刀溪由南向北流经长滩后，折向东北，经云阳县的外郎、龙角，至新津口汇入长江，全长170多千米。长滩井因古人沿着河滩开掘有72口盐井，其中有八角井、小井、南溪井、山门井、东瀛井、黄金井、臭水井、和尚井、永兴井、麻柳井、楠木井、石板井、石框井、自明井、凉水井、新开井等。其中，位于砚溪与磨刀溪交汇处的“山门井”，2011年10月被万州区人民政府列为“万州区文物保护单位”。这里的每口盐井，差不多都有一口淡水井相伴，淡水井若按盐水井的85%计，则有盐水井和淡水井133口，这133口井如长蛇阵一般，长长地分布在河滩两岸，长达数千米，故称长滩井，长滩镇又随长滩井而得名。

长滩井离万县主城只有25.8千米，可算是近在咫尺，但却处在一个较为偏僻的位置上：一方面是因为万县的县城设在长江北岸，不仅首脑机关在北岸，整个政治、军事、经济、文化中心等都在北岸，其他如医疗卫生、科研教育、工矿企业、服务设施等也都在北岸，南岸成为空港，是纯粹的农业区。在没有现代交通和信息的时代，交通、信息都很闭塞，是经济欠发达之地，直到中华人民共和国成立后南岸才开始逐渐发展起来。另一方面，长滩井正好位于方斗山脉和七曜山脉的交错处，被夹在两大山脉的中间，周围都是大山，磨刀溪由南向北流经长滩后，折向东北，其流向与长江基本平形，要流经云阳县的外郎、龙角，至新津口，蜿蜒50多千米后，才汇入长江。这样，从长滩往北，有大山阻隔；顺磨刀溪下，行程50多千米，才能到达县境之外的长江；往南和西，都是茫茫大山。处在“前不着村，后不着店”的位置上。在这样的位置上，与主城之间，其直线距离虽然很近，但中间隔了一座大山和一条大江，这一山一水将长滩阻隔在了并不算远的主城之外。且四周都是大山，若要进城，只能翻山越岭，在“蜀道难，难于上青天”的时代，只有羊肠小道可走，出行很不方便。到了长江岸边，还要乘小木船跨越长江，才能到达县城，虽近在咫尺，却道路崎岖，行走艰难。若要去周边其他城镇，更有茫茫大山阻隔，且山山相连，道路崎岖，路途遥远。所谓近而偏僻，指的就是这里离县城很近，但行走却很艰难。谓之近而偏僻的地理位置。

二、短而遥远的盐业史

关于长滩井的制盐史，笔者在《万县志》和《万县市志》里均未找到只言片语，后在民国《四川盐政史》上看到有200多个字的简单叙述，所记起始时间非常之短：“万县长滩井始于清，旧有八角井，在江之内，水退乃现，卤量极富。相传此为云阳场之祖脉，此井若开，则云井必枯，人民惑于风水之说，曾请由官厅封禁之，但无书卷可考，不可为据耳。道光间始开长滩井，共只一口，为民之业，灶户购水煎盐，共五六灶，岁可产盐两万余斤。清末因万县为官运引岸，虑其充塞，曾经封之。民国成立，盐主开放，遂复开办，但水淡煎难，成本既贵，盐质复劣，灶多折本，多以自停。运署分所更议收买井灶，实行封闭，以免管理困难也。”按此记载，长滩井当始于清道光年间（1821～1850年），距今只有165～194年的短暂历史，且开开停停、生产的时间更短。但若参阅其他资料，用层层剥皮的方法去探究，历史却又很悠久。每剥一层，历史就向前推进若干代，直到十分遥远。

明代湖广填四川时，有不少移民来到长滩，从事盐业生产。长滩镇前人大主席谭文金在《万县长滩镇盐业简史》一文中写道：“由于明朝统治者采取鼓励、动员和强制手段，从湖广、江西等地移民到四川，加上明玉珍的十万农民军定居川东，使川东人口得以迅速回升。‘湖广填四川’移民到长滩的就有陶、蔡、谢、李、章、邹、佘、徐、马、王、刘、陈、何、付、汪、严、张、程、宋、黄、冉、谭、朱、秦、向共二十五个姓。故明初，移民入境，蜀王朱春治蜀，由此安民，日益殷实。社会经济的振兴，带动了长滩制盐业的恢复和发展。”这段历史可从长滩镇几个家族的族谱里得到印证。这几个家族都是在明洪武年间，由湖广填四川来到长滩，从事盐业生产，后来逐步走上了发家致富的道路。

如《张氏族谱》记载：始迁祖张妙宗，原籍湖广省黄州府麻城市孝感乡张家村，明洪武二年（1369年）入川，落业梁山县永安里丰胜乡千担坝，置业69石，其次子张文显，分到万县长滩溪南井挖丁水（长滩每口盐井的产权分为六份，每一份产权的卤水为一丁水，即每月有5天的开采权）。买草山基址，修理灶基，煎办“万邑盐务”。据张氏后裔讲：“先祖来长滩熬盐，用的就是八角井的卤水。”

又如，《王氏族谱》记载：始迁祖王思纲，于明洪武四年辛亥岁（1371年），从湖北麻城市奉旨入川，移居万邑市郭里五甲（明代，万县划分为五里，曰大周里、三正里、市郭里、巴南里、新丰里。清代划分为三里，曰三正里、大周里、市郭里。每里下辖十甲）枫相坪（现万州区太安镇天峰村），知长滩有卤水，至小十甲长滩井，以煎盐为业，历数传，以盐荚起家，子孙百数十人。据《王氏遗书传后》记载：明洪武十二年己未岁（1379年），王思纲下长滩，占王家嘴屋基、草山、丁水、古灶，灶基6眼。当年开拦溪井三丁半。洪武十七年甲子岁（1384年），开修新井六丁，己巳年即洪武二十二年（1389年），开修楠木井三丁，共修十五丁水，水主由王思纲管业。永乐三十年［永乐仅有二十二年（1424年），这里应是宣德七年（1432年）］，其长滩井灶基、丁水、草山、屋基，分与其长子王大忠管业，由其子孙熬煮不绝。

再如，《秦氏族谱》记载：入川始迁祖秦谷龙、秦谷宝于洪武二年（1369年）由楚入川，爰居（即迁居）忠县玉溪，延瑞祖于成化五年（1469年）移居河东井古之乡，生男三、女一后，来万县南岸市郭里小十甲长滩堡，置河东业（地址在河东场街脚坝处），更名秦家坎居住，煮盐为业［来长滩的时间大约在成化二十年（1484年）前后］，为南浦之望族焉。

还有《严氏族谱》记载：先祖于明洪武二年（1369年）奉旨入川，同成、黄三姓约期二月初六从麻城市起程，四月初十日至开县奔倒溪住三载，于洪武五年壬子岁（1372年），迁移南浦龙驹坝祖坟岭下业，经八世（大约在明万历初年）。一世祖守法，迁市郭里长滩井河东严家沟，办理盐务，煮盐为业，家计始富，里之盐务及大小事件多所裁定。二世祖逢春（大约出生于明万历三十九年，即1611年前），初在长滩井开井熬盐，请引纳课，里、甲二十五姓推为首人，盐务之事厥功不小。

以上各族谱的记载表明，他们的始迁祖，由湖广麻城奉旨入川后，都选择在长滩落业，以煎盐为业、以盐荚起家，家计始富。这就足以证明，在他们到来之前，这里就已是盐业生产之地。民国《万县志》亦载：明时沿河盐井七十二口。由此看来，长滩井的盐业史至少应在明代以前。

据《新唐书·志·第三十·地理四》载："县五：临江，中下。有盐……县三：南浦，中。有涂祇（澮）监、渔阳监，盐官二。"［涂澮监在临江县境。长滩于唐永贞元年（805年）置渔阳监］，历代相沿开井。

渔阳即长滩，古时长滩所在之"磨刀溪"，名曰"南集渠"，又名"于阳溪"。因溪南有"羊石岩"，古名"羊飞山"，三国时以羊飞山的"羊"字，与南集渠的"渠"字组合成"羊渠"二字，为长滩地名，并以此命"羊渠县"名；唐时又将于阳溪的"于"字，换成谐音"渔"字，为"渔阳溪"，改羊渠为"渔阳"，并以此名设"渔阳监"；宋时又以此名设"渔阳镇"。

监乃行政地区，盐监则指产盐的行政地区，即当时的特别行政区划，如果渔阳产盐不到一定规模，朝廷是不会在这里设置特别行政区划的，既然设置了渔阳监，就说明长滩此时的盐业生产，已经发展到了一定的规模。

另据《水经注·卷三十三·江水》载："江水又东会南、北集渠（长江南岸支流流经长滩的磨刀溪，古名南集渠；长江北岸支流流经开县、云阳的彭溪河，古名北集渠），南水出涪陵县界，谓之阳溪，北流经（至或往之意）巴东郡之南浦（今万县）侨县西，溪硖（同峡）侧盐井三口，相去各数十步，以木为桶，径五尺，修煮不绝。"民国《万县志》也载：盐产县南市郭里长滩井，汉有盐官，晋时有盐井三口。

在网上，有学者称：我国古代记载河流的专著就叫《水经》，但这部《水经》和《水经注》也都已失传。今本郦道元原注，陈桥驿注释的《水经注》，当是另外一部，是无名氏所为。另有学者指出：《隋书·经籍志》载"《水经》三卷郭璞注"，《旧唐书·经籍志》改《隋志》之"郭注"为"郭撰"，郭成了作者。但《新唐书·艺文志》称为桑钦撰（宋以后的著作大多称为桑钦），后来被郦道元改编为《水经注》。郦道元（生于470年左右，卒于527年），字善长。汉族，范阳涿州（今河北涿州）人氏，北朝北魏地理学家、散文家。《水经注》的成书年代，诸家说法不一，全祖望认为是东汉初，戴震认为是三国时作品，今人钟凤年又认为是新莽时所作，诸说尚难确认，不过大体应为汉魏之作不成问题。由此看来，长滩井的历史至少又可向前推进到北魏至东汉了。

下面再从万县的历史沿革来看长滩井的历史。据《万县志》和《云阳县志》载：万县秦时为朐忍县属地，朐忍初建时，西界临江（今忠县），东临鱼复（今奉节），幅员较广，下辖今云阳、开县、万县、梁平及湖北利川一带地区；刘备入蜀为益州牧后，于建安二十一年（206年）分朐忍西北部置汉丰县（今开县），分朐忍西南部置羊渠县（今万县、梁平县），治所在今县南50里长滩镇，羊渠县为万县建置之始，先属故陵郡，后属巴东郡；蜀汉刘禅建兴八年（230年）十月，阎宇表（曾任巴东太守）改羊渠置南浦县，属巴东郡；西魏元钦二年（553年），改南浦县为鱼泉县，并分置梁山县（今梁平县），徙治江北（今万州区）；北周时期（557～581年），先在鱼泉县置安乡郡，后改安乡郡为万川郡，改鱼泉县为安乡县，不久又改安乡县为万川县；隋开皇十八年（598年），改南州万川县为南州南浦县；唐高祖武德二年（619年），置南浦郡，八年改南浦郡为浦州；贞观八年（634年）改浦州为万州；天宝元年（742年）改万州为浦州南浦郡；乾元元年（758年），恢复万州；明洪武六年（1373年）改万州为万县。此后，万县之名一直沿用到1998年5月22日，经中共中央办公厅、国务院办公厅（国函〔1998〕37号）文批准，将重庆市万县区更名为万州区。

这段史料虽只字未提长滩井的制盐历史，但它却引出了两个与长滩井有关且极有价值的历史背景，可以佐证长滩盐井在此之前的存在。

其一，建安二十一年（206年），由朐忍县分置出汉丰县和羊渠县，将一个县分成了三个县。为何是一分为三，而不是一分为二，或一分为四呢？原来这三处都是有盐泉的地方，都是产盐之地：朐忍县有云安盐泉，汉丰县有温汤井盐泉，羊渠县则有长滩井盐泉。一分为三正是为了把这三个产盐地独立出来，以加强盐政的管理，说明羊渠县从朐忍县分离出来，与长滩井盐泉的存在密不可分。

其二，羊渠县为万县建置之始，治所为何设在交通闭塞的长滩镇？其答案同样与长滩井的盐业有关。因为当时羊渠县的幅员宽阔，包括今万县和梁平县的全部范围，以及利川的部分地区，选择治所位置的回旋余地很大。若从地势上考虑，县治当设在梁山。因梁山地势平缓、开阔，今梁平县幅员为1892.13平方千米。山区海拔仅500～1221米，面积606.5平方千米，只占全县总面积的32%。东南和东北为深丘，中部和西北部为浅丘。丘陵面积达1184.9平方千米，占到全县总面积的62.9%。且东、西两山之间，还有一块由古代湖泊沉积而成的平坝，地势平坦而开阔，面积有100.73平方千米，占全县总面积的5.4%。被称为川东第一大坝，即梁平坝子，是设治所的理想之地。若从区位和交通运输条件上考虑，则治所应设在今万州区。因为这里濒临长江，凭借长江的黄金水道，可上逆重庆，下达宜昌、武汉，直至上海，是万川毕汇、万商云集之地，交通便捷，万县即因此而得名，更是设治所的理想所在。

为什么这样好的两个地方都不选，却偏偏选在大山中的长滩呢？答案只有一个，就是长滩有盐。盐既是人们生活中不可或缺的重要物资，又是朝廷财政收入的重要来源，前者涉及民安，后者涉及国富。在“天下之赋，盐利居半，宫闱服御、军饟（同响）、百官禄俸皆仰给焉”的时代，哪里便于盐政的管理，那里就是治所的首选之地。鉴于此，羊渠县的治所就只好设在长滩了。说明万县在分置羊渠县之前，即属朐忍县期间，这里就在生产盐巴，因此，长滩井的历史又可往前推进到西汉至秦代。

以上层层逆源并未到源头，笔者对现场环境进行考查后发现，这里盐泉众多，早先河床很低，盐泉可露出地面，且都与水源相伴，是古人经常光顾的地方，容易被古人所发现，具有被古人早期发现和开发利用的客观条件，因此，这里的源头也可以追溯到原始人利用盐泉资源的时期。

长滩井从清道光一直追溯到远古，这就是近而遥远的盐业史。

三、罕有的伴生井

长滩井有一个独特的现象，即每口盐井的旁边都有一口淡水井相伴，故称伴生井。但当地并无伴生井这个称谓，是笔者为便于叙事而称之。伴生井在渝东各场绝无仅有，至于区外有无，笔者不敢妄论，但在长滩却很普遍，绝大多数盐井都有淡水井相伴，没有淡水井相伴的盐井倒是少数。据当地人介绍，掘淡水井是为隔离淡水。对此，笔者当初也不理解，心想盐井既在河滩之上，清水在河床下的沙石层里是相通的，怎么能将其隔开呢？在河滩上开掘淡水井，岂不是别费功夫吗？后经实地考察，才逐步弄清挖掘伴生井的缘由。原来，这里的盐井并不在河滩之中，而是在河床两岸，井深多在10～20米。前面已说过，这里是方斗山脉和七曜山脉的交错处，方斗山从西南边的石柱县入境，呈东北走向，经境内武陵、走马、新田、龙驹、白羊5区，进入云阳境内，在万县境内长43千米。七曜山则从东南角的湖北利川入境，亦呈东北走向，经境内枫木、普子、曾家、白土、大林、地宝6乡，延伸至云阳、奉节、湖北巴东县境，全长约300千米，境内长25千米左右。而长滩井正好处于方斗山脉和七曜山脉的交错之处，北面是方斗山，南面是七曜山，长滩被夹在中间，在两大山脉的张力作用下，这一带的地层破碎，产状较乱，裂隙发育众多。在地质结构上，长滩附近还有两个逆断层，一个是外坝逆断层。位于长滩南西面，即方斗山背斜西北冀，断层走向70º东，倾向西北，倾角为30º，长4千米，上盘嘉陵江组地层逆推于下盘巴东组地层第二段上（正常层位巴在上嘉在下），断距为100米。并与另一个逆断层，即自生桥逆断层的巴东组地层和嘉陵江组地层之间，发育一系列与断层走向平行的次级紧密褶皱。在这样复杂的地段上，裂隙众多，盐泉与清泉相伴，每掏出一口盐泉，旁边就有一股清泉相伴，加之长滩井的结构是以木桶为井壁，木桶从地面往下框至卤水露头处。如不将旁边的清水断开，清水就会串入盐井之中，为隔离淡水，人们就用同样的方法，在旁边筑一口淡水井，用木桶将淡水框住。在盐水井汲取卤水的同时，也将淡水井的淡水汲出井外，排入河中。另外，这里还有一个普遍规律，即盐井掏出之初，卤水较浓，漫漫逐渐变淡，这同样是地层破碎、产状较乱、裂隙众多之故。

了解到上述情况后，对长滩井出现的伴生井现象，就不足为怪了，它是长滩特殊地理环境下的必然产物。盐水井和淡水井相依相伴，犹如一对恩爱夫妻，不离不弃，盐井存则淡井存，盐井亡则淡井亡，真乃同生共死，终老一生。成为渝东乃至全川、全国一道独特而靓丽的风景线。

四、天人合一的历史事件

这里历史上曾发生过许多事件。所谓事件，是指历史上或社会上发生的重大事情或案件。这里发生的事件，虽算不上什么重大事情，但每次都有命案发生，有的命案死亡人数达九人之多。在多起事件中，有两起事件正应了“人在作，天在看”这句老话，十分巧合，两件事一反一正巧合得天衣无缝。一件是因惩治恶人而得天助，另一件是县官偏袒而遭天怒。现将两个事件收录于下，算是另一种形式的奇巧吧。

第一件是惩治恶人而得天助。光绪末年，从云阳云安盐厂调来一个盐场大使①，负责征收长滩井的盐税，此人官虽不大，但嗜好却不少，喜欢喝酒，又爱奸淫良家妻女，常恣意妄为，盐税也比云安征收的高，长滩的灶户和当地居民对他恨之入骨。于是，大家就在一起合计如何整治他。通过观察发现，这个盐官经常吹嘘自己武功好，并对灶户和盐工经常讲打讲杀。于此，盐工们就邀约他比武，并说：“我们这次比武要一个打一个，街上打不开，请到河坝去比试。”这个盐官果然按照约定，去到了砚溪的金刚豆塘河坝，哪知盐工们早准备了石灰包，比武时大家一起动手，用石灰撒向盐官的眼睛，先把他的眼睛弄瞎，再一起动手，就把这个盐官给打死了，然后掀入水塘之中。巧合的是，当天下了一场大暴雨，河水猛涨，把盐官的尸体给冲走了。第二天由当地头面人物刘缙出面，向县令报告称：“你们派来的盐场大使爱搞女人，昨晚半夜回家时，不小心滚到河中，被洪水冲走了，现在下落不明。”结果，一起盐工打死盐官的死亡事件，在天老爷的帮助下，就这样顺利地掩盖过去了。

长滩盐工惩治恶人的事件还有多起，如清末一提督，带着随从一行几十人，去湖北恩施上任。路过长滩时，因故殴打工人，激起民愤，被盐工围困一天，向其讨回公道的事件；恩施两押役在长滩抢劫并毒打卖挑小贩，招致盐工们打抱不平，而惩治两个押役的事件；外国传教士在长滩蛮横无理，遭盐工痛打事件等。从这些事件中可以看到盐工们爱憎分明、团结一致、齐心协力、不畏强暴的优良品质。但这几起些事件，只有人

---

① 清代各省盐官共有十级官阶，其阶序为：盐运使司——从三品；盐道——正四品；运同——从四品；监掣同知——正五品；运副、提举——从五品；运判——从六品；经历——从七品；盐课大使、批验大使——正八品；知事——从八品；库大使、巡检未入流。

为，没有天助，与本文“天人合一的历史事件”这个标题不相吻合，就不赘述了。

第二件是县官偏袒而遭天怒。前面曾提到，当地有“打开八角井，饿死云阳人”一说，这是长滩民间长期流传的一首民谣。八角井位于长滩电厂尾水渠与磨刀溪汇合处对岸河水中，据《乾隆万县志》载：雍正十二年（1734年）曾报开此井。长滩民间传说八角井与云安盐井相通，长滩打开八角井，云安井的卤水就枯竭，熬不出盐，工人失业，民不聊生。这仅仅是传说，没有科学根据。因为渝东地区的盐卤为淋滤型表层卤，即雨水从山上灌入盐层，淋滤作用溶蚀石盐后又从山麓流出，形成盐泉。而长滩位于万县盐体构造南部边沿的外侧，云安则在万县盐体构造之东北方向的盐体之外。从地质构造和地貌上讲，云安在云安背斜之杉木尖山（即铁峰山余脉）的北麓，在渠马向斜范围内；而长滩盐泉则在方斗山背斜的南麓，在赶场向斜范围内。两者根本就不在同一个汇水区域，卤水是不可能相互串通的。再者，八角井并非清末才打开，之前云安与长滩世代为伴，历来都相安无事，何以此时打开八角井，云安水就枯竭呢，可见这纯属某种巧合。在科学不发达的时代，人们是很迷信的，特别相信风水之说，巧合之事就会从风水说上找原因，把卤水枯竭的原因归之于打开了八角井，破坏了云安的风水。有了这样的认识，在八角井开与禁的问题上，必然会有冲突发生。据长滩镇长滩村六组王必臣讲：其高祖王登茂在道光年间，以八角井卤水熬盐，云安盐厂老板对此非常不满，经常派人来长滩寻衅闹事。有一次云安有个叫张凯的人，带着八个镖客（即打手），企图强行封塌八角井。长滩盐工在王登茂的带领下，准备了石灰包，在八角井与张凯的八个镖客打架时，先用石灰将对方的眼睛打瞎，然后将张凯及八个镖客全部打死，尸体全部埋在惠民桥坟头岭吊龙处一个大坟包内。后来，云安人在万县衙门状告王登茂。县官亲自到长滩勘察，王登茂为讨好县官，便请县太爷看完现场后，到永乐寺庙内吃饭。之所以安排在永乐寺庙内吃饭，是因为当地有一段永乐寺与永乐皇帝之间的传说，据传：永乐寺乃明初洪武年间，朱元璋夺取全国政权以后，下诏令其儿子到全国各地视察疆域和了解社情民意。他的第四子朱棣（1360～1424年）封燕王，被派到湖广和四川两省视察。有一天，他从恩施利川出发，路过长滩，见长滩的地形很好，有十二条白龙（卤水）和十二条黑龙（带煤黑水）过江，可以立皇城，他带着随从就在长滩的庙内驻扎下来。朱棣很有才华，太祖欲立其为继承人。但为了维护宗法制和防止内争，经劝谏，最后立了太孙朱允炆为皇储。朱棣见皇位无望，想夺位造反，故借视察为名到处选择立皇城的地方，他本已看中太白溪垣子山是个立皇城的地方。但已天穿地漏，风水遭到破坏，最终放弃了。1402年6月，朱棣起兵“靖难”攻入南京，夺取了侄儿建文帝的皇位，第二年改年号为“永乐”，自己当上了皇帝。长滩这座庙，因为“永乐皇帝”曾经临幸过，就改名为“永乐寺”。县太爷为袒护王登茂，在看过现场后说：“长滩离云阳两百里（实距一百多里），不准长滩熬八角井也没有道理。”然后，又叹了一口气说：“哎！这个案子我断不下来，只有听上天的旨意了。”谁知这句话还真就把老天爷给请来了，当县太爷带着随从在永乐寺内吃完饭，正准备离开长滩时，晴朗的天空忽然起了一块乌云，乌云向南飞来，到八角井上空就电闪雷鸣，下起瓢泼大雨，山洪暴发。随后，山岩上垮下一块石头，把八角井封塌了。同时，三岔子岩滑坡，把虬溪边一口供八角井熬盐的厚煤井也掩埋了，从此八角井就在长滩彻底消失了。

据说八角井卤水浓度较高，被封塌之后，人们并不死心，有不少人企图重新打开。民国初，当地名人刘缙曾去试过，没有成功；抗战期间，同德公司在官塘下游河滩上，深挖了一条支流，放官塘水，也没有找到井口；中华人民共和国成立之前长滩的几个地主李宝川、余洪恩、向国泽等人也曾集资开掏八角井，都以失败而告终。

其实，“打开八角井，饿死云阳人”的说法，在渝东十分普遍，除“打开八角井，饿死云阳人”一说外，还有“打开施南八角井，饿死云阳一县人”的说法。忠县有“打开万家井，饿死云阳人”的说法。开县有“打开温汤井，饿死云阳人”和“打开花盐井，饿死云阳人”的说法。那么，为什么各盐场都说自己的卤水与云安相通，是云安盐井的祖脉，而不与别的盐场相通呢？其实，在渝东只要一处有某种传说，其余各场就会把这一传说牵强附会到本场，云安是渝东规模最大的盐场，借助“打开某某井，饿死云阳人”这句话，将云安与本场联系在一起，既可张显本场的重要地位、又可达到提高本场知名度的目的。这已是渝东存在的普遍现象，与早先各盐场都有几乎完全一样的“某动物饮泉”，从而发现本场盐卤，以此开辟煮盐历史的传说如出一辙。

云安与长滩发生纠纷的真正原因是：在一般情况下，长滩井产量很小，所产之盐就地、就近销售，不去抢占市场。但当产量大的时候，就销往湘、鄂西一带，这一带正好是云安盐场的销区，而八角井的位置距湘、鄂西销区又最近，产盐多了，必然要侵占云安盐场的市场，使云阳盐利遭到损失。在两利相争之际，长滩人讲“打开八角井，饿死云阳人”这句话，正好给云安盐场的人提供了要求封闭八角井的借口，并可堂而皇之地请由官厅将八角井封禁之。这样一来，八角井的开与封，就成了两个盐场维护各自利益的交点，为保护各自的利益，就不可避免地要发生冲突，引起打架斗殴，并造成流血事件，最终酿成九条命案的悲剧。

以上两个事件纯属巧合，并非老天爷真的开了眼，但它顺应了民意，因而被当地群众传为佳话。

五、结　　语

长滩盐场是我国井矿盐中的小兄弟，年产盐不过几十吨到百把吨，清代岁产盐仅两万余斤（约10吨），民国初期的十余年间，长滩平均年产盐也只有400担（20吨），其间还数次关闭停产，生产时开时停，是四川省唯一的一个六等场。但麻雀虽小肝胆俱全，长滩盐场同样具有悠久的历史，也创造过辉煌的业绩，为我国井矿盐的发展做出了不可磨灭贡献，也为盐文化的积累增添了不少砖瓦。例如，万县就是因长滩井产盐而始置羊渠县，说明长滩井在万县的历史上，曾做出过重大贡献，并占有重要地位，对万县历史的走向产生过重大影响。又如，抗战期间，为解湖北、湖南人民淡食之苦，长滩盐场在年产量快接近零的状态下，盐工们纷纷挖掘各种潜力，将年产量猛增至400多吨，其中，1937～1942年的6年里，共产盐2767吨，平均年产盐突破461吨，1941年达到483吨，创历史新高，为急湘鄂人民之所需而做出了应有的贡献，亦为抗战胜利尽了一分微薄之力。长滩独一无二的伴生井更是盐工们的独创，是我国井矿盐中的一枝独秀，它丰富了古盐井的形态，为盐业遗产增添砖瓦；在与邪恶势力的斗争中，盐工们既发扬了工人阶级爱憎分明、团结一致、齐心协力、不畏强暴的优良品质，又发挥了劳动人民的聪明才智，每次打击邪恶势力的斗争，都是靠集体的力量和智慧而取胜，巧妙地战胜了邪恶势力，并做到有理有利，为惩恶扬善树立了榜样，为当地民众伸张了正义，为盐文化增添了色彩，这是一笔宝贵的精神财富，值得我们永远继承和发扬。

2015年5月10日于万州

论云安盐场的早期历史

传统盐史观认为：“川省盐井始于秦代，秦孝文王以李冰为蜀守，冰能识水脉，于广都县（即今成都华阳、双流等境），穿凿盐井，其后历汉、晋、唐、宋，逐渐推广，遂擅大利。”以此为据，渝东各地盐史均跟随其后，都记载为始于秦汉之际。例如，大宁盐场的起始年代为公元前316年。据《四川盐业志编写大纲》和民国《四川盐政史》载：“大宁自流卤水，发现于周慎靓王五年，即公元前316年。”“大宁盐井始于汉，卤脉自宝源山麓，地属袁氏。相传猎者见白鹿往来山间，逐之入洞，不见踪迹，饮泉而咸，取以制盐，故名白鹿泉”。此泉一直使用至今；云安盐场的起始年代为公元前206年。据《云阳县志》载，汉高祖元年（公元前206年），汉王刘邦由将军樊哙陪同，从东乡（今宣汉县）入朐忍境募兵招贤。传说樊哙在今云安射猎，见一白兔，跟踪发现卤水，汉王即令当地隐士扶嘉掘井煮盐。扶嘉使民在渗出地表的自然盐泉周围以土石围筑井口，向下挖掘，直至卤水涌出（卤水既已渗出地表，只需围筑井口即可取卤，何须向下挖至卤水涌出？看来此传说有些牵强），建成云安第一口盐井，即白兔井（今大井）。忠县盐场的起始年代则更晚，据《忠县志》载：“旧有盐井溪，相传东汉关西夫子杨公伯起，见白兔饮泉，因而掘井，俗称㽏、涂两井。”总之，按成书的传统说法，渝东盐业的历史只有2000多年。

然而，最新考证成果显示：早在4500年前，在渝东这片广大区域内，已出现了多个专业化、商业化的盐业基地和遍地的小盐坊。其依据有三。一是山海经中有巫咸国和巫臷国的记载，巫咸国乃巫山中的产盐之国，巫臷国则成为“不绩不经，服也；不稼不穑，食也。爰有歌舞之鸟，鸾鸟自歌，凤鸟自舞。爰有百兽，相群爰处，百谷所聚”的繁华之地，时间当在黄帝至夏代之间。二是在巴人起源的传说中，有盐水神女与廪君的一段对白，盐水神女谓廪君曰：“此地广大，鱼盐所出，愿留共居。”此对话说明当时盐的生产已遍布全区各地。三是忠县中坝遗址发掘出土的煮盐工具，经检测已确定是4500年前的遗存物。这三条证据充分展现了4500年前，渝东地区遍地盐烟的繁华景观。但这并不是渝东盐业的源头，源头在哪，只能从古人的生存环境和考古成果中去寻找答案。

渝东地区因地质与地貌的巧合，致使盐泉从全区各地山麓流出，其数量之多，分布之广为全国之冠。在长江两岸十几个县境的广大区域，在古人经常出没的溪流河边，数百眼盐泉与水源为伴，极易被古人所发现。但考古发现，在旧石器时代早期，人类以动物为主要食物，食盐有补充的渠道，因此，人类对盐的需要虽然迫切，但并无明显感知，对盐泉并不十分关注。到了旧石器时代的中期，古人的主要食物开始向植物转变，并开始离开洞穴和丛林，迁徙到丘陵及平川地带居住。这时，古人对盐的需求和感知敏感起来，需要随时向体内补充盐分，如得不到盐分的补充，古人就不可能放弃原有的饮食结构和居住地点，只有找到并利用了这些盐泉，古人才有可能放弃原有的饮食结构和居住之地，这就说明在50万年前，古人已开始到盐泉地去吸食盐水了。到新石器时代早期，陶器开始出现。在渝东，制陶和制盐可能是一对双胞胎，说明在一万年前，古人已将盐水煮制成盐块了。

对于4500年前的早期历史，巫溪有《山海经》中的文字记载，忠县有考古实物资料，唯云安既无文字也无实物，是否就止步于公元前的206年呢？要回答这个问题，就必须搞清云安盐场是始于盐井还是始于盐泉，只要搞清了这个问题，答案就不言自明了。对此，笔者曾对云安的地理环境、地质条件、盐井分布、井下结构及相关文史资料等，进行了综合考证，从多方论证的结果显示，云安盐场并非始于盐井，而同样始于盐泉：

第一，从盐井以下的结构看。云安白兔井，井口海拔标高163.4米，井深58米，卤液面深43.33米，海拔标高120.07米，河面最低水位138.3米，液面负于河面18.23米，卤水似乎不能流出地面。但这只是云安的现状而已，历史状况并非如此，如笔者在《试论渝东古盐泉向人工井的演进》一文所述。1982年9月22日，四川省建筑勘测设计院在《云阳盐厂（热电站、制盐车间）详勘阶段工程地质勘测报告书》中就写道：“汤溪河围绕场地边缘50米流过，由于下游修筑水坝，再加上盐厂炭渣、建筑垃圾不断向河里倾倒，四周山上植被覆盖少，水土流失严重，汤溪河在云安镇弯曲度大，故使汤溪河河床抬高很快。”据测查和钻探资料获得，现在河床比过去100多年前抬高了10米左右。100年抬升如此，几千年前的河床情况便可想而知了。

该地质勘测工程“第25号钻孔的深度达25.3米，地质层位从上往下依次为：①人工填土，A杂填土，B素填土；②亚黏土；③亚黏土混碎石；④轻亚黏土；⑤淤泥质轻亚黏土；⑥卵石。钻至25.3米才刚好接近卵石层，卵石堆积究竟有多厚，还不知道”。但若将25号孔向下垂直延伸至岸基线的交会点，其海拔已降至110米以下，这里距河床中心，还有100余米，若再顺岸基线的走向向前延伸至河床中心，则河槽的海拔不足100米，白兔井卤液面标高120.07米，高于河床20米以上（图一），盐泉便可顺利流出地面。说明这里古时有大量盐泉涌出地面，盐井是由盐泉演进而来，并非一开始就挖盐井。

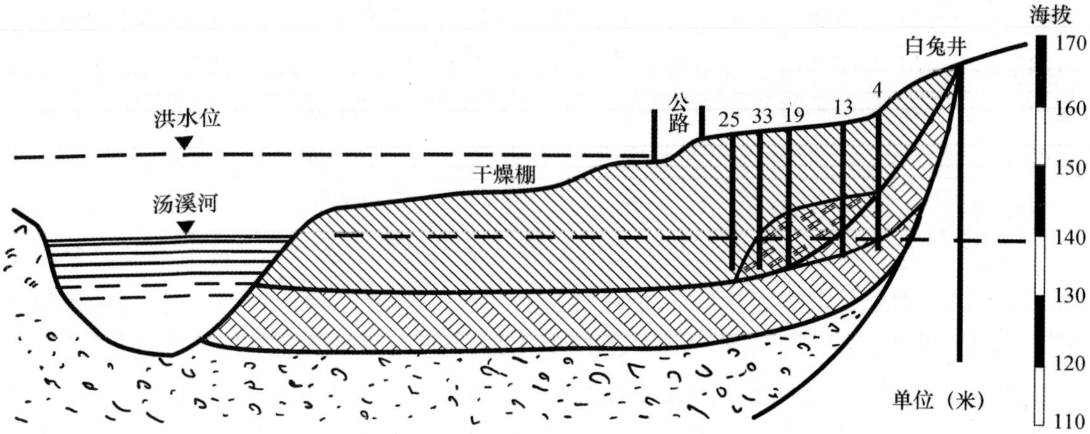

图一 云阳盐厂建筑场地地质剖面图

第二，从史料上看。任乃强教授所著《华阳国志校补图注》中提出："此县（指朐忍）特点，在溪水中涌起盐泉。查《汉志》县名，有齐郡临朐，东莱郡临朐，两县皆无朐水，而近海。东海郡有朐县，亦近海，产盐。东莱郡临朐有海水祠。东海朐县有秦始皇立石海上，以为东门阙。凡汉县称临而王莽改称监者，皆产盐之地，无例外。则所谓朐者，齐语海水之义，亦即谓煎盐之水也。忍者，腾突而不外著之意。是谓溪中盐泉潜涌之状耳。盖齐人所命名也。"这段注释，既印证了云安在"溪水中涌起盐泉"的情景，又揭示了云安在自然盐泉条件下煎盐的历史事实，进一步证实了云安与其他盐场一样，并没有逾越自然盐泉这个历史阶段，所以，公元前的206年并不是云安盐场的起头，而是新时期的开始。

第三，从盐井的分布看。这里有名字记录的盐井共195口，约占全区盐井总数的50%。且大多集中分布于汤溪河南岸。历年最高年产盐24 701吨，平均日需卤达2609立方米之多，说明这里每天有2609立方米以上的卤水流出。由此可知，这里的盐泉众多，且集中分布。像这样集中分布的地方，全区仅此而已。它与卤水零星分布的地方相比，更易被古人所发现，更早被古人所利用。成为古人最早开发利用卤水资源的地方，也是后来成为四川四大产盐重镇之一的主要原因。

第四，从古县名上看。云阳古县名曰"朐忍"，朐忍是为何物，乃蚯蚓也，别名曲蟮。而蚯蚓在各处皆遍地都是，何独此以它名县。笔者以为，这里早先河床很低，众多盐泉涌出地面，由岸边向河里弯弯曲曲地流动，远处看去，犹如遍地蚯蚓向前蠕动，故以此名之。当然，这只是个人的推测，不一定准确，但由此也映衬出云安在没有掘井之前的远古时期，有自然盐泉的存在和盐业生产的事实。

第五，从地理环境看。渝东盐泉大多地处长江支流的中上游，流域面积小，多年平均流量亦小，洪水涨幅并不大，对盐泉的危害较轻。忠县的官井，虽地处㽏井河下游，但河水流量小，河床落差小，主要危害来自长江洪水的倒灌，倒灌水的冲击力小，无破坏力。唯云安盐场的地理环境与众不同，它位于汤溪河下游河畔，汤溪河原名东瀼河，发源于巫溪县龙台乡钟南村，由上坝乡邓家院子进入云阳境内，由北东流向南西，至江口镇转向东南，经南溪至云安，于云阳镇东注入长江，河道全长126千米，流域面积1810.8平方千米，多年平均流量44.4立方米/秒，是巫溪县后溪河的3.17倍，是忠县汝溪河的3.73倍。因此，洪水的涨幅高达14.1米，而附近的河道又曲折弯多，两岸是悬崖峭壁，河床比降很大，急滩众多，洪水袭来时，汹涌澎湃，如万马奔腾，洪流形成的冲击力很强，对河岸边人工建筑物的破坏力极大、对盐井的破坏力为全区最大。但这里盐井的井口全都在洪水线以上，卤源又在井下43.33～73.33米处，为全区所独有。在这洪水破坏力最大的地方，无论洪水的来势有多汹涌，盐井却安然无恙，生产丝毫不受影响。这就足以证明，云安已彻底战胜了洪水的危害，完成了从自然盐泉到人工井的全部演进过程，开凿成为全区最彻底、最完善、最标准的人工井。传说中的白兔井，即公元前206年的第一眼井，就是这种标准的人工井。说明公元前206年，并不是云安盐业的源头，而是新时期的开始。从自然盐泉演进到完整的人工井，没有一个与洪水搏斗的漫长历程，没有对当地水文、地质的长期观察和知识的积累，没有技术的进步和铁器工具的运用，人工打出几十米深的盐井是不可能实现的。

综上所述，足以证明：

（1）云安早期河床低于井下液面20米以上，盐泉能流出地面，盐业起步于盐泉，并非始于盐井。

（2）这里盐泉众多，且又集中，为全区之冠，较之零星、分散的小盐泉，更易被古人所发现，更早被古人所利用。成为古人最早利用盐泉资源的地方，也是成为四川四大盐业重镇之一的先决条件。

（3）这里地理环境特殊，洪水的破坏力最大，但盐井却最安全，说明这里与洪水的搏斗最激烈，而取得的胜利又最彻底，可想而知，这里经历了与洪水搏斗十分漫长的时期。盐井的出现，是新时期的开始，而不是盐业的开头。

2006年9月29日于重庆

附　　录

附一　为《云阳县盐业志》作的序

盐是关系国民生计的重要物资，它既是人民生活不可缺少、不能代替的必需品，又是化工生产的重要原料。

云阳盐场自汉初凿井汲卤煮盐至今，已有近二千二百年的历史。曾给云阳人民提供了大量的就业门路，带动了各行各业的兴起和发展，带来了场镇集市的兴旺和发达，成为云阳财政收入的重要来源，为历代执政者所重视。为加强盐政管理，增加国库收入，云阳县城在北周时就迁至汤溪河口，宋熙宁时又在盐场分置安义县，云阳县名即指在云安之阳（南面）之意。可见云阳盐业在云阳县的历史上曾占有十分重要的地位。

纵观云阳盐场生产的历史，卤水淡、能耗大、成本高、劳动条件差是其主要特点，也是生产规模受到制约的重要原因。在这样不利的条件下，它之所以能够延续至今，因素较多，诸如卤水虽淡而源流稳定、能耗虽高而燃料较近、唾手可取，加之盐工世代积累了丰富的制盐经验，产品色白味佳等，此外还有一个更重要的原因则是“蜀道之难，难于上青天”。因为盐是大吨位商品，不宜长途运输，在交通极不方便的条件下，市场相互隔绝，销售价格各异，史书上曾有斗米斤盐的记载，因此，云阳盐场的产品便能凭借长江这一黄金水道上溯下运，畅销不衰。认识这一点，对分析云阳盐厂的现状，指导今后生产的发展，有着十分重要的意义。

中华人民共和国成立后，由于社会制度的优越和科学技术的发展，生产力得到很大的提高，全国盐业生产发生了翻天覆地的变化：随着地质钻探成果的利用，各厂相继改用岩卤资源，产量大幅度提高；先后改为机械化生产，制盐成本大幅度下降；交通运输亦有很大发展，市场不再相互隔绝；在社会主义制度下，国家为保证人民生活的需要，对全国的盐实行了统一的价格，盐价不再随行就市。与此相反，云阳盐厂卤水淡、能耗大、成本高的现状严重制约着生产力的发展，与市场规律的矛盾越来越突出，被远远地抛到了后面，云阳盐厂的历史几乎被中断，成为制盐行业里有名的困难企业。20世纪80年代中期，在各级政府和部门的关怀与支持下，经过云阳盐厂全厂职工的奋发努力，终于又赶了上来。先后于1985年建成2万吨/年真空制盐带1500千瓦热电站一座；1988年完成6万吨/年矿山工程技术改造，从此改用岩卤资源；1989年进行再改造，生产能力提高到10吨/年的水平。这才开始摆脱困境，并结束了数千年工艺落后、生产能力徘徊不前的历史。

云阳盐厂数千年来，对国家、对民族、对云阳，曾做出过重大贡献，然而却无本场专志记载其兴衰史迹。清人鬻子曾修过本场志，但今残篇已散失无存。清《盐法志》、民国《四川盐政史》对本场的史实也收录不多，而且从上述史书到现在的这段时期里，新的制盐史实还有待搜集整理。1985年国家发出通知，要求各单位修志，并指出：“修志是物质文明、精神文明建设的需要。”乃盛世盛事，云阳盐厂党、政、工领导对此十分重视，组织专门班子，广泛搜集资料，查阅大量有关书籍，历时五年，终于纂写出《云阳县盐业志》，填补了云阳盐厂（场）无专志的空白。

云阳盐厂的历史，可追溯到母系氏族社会时期，但要弄清这一史实，仅凭现有的只言片语资料和浅薄的学识是无能为力的。因此，此志只上溯到公元前206年，即从凿井汲卤煮盐开始。从盐业发展的历史过程看，凿井煮盐标志着盐业已跃入到一个新的历史时期，它是先辈们由自然盐泉起步，在逐渐向人工井发展的长期实践活动中，战胜洪水、征服自然、开发利用盐矿资源经验积累、智慧结晶的产物。从历史的角度看，在人工凿井煮盐前，应有一段充满艰辛、非常遥远且漫长的历史，限于资料、水平和时间，这段历史只好待后人去考证了。

这本志书的完成，得到了四川省盐务管理局、万县地区盐务管理局、四川省盐业公司和万县盐业分公司的关怀，并得到云阳县志办公室的指导和云阳县档案局、云阳县税务局志办公室，以及有关单位和个人的支持，在此一并表示诚挚的谢意，向为修志付出心血的同志们表示问候！

生产在发展，历史在前进，过去的已经过去，未来的历史有待后来人继续写下去，长江后浪推前浪，我们相信后来人一定会写出更加光辉的历史篇章。

1990年9月于云阳

（此次收录时，略作修改）

附二　为《万州区志》撰写的“盐章”志稿

万县地区因独特的地理环境，致使天然盐泉从长江及各支流的河谷岸边涌出，遍布于区内各地，且与水源相伴，容易被古人发现。早在巴人涉足渝东盐业之前，就已是“此地广大，鱼盐所出”之域了。近年来，随着专家学者们对《山海经·巫咸国·巫载国》之"咸"和"载民，不绩不经，服也；不稼不穑，食也"的破译，以及三峡库区近几年出土的诸多制盐器具，尤其是忠县㽏井溪遗址群发掘出土的大量煮盐陶罐，充分证明夏、商时期，万县地区盐业产销就已具相当规模了。

西汉，朐忍（今云阳）、临江（今忠县）设有盐官。《一统志·云安监》载："汉置盐官。"《华阳国志》载："临江县有盐官。在监、涂二溪，一郡所仰，其豪门家亦有盐井。"其《校补图注》云："西汉置临江县，王莽新朝改为监江县。凡汉县名称临而王莽改称监者，皆产盐之地，无例外。"

唐朝"以监管盐"，贞元元年（785年）设云安监。置井监使，管理盐政。后称榷盐使、转运使。

宋代撤监，"以官监煮"。后复设监官，专管盐政盐务。宋咸平五年（1002年）云安盐运销湖北施州。宋熙宁九年（1076年）云安、大宁盐销济成都。

明初兴盛。明末崇祯七年（1634年）二月至十七年（1644年）六月，张献忠率领农民起义军，由湖北三次入川，转战于川东，历经10年。此间，盐民为躲避战乱，纷纷弃井、弃灶逃亡，井灶锐减，几近倒闭，盐业濒于绝境。民国《四川盐政史》载："川省盐场始于秦代而盛于唐宋，明末清初复败于张献忠之乱，几致全毁，清之中叶乃逐渐兴复，降至清末于焉大盛，竟超历代而上之。"

清咸丰三年（1853年），太平天国农民起义军先后攻占岳州至南京、镇江等长江沿岸城市，淮盐上运湘、鄂受阻，故转依川盐济食，史称"川盐济楚"。各盐场因势就利，扩大生产规模，销区扩展至省外的广大区域。仅云安一场，年产销盐就由8550吨，增至12 900吨，增长33.7%，创历史新高。及至清末，年产量仍保持在12 250吨左右。

清至民国，万县地区盐除供本区各县外，还销往川东北的开江、宣汉、达县、新宁、东乡（宣汉）、太平（万源）、梁山（梁平）、石柱等10余县。湖北的建始、恩施、宣恩、来凤、咸丰、鹤峰、利川、长乐、巴东、秭归、长阳、兴山、竹山、竹溪、房县、郧县、郧西、均县、光化、谷城、保康、襄樊等县。陕西的镇平、平利、安康、白河、岚皋、紫阳、旬阳等县。湖南的永顺、龙山、桑植、保靖、澧州等州县及滇、黔边岸的8州县。

抗日战争爆发后，淮盐产区相继沦陷，湖北、湖南人民食盐紧缺，万县地区地处川东门户，与湘、鄂毗邻，长江水道顺流而下，第二次川盐济楚再次迎来发展机遇。1939～1945年的产销再创历史新高。1941年的产销量增至44 285吨。是历史上的黄金时期。

中华人民共和国成立后，交通运输条件极大改善，全国实行统一盐价。过去市场封闭、隔绝，盐价随行就市的格局被打破。万县地区卤水浓度低、能耗大、成本高的弱势凸显出来。各盐厂亏损严重，一些小厂相继倒闭，全区盐业陷入困境，产量由1949年的26 639吨降至1963年的13 858吨。在危难之际，万县地质构造发现一大盐体，随着万县高峰、云阳高阳两处岩盐资源的开发利用，万县盐业才得以起死回生，产量由1985年的23 212吨猛增至2005年的310 000吨，生产能力达到100万吨。原盐销至陕西、湖北、安徽、江苏、上海、广东、广西、贵州、黑龙江等省市。并出口到东南亚和非洲地区。

一、管理机构

盐业管理始于何时，无考。迨至西汉武帝时，盐铁专卖初成定案，置盐官38处，隶属大司农。东汉时，各地盐官，隶属所在州县。《华阳国志》载，汉时，云阳、忠县等盐场设有盐官。可视为本区盐业管理之初，乃有书可稽的盐官之始。

（一）清代及清以前的盐务管理机构

史书记载，自汉始，云阳、忠县等地有盐官。蜀汉时，四川设有盐府校尉、司盐校尉。

唐代设盐铁转运使，并于云安（云阳县）、大昌（巫溪县）设盐官。后蜀时，云安设有榷盐使。

宋初，改由行政长官兼任，即“以官监煮”。熙宁四年（1071年）复设监官，专管盐政盐务。

元代监场合一，四川设盐场监官12处，其中有云安场、大宁场。

明洪武元年（1368年），云安、漨涂（忠县漨井、涂井）、大宁等盐场，各设盐课司，专司办盐征课。主要管理盐业生产、运销和盐税征收。

清初至中叶，云安、大宁设盐课大使，奉节设督捕盐务通判，忠县设盐捕州判。其余由县丞、经历等地方官兼之。清代改场为厂，以厂统井，今云阳“云安厂”、巫溪“宁厂”，即源于清代对盐场改制之称呼。

各场、厂，无论是以井分场、还是以厂统井，或就井灶划户编保组甲，均要命官。清以前有监官、榷盐使、盐大使、盐务通判、州判之名。

（二）民国时期的盐务管理机构

民国初，改厂为场。中华人民共和国成立后，又陆续改场为厂，延续至今。1915年，云阳、大宁、开县设盐场知事，改榷税公署为盐场知事公署，仍兼收盐税。后各场成立盐税局，遂将税务分开。盐场知事公署负责场务、岸务、缉私三项工作。盐税局则负责税收、称放、稽查三项。忠县、奉节等小盐场，则以盐井委员署为盐务行政机构。万县盐场因产量小，且时断时续，仍归地方兼管。后于1919年9月改设盐井委员署。归万巫查验局管辖，其全称是“万县万巫查验局兼万县盐井委员署”。盐场知事、盐井委员署、查验局，均隶属川南运使署。

1929年，云阳、大宁、开县等盐场知事公署改为场长公署，行政长官称场长。奉节、忠县、万县等场仍称盐井委员署。与各场原有盐税局并存。

1935年，各盐场公署、盐井委员署，先后归并各场盐税局。取消盐场场长公署、盐井委员署。盐税局归四川省盐务管理局管辖。

1937年，盐税局更名为盐场场长公署，行政长官称场长，小场则称场务所。负责盐务和税务管理。先后隶属于川东区盐务管理局、川康盐务管理局。

1938年9月，日军进攻湖北，武汉告急，湖北鄂岸盐务办事处西迁宜昌，旋即武汉失守，11月，鄂岸盐务办事处就近移驻万县。

1940年7月1日，原川康盐务管理局所辖川东盐务划出，由原川东区盐务管理分局接管。隶属于国民政府财政部盐务总局。同年10月1日，与鄂岸盐务办事处合并，正式健全川东区盐务管理分局。将湖北省原淮盐销岸，川东万县、云阳、大宁、开县、奉节、忠县和彭水县的郁山盐场，并万计、楚计两大销岸，合并成川东区盐务管辖区，至1941年底，川东区各级盐务机共有42个。

1942年，忠县、彭水两场划归川康盐务管理局。川东区盐务管理分局改称川东区盐务管理局。下属的各岸运销、监运机构改组为盐务分局、支局或盐仓办事处。

1943年6月，在湖北老河口设立川东区鄂北盐务一等分局，所有驻鄂北及豫南各盐务机构，均归鄂北分局节制。7月1日，川东区盐务管理局接管湖北省硝矿管理处，在局内设硝矿室，所有湖北硝矿事宜，即由该室办理。同月，奉总局电令，组设视察室，总局派张克永任视察室主任，视察室与川东区盐务管理局同级，受川东区盐务管理局监督、指挥，但只对总局负责。

1945年3月1日，万县盐仓办事处改组为川东区万县盐务分局。鄂北、万县分局仍归川东区盐务管理局管辖。

1945年9月17日，鄂西盐务分局迁回宜昌，10月迁往汉口，改组为湖北省盐务管理局。

1945年10月1日，川东区盐务管理局将四川境内业务移交给万县盐务分局。10月3日，万县分局升格为川康区盐务管理局一等分局，隶属于川康盐务管理局。11月21日，原川东区盐务管理局所属万县储运办事处改组为万县盐务支局，归川东区盐务管理分局管辖，负责办理万县仓储运销及中转楚计岸盐斤事宜。

1945年12月，川东区盐务管理分局奉令撤销。所辖各机构，归川东区重庆盐务管理分局指挥。一般事务由重庆分局核办，报川康局备案，重大事务由川康局核办。

1946年，本地各岸机构先后撤销。

（三）中华人民共和国成立后的盐务管理机构

1949年12月8日，中国人民解放军解放万县，15日接管盐务机构。1950年1月19日，在万县成立西南盐务管理局万县分局，直辖云阳、大宁、奉节、开县、忠县、城口六场。1月28日，以原鄂岸盐务办事处人员为基础，改组建立万县区分局。

1951年3月，川东区盐务管理局在重庆成立，万县分局划归川东区盐务管理局直接领导，改称川东区盐务管理局万县分局。下辖云阳盐场管理所，大宁、开县、忠县、城口、奉节盐场场务所，涂井（忠县）、河东（开县）、河西（开县）三个分所和陈家坝官仓，共10个单位。同月，万县分局迁往云安，与云阳盐场管理所合并，改称万云盐业公司。4～6月，开县、奉节、忠县盐场相继裁废，城口盐场就地产销，万云盐业公司只辖云阳、大宁两场。

1952年9月，万云盐业公司迁回万县市，改称四川省人民政府盐务管理局万县分局。另在云阳盐场设场务所，管理生产、运销、税收等事宜。1955年7月，万县分局改称万县专区盐务管理局。至1956年6月，所属机构有云阳、大宁两个场务所，云安、宁厂两个购销组，云阳、巫溪、巫山、奉节、开县、梁平、忠县、城口8个分销处和万县市盐业营业部等。

1957年，撤销万县专区盐务管理局。盐场的生产业务移交当地县政府，税务移交当地财政部门，运销业务归并商业部门。产、销、税三位一体的管理体制从此结束。同年6月，成立四川省盐业公司万县分公司，接办盐业运销业务，领导各分销处。

1958年初，撤销万县分公司及各分销处。盐业运销业务划归万县专区服务局办理，10月，划归万县专区副食品站办理。1962年，盐业运销业务划归万县专区糖业烟酒公司办理。

1964年，成立四川省盐业公司万县分公司。年底复又撤销，仍归万县专区糖业烟酒公司办理。并恢复产销合一体制，在盐产地分别成立四川省盐业公司云阳分公司和巫溪分公司。

1965年9月，盐业运销业务从万县专区糖业烟酒公司划出，成立四川省盐业公司万县运销站，行政领导始称经理。直属四川省盐业公司，由专区经委代管。1966年，“文化大革命”爆发，改称四川省盐业公司万县运销站革命委员会。1972年10月，由省属下放到地区，改称四川省万县地区运销站革命委员会。1978年9月，收回省管，并恢复四川省盐业公司万县运销站的名称。委托万县地区工业局代管。

1983年10月1日，改称四川省盐业公司万县分公司。委托万县地区经委代管。下辖万县市、云阳、巫溪、巫山、奉节、开县、梁平、忠县、城口9个支公司。

1985年12月，为适应三峡库区经济计划单列和开发岩盐资源的需要，行署决定增设四川省万县地区盐务管理局，与万县分公司合署办公。

1986年，四川省盐业公司万县分公司，更名为四川省盐业运销公司万县分公司。所属9个支公司亦作相应更改。

1987年，四川省盐业运销公司万县分公司，复更名为四川省盐业公司万县分公司。所属9个支公司亦作相应更改。

1988年，随着岩盐资源的开发和生产规模的扩大，为拓展盐业市场，行署决定从万县分公司抽调部分人员，组建万县地区盐业供销公司，实行三块牌子、一套班子。

1989年9月，万县地区盐务管理局从万县盐业分公司划出。万县盐业供销公司隶属万县地区盐务管理局，亦随之划出。

1992年，川东盐厂年产30万吨盐项目建成投产，万县盐业供销公司划归川东盐厂，直销工业盐。

1997年重庆直辖，1998年，四川省盐业公司万县分公司更名为重庆市盐业总公司万州分公司。管辖龙宝、天城、五桥、梁平、忠县、开县、云阳、奉节、巫山、巫溪、城口11个支公司。

1999年6月22日，撤销重庆市万州移民开发区（万州区）盐务管理局。人员与万州盐业分公司合并，职能移交万州盐业分公司。同年，设立重庆市盐务管理局万州盐务处，为重庆市盐务管理局的派出机构。各（区）县设分局；重庆市盐业总公司万州分公司，升格为重庆市盐业总公司万州公司；各（区）县支公司升格为分公司。

重庆直辖后，初期实行两级管理，三级经营体制，至2008年，撤销万州公司和万州盐务处。另设渝东北经营管理处，为重庆市盐业总公司和重庆市盐务管理局的派出机构，管理原9区、县分公司并垫江分公司。2009年，重庆市盐业总公司改称重庆市盐业集团有限公司，各分公司相应更名。

二、运　　销

（一）运务：运输是密切产销环节的纽带和桥梁

1. 运输特点

一是生产相对集中，消费分散。万县地区有云阳盐厂、巫溪盐厂、田坝盐厂、明通盐厂等，担负原万县地区三区八县840多万人的民食工需。还要从四川自贡、广安调入部分食盐供应有关县、市。涉及多种运输工具和运输方式，客观上要求组织盐的合理运输，按经济区域组织食盐调拨销售工作。此种格局直到90年代中期，随着索特集团川东盐厂的投产，才逐渐改变。

二是政策性强。食盐是国家指令性计划，必须做到及时、安全、准确、均衡，确保计划完成。必须按每年批准的《盐商品流转计划》执行。

三是实行《准运证》制度。从90年代初起至今，盐的运输实行《准运证》制度。万州盐务处受省、市盐务局的委托，负责万州产区外调盐产品准运证的发放工作。食盐准运证分为跨省调拨、省内干线运输和省内公路运输三种。食盐运输必须使用国务院主管机构或者由其授权的各省级盐业主管机构开具的食盐准运证；非食盐运输港站不得发运食盐。多品种盐、肠衣用盐、味精盐、出口盐的准运证管理，比照食盐准运证管理执行。

2. 运输工具

中华人民共和国成立前，大宁场陆运票岸，历来靠人力肩挑背负，由大宁场至竹山、竹溪、镇坪、房县的120～365千米山路，全由人力背运。计岸水运引盐，大宁场至巫山的运盐船为辰驳船，载盐25包，载重1.25吨。在巫山接运至巴东、秭归的运盐船为桡拐子船，装盐200包，载重10吨。至鄂西各岸则先用木船，再转人力，其中，至长乐620千米需转运三次。

云阳盐水运工具用木船，其中，长江运盐船为篷船，大小不等，装盐100～1800包，载重5～90吨。汤溪河运盐船有两种，云安下游为船型狭长，头尾扁窄的鳅船，可装盐40包，载重2吨。云安上游为首尾高翘、柔木为底的小篷船（开县盐亦用此船），可装盐60包，载重3吨。澎溪河运盐船为橹船，可装盐80包，载重4吨。陆运靠畜力和人力，畜力主要是骡马驮运，每匹一次可驮盐两包（100千克），行走在洞村至云阳县城，水市至南溪和高阳的线路上。人力用箩篼、背篼，箩篼一人肩挑两个，适用长途运输；背篼一人背负，适用短途运输。它用竹片编成，上大中细下小，又称扁背，适于走山路。

城口盐至宣汉水运，用小木船，与开县橹船相仿，较橹船为小。

中华人民共和国成立后，随着交通运输条件的不断改善，运盐工具全部改为机动船和汽车。

3. 运输线路

中华人民共和国成立前，云阳盐和大宁盐，远销至陕西、湖北、湖南三省，线路较多。且随产量和销区的变化，线路亦随之变化，其主要运线有：

大宁—鄂北线，分南水、北陆两条线，北路由大宁盐场沿山路小道北上，背运至鄂北的竹山、竹溪、房县，陕南的镇坪、平利等地；南路由大宁河南下至巫山转长江，下运秭归香溪，再沿香溪河而上，至兴山县，转陆路运至鄂北各地。

大宁—鄂西线，由大宁河经巫山转长江，到秭归县至宜都，再转清江，溯流而上100千米到长阳县；或由宜都之清江口转小河30千米，到阳渔关登陆到鹤峰县或恩施县；再由恩施陆路到宣恩县。

云阳—施鹤线（陆路），食盐从云阳县城水运至新津口，枯水季节，盐即起岸，由担子客沿马鞍山、藨草、清水塘等地进入施鹤七属；洪水季节，船抵马鞍山或坳口场，再经担子客运至恩施、鹤峰。附线从张桓侯庙经水磨、新场到坳口场，再至恩施、鹤峰地区。

云阳—施鹤线（水路），食盐从云阳县城装船沿长江至巴东县，转陆路至鹤峰县；另一条路线，从云阳县城船运至代溪口或巫山、上洋坪，再陆运至建始县，或恩施县、宣恩县。

云阳—利川线，食盐从云阳县城船运至万县大溪口，转陆路运至利川县。

济楚运线，即清咸丰年间济楚运线，食盐从云阳县城船运直下宜昌、沙市一带，再由该地转销各地。抗日战争时期，川盐济楚，新辟运线两条：一条从云阳县城船运至湖北窑湾溪、茅坪、三斗坪等地，再转运至鄂西、湘西地区；另一条是从云阳县城装船下行至湖北香溪，转运至兴山、马桥口、寺坪、谷城、老河口、襄樊等地。

中华人民共和国成立后，产销格局发生了很大变化，地产盐只能供应区内部分地区，不再外运，并需从自贡等地调入部分食盐。到20世纪90年代中后期，城口明通盐厂被关闭。索特集团建成年产30万吨盐的生产线，接着又兼并了云阳盐厂、巫溪盐厂、田坝盐厂、忠县盐厂。至此，除索特盐厂生产外，其余盐厂不再生产，本地盐运输也相应发生变化。从1996年起，索特盐通过万州盐业公司收购，从水路用船装运调往重庆市内的江津、南岸、九龙坡、江北、沙坪坝、涪陵、长寿、丰都、武隆、彭水、高镇、西沱、奉节、巫山、巫溪（船运至奉节港，然后装车运往巫溪各地）等地。通过陆上汽车运输至垫江、开县、云阳、城口及万州本地。

4. 外地盐供应运输路线

自贡舒平肠衣盐通过火车运到万州火车站，然后用汽车运往万州、忠县；装船运往奉节、巫溪、巫山等地。

四川久大集团生产的营养系列调味盐、腌制盐等大批量从水路用船运至忠县、万州、云阳、奉节、巫山等地；少量则用汽车直接运到各地。

重庆合川盐化公司生产的营养系列调味盐、腌制盐则用船运至万州，然后用汽车转运至开县、城口等地；其余忠县、云阳、奉节、巫山等地由水路直接运达，巫溪需从奉节中转。

（二）销务

1. 销区

民国时期食盐销售，以产盐之场为主，划分销售区域。中华人民共和国成立后，以行政区划，结合商品合理流向划定供应区域。

民国时期，各盐场的销售区域，因产量、区位的不同而各异。以下为地产盐的销区划分。

云阳盐场：供应本区云阳、开县、奉节、梁平、城口等县。同时还供应湖北利川、恩施、建始、宣恩、鹤峰、长乐、咸丰、来凤等县。

大宁盐场：供应本区巫溪、巫山。专销湖北秭归、兴山、巴东、长阳。同时还与富荣、犍为、云阳盐场之盐并销鹤峰、宣恩、长乐等县。鄂北的竹山、竹溪、房县也为大宁盐场的销区，并流销陕南的镇平、平利二县。

开县盐场：供应开县、达县、开江、宣汉、万源、城口、梁平等部分地区。

奉节盐场、忠县盐场、万县长滩盐场、城口明通盐场，主要行销本县，少量流销邻界县区。

抗日战争爆发后，川东区盐务管理局在万县成立，负责组织原盐供应川东、鄂西、鄂北、湘西等地。1943年，供应区域共计52县。其中川东10 县，陕南2县，鄂西、鄂北40县。1946年前后一度流销湖北宜昌、沙市一带。

中华人民共和国成立后，本销区主要负责万县地区九县一市的食盐供应。

云阳盐厂：行销本县及开县四区、奉节两区、万县两区和城口县，并调巫溪尖山等地。1974年后不再供应开县和巫溪。

巫溪盐厂：行销本县，以及巫山宁河沿岸乡镇，并流销陕南镇平、平利等地。

田坝盐厂：行销本县尖山、文峰，奉节竹园和开县。并就近供应云阳沙沱一带。

明通盐厂：1972年以前自产自销。因产量少，只销厂地周围乡镇。

因本地盐不够销，还需从自贡、邓关调进部分食盐。

楚岸销区从清代乾隆元年（1736年）开始，湖北恩施地区各县划为川盐行销计岸，即鹤峰、来凤、建始、宣恩、利川、长阳、咸丰、长乐八县。后增至12县。

湖北本为淮盐销区，咸丰年间，太平天国农民运动兴起，长江水运告阻，淮盐不能上达，仰赖川盐接济，形成济楚岸。1915年济楚岸达28县，另有湘西6县。抗日战争爆发后，上述计楚岸12县、济楚岸28县统一划为川东区盐务管理局销售区域。抗战胜利后，济楚岸渐次解体。

2. 品种及销量

本区供应的盐种有食盐、再制盐、工业用盐、农牧渔盐。

食盐：1843年，川盐产不敷销，万县实行计口授盐，每人每月旧称9两（今称5.625两）。1959年全区限量供应，每人每月1市斤。1962年每人每月调增0.5～1市斤。1963年1月，除城口、开县、巫溪三县外，其余县市取消限制。1968年，因“文化大革命”川盐欠产，又暂行限量，每人每月1市斤。1970年取消限制。

中华人民共和国成立后至1984年3月，全区供应的是普通食盐，从1984年4月起，按照卫生法关于“直接入口的食品，应当用包装或者无毒清洁的包装材料”的规定，在本区试行推销精制盐，与普通食盐并销。随着包装材料和包装技术的改进，到1998年4月，城乡全部供应小袋包装精制碘盐。

从1954年起，凡地方性甲状腺肿病、克汀病发病率在5%以上地区，专销加碘盐；发病率在5%以下与普通食盐并销。城口县、巫溪的白鹿、西宁、巫山的官阳、陕西镇坪、湖北的桃园、向坝等区为专销区，其余各县区为并销区。到1998年4月，全区普供加碘盐。

工业用盐：是指酸碱、冶金、油脂肥皂、制革、塑料、制冰冷藏、陶瓷玻璃、医药八大类，及其他工业用盐，如肠衣加工、食品加工、锅炉软水处理等。以及农牧渔业用盐，均有不同程度的盐税减免。

1966～2005年，全区共销盐2 358 680吨（不含生产企业直销的两碱工业盐），其中，1966～1985年，销售食盐1 101 554吨，再制盐5714吨，一般工业盐22 077吨，农牧渔盐2446吨，调味盐305吨；1986～2005年，销售食盐926 191吨，再制盐16 404吨，工业用盐260 873吨，渔牧盐1351吨，制革盐12 924吨，多品种盐4831吨。

（三）收储

盐业的运销业务，从商品收购开始，由仓储来调节市场。

1. 收购

清代食盐由官运商销，抗日战争时期实行官收专卖，抗战胜利后实行商购商销，中华人民共和国成立后实行计划收购。

官运商销：清光绪三年（1877年）川盐实行官运商销政策，各产场设官运局购盐，再运交各岸分局转给各岸局所指定的商人行销。

官收：1939年奉令实行官收，1942年实行专卖。其办法有两种：一是在场官收，即每月由场商办事处收集灶户上月产盐仓单，汇总后开具官收清单，申请盐务局官收，盐务局根据填报仓单数目，经审核无误后即付款官收；二是在岸官收，委托商运的引岸，到岸后一律收入指定据点之官仓。由专卖分支机构称秤给据，由本区专卖机关结算付款官收。根据政府资金情况，采取全部给价官收、局部官收、贷款官收等方式。

商购：1945年8月抗日战争胜利，盐专卖制度取消，销盐放弃管制，由商民到仓收购，按指定地点自由行销，实行商购商销。

计划收购：中华人民共和国成立后，万县从1950年起即实行产盐公收。收购中首先正确处理多与少、淡与旺季的关系，不盲目收购。在仓库条件好的情况下适当多收购，作为储备，严格防止货源不足。其次正确处理质量问题，在商品收购捆运时，检查质量，看是否符合标准。坚持按质论价、分等作价的原则。

2. 仓储

仓储是原盐流通领域中的“蓄电池”，以调节市场供应。

公垣官垣：清代举办官运，官运局将所购之盐，运往各岸仓库，储存待售。1914年，万县地区各盐场始设公垣，以集中各灶生产之盐储存。凡属引盐，制成后限24小时内，一律运入公垣、官垣存储，不得私留于灶。1940年实现官收后，公垣一律改称官垣。

经营盐仓：民国商运期间，由商人自行购置租用仓库。1940年5月，川东实现官收官运之后，盐务机关分别建置、租借或征用民房作盐仓。凡经营周转之仓，称为经营盐仓。

常平仓：常平仓始于公元762年的唐代，主要是应付盐荒之时的需要。1934年，民国政府筹办常平盐，置常平盐仓。规定多产之盐拨归常平仓储存，以备盐荒，或在盐商哄抬盐价过高，于民承受不起之时抛出，以平抑盐价。抗战时期，将常平仓改作国防仓，仍以余盐拨归存储，用于济销军事特需和收复失地之用。1945年抗战胜利后，清理川东区盐务管理局所属国防盐仓，共囤积有7000余吨。

移储盐仓：中华人民共和国成立后，20世纪50年代就开展计税移储盐业务，即产场之盐，未税移储销区。1966年，移储盐改称战备盐，移储盐仓亦易名战备盐仓。1979年以后，又改称移储盐仓。其间名称不一，亦有称储备盐者，但其作用一致。1979年前，本区尚无固定的移储盐仓，尔后才陆续固定为专用盐仓。全区移储盐仓分布在万县、忠县、梁平、开县四地。共有8幢，建筑总面积为三千余平方米，散储量为9700吨，袋储量为6000吨。

堆码：本区盐仓堆码主要有装包储存和抖包散储两种方式。

包储：篾包堆码。例如，仓库条件较好，仓容量大，一般是按批分堆，一批盐一堆。民国时期规定官仓存盐，每1000担（100市斤一包）为一堆，各编号次。堆码方法，两包为一轮，压中缝重叠向上，成宝塔形，大麻袋堆码，按顺序排列，每墩5～6包，包与包贴紧，缝口一律向内，至第二层时，堆码方向应与底层相互对调，并向堆位中间收缩，压缝堆码。1981年，将100千克大袋改为50千克小袋后，重量轻，体积小，稳定性较差，其堆码方式相应改变，盐堆按一定的坡度和收缩距离堆码，即盐堆的斜面与墙平面的夹角，与盐堆底与顶的垂直线至底边的距离成比例，其计算公式是：每高1米的收缩距离=0.81米/3米=0.27/米，其堆码方法为一层横堆，一层竖堆，层层压缝的方法。可堆高至5米，每平方米仓地可容4.87吨。1983年12月，调入塑料包装精制盐后，其堆码方式如旧。使用纸箱外包装后，其堆码方法为一层4个横堆，一层3个竖堆，或一层7个横堆，一层5个竖堆，最高12层。

2003年，万州食盐配送中心仓库实行叉车作业，采取托盘堆码。堆码高度以不损坏产品的包装为先决条件，通常纸箱包装每个托盘的高度为6箱，塑料编织袋包装每个托盘的高度为8袋，堆码高度最高为三个托盘。未采用托盘堆码的纸箱外包装堆码一般为10层，塑料编织袋外包装堆码的高度由搬运工的堆码能力和库容决定。叉车作业后，盐堆亦采用托盘规范堆码。堆码要四角对正，横平竖直，整齐稳固，方便点数，堆码留出墙距柱距，便于检查。跺距不得低于30厘米，灯距不得低于50厘米。采用托盘堆码，跺距为叉车能进退自如。

散储：以篾包在仓内四周作梯形围墙，与墙间隔可容一人过身。篾包围子内，即作散盐堆码处。1985年底止，少数仓库，主要是移储盐还存有少量散储盐。

库存定额：民国年间，各岸库存量，经盐务机关核定，产区存盐应保证1月之销量；临近产区为库存2个月销量；距产区远为3个月。本区云阳、巫溪、奉节、开县库存定额为1个月，其余县为2个月。

中华人民共和国成立初，本区库存定额核定如前。1962年，贯彻“多产、多运，合理控制销售，增加储备”的方针，通过核算，合理摆布，并留足库存必要的机动数，以备临时调剂之用。本区沿江县市库存定额核为2～3个月销量，城口、巫溪等边远山区和交通困难者在3个月以上。1963年，四川省糖业烟酒公司核定本区库存常年保持为22 000吨。万县专区行政公署规定各区社零售库存定额：万县市、云阳城镇库存量应保证75天供应量，其他各县城镇为90天以上。农村基层社、店：万县市、梁平为45天以上，巫溪、城口为70天以上，其余为60天以上。1981年，四川省盐业公司核定本区盐业部门库存定额为25 000吨。

库容：1943年，川东区盐务管理局所属官仓主要分布在万县等13个配销据点。仓容量可达2万余吨。其中，云阳盐场仓库可容3500吨，大宁盐仓可容1600吨，开县盐场可容400吨，万县食盐批售所陈家坝官仓可容9500吨。到1946年，各地仓库面积有所扩大。云阳官仓92间，可容6600吨，公仓16间，可容7500吨；大宁盐场官仓8间，可容

3300吨；开县盐场官仓12间，可容1000余吨；奉节盐场官仓9间，可容2100吨；万县官仓3间，可容300余吨；此外，尚有大量私仓、货栈，其中以万县最多，容量最大。

中华人民共和国成立后，1965年，万县专区糖业烟酒公司划归盐业运销站22幢仓库，面积8456平方米。按每平方米储盐2吨计算，可储盐1.7万吨。到1970年，全区盐仓扩大到13 953.3平方米，可容盐2.8万吨，其中租用1411平方米。到1978年7月底，仓库面积又增为16 753平方米，储盐量达3.5万吨，平均每平方米储盐2.09吨。到1985年底止，全区各类盐仓共计36幢，面积19 755.76平方米，其中经营盐仓28幢，面积16 352.26平方米。至2005年全区各类盐仓共计44幢，面积22 580.86平方米，其中经营盐仓41幢，面积22 348.86平方米。

（四）包装

包装具有保护盐质，降低消耗，方便运输。节约费用的作用。

1. 中华人民共和国成立前的包装

中华人民共和国成立前，万县地区大宗盐的包装都用篾包。只有大宁、开县、奉节的票盐（近场州、县行票引之盐），行山中小道。为方便山区背运，即以篾箩、背篼作为装运工具。奉节产有少量巴盐（块状盐），则用篾纹极稀的篾筐，即篾勘盛装。

云阳盐场于1942年对历来使用过的篾包加以改进，并统一规格为：100斤装篾包高2尺2寸，包耳高9寸，底宽（斜对角）1尺1寸，用32根篾条编制，内加青篾条12根，绞于包口交叉处，以加强勒力，避免漏盐。后来，又在两边各加青篾条一根，由包底穿出，加系盐包，穿至包口，绞成包耳，便于起运时铁钩钩挂。

大宁盐场1942年改垅灶为田灶后，盐质较前干燥、色白、松散，原有100斤装篾包已容纳不下，于是重定篾包规格为：包底宽（斜对角）1.25尺，包高1.2尺（齐包口），口上有四角（当地称掩子，云阳称包耳），三个三角形，一个方形，方形长0.7尺，每包盐重100斤，用两条捆篾将包捆牢，以便搬运，减少抛撒。并规定捆篾长1.25丈，尖端宽2分，尾端宽2.5分。

2. 中华人民共和国成立后的包装

中华人民共和国成立后盐的包装，由篾包改为麻袋和塑编袋、塑膜小袋包装。

篾包包装：中华人民共和国成立初期，各厂继续沿用篾包包装，一直到1978年，其间的1960年还用过草袋包装。

1958年，云阳因竹子减产，篾包短缺，开始改用回收的古巴糖麻袋，于是，回笼的古巴糖麻袋留给盐厂装盐，与篾包包装同时使用，直到1978年2月。

巫溪盐厂亦常因篾包供应不足，食盐包装困难。1972年初，因缺包而导致部分盐入仓“散储”。1977年12月，因竹子冻死很多，篾包收购困难，遂由篾包改为麻袋。1978年2月15日，区内全部改为麻袋包装。

1980年停止区外篾包盐的调入，到1985年底止，万县地区盐仓库内，尚存有少量篾包盐。

麻袋及塑料袋包装：篾包改麻袋，每包装盐75千克。1972年，巫溪田坝盐厂投产后，每包装盐90千克。1981年2月起，全区一律每包装盐75千克。只有城口明通盐每包仍装盐80千克。各盐厂麻袋正面均印有标志，云阳盐厂为“云盐”；巫溪盐厂为“宁盐”；巫溪田坝盐厂为“田盐”；城口明通盐厂为“明盐”。

为确保盐质，防止在装运过程中灰渣的浸入和盐的抛撒，包装改为双层，即在麻袋或塑编袋内加一层塑膜袋。供应加碘盐后，为避免碘的挥发和流失，便采用小袋包装，初用单膜袋，后改用复合膜袋和铝膜袋。

1987年，市、县以上机关、企事业单位食堂用盐采用50千克和100千克双层袋包装；城市、县城以上销工业盐，采用外编内塑、外麻内塑包装；小袋盐采用500克、1000 克、2500克包装。

1989年11月25日起，执行运盐包装除酸碱、制革工业盐可以使用100千克单层麻袋包装外，其余盐种原则上使用50千克、70千克外麻内塑装运。

1992 年全区普及供应加碘食盐，采用500克袋装加碘盐，散装食盐采用内塑外编袋包装。1998年4月10日起，城乡全面实行普供小代加碘食盐。2000年4月5日起，使用复合膜袋装碘盐。

至2005年，索特盐的包装有：50千克塑编袋、1千克复合膜袋装碘盐、25千克纸箱；500克复合膜袋装碘盐、25千克塑编袋、1千克铝膜袋装碘盐、20千克纸箱；500克铝膜袋装碘盐、10千克纸箱；250克铝膜袋装碘盐、50千克塑编袋装碘盐；50千克塑编袋装非碘盐、50千克塑编袋装味精盐、50千克塑编袋装再制盐。

三、盐务管理

（一）盐价管理

1. 食用盐价

民国时期，盐价由政府制定管理办法，各盐务、税务、销岸查验机关监督执行。

民国初，执行就场征税制，由各盐场组织的评议公所，核定本场盐价，报盐务机关批准执行。

1915年实行公司专营专卖，盐价由运署、稽核机关共同核定。

民国时期的盐价分为场价、仓价、岸价、整售价、市价、零售价。在自由销售期，政府通过评议公所间接控制场价和仓价，其余价格随行就市；在专卖时期，场价、仓价、岸价由盐务机关直接核定。

1917年万县食盐零售价为每市斤90文（铜制钱），1921年为160文，1922年为190文，1931年为860文（折银圆0.13元），

1930～1936年，在万县市场上，食盐零售价格按银圆计，平均每市斤，分盐种为云阳盐0.073元，自贡盐0.107元。

1942年5月以后，川东各县食盐公卖店及信用社普遍建立，食盐零售价格，按盐务机关核定成本及其规定5％的零售利润，悬牌出售。

万县地区1943年由川东区盐务管理局核定。其余价格报盐务机关核准，并在其监督下执行。

1946年，政府放弃运销管制后，本地则以议价交易为主，政府仅间接控制在场、在仓放销价格。

中华人民共和国成立初，人民政府接管盐局时，基本无存盐，加之部分私商联手抢购，哄抬盐价，造成盐价多次上涨。为稳定市场，保障供给，满足人民群众的需要，中共中央、政务院于1950年4月颁布《食盐运商管理规则》，统一由各地盐业公司经营管理，打击不法盐商，迅速稳定了盐价。

1950年，实行统购统销政策。食盐零售价格的核定，按成本加利润（不超过5%），再加2%的管理费。成本由进货价、运杂费、损耗等组成。其零售价格为0.15元／500克，1952年又降到0.13元／500克。

1955年10月，全区调整除万县市以外，各县的零售价，平均由0.1781元／500克，调整为0.1782元／500克。

1957年元月，对忠县、梁平等7个县的城乡食盐零售价进行了调整。

1963年，为平衡边远山区盐价，实行最高限价，每市斤盐的最高限价0.19元，超过部分由国家财政补贴。

1964年以前，万县市的盐价由省财委制定，各县盐价由省盐务管理局制定。

1966年3月以前，批发零售价格，按实际费用，实行地区差价。从4月1日起，全川城乡食盐零售价格实行统一最高限价：每500克0.17元，高于0.17元的降为0.17元，低于0.17元的不动。

1975年四川省计划委员会下文规定，万县地区各类盐价，均由四川省盐务局和物价局管理制定。

1978年11月1日，全川城乡食盐零售价实行新的最高限价，由每500克0.17元，降至

0.15元，低于0.15元的不动。

1990年11月20日，四川省物价局、轻工厅通知：食盐零售价格全省农村500克散装精盐，由现行0.18元提为0.31元，全省县城以上500克散装精盐，由现行0.15元提为0.28元，500克小袋精盐，由现行0.21元提为0.34元。

1994年7月5日，万县市物价局以万市价工〔94〕86号文核定，全市县城以上市场500克散装精盐，价格为0.50元；500克小袋精盐为0.55元，从1994年7月10日起执行。

从1996年元月20日起，食用盐全部供应小袋加碘盐。从4月1日起，碘盐最高限价为0.62元／500克。随后，万县市物价局以万市价工〔1996〕20号文对全市食盐价格进行调整：县城以上市场500克小袋加碘盐，零售价为0.70元；1000克小袋加碘盐，零售价为1.35元。

1998年，重庆市物价局以渝价〔1998〕565号文对全市食盐价格做出统一规定：县城以上市场500克单膜袋加碘盐，零售价为0.70元；1000克单膜袋加碘盐，零售价为1.35元。500克复合膜袋装加碘盐，零售价为1.00元。

1999年，重庆市物价局以渝价〔1999〕619号文核定1000克复合膜袋装加碘盐的零售价为1.90元。

2000年4月5日，万州移民开发区物价局以万移价工〔2000〕37号文规定：县城以上市场袋装加碘食盐，500克单膜包装为0.70元；1000克单膜包装为1.35元；500克复合膜为1.00元；1000克复合膜为1.90元。

2001年，重庆市盐务局以渝盐局发〔2001〕36号文，核定万县市多品种盐的指导价格。

2002年，重庆市盐务局授权以渝盐局发〔2002〕79文确定县城以上市场的零售试销价为：500克铝膜方袋加碘盐，零售价1.40元；1000克铝膜方袋加碘盐，零售价2.40元；500克纸塑小包装加碘食盐，零售价1.50元。

2003年重庆市物价局以渝价函〔2003〕137号文延长试销时间。并以渝价〔2003〕232号文核定500克复合膜袋装精制食盐（无碘），零售价为0.65元。

2. 工业盐价

1955年1月1日起，一律免税。1957年1月11日起，实行批发价。1965年2月10日起，一律按当地批发价减除盐税，再减5元作价。1967年8月10日，实行工业盐最高限价。高于180元/吨的，一律降为180元，低的不动。1980年酸碱工业用盐每吨上调5元。1984年5月15日起，取消免税规定。酸碱、制革用盐按税额的10%作价，肥皂用盐按税额的50%作价，其余按全税作价。1985年4月1日起，酸碱工业用盐执行浮动价格，上浮不超过110元／吨。1987年万盐运〔87〕210号文规定：对县城以上全税工业盐采用外编内塑包装的供应价为267元/吨，另收取20元/吨包装费，包装随盐销售；采用外麻内塑包装，

267元／吨，另收取内塑包装费8元／吨，内塑包装随盐销售。1998年，重庆市物价局渝价〔1998〕565号文核定一般工业用盐为825元／吨。

3. 农牧渔业盐价

1955年1月1日起，农业盐免税，渔业盐减税70%，再减利润的二分之一作价。后改为全省按10元／100斤统一作价。1965年2月1日起，农牧盐改按批发价减80元作价。1966年4月1日起，农牧盐不分城乡，一律实行最高限价，200元／吨。1987年万盐司转发地区物价局批文，将从邓关盐厂购进的肠衣用盐供应价由433.41元/吨调为445.57元/吨。1996年，万县市物价局以万市价工〔1996〕149号文核定肠衣盐供应价格为927.23元／吨（索特）、1080.78元／吨（自贡）。1998年，重庆市物价局渝价〔1998〕565号文核定食品、酿造加工用盐为1006.5元／吨。

（二）运销管理

盐业管理制度，历代演变，渐成定式。综其大体，先后有自由运销、官办运销、国营运销三种方式。

1. 自由运销

自由运销始不分场地，任凭运销何地；后行引法，成分场分岸之制，即在规定之区域内自由运销指定场产之盐。

汉武帝以前，盐业产运销均为商人掌握，自由运销。汉武帝实行专卖后，停止商民运销。隋代至唐初（583～713年）又放弃专卖制度，听凭民间产销自由。宋代，引法始行，征税之后，亦听其运销何地不论。元、明、清沿袭引法，固定销岸。

民国成立，改清代官营为民间自由运销，即在场完税后听凭销往何地。1914年改行公司专卖制度，分岸管理。翌年废除，仅存分场分岸之制。恢复的自由运销遂演变为在分场分岸的区域界限内进行。

1921年，四川军阀割据，行政区变为防区制，为驻军所统辖。各防区军阀为军饷计，场区实行盐商包税制。而各销岸驻军不相统属，各行其是，于是，运销分离。运商不能到岸，销商进不了盐，致使场岸交困。

1930年，改为认商制。这是一种垄断经营方式，但万县地区地产地销盐和济楚盐，仍行分场分岸之下的自由运销。

1935年，废除认商制，恢复自由运销。产、运、销统由盐务机关支配。

2. 官办运销

抗战期间，战事延及鄂境，商人裹足不前，于是，开办官运官销。1939年春，在万县首开官运官销业务，接运自贡等盐，转运鄂西济销。1940年，川东区盐务管理局成立，接办原鄂岸盐务办事处官运业务，征用民船，组织押运警24队，武装护运至鄂西、鄂北、湘西等地。又在河南螺河、南阳设立运输站，收集流散的淮盐，官运鄂北樊城、郧阳济销。

为鼓励商人由香溪、大宁、云阳等地起运到鄂北济销，川东区盐务管理局特制定鄂北商盐运销办法，允许商人在指定地点自由运销。

1942年5月1日，施行盐专卖，实行配销制度。川东区盐务管理局下设配销据点13处，统一招商组设承销合作社和公卖店，由盐务机关直接管理控制。到1943年4月底止，川东各县共设合作社90家，食盐公卖店478家，总计568家。

3. 国营运销

中华人民共和国成立后，从1950年上半年起，万县地区盐业运销就建立了以国营专业公司管理为主的运销体系。

1950年5月，川东盐业分公司在万县市成立，各县陆续设立盐业分销处，其任务是：“负责本区盐源调进，保持合理库存，收购本地产盐，进行区内调拨，保障市场供应。”其中，长江沿岸的万县市、忠县支公司，还负责中转梁平、开县支公司所需之盐。1974年前，还担负达县地区开江、宣汉、达县、万源、大竹等县以及万县地区城口县等地的原盐中转。1957～2005年，公司名称和隶属关系多次变更，但基本任务仍未改变。

4. 零售市场

县城以上的市场零售，原则上由当地商业部门门市及合作商店经销；农村食盐零售业务的主渠道单位是基层供销社，及其所属代购代销店。基层供销社还办理对乡镇其他零售单位的转批发业务。1980年以后，个体经济发展较快，为扶持个体经济的发展，凡经当地工商部门登记批准，并照章纳税的个体商贩，均可经营食盐零售业务。零售单位和个体商贩，只能在规定区域内的盐业批发部门进货，未经当地盐业部门批准，任何单位和个人，不准擅自向外地购进或卖出、批发原盐。

（三）盐税管理

盐税为历代封建王朝的重要财政收入，清宣统年间，四川盐税收入超过田赋，居于首位，民国仅次于关税。

我国盐税始于春秋齐国管仲之时。秦用商鞅法征重税，其后历代相传。隋开皇三年（583年）至唐先天元年（712年），听民煎煮。免于征税。唐开元元年（713年）恢复征税。宋初首征引税，元初，改行包税制，按产量计纳盐课。不久，仍征引税。明洪武二十年（1387年），官收官卖，税寓盐价中。清初，通行小票税制。顺治十七年（1660年），开始榷井课、灶课、锅课。同年，也开始正式征收引税。咸丰五年（1855年），始行征厘。

清代税制可概括为“按锅榷课从引征银”。民国先是“从量计征”，后改为“从价计征”。中华人民共和国成立后，实行“从量定额征收”，取消各种附加，避免重复征收。

1. 按锅榷课从引征银

清代实行引岸制，盐商必先纳税。领得引票后才能购盐。四川盐税由生产（井课、锅课、灶课）、流通（引税）、附加（截角、羡余、纸硃、脚力等）三个环节征收。

清初，承大乱之后，盐灶已毁，人民开复，然寥寥无几。只得听民开办，遂为民产。其初尚无限制，至中叶乃逐渐兴复，康熙创商税，乾隆兴盐课，道光置杂课，咸丰设厘金，恢复官运。

大宁盐场无井课，康熙四年（1665年）至乾隆三十七年（1772年），陆续报灶336座。每灶一座，煎锅3口，共1008口。每锅一口榷课银2两，共榷课银2016两。每两羡余1钱2分，共征羡余银241两9钱2分。实际共征银2257两9钱2分。又，原报336灶，每灶报部注册名，每册完课一主，每主榷课羡银6两7钱2分。自雍正八年（1730年）起，陆续增行盐引，水引463张，陆引2195张。水引一张征税银3两4钱零5厘，共征税银1576两5钱1分5厘。陆引一张征税银2钱7分2厘4毫，共征税银597两9钱1分8厘。水陆二引，每张征硃力银7厘，共征硃力银18两6钱零6厘。实际共征水陆引税、硃力银2193两3分9厘。

光绪六年（1880年），云安盐场征银达267 093.25两，其中正税：锅课256锅，每锅课银2两5钱，共640两，锅羡281.6两，水陆引3874张，税13 190两，截硃2305两，共16 417.6两。杂税：局费5022.5两，边防经费10 045两，护本2009两，引底2009两，签验602.7两，共19 688.2两。厘金：加厘32 686.875两，新加厘32 686.875两，外筹加厘49 030.3125两，黔加厘34 866两，新军加厘32 686.875两，抵补土税加厘49 030.3125两，共230 978.25两。

2. 从量计征和从价计征

民国初，盐税施行从量计征，即按盐的销售数量征收，其中包括正税和附加税两部分。正税是国家对产、运、销所征的税，就场征收。附加税是地方军阀榨取巨额盐税的有效渠道，其中包括中央附加、外债附加、地方附加三大类。

1912年按清代征额减二成征收，但加上各种附厘，每斤盐实际纳税14.04文。1915年，另颁税率，每引（10 000斤）盐征银94两，折银圆103.4元。平均每担征收银圆1.034元。

1919年，每担（100斤）引盐征收银圆1.5元，票盐1.2元。1932年，每担引盐征收银圆1.5元，票盐0.6元，中央外债磅亏0.3元。从1936年3月1日起，引盐、票盐一律征收银圆1.7元，另加磅亏0.3元，10月1日起，每担增收整理费0.1元。1941年9月，改从量计征为从价计征，即按食盐实际成本的30%计征。据此，云阳、巫溪盐在当地销售，每担征法币50元，外销60～80元。1942年5月，取消产销税，改征专卖利益。分固定与不固定，固定利益每担征收法币40元，不固定30元，另征营运偿本费8元，整理费、公益费各1元。共计80元。1943年将两项费用合并，统称专卖利益，每担征收法币100元，后增至110元。1945年2月，停止专卖，改征盐税。起初按专卖利益征率收取，9月，并入管理费300元，每担盐税为法币410元，1945年，各种附加税不断增加，至每担盐税高达法币7410元。

民国时期，各种附加名目繁多：有民国四年（1915年）开征的经费费，民国七年（1918年）10月开征的滇军军费，民国九年（1910年）五月开征的豫、鄂军军费和护商费，民国二十一年（1932年）由国民政府征收的外债磅亏，以后又开征剿赤费、整理费、养护厂兵经费等。民国二十六年（1937年），抗日战争爆发，又开征了保甲经费、壮丁训练费、区警费、不敷费、壮丁巡查队费、冬防费、代工金等。民国三十年（1941年）又开征了公益费、整理费、建设专款、外债附加款等、以后双征防空捐、营运偿本费、战时附税、公益费。民国三十七年（1948年）八月九日，又开征了建设费、偿本费及民国三十八年（1949年）七月一日开征的川、鄂边区绥靖公署绥靖费，等等。税率不断提高，导致盐价飞涨。

3. 从量定额征收

中华人民共和国成立后，为了减轻人民负担，首先废除各种附加。

1950年3月，中央人民政府财政部统一税率，万县地区各场每吨盐征收大米1500千克。同年6月1日起，盐税减半征收，盐征税100万元/吨（折新币制100元）。1963

年，自贡盐盐税136元／吨，后降至115元／吨。本区盐由100元／吨降至96元／吨。1974年，城口明通盐临时减税，盐税暂征40元／吨。1978年，降低食盐零售最高限价，减税12.6元／吨，城口盐盐税27.4元／吨，云阳、巫溪盐盐税83.4元／吨。1994年改为资源税和增值税由生产企业缴纳，资源税税率按增值的17%，由生产企业和运销企业分别缴纳（表一～表三）。

表一　1980~1993年缴纳盐税税额表　　（单位：万元）

年份	税额	年份	税额	年份	税额	年份	税额
1980	251.19	1984	161.02	1988	91.11	1992	303.94
1981	216.15	1985	199.12	1989	203.43	1993	195.64
1982	237.54	1986	177.20	1990	179.59		
1983	198.48	1987	112.91	1991	229.02	合 计	2756.34

表二　1994~2005年运销企业缴纳增值税额表　　（单位：万元）

年份	税额	年份	税额	年份	税额	年份	税额
1994	71.22	1997	321.11	2000	750.05	2003	576.09
1995	114.85	1998	363.08	2001	702.39	2004	788.88
1996	155.09	1999	532.03	2002	539.56	2005	486.99
						合 计	5401.34

表三　1993~2005年生产企业（索特）缴纳增值税额表　　（单位：万元）

年份	税额	年份	税额	年份	税额	年份	税额
1993	200	1997	797	2001	2664	2005	2300
1994	400	1998	1543	2002	2634		
1995	500	1999	1579	2003	2183		
1996	560	2000	1903	2004	2508	合 计	19 762

另外，1996～2004年，共上缴碘盐基金735.1495万元。

（四）缉私管理

盐业为历代统治者所控制。私盐充斥，则影响税收，官盐滞销。故历来严令申禁。

1. 清代及清以前的私盐查缉

西汉元狩四年（公元前119年），禁律规定，严禁私煮，违者铁左趾，没收器物。元代，地方官负责禁私，办理不力者罚俸一月。卖私者仗击六十，没收盐和器具。明代，贩私盐和伪造引张者，罪至死。盐引相离，越界运销，以私盐论。清雍正七年（1729年），将井灶编为盐保甲，一家有犯，十家连坐。第二年，在云安盐大使署下设挂验所，检验出场引私。又在云阳城关东（今小河口）设提拨所，截验放行，以缉夹带之私。后因税重价高，越禁私越多。光绪六年（1880年），改办官运，在云安厂设官运分局。不久组织武装缉私，设立保安营，巡缉官运局辖区倾销越境之私。宣统三年（1911年），保安营更名为水陆巡防军，该军第八营驻万县，下设各哨，巡缉涪陵以下地方的私盐。

2. 民国时期的私盐查缉

1912年，盐税征收改为就场征税，一税之后，任其运销，官私不分，不用查缉。1913年，私贩充斥，税收短少，省盐局又组织巡防营，推行武装缉私。先在云阳城增设批验所，后改监运所（处），并在洞村设立查验分卡，后改监运所，负责堵缉私盐和查验过道盐斤。1914年，四川省成立盐务防护军五个营，驻扎各岸。其中第三营分驻万县和佘家嘴，分别巡防万巫楚岸云、宁、富合销区的私盐和堵缉云盐票私。1915年，成立专业运盐公司，各盐场设立公垣。盐务防护军调往销岸，云场增设盐巡警，配置警务长1名，巡长3名，巡警72名。1916年，改防护军为缉私营，移驻各盐场，云安盐场驻有缉私兵一个排。1919年，盐务防护军和盐巡警改编为7个缉私营，其中，缉私第三营一个排驻云场，巡缉场区私盐，并保卫场署和税局。1928年，缉私营改组为缉私队。各场区四周设验卡，负责截验出场引票盐和缉查私盐。1931年，各场缉私队、场警，交由盐税局接管。1933年，各场盐税局划归重庆盐务稽核处管辖。1935年，缉私队改称税警队，云场设立税警第三区部，管辖两个队及一个分队，有官兵77人。负责查产、缉私、护解、保卫、守仓等任务。1937年1月1日，因警力不足，经运署批准，增设商巡队，招募官兵72名，后增至84名，隶税警第三区部管理，同时税警第三区部移设重庆，云场驻警由第三分区部管理。同年6月23日，在高阳设立验卡，后改监运所，负责查验过道票盐和堵缉私盐。1940年，税警第三区部由重庆迁回云场，此前，川东各盐场共有区部1个，区分部2个，税警队9个，商巡队7个。同年7月，鄂岸盐税警与川东税警合并，经过两次较大的改编，建立起一等区部1个，二等区部3个，一等分区部3个，押运警队24队，驻场查产警队11队，共有官兵1737人，最高长官授上校军衔。1941年9月，奉令将税警移交四川缉私处接管，撤销税警课。同年12月底，在总务课内设警务股，担任防缉、查缉警务。1942年9月，盐务税警交财政部缉私署管理，云阳城设立查缉所，云安场驻税警总团三营营部。开县盐场驻税警总团川东区队部第一区分部。辖有两个警察中队，分驻河东、河西两个场务所，区分部驻场署内。1944年6月2日，将缉私署税警的一部划还盐务机关接收管理，改名为场警。1946年6月，场警改称盐警，盐警第五区部在云安场成立，管辖3个队，后增加1个队，共有官兵146人，负责查产、缉私、巡仓、守护、护解等任务。1949年12月，云安、万县相继解放，中国人民解放军接管盐警第11、46、50、52四个队，盐警第五区部随即裁撤。

3. 中华人民共和国成立后的私盐查缉

1950年4月，由人民政府组建的盐警队开赴盐场，执行查产、缉私任务。与场区人民政府组成的群众缉私小组相配合，充分发动群众，采取以组织群众缉私为主，武装机动缉私为辅；以教育说服为主，处罚为辅的措施，重在断绝私源、堵断私路，私盐案件逐渐减少。经过两年多的工作，到1952年初，两千多年遗留下来的走私漏税现象，基本敛迹，缉私盐警遂调离盐场。缉私工作纳入盐业管理部门的日常工作，在往后近40的年时间里，很少有违法贩私案件发生。

1987年，因工业用盐大量增加而海盐减产，全国一度出现盐的抢购风潮，媒体称为“白色风暴”，各地趁此扩大盐的生产规模。到1989年，开始出现产大于销的局面；加之改革开放正从计划经济向市场经济过渡，包括粮油在内的许多统购统销商品都已放开。这样，盐业管理体制，就面临着既要为实现2000年在全国消除碘缺乏病的目标而强化市场管理，以保证碘盐供应；又要放开市场，以搞活经济的双重压力。于是就实行了工业盐放开，食用盐专营的双轨制。由于两种盐之间存有价格上的悬殊，一些不法分子便有了可乘之机，违法贩私活动陡然猖獗起来。

1993年，万县地区盐的生产能力达到55万吨，而正常年销量只有6～8万吨，最多9万余吨。在产大于销6～8倍的情况下，政府鼓励生产企业努力拓展区外工业盐市场，要求管好区内，搞活区外。但一些非计划盐的生产者和不法私贩却借此机会，冲击区内食盐市场，大量私盐冲销区内，全区食盐销量由1989年的93 681吨降至1993年的37 000吨，盐税流失过半，且冲突骤起，仅1991～1993这三年中，销区内就发生武力对抗、群体围攻、库内抢盐等事件10余起，成为全国私盐泛滥的重灾区。

为整顿市场秩序、保证碘盐供应、维护国家利益。根据国务院1990年3月2日发布的《盐业管理条例》和1991年6月6日轻工业部2号令发布的《盐业行政执法办法》以及1992年5月22日四川省29号政府令发布的《四川省盐业管理实施办法》的相关规定。行署领导组织相关部门，制定措施、发布通告。于1992年7月11日成立盐政市场稽查处。并在各县成立盐政稽查队，持轻工部制发的稽查证，开始执行盐业稽查任务。

1992 年12月，国务院下文撤销万县地区建制，设立万县市，辖3区8县。市经委于1993年4月29日，首先发布《关于加强市内盐业市场管理的意见》。同年8月26日，市政府召集盐业产销负责人专题协调会，于9月5日发布《关于盐业市场整顿协调会议纪要》。9月29日，市府召集工商、物价、税务、公安、技监、地防、卫生、盐政、供销、商业、盐业十一部门负责人会议，研究贯彻落实《纪要》的具体办法，于10月4日发布《关于贯彻市政府盐业市场整顿协调会议纪要的联合通知》。

1994年4月28日，万县市政府领导与四川省盐务局共同协商，决定成立盐业管理协调领导小组，专项整顿万县盐业市场。并发布《进一步依法加强万县市盐业市场管理协调会议纪要》和《关于依法加强盐业市场管理的通告》。

同年8月23日，国务院发布《食盐加碘消除碘缺乏危害管理条例》，10月22日，四川省政府发布《四川省行政执法规定》。全区盐政执法人员，于1995年初换发四川省政府印制的行政执法证，各区、县盐政市场稽查队更名为盐政管理所。

1996年5月27日，国务院颁发《食盐专营办法》。

1997年重庆直辖，1998年国务院撤销万县市及所辖龙宝、天城、五桥三个区，设立重庆市万县区，旋即更名为重庆市万州区，所辖8县划归重庆直管。但盐业管理范围仍然不变，在重庆市盐政法规未出台之前，仍执行四川省的各项盐政法规。

为贯彻落实国务院《食盐加碘消除碘缺乏危害管理条例》和《食盐专营办法》。四川省政府于1998年12月18日，同时发布《四川省盐业管理条例》和《四川省盐政执法行政处罚实施细则》。区政府亦再次发布《关于进一步加强盐业市场管理的通告》。

《重庆市盐业管理条例》于1999年3月26日，由重庆市第一届人民代表大会常务委员会第十五次会议通过。从5月5日起，正式执行重庆市的盐政法规。万州区盐政市场稽查处更名为重庆市盐务管理局万州盐务处，各县盐政管理所更名为盐务分局。至2005年，全区共有盐政执法人员116名。

在区政府的直接领导下，经各有关部门的共同努力，在当地公安、税务、卫生、工商等行政执法部门的支持与配合下，经过十几年的整顿，先后共查获盐业违法案件3270余件，查获私盐17 643.54吨，处罚没款102.63万元。其中受到刑事处罚的有4人。有效地阻止了盐业违法犯罪活动，市场秩序逐渐恢复正常，加碘盐得以安全供应，盐税征收逐年增加。但随着缉、贩双方的长期较量，贩私者的手段则更加隐秘，打击难度也更大。

附三　卤水浓度与含盐量的直算法

长期在盐厂工作，会见到卤水浓度经常变化的情况，随着卤水浓度的变化，其含盐量、含水量、吨盐耗卤量、蒸发量、耗热量等，均跟着变化，变化后的数据，需要由化验室取样化验后才能提供。但在实际工作中，不可能事事都去化验室，尤其在盐业管理部门工作，情况更是复杂多变，一个管理部门要管理若干个盐厂，各厂所处地点不同，卤水类型及浓度亦不同。在不同的季节，卤水浓度也有变化。经常会遇到在没有化验数据的情况下，需要有相关数据来做参考。这时，就需要有一种简便的计算方法，直接算出含盐量的辅助手段来满足需要。经过多年的探索和试验，终于在1992年摸索出了一个简便的算式，即卤水浓度与含盐量的直算法，其算式如下：

145 ÷（145－波美度）= 比重 × 1000 = 总重－1000 = 超千重 × 1.5566 = 矿重 × 0.9752 = 盐重

利用这个算式，其每升卤水的误差仅0.1克，同时，还可延伸计算其他相关数据，如：PPM = 盐重 ÷ 比重 × 1000；盐水比 = 水重 ÷ 盐重等。

要知道这个算式的由来，得先从含盐量到卤水浓度的计算顺序分步说起：

第一步，将盐的重量换算成矿化物的重量，简称矿重，卤水中除氯化钠以外，还有钙、镁、钾等矿物质，在万州地区的水采岩盐卤水中，盐和矿化物的比值是0.9752，矿重 = 盐重 ÷ 0.9752。

第二步，将矿物重量换算成体积，简称矿体，盐的标准比重是2.1675[①]，矿体 = 矿重 ÷ 2.1675。

第三步，求矿物的容积，简称矿容。矿化物溶于水后，与水分子互相融合，体积随之缩小，缩小的部分要由淡水来补充，故损失的容积全部算在矿体里面。经反复试验，矿体与容积之比为0.775，矿容 = 矿体 × 0.775。

第四步，求淡水的重量。卤水浓度的计量单位是“克/升”和“千克/立方米”，1000进制，即每立方米等于1000升，每升等于1000毫升，用“克/升” 单位时，从1000毫升里减去矿容，就是淡水的容积，淡水的比重为1，所以，水的容积也是水的重量，故水重 = 1000－矿容

第五步，求卤水的重量，现已得知矿体的重量和淡水的重量，两者相加就是卤水的总重量，简称总重。总重 = 水重＋矿重

第六步，求卤水的比重：比重 = 总重 ÷ 1000

第七步，求波美度，知道卤水的比重后，就可用现成的公式来计算波美度：波美度 = 145－145 ÷ 比重

现以300克盐/升为例，计算波美度：

（1）求矿重：300 ÷ 0.9752 = 307.6292

（2）求矿体：307.629 2 ÷ 2.167 5 = 141.9281

（3）求矿容：141.928 1 × 0.775 = 109.9943

（4）求水重：1000－109.994 3 = 890.0057

（5）求总重：890.005 7＋307.629 2 = 1197.6349

① 各种杂质的比重虽有差异，但因含量极微，影响极小，且误差已在盐和矿化物的比值中得到纠正。

（6）求比重：1197.6349 ÷ 1000 = 1.1976

（7）波美度：145—145 ÷ 1.1976 = 23.928

以上是探索直算法的必经步骤，但在实际工作中，往往是由已知的波美度来计算含盐量，所以，计算步骤需要颠倒过来，现以23.928波美度为例，计算每升卤水的含盐量：

第一步，求比重：145 ÷（145—23.928）= 1.1976

第二步，求总重：1.1976 × 1000 = 1197.6345

当算出卤水的总重后，却无法知道矿重和水重各有多少，至此，探索停止不前，计算被迫中断，经过了很长一段时间的思索，后来想到，卤水浓度的升降，与比重、总重、超千重、和盐重均成正比，进而又想到，超千重与矿重之间必有一定的内在联系，经反复计算，终于发现，不论卤水浓度如何升降，矿重始终是超千重的1.5566倍，这一常数的发现，为解开逆向运算的难题找到了金钥匙，被卡住的计算步骤可以接着往下进行：

第三步，求超千重，卤水浓度不论高与低，其重量必定大于1000克/升，大于1000克的部分，简称超千重：1197.6345—1000 = 197.6345

第四步，求矿重：197.6345 × 1.5566 = 307.6378

这里的矿重实际上是无杂质的理论含盐量，卤水中杂质的多少还是未知数，理论含盐量要大于实际含盐，故可视为矿化物的重量，再算出两者之间的比值，即可求知实际含盐量，万州卤水的实际含盐量（指化验数据）与理论含盐量的比值是0.9752。

第五步，求盐重：307.6379 × 0.9752 = 300.0084，去尾数，含盐300克/升。

这里，需要强调和注意的是：

第一，0.9752是万州地区水采岩盐卤水的实际含盐量与理论含盐量的比值，不能随意在其他地方套用，各地卤水的类型和化学成分均有差异，必须用当地的化验数据与理论数据相除，得到当地的系数后才能在当地使用。

第二，计算结果的准确度取决于化验数据的准确度，化验数据的准确度越高，得到的系数就越准确，而化验数据也有一定的误差，为减少误差，必需尽可能地多采集几组数据，取其平均值，将误差缩小到最低限度。

第三，用直算法算出的结果，只能作为工作中的参考数据，不论其准确度有多高，都不能作为实物数据而代替化验数据。

如有程序型计算器，使用就更方便，先将程序存入计算器内，再输入新的波美度，就可立即得到相关数据。

1992年于万州

编　后　记

说实话，我不是什么学者，更不是研究历史的学者，我就是盐业战线上一名普普通通的实际工作者，退休前从未写过什么论文，退休后之所以拿起笔来写文章，是跟我长期工作在渝东盐业部门有关。我从小生长在盐城，参军前后都一直从事盐业工作，直到退休。其间，走遍了渝东的山山水水，见到了各种形态的盐泉和盐井，也翻阅过一些盐史资料，但看后总觉得书上写的和我看到的实际情况不一样。

《华阳国志·蜀志》云："周灭蜀后，秦孝文王以李冰为蜀守，冰能知天文地理……又识齐水脉，穿广都盐井，诸陂地。蜀于是盛有养生之饶焉。"民国《四川盐政史》也说："川省盐井始于秦代，秦孝文王以李冰为蜀守，冰能识水脉，于广都县（即今成都华阳、双流等境），穿凿盐井，其后历汉晋唐宋，逐渐推广，遂擅大利。"经学者们考证，李冰为蜀守的时间是在公元前256～公元前220年。从此，这一时间就成了四川也是中国井矿盐的源头。而在渝东地区，各产盐县都认定本县的盐业，始于李冰凿井之后的秦末汉初及之后。从文字上看，很是顺理成章，时间上也衔接得天衣无缝。

但到实地去察看，情况就不一样了，总觉得有些不太对劲，因为渝东与李冰穿凿广都盐井的地方，其地理环境有着本质上的区别，两者截然不同。

李冰在广都县穿凿的盐井，其卤水深埋地下，是在"藏于深闺无人知"的情况下，于治水过程中被偶尔发现，具有一定的偶然性，且凿井需要有相应的工具和手段，没有铁器的运用，开凿深井是不可能的。而渝东的地理环境恰好相反，盐泉出露于地面，暴露在光天化日之下，很容易被古人所发现。渝东盐业是在自然状态下发生与发展的，与广都的地理环境相比较，具有以下特点：

第一，这里的盐泉分布面十分广阔。在长江两岸十六七个县的所有支流岸边，几乎都有盐泉分布，况《后汉书》中又有盐水神女谓廪君曰"此地广大，鱼盐所出"的记载，说明早在巴国之前，古人就在这广阔的区域内从事盐业生产了。

第二，盐泉全都分布在河流岸边，与水源为伴。人与动物要生存，都离不开水，所以，水源是古人必须且经常光顾的地方，也是动物必到之处，盐泉与水源为伴，就很容易被古人或动物所发现。

第三，盐井的结构非常简单，没有川北的卓筒深井那样复杂，更不用像自贡的桑海井那样打到1000多米深。渝东盐井除云安井深43.33～73.33米，另有极少10～20米深的盐井外，多数盐井结构简单，技术亦不复杂，只需在盐泉露头处掏个坑，筑个围子形成井壁，将淡水隔离于盐泉之外，壁高不过3～5米，以能躲过当地洪水淹没为度，壁材以石料为主，木桶次之，其厚度以能抵御洪水的冲击力为宜；如盐泉出露在洪水线以上，则只需在盐泉露头处挖个坑或修个池子，即可直接取卤；还有更简单的，即枯水季节，在一些溪沟的浅滩或河床上，于盐泉露头处掏个直径30～50厘米的小水凼，边上围一圈小石片或小木片，就像忠县涂井溪的杉木井那样（详见《盐业史研究》2003年第1期《从忠县涂井溪的古盐泉看人工井的早期演进》一文），即可取卤煎盐，开采非常容易。

在这样的环境下，盐泉很容易被古人所发现，筑井方法也很简单，开发利用也不难。具有被古人早发现、早开发、早利用的客观条件。但传统史观与之大相径庭，不免疑团丛生，这些疑团主要表现为以下三个不解：

渝东的古人既然有这样得天独厚的自然条件，为何非要等到李冰在不易发现盐卤的地方，偶然穿凿出盐井若干年之后，才跟别人学着利用这些早就暴露在眼前的资源呢？其不解一也。

盐泉在这里已流淌了三千多万年，古人在三峡地区也生活了200多万年，在这样漫长的时间里，人们为什么对这些宝贵的盐泉资源视而不见？直到秦末汉初及之后，经动物的引见，才知道这些盐泉可资利用，古人真就这样愚昧吗？其不解二也。

动物引泉本也自然，其传说应该是在没有文字记录以前，非常非常遥远的事情，但奇怪的是，这些传说早不出现，晚不出现，却偏偏出现在已有文字记载之后、又恰逢秦国统一了中国。这些传说才像奉了圣旨一样，都在这一时期出现？难道动物在此之前也不去舔食盐泉吗？加之各盐场动物引泉的故事情节都十分雷同，难免有牵强附会之嫌，其传说的真实性就值得怀疑了。其不解三也。

这些现象，显然不符合历史发展的客观规律，因此，我断定渝东的盐业史存有历史断层，而且是一个很大的断层。但鉴于手中资料的匮乏，明知有断层，却无法揭示，便成了我的一个心结，于是，我在 1990年9月，为《云阳县盐业志》作的序言中，无奈地写了下面这段话："云阳盐厂的历史，可追溯到母系氏族社会时期，但要弄清这一史实，仅凭现有的只言片语资料和浅薄的学识是无能为力的。因此，此志只上溯到公元前206年，即从凿井汲卤煮盐开始。从盐业发展的历史过程看，凿井煮盐标志着盐业已跃入到一个新的历史时期，它是先辈们由自然盐泉起步，在逐渐向人工井发展的长期实践活动中，战胜洪水、征服自然、开发利用盐矿资源经验的积累和智慧结晶的产物。从历史的角度看，在人工凿井煮盐前，应有一段充满艰辛、非常遥远的漫长历史，限于资料、水平和时间，这段历史只好待后人去考证了。"

更为纠结的是，中华人民共和国成立之后，因渝东盐业不景气，政府各有关部门都把盐业当成沉重的包袱，因此，人们的文物意识淡薄，文物散失严重，盐史研究更是无人问津，渝东盐业史的研究，成了被遗忘的角落。

面对这样的现实，我只好一面呼吁专家学者多多关注渝东盐业史的研究；一面试着写文章，来抛砖引玉，以引来专家学者的关注和参与。

退休后，有了充足的时间来抛“砖”。幸运的是在抛“砖”过程中，恰遇学者们对巴人和巴国的历史有了更深入的研究；对《山海经》中“巫咸国”和“巫䖸国”的相关内容有了新的破译；加之三峡库区抢救性的考古发掘，出土了大量先秦时期的实物资料，尤其是忠县中坝盐业遗址发掘的煮盐器具，为渝东盐史的深入研究提供了资料，为揭示历史断层提供了有力证据。同时也鼓舞了我的勇气，为引来更多的“玉”，我便一块接一块地向外抛“砖”，没想到一抛就是20来块。现在看来，这20来块“砖头”并未白抛，它已引来了一大堆的“玉”，这些“玉”就是渝东盐史研究结出的丰硕成果。

现在关注渝东盐史的学者多了起来，见诸报刊的研究文章也越来越多，除刊物上常有渝东盐史论文发表外，仅专著和专集就有了好几本：《盐业史研究巴渝盐业专辑》于 2003年在《盐业史研究》第1期发表，这也是《盐业史研究》自创刊以来第一次出专辑；三峡学院的任桂园教授于2006年10月出版了《从远古走向现代——长江三峡地区盐业发展史研究》一书，2009年6月又出版了《三峡盐业考古研究》一书；《巫溪县志》的主编汤绪泽2003年出版的《巫巴史迹探微》一书，虽不是渝东盐史的专著，但不少篇章都属渝东早期的盐史内容，时限已上溯至先秦时期；加之本书的出版，可谓硕果累累；更重要的是由北京大学教授李水城、美国学者罗泰主编的《中国盐业考古·第三集·长江上游古代盐业与中坝遗址的考古研究》一书，于 2009年3月出版，这是一部渝东盐业史的考古研究专集，为中英文版，由科学出版社出版发行。该书有不少海外学者参与其中，说明对渝东盐史的研究，已引起学术界的高度重视和广泛关注，不仅国内的学者多了起来，国外学者也都十分关注与重视。

除专家学者的关注外，电视台也纷纷参与进来：先是重庆电视台制作的专题片《白色回响》首开先河，对渝东的早期盐史做了初步探索；随后，中央电视台10频道《探索·发现》栏目组，录制了大型系列纪录片《咸说历史》，共六集，其中，第二集《为盐而战的民族》，可谓是所抛之“砖”，引来的一块大“玉”，《为盐而战的民族》是在全国六集中为渝东专设的一集，为渝东盐史专集，在录制过程中，节目编导罗巍曾对我说：“之所以将渝东单独成集，就是看了你的几篇文章后，才做出了这样的决定”；之后，中央电视台国际频道及其他多家电视台，也争相来现场录制节目。其内容就不一一赘述了。

至此，渝东盐业的早期面目已显露出来，历史断层也基本补上，我的心结也得以了结，不用再等待后人了。在此向所有关心渝东盐业史研究的国内外专家学者表示由衷的感谢。

刘卫国

2015年4月26日于万州

图版一

1. 高井附近的河床面貌（曾先龙摄）

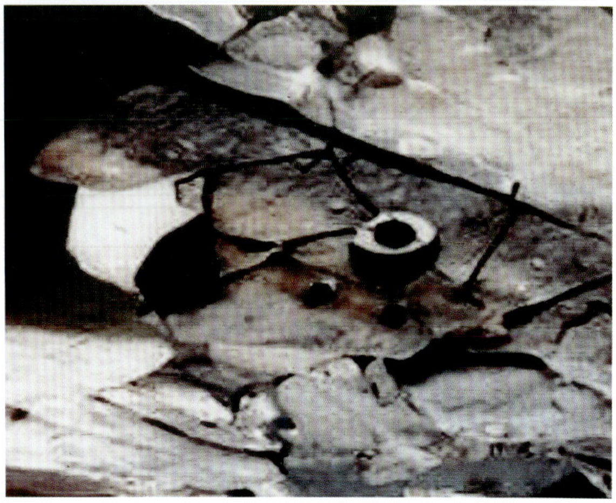
2. 江心井的实物照片（曾先龙摄）

3. 河水淹没时的高井（程龙刚摄）

4. 河床干涸时的高井（刘卫国摄）

5. 箭尾井实物照片（刘卫国摄）

6. 涂井实物照片（任桂园摄）

图版二

1. 白鹿盐井旁左岸古栈道第一孔

2. 风大笼古栈道孔

图版三

1. 老龙皮古栈道孔遗址

2. 平行排列的古栈道孔遗址

图版四

1. 栈道转弯处的单孔遗址

2. 栈道转弯处的平行双孔遗址

3. 栈道经过处的拱形凹崖

4. 离凹崖顶部不足二尺的单排栈道孔

5. 奉节县鱼复浦实景照片（江述林摄）

1. 白盐碛上的古盐泉遗址（刘卫国摄）

2. 白盐碛上的集卤池遗址（刘卫国摄）

3. 夹有三合泥的石堆遗址（刘卫国摄）

4. 彭水县郁山土盐灶遗址

5. 自贡市燊海井的土盐灶（缪志平摄）

图版六

1. 忠县中坝遗址的圜底罐（曾先龙摄）

2. 忠县中坝遗址的尖底杯（曾先龙摄）

3. 云阳垄灶遗址（任桂园摄）

4. 云阳塔炉灶外景（云阳盐厂提供）

5.传统枝条架（选自《四川省盐业志·蓬莱》）

6. 云阳高密枝条架（云阳盐厂提供）

1. 中井河畔飞水井（刘卫国摄）

2. 明通井旁的绝壁（刘卫国摄）

3. 明通斑鸠井遗址（刘卫国摄）

4. 岐井出口马岍洞（刘卫国摄）

5. 巫溪盐场龙井（泉）（刘卫国摄）

6. 温汤峡的直立岩层（刘卫国摄）

图版八

1. 炸开洞的玉泉井（刘卫国摄）

2. 井旁露天浴池（刘卫国摄）

3. 白鹤出井塑雕象（刘卫国摄）

4. 白龙献瑞塑雕象（刘卫国摄）

5. 不煎自成白盐晶（杨曾摄）

6. 白兔井内木框壁（刘迎庆摄）